Salies de Béarn

(BASSES-PYRÉNÉES)

Chemin de fer de Puyoo à Mauléon

ÉTABLISSEMENT OUVERT TOUTE L'ANNÉE
CHAUFFÉ PENDANT LA SAISON D'HIVER

Médaille d'Or — Exposition universelle 1889

Climat analogue à celui de Pau; modéré et particulièrement sédatif

---

Les Bains d'eaux-mères sont reconstituants, stimulants, toniques et résolutifs à un très haut degré.
Les eaux-mères pour compresses sont éminemment résolutives pour les engorgements, etc., etc.

BAINS CHLORURÉS-SODIQUES, BROMO-IODURÉS

Minéralisation très forte, les plus riches en chlorure de sodium, de magnésium, en bromures et en iodures.

Hygiène de l'enfance, scrofule, lymphatisme, anémie, rachitisme, carie des côtes, tumeurs, engorgements ganglionnaires, lupus scrofuleux, maladies particulières aux dames, rhumatismes et certains cas de paralysie, etc.

SALIES DE BÉARN est situé entre les gaves de Pau et d'Oloron, desservi par le chemin de fer de Puyoo à Mauléon; à 1 h. de Bayonne-Biarritz, à 1 h. de Pau et à 14 h. de Paris. — Depuis le 1er mars jusqu'au 30 novembre, un wagon-salon est mis à la disposition des Baigneurs venant directement de Paris à Salies de Béarn. — Le Sud-Express dessert la station de Puyoo, distante de 7 kilomètres de Salies de Béarn. — Confortable et ressources égales en hôtels de premier ordre, villas, maisons particulières, voitures, landaus, chevaux de selle, orchestre, etc., aux stations balnéaires les plus fréquentées.

Bains pour prendre chez soi — Bains d'eaux-mères en flacons
Eaux-mères pour compresses et pour toilette
Eaux-mères en fûts et en bonbonnes — Eau de Carsalade

DÉPOTS A PARIS : rue Saint-Jacques, 33, et rue de Jouy, 7.
EN PROVINCE : chez tous les Pharmaciens et Marchands d'Eaux.

Pour tous les renseignements : s'adresser à MM. SAINT-GUILY, LOMBARD et Cie, à Salies de Béarn.

En voyage comme au logis, l'Extrait de viande Liebig est précieux pour préparer à tout instant des bouillons et toutes sortes de mets. Il renferme sous un très petit volume toutes les parties solubles de la viande de bœuf. C'est un excellent réconfortant pour les personnes affaiblies et les convalescents. Son emploi est d'une réelle économie dans les ménages où l'on ne peut pas faire chaque jour le pot-au-feu, et il remplace avantageusement les jus de viande que l'on n'a pas toujours sous la main. Cet extrait se conserve indéfiniment. — Les plus hautes récompenses lui ont été décernées aux grandes Expositions internationales depuis 1867. — Hors concours depuis 1885.

Il faut se méfier des imitations qui se vendent à moindre prix, et exiger sur l'étiquette de chaque pot la signature en encre bleue de l'inventeur.

Compagnie Coloniale

ÉTABLISSEMENT SPÉCIAL POUR LA FABRICATION DES

CHOCOLATS
DE QUALITÉ SUPÉRIEURE

Tous les CHOCOLATS de la Cie Coloniale, sans exception, sont composés de matières premières de choix ; ils sont exempts de tout mélange, de toute addition de substances étrangères, et préparés avec des soins inusités jusqu'à ce jour.

CHOCOLAT DE SANTÉ Le 1/2 kilog.		CHOCOLAT DE POCHE et de voyage en boîtes cachetées		
BON ORDINAIRE	2 50	SUPERFIN	250 gr.	2 25
FIN	3 »	EXTRA	d°	2 50
SUPERFIN	3 50	EXTRA SUPÉR'	d°	3 »
EXTRA	4 »			

ENTREPÔT général à PARIS
Avenue de l'Opéra, 19

DANS TOUTES LES VILLES
Chez les principaux Commerçants

NOTA. — Les Cacaos en poudre, étant toujours privés du Beurre de Cacao, n'ont absolument aucune valeur nutritive ; les Chocolats seuls, constituant un aliment complet, leur doivent donc être préférés.

LE MONT-DORE

ET LES

Eaux Minérales d'Auvergne

ÉTABLISSEMENTS DIVERS

CLASSÉS

PAR ORDRE ALPHABÉTIQUE

DE

LOCALITÉS

(CANTAL) **AURILLAC** (CANTAL)

GRAND HOTEL SAINT-PIERRE

J. LEYMARIE, propriétaire.

Situation centrale. — Entièrement construit et meublé à neuf. — Recommandé aux familles et au commerce par son confort et ses prix modérés. — Salons particuliers et pianos. — Voitures et chevaux pour promenades. — *Omnibus à tous les trains.*

AURILLAC

USINE A VAPEUR ET MAISON D'EXPÉDITION

Maison Aug. GAFFARD, à Aurillac

APERÇU DE QUELQUES PRODUITS SPÉCIAUX

Ayant obtenu les plus hautes récompenses dans toutes les Expositions où ils ont figuré. — **Gland doux** et **Néomoka**, pseudo-cafés hygiéniques, remplaçant avantageusement le Café des Iles. — **Mélanogène**, poudre pour encres noire, violette, rouge et bleue. — **Muricide phosphoré** pour la destruction des rats. — **Extraits saccharins** pour l'obtention rapide des liqueurs de table. — **Lustro-Cuivre**. — **Oxyde** d'aluminium pour affiler les rasoirs. — **Poudre vulnéraire vétérinaire**. — **Produits spéciaux divers**. — Notices détaillées sur demande affranchie. — Conditions spéciales pour d'importantes commandes.

AUXERRE (YONNE)

GRAND HOTEL DE LA FONTAINE

Repris par M. A. COLLINET

Maison de premier ordre, entièrement meublée et remise à neuf. — *Bien situé, au centre de la ville.* — Chambres chauffées. — **Salons pour familles**. — Table d'hôte. — **Restaurant**.
Omnibus de l'hôtel à tous les trains.

AUXERRE

HOTEL DE L'ÉPÉE

TENU PAR CHAIGNET

Le plus confortable et le mieux situé. — Table d'hôte et service particulier. — Petits repas à 1 fr. 75. — **Chambres chauffées**. — *Omnibus à tous les trains.*

COMPAGNIE DES EAUX MINÉRALES
DE

Sources CHOUSSY-Perrière

**CONTIENT 28 MILLIGRAMMES D'ARSÉNIATE DE SOUDE
PAR LITRE**

C'est l'eau minérale la plus reconstituante qui existe.

Prise à doses progressives, elle transforme complètement les enfants délicats, les adolescents débiles et toutes les personnes affaiblies.
C'est le médicament le plus puissant contre le **lymphatisme et la scrofule.**
Anémie, scrofules, lymphatisme, maladies de la peau, des voies respiratoires, fièvres intermittentes, diabète, etc.
TROIS ÉTABLISSEMENTS THERMAUX. — Bains. — Douches. — Salles de vapeur, de pulvérisation, d'hydrothérapie chaude et froide, etc.

SAISON THERMALE
DU 25 MAI AU 1er OCTOBRE
DEUX CASINOS — THÉATRES
Magnifique parc, splendides promenades

Cinq arrivées et cinq départs par jour par le chemin de fer. — Correspondance par omnibus et landaus à tous les trains entre **Laqueuille** et **La Bourboule**. — Billets de places et de bagages délivrés dans toutes les gares du P.-L.-M. et de l'Orléans, directement pour la Bourboule, et *vice versâ*.

ON TROUVE
L'EAU DE LA BOURBOULE
Chez tous les Pharmaciens et Marchands d'eaux minérales
Exiger les Sources **CHOUSSY-Perrière**

Grands et beaux Etablissements Thermaux et Hôtels pourvus de tous les perfectionnements modernes.

BOURBOULE-LES-BAINS (LA)
(Puy-de-Dôme)

GRAND HOTEL
DES ILES BRITANNIQUES

LIFT   **ASCENSEUR**   LIFT

MAISON DE PREMIER ORDRE

Située à côté de l'établissement thermal.

100 CHAMBRES ET SALONS. — FUMOIRS

Table d'hôte et Restaurant. — *English spoken.*

Grand jardin et salle de récréation pour les enfants.

J. DONNEAUD, Propriétaire.

BOURBOULE-LES-BAINS (LA)
(Puy-de-Dôme)

G^d Hôtel des Ambassadeurs

FERREYROLLES-RIBEROLLES, Propriétaire

Maison de premier ordre, située sur la principale avenue, à 150 mètres de l'établissement, près du Casino. — *Nouvel agrandissement.* — Salons particuliers. — Table d'hôte. — Service parfait. — *English spoken.*

GRAND-HOTEL
DE PREMIER ORDRE
FERREYROLLES-MABRU, Prop^{re}
English spoken.

GRAND HOTEL RICHELIEU
MAISON DE 1er ORDRE
VIS-A-VIS LES THERMES

Table d'hôte et Restaurant. — Salon-Fumoir

PASSAVY-PANET, propriétaire
English spoken.

HOTEL DU PARC
Mme FAURE-FOURNIER
PROPRIÉTAIRE

ÉTABLISSEMENT DE PREMIER ORDRE
Situé dans le Parc et près du Casino

Appartements pour familles.
Salons. — Table d'hôte. — Service parfait.
Se habla español.

BOURBOULE-LES-BAINS (LA)

GRAND HOTEL DES BAINS
Enfants MABRU, propriétaires

Hôtel situé près des Etablissements. — Renommé par sa clientèle d'élite, son confortable, ses prix modérés, son excellente cuisine. — **La plus ancienne maison de la station Thermale.** — Maison fondée par MABRU père, ex-propriétaire de l'établissement thermal. — Ne pas confondre avec les homonymes.

HOTEL DE PARIS

Maison de premier ordre bien située à proximité du Casino et des Établissements de Bains.

Appartements pour familles. — Salons. Table d'hôte. English spoken.

L'Hiver : HOTEL D'ORIENT, à Hyères

LA BOURBOULE
FABRIQUE DE LAINAGE DES PYRÉNÉES
MAISON DE CONFIANCE
Place du Jet-d'Eau. — Gabriel BÉROT

M. Gabriel BÉROT est propriétaire à Cauterets, 3, rue de la Raillère, d'une maison de famille très confortable et très honorablement connue.

CHATEL-GUYON

DEUX

ÉTABLISSEMENTS THERMAUX

SAISON DU 15 MAI AU 15 OCTOBRE

PARC. — CASINO. — CONCERTS. — SPECTACLES

Eau minérale naturelle, laxative
diurétique, tonique, stimulante du tube digestif

L'EAU GUBLER CHATEL-GUYON

LA SEULE EXPORTÉE

Se trouve dans toutes les pharmacies et chez tous
les marchands d'eaux minérales

*Constipation, congestions cérébrales, engorgement du foie,
de la rate, calculs biliaires,
gravelle, obésité, maladies de l'utérus, etc.*

ADMINISTRATION

5, rue Drouot, PARIS

EXPÉDITIONS DIRECTES

De l'Etablissement Thermal
Par caisses de 30 ou 50 bouteilles.

Exiger ces mots *source Gubler* sur l'étiquette et la **capsule**.

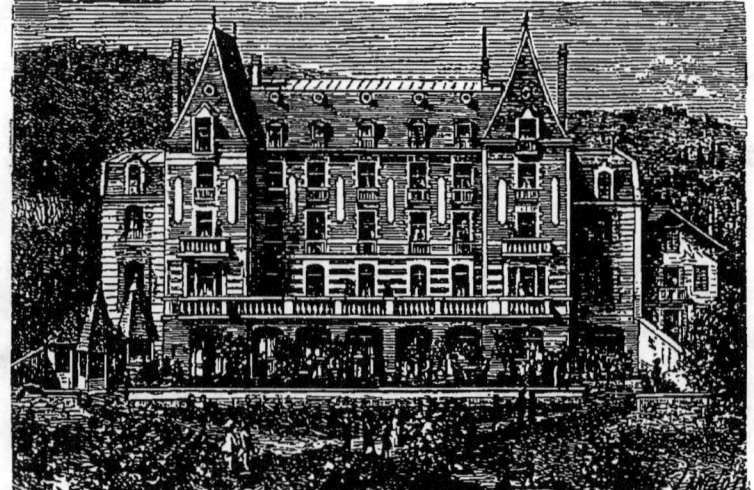

CAMILLE PARRAT, propriétaire, ex-chef de premières maisons françaises et étrangères.

STATION DE RIOM — CHATEL-GUYON — PUY-DE-DÔME

SPLENDID-HOTEL

Premier ordre. — 120 chambres et salons. — Situation unique. Dans le parc, en face le Casino, entre les établissements thermaux. Poste et télégraphe contigus à l'hôtel. — Prix de pension depuis 10 francs par jour et au-dessus, repas pris à table d'hôte, vin compris.

VUE DU **SPLENDID-HOTEL**, à Chatel-Guyon (Puy-de-Dôme).
Omnibus en gare de Riom à tous les trains. Trajet : 30 minutes.

GRAND HOTEL
MAISON DE 1er ORDRE
J. TEISSET, propriétre

CHATEL-GUYON-LES-BAINS (Puy-de-Dôme)

Le plus près de l'Établissement thermal et du Casino.

Restaurant. Table d'hôte. — Grands et petits salons. — Pavillon et appartements pour familles. — Jardin, Terrasse, écurie et remise.
Omnibus à tous les trains.

CHATEL-GUYON-LES-BAINS
Près RIOM (Puy-de-Dôme)

HOTEL BARTHÉLEMY
(LE PLUS ANCIEN DE LA STATION)
VEDRINE-BARTHÉLEMY, propriétaire

Cet hôtel, considérablement agrandi et entièrement remeublé à neuf, se recommande par sa vue splendide et tous les soins que MM. les Baigneurs peuvent désirer. — TABLE D'HOTE ET SERVICE A LA CARTE. — Grand confortable, prix modérés.

CLERMONT-FERRAND

GRAND HOTEL DE LA POSTE
PLACE DE JAUDE
C. TISSEYRE, propriétaire

Établissement de 1er ordre remis à neuf. — Grands et petits appartements pour familles. — *English spoken.*
Omnibus de l'hôtel à tous les trains.

HOTEL DE L'UNIVERS
PLACE DE JAUDE
ENTIÈREMENT REMIS A NEUF
MAISON DE FAMILLE

Vue magnifique sur **Royat** et le **Puy de Dôme**. — Service à la carte et à prix fixe. — Omnibus à tous les trains.

CLERMONT-FERRAND

MAISON GAILLARD. — NOËL PRUNIÈRE
PATES D'ABRICOTS
FRUITS CONFITS D'AUVERGNE
MARMELADES ET CONFITURES
Médailles aux Expositions
Brevet d'invention. — Pralines Salneuve de Randan

CLERMONT-FERRAND

Visitez la plus grande Curiosité d'Auvergne
LE PONT NATUREL
ET LA GRANDE ET ANCIENNE
FONTAINE PÉTRIFIANTE
DE SAINT-ALYRE

44, rue du Pont-Naturel, 44, à Clermont-Ferrand.

Vve **MONTEL-CLÉMENTEL**, propre

Pour se rendre à ce magnifique et curieux établissement, prendre, place du **Poids-de-Ville**, la rue Fontgiève, et la deuxième rue à droite, appelée rue des **Hospices**, vous y mènera directement. — Grand choix d'objets pétrifiés, médailles, coupes, coffrets, broches, etc.

Visible tous les jours. — Expéditions dans tous pays.

PRODUITS	D'AUVERGNE
BREVET	D'INVENTION
PRALINES SALNEUVE	**FRUITS CONFITS**
d'Aigueperse	Confitures de toutes sortes et de 1er choix
PASTILLES	**PATES D'ABRICOTS**
Sucres d'orge et caramels de Royat, du Mont-Dore, Bourboule et Châtelguyon	de Mandarines, Framboises Panachées, etc.
Huit médailles	Diplôme d'honneur

Marque de fabrique déposée. — Membre du jury.

MAISON CROMARIAS

Confiseur. — Fournisseur breveté de S. A. R. le prince de Galles, des cours d'Espagne et de Portugal, de la Principauté de Monaco, etc.

Rue Blatin, 59 — CLERMONT-FERRAND — Avenue de Royat

Arrêt des tramways électriques devant la Maison. — Succursale à Royat sous le **Splendid Hotel**.

DIJON

HOTEL DE LA CLOCHE

150 CHAMBRES ET SALONS

Place Darcy, DIJON, rue Devosge

Edmond GOISSET, propriétaire

GRAND HOTEL DE BOURGOGNE

PHILIPPE BLANCHOT et Cⁱᵉ, Propriétaires.

Situation exceptionnelle, à proximité de la gare, place Darcy. — Vue magnifique. — Appartements pour familles. — Salon de lecture et de musique. — Table d'hôte. — Service particulier. — Omnibus à la station. — Prix modérés. — Téléphone. — *English spoken*.

Expéditions de vins de Bourgogne.

HOTEL DU JURA

Le plus près de la gare

Entièrement agrandi, restauré et meublé à neuf. — Bains à tous les étages. — Grand salon, 250 couverts pour noces et banquets. — Arrangements pour familles. — *English spoken*. — *Man spricht deustch*. — **Louis MERCIER**, propriétaire.

Vins en gros, exportation.

Exposition Univ. 1889. Seule Médaille d'OR

MOUTARDE GREY-POUPON

DIJON

DIJON

MOUTARDE EXTRA
A. BIZOUARD
LA MEILLEURE DU MONDE

Fournisseur de la Compagnie gén^{le} Transatlantique

Exiger le prénom A.

Diplôme d'honneur Exp. de Marseille 1891
Hors concours Exp. de Lyon 1891

DIJON

Cassis Quenot
PREMIÈRE MARQUE
HENRI QUENOT, SEUL FABRICANT

LAMALOU-L'ANCIEN dit le BAS
(HÉRAULT)
ÉTABLISSEMENT THERMAL
DÉCLARÉ D'UTILITÉ PUBLIQUE

Eaux bicarbonatées, sodiques, ferrugineuses, arsenicales, cuivreuses de 34 à 50 degrés, s'emploient en Bains, Douches, Étuves, Boissons.

On a donné 62 000 Bains pendant la saison de 1890.

Les bains et douches sont prescrits dans le traitement des affections suivantes :

Le Rhumatisme, les manifestations multiples et diverses y compris le Rhumatisme NOUEUX, *ou l'arthrite sèche ; les divers Engorgements et Épanchements articulaires ; les Névralgies, la plupart des Névropathies sans ou avec paralysie ; diverses Névroses et Paraplégies ;* L'ATAXIE LOCOMOTRICE ; *l'Atrophie musculaire partielle, la Rachialgie, sans ou avec troubles génito-urinaires ; la Spermatorrhée ; l'Albuminurie, avec symptôme d'hydropisie ; le Catarrhe vésical ; l'Aménorrhée ; la Dysménorrhée ; les Engorgements utérins chroniques, et surtout la Chlorose, l'Anémie et leurs accidents consécutifs.*

La *Source Usclade* (46 degrés). L'eau de l'*Usclade* peut être prise aux repas mêlée au vin, qu'elle ne décompose pas.

Les eaux de l'*Usclade* sont transportables ; elles sont expédiées en bouteilles.

Les eaux de l'*Usclade*, bues à l'émergence de la Source à 46°, sont l'analogue de celles de la Grande-Grille de Vichy, plus chaudes et moins minéralisées ; les eaux de l'*Usclade* sont efficaces dans les maladies suivantes :

Gravelle urique, Engorgements hépathiques et spléniques, Cachexie de l'impaludisme, l'Albuminurie, l'Anémie, la Chlorose, l'Aménorrhée, la Spermatorrhée, le Diabète, la Dysenterie, la Dyspepsie, la Gastralgie, le Lymphatisme.

GRAND HOTEL DES BAINS
DE LAMALOU-L'ANCIEN

L'Établissement thermal est relié de plain-pied par deux galeries parallèles qui forment un vaste hôtel dans lequel peuvent loger 150 personnes. — L'Hôtel des Bains a des omnibus à tous les trains, à la gare de Lamalou ; il a également des voitures particulières pour les promenades.

S'adresser à M. Paul CÈRE, propriétaire, directeur de Lamalou-l'Ancien.

Dépôt de la source l'*Usclade*, rue Laffitte, 7, à Paris
M. LIREUX.

LAMALOU-LES-BAINS
(HÉRAULT)
LAMALOU-LE-BAS
MAS Frères, Propriétaires

GRAND HÔTEL

ÉTABLISSEMENT
DE 1er ORDRE
Ouvert toute l'année
Grand Confortable

Cet hôtel, qui a les préférences de la haute société et qui possède une vraie clientèle de choix, est situé à Lamalou le-Bas, en face même du Casino et à 50 mètres seulement de l'Établissement Balnéaire.

Parc attenant à l'Hôtel. — Voitures de luxe
Omnibus à tous les trains. — *Téléphone de l'Hôtel à la Poste*

LAMALOU-LES-BAINS
(HÉRAULT)
GRAND HOTEL DU MIDI
LÉON CANCEL, propriétaire

Omnibus à tous les trains. — Voitures particulières.

Prix modérés.

Hôtel entièrement meublé à neuf, le plus proche de l'établissement thermal et des sources. — Service régulier de petites voitures et de chaises à porteurs pour les baigneurs. — Hôtel de famille. Appartements pour familles, Salon, Salle de lecture, Billard, Fumoir, Jardins et Terrasse, Jeux divers pour les enfants. — Grande Table d'hôte et Tables particulières. — *Toutes les chambres du rez-de-chaussée et du premier étage sont desservies de plain-pied par les petites voitures et les chaises à porteurs.*

Soins de tous les instants. — Table parfaite.
Prix modérés.

Pour tous renseignements, s'adresser à M. L. CANCEL, Lamalou-les-Bains (Hérault).

MACON

GRAND HOTEL DE L'EUROPE

A 5 minutes de la station. — Le mieux situé et le premier de la ville, en façade sur la Saône. — Interprètes.

Veuve BATAILLARD, Propriétaire.

Mâcon, la station la plus favorisée pour l'arrêt et le départ des trains, est l'arrêt le plus central des lignes de Paris pour la Suisse, l'Italie, la Méditerranée et le Bourbonnais. — Madame BATAILLARD est également propriétaire du **Grand Hôtel de Paris**, à ROUEN.

HOTEL DES CHAMPS-ÉLYSÉES

AU CENTRE DE LA VILLE

Près la Poste, le Télégraphe et la Préfecture

Maison entièrement remise à neuf. — *Sonneries électriques*

Service à la carte. — **Table d'hôte**. — Salons de lecture. Piano. — Café. — Billard. — Bibliothèque. — *Omnibus à tous les trains*. — **Philibert BUCHALET**, Propriétaire.

ÉTABL^T THERMAL DU MONT-CORNADORE

A SAINT-NECTAIRE-LE-HAUT (PUY-DE-DÔME)

Départ de Paris, *gare de Lyon, Express* : 8 h. 20 (s.). Arrivée à la station de Coudes : 7 h. (m.). **Omnibus de l'hôtel**. Départ de Coudes pour Saint-Nectaire, 7 h. (m.).

Eaux chlorurées sodiques, **Iodurées**, **Bicarbonatées**, **Ferrugineuses, Arsenicales, Mercurielles, Lithinées** (0 gr. 200), très gazeuses (1 gr. 760). Température de 8 à 43 degrés.

Guérison certaine des maladies des femmes, des jeunes filles et des enfants : de l'*Anémie*, — de la *Goutte*, — du *Diabète*, — des *Maladies de la peau*, des *yeux* et du *foie*, — l'*Albuminurie*, — la *Sciatique*, — la *Dyspepsie*, etc.

OUVERTURE DE LA SAISON DU 1er JUIN AU 1er OCTOBRE

G^D HOTEL DU MONT-CORNADORE

100 Chambres avec Salons pour familles.

Pension de 8 à 20 fr. par jour, avec Chambre.

VILLAS ET MAISONS MEUBLÉES, PRÈS DE L'ÉTABLISSEMENT

Pour tous les renseignements et demandes d'Eaux : Écrire à **MM. VERSEPUY** frères, propriétaires des Bains du Mont-Cornadore (Puy-de-Dôme). — *Notice explicative envoyée franco.*

COMPAGNIE FERMIÈRE
DE
L'Établissement Thermal du Mont-Dore
(PUY-DE-DOME)
CONCESSION JEAN CHABAUD & Cie

Saison du 1er Juin au 1er Octobre

Grand Casino avec Théâtre, salons de fêtes, de lecture et de jeux construit dans le parc

Altitude : 1046 m. — Température des eaux : 45° cent. à 42°50, suivant les sources

ARSENICALES, BICARBONATÉES, FERRUGINEUSES ET GAZEUSES

Médaille d'argent à l'Exposition universelle de 1878

Grand Casino dans le Parc, salle des fêtes, salons de lecture, salles de jeux, grand café-glacier, salles de billard, etc. Concert deux fois par jour. — Troupe théâtrale, représentation tous les jours, opéras comiques, opérettes, comédies et vaudevilles.

Bains de luxe et salle d'hydrothérapie.

Eclairage au gaz de tous les établissements.

Trois millions doivent être dépensés pour mettre le Mont-Dore à la hauteur des premiers établissements du même genre.

Une cure au Mont-Dore est indiquée dans les cas principaux suivants :

Bronchite chronique, emphysème pulmonaire, asthme, congestion et engorgement des poumons, pleurésie chronique, laryngite, pharyngite, maux de gorge, coryza, affections oculaires externes (blépharite ciliaire, conjonctivite et kératite chronique, catarrhe du sac lacrymal, etc.);

Affections rhumatismales, et principalement le rhumatisme viscéral ou larvé, diarrhée chronique, dyspepsie nerveuse et avec constipation opiniâtre, hystérie et catarrhe utérin;

Maladies de la peau, et principalement l'eczéma chronique et les affections impétigineuses.

L'Eau du Mont-Dore est arsenicale

Pour toute expédition d'eau, s'adresser à M. le Directeur, au Mont-Dore.

Chaque bouteille est revêtue d'une étiquette indiquant le contrôle du département et portant la signature de

MM. J. CHABAUD & Cie

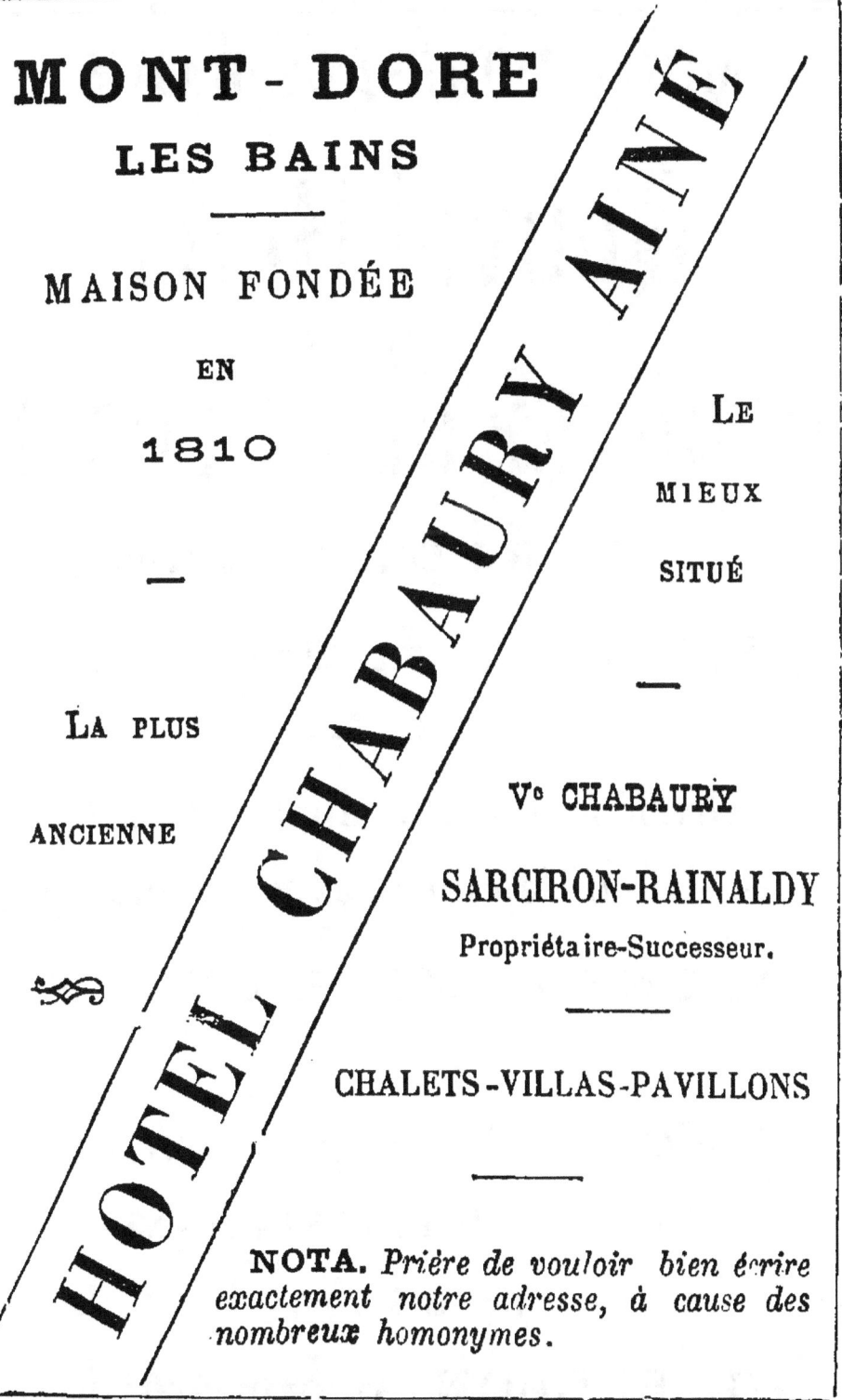

MONT-DORE
LES BAINS

MAISON FONDÉE

EN

1810

La plus

ancienne

HOTEL CHABAURY AINÉ

Le

mieux

situé

Vᵉ CHABAURY

SARCIRON-RAINALDY

Propriétaire-Successeur.

CHALETS-VILLAS-PAVILLONS

NOTA. Prière de vouloir bien écrire exactement notre adresse, à cause des nombreux homonymes.

Type 16**

MONT-DORE-LES-BAINS

Nouvel Hôtel

ET

G^d HOTEL DE LA POSTE

MAISONS DE 1er ORDRE

Situées en face des Établissements

Grands et petits appartements
pour familles, avec salons

SALONS, FUMOIR ET HALL

Chalets et Villas pour familles

TABLE D'HOTE, RESTAURANT

English spoken.

G. BELLON, propriétaire,

MONT-DORE-LES-BAINS

GRAND-HOTEL

Vue du Grand-Hôtel à Mont-Dore-les-Bains.

LE PLUS BEAU ET LE PLUS CONFORTABLE

DE LA STATION

Le seul entouré de jardins et construit en château. — A proximité du Parc et de l'Établissement Thermal. Dans les meilleures conditions de commodité et d'hygiène. Fondé par feu M. TACHÉ ✻, Régisseur des Eaux. — Écrire ou télégraphier d'avance à Mme TACHÉ-SERIZAY, propriétaire. — Appartements réservés aux plus loyales conditions. — Tous renseignements contre envoi de timbres-poste.

English Spoken. — Man spricht Deutsch.

On s'est plaint de ne pas rencontrer dans nos montagnes cette propreté délicate et ce large bien-être indispensable aux gens du monde. Le Grand-Hôtel du Mont-Dore offre, sans augmentation de prix, tout le luxe de bon aloi réclamé par la clientèle d'élite dont il s'honore. La maison, n'assurant ni prime ni pourboire, se prémunir contre les erreurs volontaires et les fausses indications

MONT-DORE-LES-BAINS

GRAND HÔTEL DU PARC

VUE DE L'HOTEL DU PARC, AU MONT-DORE

Maison de premier ordre située vis-à-vis du Parc, du Casino, et près des Bains.

Écrire ou télégraphier à M⁄me L. CHABORY, seule de ce nom, au Mont-Dore — VILLAS & CHALETS

MONT-DORE-LES-BAINS

GRAND HOTEL DES ÉTRANGERS

PRÈS DE L'ÉTABLISSEMENT

JALLAT aîné et **COURTIAL**, propriétaires

Appartements confortables pour familles. — Prix modérés.
Jardin. — Agrandissements considérables.

Cet Hôtel se recommande par son confortable et sa bonne tenue

MONT-DORE-LES-BAINS

HOTEL DES THERMES

Mme PAYOT, *Propriétaire*. — **DOUNIOL**, *Successeur*

L'Hôtel des Thermes est recommandé aux familles pour son confortable et sa bonne tenue. — Prix modérés.

Appartements retenus d'avance sans augmentation de prix.
Ecrire ou télégraphier à M. DOUNIOL, Mont-Dore-les-Bains.

MONTPELLIER

LES DRAGÉES ANTILAITEUSES

De JAUME

Font disparaître en peu de temps le lait des jeunes mères.

Prix : FRANCO, *le flacon*, **3 fr.**

EAU DES NOURRICES

Guérissant en 48 heures les gerçures des seins.

Prix : FRANCO, *le flacon*, **2 fr. 50**

Écrire Pharmacie **GÉLY**, à Montpellier.

NÉRIS-LES-BAINS (ALLIER)

GRAND HOTEL DE PARIS

DE
premier ordre

BITON-LAFONT
Propriétaire

PAVILLON
ET
VILLA
Séparés de l'Hôtel

Omnibus à tous les trains
AUX GARES DE MONTLUÇON ET CHAMBLET-NÉRIS

GRAND HOTEL ROCHETTE
DE FRANCE ET DU PARC RÉUNIS
ROCHETTE, propriétaire

Situation exceptionnelle en face l'Etablissement thermal et sur le Parc, vis-à-vis le Kiosque de la musique. — Grand Jardin attenant à l'hôtel, avec pavillons séparés pour familles.
Omnibus de l'Hôtel à tous les trains.

NEVERS

GRAND HOTEL DE LA PAIX

PREMIER ORDRE

EN FACE DE LA GARE

Chambres et appartements très confortables pour familles. — *Petit déjeuner* 1 fr.; *déjeuner*, 3 fr.; Dîner, 3 fr. 50. — Chambres depuis 2 fr. — Cuisine très recommandée aux familles.

LOCATION D'ÉQUIPAGES EN TOUS GENRES

FAUCONNIER, Propre.

NEVERS (Nièvre)

HOTEL DE FRANCE

B. COTHENET, propriétaire

Établissement de premier ordre. — Nouvellement agrandi et meublé à neuf; recommandé par son confortable et sa belle situation, en face du square Devaux et de la Préfecture. — Table d'hôte. — Service particulier à la carte. — Appartements pour familles et voyageurs. — Omnibus tous les trains.

NEVERS

Maison de la Vraie Nougatine Nivernaise

CARAQUE DE NEVERS

A. GUILLOT, MARGAINNE, Succr

Rue du Commerce, 75

Maison de confiance, *très recommandée pour la Nougatine et le Caraque*.

Expéditions par colis postaux

NIMES (Gard)

Hôtel du Cheval-Blanc et des Arènes

Bien situé, en face et place des Arènes. — **TAYOL-ROY**, PROPRIÉTAIRE. — Maison de premier ordre, très recommandée. — Table d'hôte et service particulier. — Salon de correspondance. — *Omnibus de l'hôtel à tous les trains.*

NIMES

HOTEL DU LUXEMBOURG

Grand hôtel, spécialement recommandé aux familles et aux touristes. — **Réputation européenne.** — Situation parfaite dans le plus beau quartier de la ville. — Grands et petits appartements. — Confortable. — Journaux anglais. — *English spoken*. — Table d'hôte et restaurant. — Omnibus.

A. RÉMÉZY.

NIMES

Spécialité de Croquants

Maison VIELARET

FONDÉE EN 1775

13, rue Madeleine, 13

On expédie par colis postal à domicile, en boîtes de fer-blanc de 3 kilos, contre la somme de 7 fr. 60.

PARAY-LE-MONIAL
SAONE-ET-LOIRE

Gd Hôtel du Sacré-Cœur

Veuve DRAGO

A. RAUX, Successeur

Le seul en face de la chapelle de la Visitation

SPÉCIALEMENT RÉSERVÉ AUX PÈLERINS

MAISON DE PREMIER ORDRE

POUR MM. LES ECCLÉSIASTIQUES ET LES FAMILLES

Ouvert toute l'année. — Omnibus de l'hôtel à tous les trains.

Grand magasin d'objets de piété

VEUVE DRAGO

PATÉS D'ALOUETTES

CONSERVES DE GIBIER
CONSERVES DE LÉGUMES

Ancienne Maison
PROVENCHÈRE
FONDÉE EN 1500
BREVETÉE EN 1817

A. Gringoire

Rue de la Couronne, 11 et 13, à PITHIVIERS (Loiret)

Exposition universelle de **1889**
MÉDAILLE D'ARGENT

La plus haute récompense obtenue à **Pithiviers**

Médaille d'argent

Havre 1887

Médaille d'argent

Paris 1879

Médaille de bronze

Paris 1878

Pâtés, Terrines et Boîtes
d'Alouettes, Perdreaux, Cailles, Canards, Lièvres désossés et truffés

Les boîtes se recommandent tout spécialement pour les déplacements de la saison d'été. — Les conserves d'alouettes se vendent toute l'année.

Adresse télégraphique : GRINGOIRE, PITHIVIERS.

Envoi sur demande du Catalogue illustré.

S.t LEGER

DYSPEPSIES, GRAVELLES, DIABÈTE, CONVALESCENCES, ENTÉRITES, ANÉMIES

EAU minérale, alcaline, gazeuse, reconstituante
Saison thermale du 15 mai au 15 octobre. — CASINO.

Établissement THERMAL à POUGUES (Nièvre)

Établissement THERMAL à POUGUES (Nièvre)

SPLENDID HOTEL

Propriété de la Compagnie. — 120 chambres. — Salons. — Chambres à deux lits. — Salons de jeux, de lecture, etc. — **Luxe.** — **Confort.** *Prix modérés.*

Pour tous renseignements, demandes d'eau, brochures S'adresser à la Compagnie de POUGUES, Chaussée d'Antin, 22.

LE PUY (Haute-Loire)

G.d HOTEL DES AMBASSADEURS
A. MOULYADE
L. LEVADOUX-BELLON, Succr

Maison de premier ordre, entièrement meublée et restaurée à neuf. — Situation exceptionnelle. — Se recommande à MM. les voyageurs et touristes. — TABLE D'HÔTE. — **Omnibus à tous les trains** — Restaurant. — ENGLISH SPOKEN.

LE PUY (Haute-Loire)

GRAND HOTEL DE L'EUROPE
Tenu par PRULIÈRE
Place de l'Hôtel-de-Ville, 14 et 16

Confortable et soins. — Prix modérés. — Omnibus de l'hôtel à tous les trains. — Voitures pour excursions.

ROYAT

(PUY-DE-DOME)

Grand Établissement Thermal

OUVERT TOUTE L'ANNÉE

Saison du 15 Mai au 15 Octobre

Bains à eau thermale courante. — Grande piscine de natation. Douches. — Aspirations. — Pulvérisations. — Hydrothérapie. — Gymnase. — Douches et bains d'acide carbonique, etc.

Casino, Jeux, Concerts et Spectacles

BELLES EXCURSIONS

EXPÉDITION DES EAUX

St-MART, dite *Fontaine des Goutteux*. — Goutte, Rhumatisme, Gravelle.

St-VICTOR (FERRUGINEUSE ET ARSÉNICALE.) — Anémie, Chlorose, Voies respiratoires. — Eczéma.

CÉSAR. Dyspepsies, Gastralgies, Flatulences.

Caisses de 30 à 50 bout. : **20 fr.** et **30 fr.** *franco* Gare ROYAT

Notices et renseignements, 5, rue Drouot, PARIS.

STATION THERMALE DE ROYAT-LES-BAINS
(PUY-DE-DOME)

GRAND-HOTEL

Ouvert du 15 mai au 15 octobre

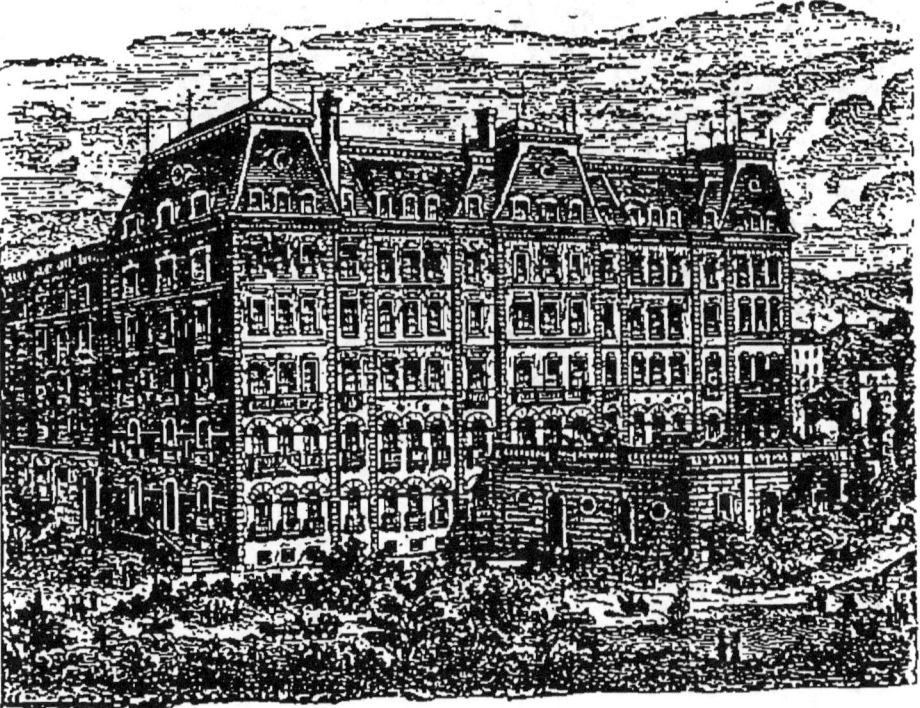

Vue du Grand-Hôtel, à Royat-les-Bains.

SERVANT, propriétaire.

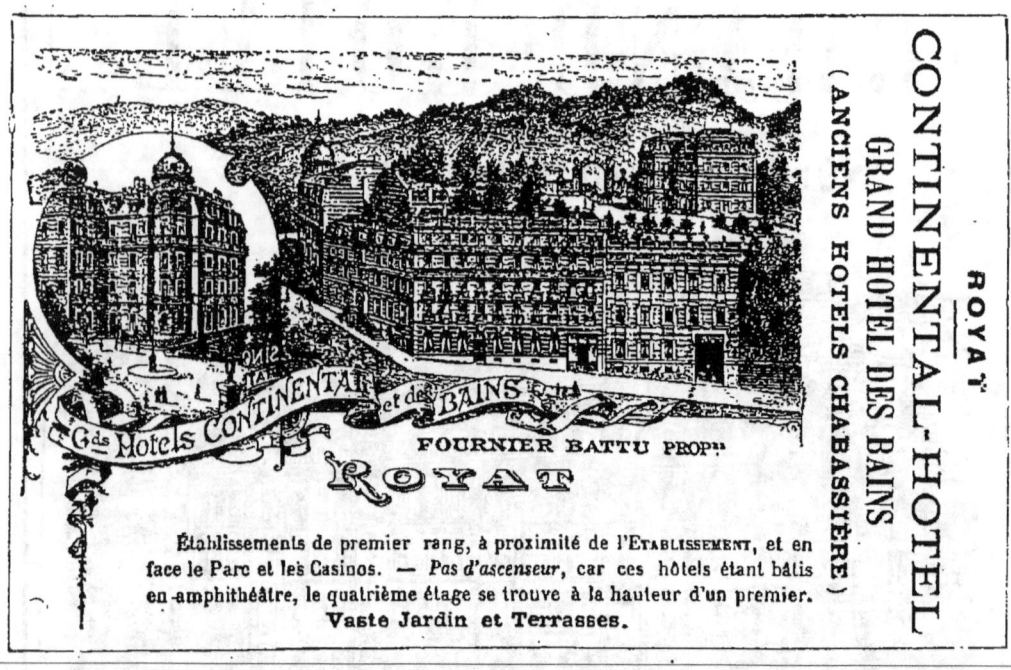

ROYAT-LES-BAINS (Puy-de-Dôme)

GRAND HOTEL DE L'EUROPE

ENGLISH SPOKEN — JARDINS

Premier ordre. — **A proximité de l'Établissement, du Parc et du Casino.** — Table d'hôte et Restaurant à la carte. — *Appartements pour familles.* — Grand confortable.

Henri BOUCARD, Propriétaire.

HOTEL DE PARIS

Confortable maison recommandée aux familles et aux touristes pour sa situation, sa **cuisine très soignée** et sa tenue. — **Jardin**. — Pension depuis 9 fr., *tout compris, même le petit déjeuner du matin.* — Arrangements pour familles en cas de séjour prolongé. — Villa Médicis à louer pour familles. — Appartements et cuisines indépendantes.

BACQUELIN, Propriétaire.

HOTEL DE LA PAIX

A. HERPIN

A proximité de l'**Etablissement des bains** et du **Nouveau Casino**. — Maison de famille. — Appartements très confortables. — Grand Jardin.

PRIX MODÉRÉS

ROYAT-LES-BAINS (Suite)

GRAND HOTEL DE LYON
DE PREMIER ORDRE

Situé dans le **nouveau Parc**, près de l'**Établissement**. — **Vue splendide sur toute la vallée.** — Maison de famille entièrement remise à neuf. — Chambres et Appartements confortables. — **Prix modérés.** — *Omnibus à la gare.*

Mme Veuve DELAVAL, Propriétaire.

ROYAT-LES-BAINS

PHOTOGRAPHIE DU GRAND MONDE
SUCCURSALE DE LA PHOTOGRAPHIE LÉOPOLD

1, *Cours Sablon* (en face du Quartier Général)

CLERMONT-FERRAND

Plusieurs 1res Médailles d'argent, Médaille d'or 1889

Cette Maison, une des plus importantes du centre de la France, se recommande spécialement à sa nombreuse clientèle pour le tirage au charbon des cartes de visite et album, sur fonds russes et illusions : dernier cachet, qui n'a pas de précédent jusqu'à ce jour.

SPÉCIALITÉ DES GRANDS PORTRAITS
Au charbon et polychromes, garantis inaltérables

Portraits Décès de jour et même de nuit
SPÉCIALITÉ D'EMBLÈMES POUR IMMORTELLES
BON MARCHÉ EXCEPTIONNEL

SAINT-ÉTIENNE (Loire)

HOTEL DE FRANCE

PLACE DORIAN, LE PLUS AU CENTRE DE LA VILLE

Recommandé au Commerce.

Appartements pour familles. — Grand confort. — Salon de lecture. — Table d'hôte. — Service particulier. — **Ascenseur EDOUX.** — *Omnibus de l'hôtel à tous les trains.*

J. JOURNEL, Propriétaire.

SAINT-HONORÉ-LES-BAINS

GRAND HOTEL
DE LA
VILLA VAUX-MARTIN

Mme BAYEUX-RASSE
PROPRIÉTAIRE

Établissement de 1er ordre situé en face le Parc

Ouvert du 15 mai au 1er octobre

MAISON DE PREMIER ORDRE
VIE DE FAMILLE
Grand confortable. — Clientèle d'élite

CUISINE TRÈS SOIGNÉE. — EXCELLENTE CAVE

Pensions et chambres diverses. — Prix modérés

VASTES JARDINS PARTICULIERS A L'HOTEL

ÉCURIES ET REMISES

SALON, VASTE SALLE A MANGER POUR 200 PERSONNES

Salles particulières. — Salle de billard

BIBLIOTHÈQUE — JEUX VARIÉS

SAINT-HONORÉ (Nièvre) est desservi par les gares de Vandenesse-St-Honoré et de Remilly

Omnibus de l'Hôtel à tous les trains.

SAINT-HONORÉ-LES-BAINS

GRAND HOTEL DU MORVAN

HOTEL BELLEVUE

HOTEL DES BAINS

VILLA DES PINS, située dans les Sapins

VILLA SUZANNE

PETITE VILLA SERPOLET

Ces établissements, **de premier ordre**, sont dirigés par Mme veuve WALSDORFF et M. WALSDORFF Fils.

Les Baigneurs sont assurés de trouver, dans ces différents hôtels, une cuisine très recherchée, une cave renommée et des soins empressés.

Le service est parfaitement organisé.

L'**Hôtel des Bains** se trouve dans le **Parc** attenant à l'Etablissement thermal.

Le **Grand Hôtel du Morvan**, admirablement situé au **centre du Parc**, est le plus considérable de ces Hôtels. — Près de 100 chambres et salons.

Les prix sont modérés.

Veuve WALSDORFF et Fils, Propriétaires.

SENS (YONNE)

HOTEL DE PARIS

PRÈS DE LA CATHÉDRALE

Maison fréquentée par les Touristes, les Familles et le Commerce. — Appartements confortables pour familles. — English spoken. — *Omnibus à tous les trains.*

LEMOINE-AUDY, propriétaire.

ATTENTION !!!   **VALS ✵✵✵**   **LISEZ !!!**

Eau minérale **SUPÉRIEURE** inaltérable par le transport

Autorisée par l'État, approuvée par l'Académie de médecine pour l'usage médical et comme boisson hygiénique de table

VALS ✵✵✵ est héroïque dans toutes les maladies des voies digestives : dyspepsie, gastrite, constipation, diarrhée, migraine, vertige stomacal. Elle est surtout digestive, apéritive et reconstituante. Les gens de bureau, les hommes de lettres, les rentiers doivent en faire usage aux repas, coupée avec du vin ou autre boisson.

Détail dans les pharmacies et chez les marchands d'Eaux

Pour le gros, s'adresser :
A M. CHAMPETIER, directeur des Vals ✵✵✵,
à VALS (Ardèche).

EAUX MINÉRALES NATURELLES
ADMISES DANS LES HOPITAUX

Saint-Jean. Maux d'estomac, appétit, digestions.

Précieuse. Bile, calculs, foie, gastralgies, gravelle.

Rigolette. Appauvrissement du sang, débilités.

Désirée. Constipation, coliq. néphrétiques, calculs.

Magdeleine. Foie, reins, gravelle, diabète.

Dominique. Asthme, chloro-anémie, débilités.

Impératrice. Estomac. Eau de table parfaite.

Très agréables à boire. Une bouteille par jour.

Société générale des **EAUX, VALS (Ardèche)**

DIRECTION : 4, RUE GREFFULHE, PARIS

VICHY

HOTELS DE PREMIER ORDRE

SUR LE PARC — RECOMMANDÉS

Grand Hôtel des Thermes

Sur le Parc et Casino

ASCENSEUR — TÉLÉPHONE

MAUSSANT, PROPRIÉTAIRE

VILLA MAUSSANT

GRAND HOTEL MONTBRUN

ET

DU CASINO

GIBOIN, Propriétaire

G^D HOTEL DES AMBASSADEURS

ET

CONTINENTAL

COMPLÈTEMENT TRANSFORMÉ. — ASCENSEUR

ROUBEAU ET COLLET, PROPRIÉTAIRES

GRAND HOTEL DU PARC

ET

GRAND-HOTEL

GERMOT, Propriétaire

VICHY

GRAND HOTEL DE NICE

FRÉMONT-HÉRITIER
PROPRIÉTAIRE

L'hôtel de Nice est situé en face d'un passage couvert qui aboutit au parc, en face le Casino, près des sources et des établissements thermaux.

Recommandé par son confortable et ses prix modérés, à partir de **7 fr. 50** par jour, appartement, table d'hôte, vin et service compris.

Omnibus à tous les trains.

HOTEL RIVOLI

PÉRISSE-BARJOT, propriétaire.

Cette maison, très recommandable, se trouve située
Boulevard de l'Hôtel-de-Ville

Au centre des deux Parcs, près le Casino, la Poste et le Télégraphe, c'est-à-dire au milieu de la vie thermale et des agréments

TABLE D'HOTE ET RESTAURANT
Prix : de 7 à 10 fr. par jour.

OMNIBUS

HOTEL D'ORLÉANS

V. DUMAS, propriétaire.

EN FACE LE CASINO

PRÈS DES ÉTABLISSEMENTS THERMAUX

Cet Hôtel, considérablement agrandi et entièrement réparé à neuf, se recommande par son confortable.

Omnibus à tous les trains.

VICHY
GRAND HOTEL DE RUSSIE
ET DE NIMES

Place de la Source et des Bains de l'Hôpital
Près le Parc et le Casino

SALLES DE RESTAURANT — CUISINE AU GOUT DU CLIENT

Prix : de **7** *fr. à* **10** *fr.* tout compris.

JARDIN OMBRAGÉ

Ecrire ou télégraphier : SOALHAT-MEUNIER, Propriétaire
VICHY
(Allier)

Omnibus à tous les trains.

Ouvert du 15 avril au 15 octobre.

VICHY
HOTEL ET VILLA DE PLAISANCE
Boulevard National

Agrandi de l'immeuble contigu connu sous le nom de **Chalet de l'Hôtel de Londres**. — Excellente Maison de Famille, près des Sources Célestin et Hôpital, de la Poste, du Télégraphe et du Téléphone, le Kiosque de la Musique et le Casino. — *Très recommandée pour sa bonne tenue.* — Prix : **7 à 12 fr.** — *Omnibus.* — *Se défier des pisteurs.*

Écrire ou télégraphier **SERVAGNET**, Propriét. Vichy.

VICHY
HOTEL des CHARMILLES
Boulevard National et rue du Pont

Splendide situation sur les nouveaux Parcs, à côté de la Source de l'Hôpital, de la Poste et du Casino. *Se recommande par sa bonne tenue.* — Chauffé par un calorifère. — Ouvert toute l'année. — Pension : **7 à 10 fr.** — Omnibus.

A. TIXIER, Propriétaire

VICHY
Hôtel du Havre, Villa St-James

Rue Strauss, sur les Parcs, en face le Casino.

Excellente Maison recommandée. — Hôtel de famille. — Cuisine bourgeoise. — Table d'hôte et service particulier. — Pension de 7 à 12 francs. — *Omnibus à tous les trains*.

MOUREY-GIRAUD, Propriétaire.

VICHY
HOTEL DE ROUEN ET DE LA LOIRE
190, Rue de Nîmes.

Maison de confiance recommandée aux Familles pour sa cuisine très soignée, sa bonne tenue et les soins empressés qu'on y trouve. — Situation très agréable. — **Près du Parc, des Sources et du Casino.** — Vue sur le Parc. — Table d'hôte et Restaurant à la carte. — *Omnibus à la gare.* — Pension de 6 à 9 fr. par jour, vin compris. — **Mme V^o CHOSSON**, Propr^{re}.

VICHY
PHARMACIE A. MALLAT
Place de l'Hôpital, — VICHY.

Dépôt de toutes les Eaux minérales françaises et étrangères.

Laboratoire d'analyses chimiques (spécialement d'analyses d'urines) dirigé par A. MALLAT, pharmacien de 1re classe, ex-interne des hôpitaux de Paris.

Analyse complète (qualitative et quantitative), 10 fr. — Analyse qualitative, ou Dosage d'un corps : sucre, urée, albumine, etc., 5 fr.

Administration des eaux minérales de Vichy, source MALLAT de Saint-Yorre. — L'eau de la source MALLAT, à Saint-Yorre, est très alcaline et très gazeuse ; sa faible température (12°) la recommande aux malades qui désirent continuer *chez eux* le traitement de Vichy. — Prix : la caisse de 50 bout., **20 fr.** ; de 30, **12 fr. 75** ; de 20, **8 fr. 50**. — *C'est l'Eau qui se vend le meilleur marché de tout le bassin de Vichy.*

S'adresser, pour les renseignements et les commandes, à la pharmacie MALLAT, place de l'Hôpital, à Vichy.

DEPOT : Chez tous les Pharmaciens, Droguistes, Marchands d'Eaux minérales de France et de l'étranger.

Les personnes qui boivent de l'Eau de

feront bien de se prémunir contre les substitutions auxquelles se livrent certains commerçants qui, lorsqu'on leur demande de l'Eau de Vichy, donnent une eau étrangère sous une étiquette à peu près semblable.

La Compagnie Fermière de l'Établissement de Vichy ne garantit que les eaux portant sur l'étiquette, sur la capsule et sur le bouchon, le nom d'une de ses sources, telles que :

CÉLESTINS — GRANDE-GRILLE — HOPITAL HAUTERIVE — MESDAMES — PARC

Ces sources sont les seules dont le puisement et l'embouteillage sont surveillés par un représentant de l'État.

LES VÉRITABLES
Pastilles aux Sels naturels extraits des Eaux minérales de

VICHY

sont vendues en boîtes métalliques scellées
et portant les marques de la **Compagnie fermière de Vichy**

Digestions difficiles — Maux d'estomac

SELS NATURELS extraits des sources de l'État, pour préparer soi-même l'eau de Vichy. — La boîte de 50 paquets, **5 fr.** — La boîte de 25 paquets, **2 fr. 50**. — *Un paquet pour un litre.* — Exiger la marque de la Cⁱᵉ fermière.

VICHY
SOURCE SAINT-YORRE

Propriété de N. LARBAUD-St-YORRE

La plus fraîche et par suite la plus gazeuse et la moins altérable par le transport : souveraine contre les **Maladies du Foie, de l'Estomac et des Reins, le Diabète, la Gravelle et la Goutte**

PRIX : 20 francs la Caisse de 50 litres

(Emballage compris)

Dépôt chez les pharmaciens et marchands d'eaux minérales

Pour éviter toute surprise, exiger au bas de l'étiquette de chaque bouteille la signature du prop^{re} : **N. LARBAUD-St-YORRE**.

PASTILLES DIGESTIVES, SUCRE D'ORGE ET SELS DE VICHY

DOSÉS POUR BAINS

S'adresser au propriétaire, N. LARBAUD-St-YORRE, pharmacien de première classe, fondateur de l'établissement thermal de Saint-Yorre, pavillon Prunelle, place Lucas, VICHY.

St-YORRE — VICHY SOURCE GUERRIER

La plus gazeuse du bassin de **Vichy**. La plus riche des sources de St-Yorre. La meilleure pour la consommation à domicile. Son efficacité reconnue dans les affections du *tube digestif*, du *foie*, de la *rate*, dans le *diabète*, les *coliques néphrétiques*, justifie son immense succès.

La Caisse de 50 Bouteilles, 20 fr., port en sus.

En vente partout et chez **GUERRIER** père et fils, à St-Yorre, près Vichy

EAU MINÉRALE NATURELLE DE
VICHY

Source VAIRET « la favorisée de St-Yorre »

La Source **VAIRET** de **ST-YORRE** doit à l'heureuse combinaison de ses éléments minéralisateurs de résumer en elle toutes les supériorités du bassin de **VICHY**.

La supériorité de la Source **VAIRET**, qui lui a valu le nom de « la favorisée de St-Yorre », est absolument établie et reconnue par le corps médical, qui l'a déclarée la meilleure et la plus efficace pour traiter à domicile toutes les affections du foie et des voies digestives, etc.

Prix : 20 francs la caisse de 50 bouteilles, en gare de départ.

REMISE AU COMMERCE

Dépôt chez les principaux Pharmaciens et Marchands d'eaux minérales.

S'adresser à MM. A. **VAIRET** et Ernest **VAIRET**, Pharmaciens de 1re Classe, à ST-YORRE, près VICHY (Allier).

VICHY-HAUTERIVE

SOURCE AMÉLIE

EAU MINÉRALE NATURELLE

La plus minéralisée du bassin

Principes : 10 gr. 593 par litre.

La Caisse de 50 bouteilles, 20 fr.

EMBALLAGE COMPRIS

Écrire : **M. THIOLLIER**, Propriétaire.

HAUTERIVE, par VICHY (Allier)

VICHY
HAMMAM VAPORIFÈRE

Rue Burnol, sur le Parc

Grand établissement médical, le plus complet et le mieux installé de l'Europe.

APPAREILS SPÉCIAUX
Approuvés par l'Académie de médecine de Paris.

Traitement des maladies par l'action combinée ou séparée des eaux de Vichy, de la vapeur, de l'électricité, de l'air atmosphérique, des gaz, des exercices du corps, etc.

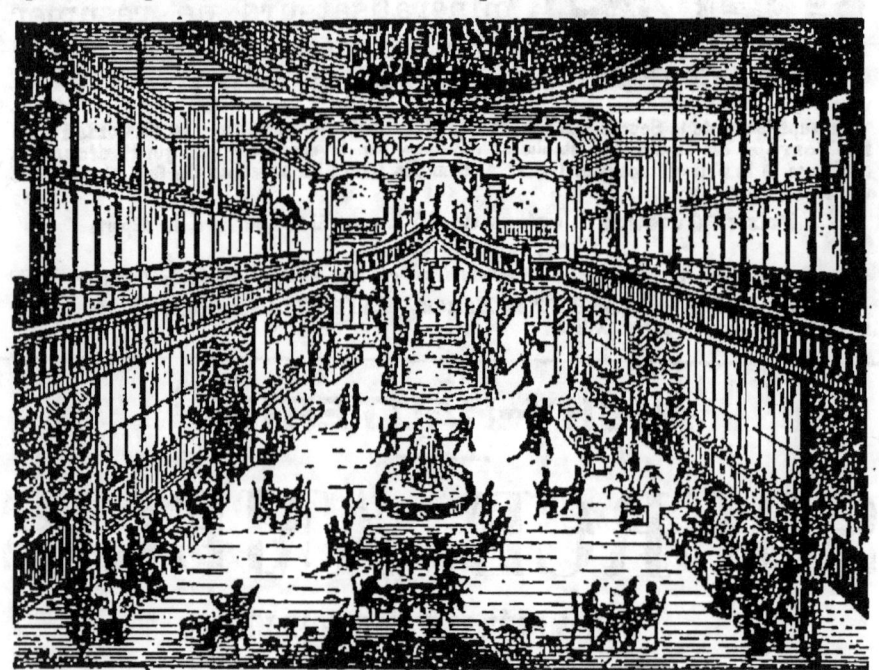

Nature des opérations

Bains d'eau de toute nature : ordinaires, alcalins, sulfureux, etc. — Bains de vapeur ou de sudation, simples, médicinaux, thermo-résineux, etc. — Bains électriques. — Bains turco-romains et russes. — Bains d'air comprimé. — Douches hydrothérapiques ; douches de vapeur et électriques. — Inhalations de vapeur, d'oxygène. — Irrigations. — Injections. — Pulvérisations. — Frictions; Massages. — Lavages de l'estomac, de la vessie, etc.
Gymnastique et hydrothérapie complète : 6 grandes salles de douches et deux grandes piscines à eau courante froide et tempérée.

Demander brochure explicative au Directeur.

VICHY

INSTITUT

Thermo-Résineux et Hydrothérapique

FONDÉ ET DIRIGÉ PAR

Le Docteur BERTHOMIER

Ex-médecin des hospices de Cusset (Allier)

Avenue Victoria, près l'avenue des Cygnes

Traitement par les Bains d'air chaud résineux, térébenthiné, au goudron, etc. —
TRAITEMENT HYDROTHÉRAPIQUE COMPLET
Traitement par l'électricité
Traitement par le massage. — Inhalations d'oxygène.
Irrigations diverses. — Pulvérisations.

VICHY

G^D BOUILLON PARISIEN

EN FACE LE CAFÉ RICHE

Rue Sornin

Etablissement très confortablement installé

Cuisines et cave recommandées

Déjeuners à prix fixe et à la carte.

Hotel meublé entièrement à neuf avec chambres et appartements très confortables attenant au restaurant du *Grand Bouillon parisien*. — Prix de la pension pour les clients de l'hôtel meublé qui prendront leurs repas au restaurant, service **à la carte**, chambre comprise, 7 fr. 50 par jour.

JULES BOU^{...}OILLE, Propriétaire

LIBRAIRIE HACHETTE & Cie

BOULEVARD SAINT-GERMAIN, 79, PARIS.

Mise en vente par Livraisons

Depuis le 25 février 1893

DE LA

Marine française

Par M. MAURICE LOIR

LIEUTENANT DE VAISSEAU

CONDITIONS ET MODE DE PUBLICATION

La Marine française sera publiée en 25 livraisons.

Chaque livraison, protégée par une couverture tirée en 2 couleurs, comprendra alternativement 16 *pages de texte* et 2 *magnifiques planches hors texte* imprimées en deux teintes, ou 24 *pages de texte* et 1 *planche hors texte*.

PRIX DE CHAQUE LIVRAISON : **1 FRANC**

L'ouvrage complet formera un superbe volume in-8 de plus de 550 pages, illustré, d'après les compositions de MM. Couturier et Montenard, d'environ 250 gravures dans le texte tirées en noir ou en deux teintes, et de 36 planches hors texte imprimées en deux couleurs.

PRIX DE L'OUVRAGE COMPLET, BROCHÉ : **25 FR.**

Il paraît régulièrement une livraison par semaine, le samedi, depuis le 25 février 1893.

HACHETTE & Cie, BOULEVARD ST-GERMAIN, 79, A PARIS

La Mode Pratique

Revue de la Famille

Publiée sous la direction de Mme C. DE BROUTELLES

PARAIT TOUS LES SAMEDIS

Le Numéro : VINGT-CINQ centimes

30 centimes le numéro pour la Belgique, la Hollande et le Luxembourg.

| 50 c. le numéro avec une planche en couleurs ou une planche de patrons. | 75 c. le numéro avec une planche en couleurs et une planche de patrons. |

1 FRANC LE NUMÉRO DE L'ÉDITION DE LUXE

La Mode Pratique désire avant tout mettre ses lectrices à même de s'habiller avec le goût le plus sûr, à la fois très simple et très élégant, aussi bien qu'avec la plus STRICTE ÉCONOMIE.

La Mode Pratique offre à ses abonnées d'exécuter leurs ORDRES D'ACHATS de toute nature, même de la plus minime importance.

La Mode Pratique offre des conditions de BON MARCHÉ EXCEPTIONNEL aux abonnées qui lui confient l'exécution des toilettes décrites 1.

La Mode Pratique envoie, d'après les mesures fournies, tous les patrons des objets décrits.

La Mode Pratique envoie, dans un carton, à toute abonnée qui désire confectionner elle-même une toilette complète d'après les gravures du journal, tous les matériaux nécessaires, étoffe, doublure, passementerie, plumes, fleurs, etc.

La Mode Pratique offre à SES LECTRICES quatre concours par mois, littérature, dessin, travaux à l'aiguille, économie domestique, cuisine, etc., et leur donne par an 8 000 francs de prix.

La Mode Pratique pour faciliter leurs demandes, tient à la disposition de ses abonnées douze feuilles de commande de son service d'achats et douze enveloppes spéciales, moyennant l'envoi d'un timbre-poste de 15 centimes.

Les abonnements partent du 1er de chaque mois.

ABONNEMENTS POUR 3 MOIS, 6 MOIS ET UN AN
Édition simple : 3 fr., 6 fr. et 12 fr.

Ces prix augmentent de 12 fr. à 15 fr., 18 fr. et 25 fr. suivant que l'on désire recevoir une planche en couleurs, par mois, par quinzaine ou par semaine.

Envoi gratuit d'un numéro spécimen demandé par lettre affranchie

Envoi d'un numéro spécimen avec PLANCHE EN COULEURS, contre envoi d'un timbre de 15 centimes.

1. Cet avantage est réservé aux abonnés d'un an.

Les demandes d'abonnement directes doivent être accompagnées du montant du prix en un mandat-carte, en timbres-poste ou en mandat sur la poste au nom de la librairie HACHETTE et Ce, boulevard Saint-Germain, 79.

LE MONT-DORE

ET

LES EAUX MINÉRALES D'AUVERGNE

COLLECTION DES GUIDES JOANNE

— GUIDES DIAMANT —

LE MONT-DORE

ET

LES EAUX MINÉRALES D'AUVERGNE

LA BOURBOULE — ROYAT — CHATELGUYON
CHATEAUNEUF — SAINT-NECTAIRE — SAINT-ALYRE

PAR

P. JOANNE

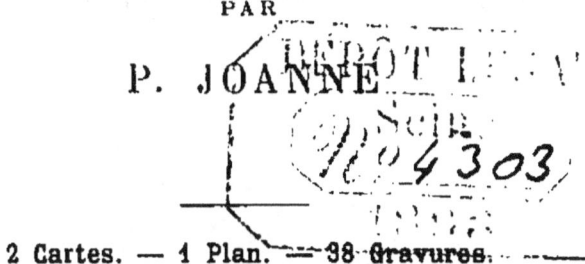

2 Cartes. — 1 Plan. — 38 Gravures.

PRIX : 2.00

PARIS

LIBRAIRIE HACHETTE ET Cⁱᵉ

79, BOULEVARD SAINT-GERMAIN, 79

1893

Droits de propriété et de traduction réservés.

Toutes les mentions et recommandations contenues dans le texte des Guides-Joanne sont entièrement gratuites.

TABLE MÉTHODIQUE

I

De Paris au Mont-Dore : A, par Montluçon et Eygurande, 1 ; B, par Clermont-Ferrand, 2.

II

Clermond-Ferrand.

Situation, aspect général, 19. — Direction, 21. — Histoire, 22. — Places, 23. — Edifices religieux, 26. — Edifices civils, 34. — Montferrand, 40.

III

Environs de Clermont-Ferrand.

Chamalières, Saint-Mart, Royat, puy de Gravenoire, Fontanas, 42. — Environs de Royat, 52. — Puy de Dôme, Puy de Pariou, grottes du Clierzou, 59. — Pongibaud et ses environs, 68. — Volvic, Tournoël, Enval, Mozac, 78. — Mont-Rognon, Gergovie, 84. — Thiers, 89.

IV

De Clermont au Mont-Dore.

1° De Clermont au Mont-Dore par le chemin de fer, 96. — 2° Par Ceyrat, Randanne et le lac de Guéry, 98. — 3° Par Royat-les-Bains et Pardon, 104. — 4° Par Rochefort, 105. — 5° Par Nébouzat, Olby et Rochefort, 105. — 6° Par Issoire et Saint-Nectaire, 106. — 7° Par le Cendre, Saint-Amant-Tallende, 112. — 8° Par Rochefort, la Queuille et la Bourboule, 114. — De Nîmes au Mont-Dore, par Issoire, 118.

V

Le Mont-Dore et ses environs.

Mont-Dore-les-Bains. 124. — Environs du Mont-Dore, 134. — 1º Vallée du Mont-Dore, Salon et pic du Capucin, vallée de Lacour, gorge d'Enfer, 135. — 2º Grande cascade, les Égravats, cascade du Serpent, cascade de la Dore, pic de Sancy, 140. — 3º Salon de Mirabeau, cascades de la Vernière et du Plat-à-Barbe, Grande Scierie, 146. — 4º Cascades de Queureilh et du Rossignolet, cascades du Saut-du-Loup et du Barbier, lac de Guéry, etc., 150. — 5º Murols, lac Chambon, le Saut-de-la-Pucelle, cascade des Granges, Saint-Nectaire, vallée de Chaudefour, 152. — 6º Vassivières, lacs Pavin, Chauvet, Montcineyre, Bourdouze, cascade d'Anglard, 159. — 7º Besse, grottes de Jonas, 163.

VI

La Bourboule.

La Bourboule et ses eaux thermales, 168. — La Roche-Vendeix, la Tour, Saint-Sauve, Murat-le-Quaire, 174. — Le puy Gros, la Banne d'Ordenche, 177.

VII

Saint-Nectaire.

De Clermont à Saint-Nectaire par Issoire, 178. — De Clermont à Saint-Nectaire par Coudes, 181. — Saint-Nectaire, 181. — Établissement du Mont-Cornadore, 186. — Établissements de Saint-Nectaire-le-Bas, 188.

LISTE DES GRAVURES

1. Église de Sainte-Croix, à Gannat. 7
2. Église Notre-Dame, à Aigueperse. 9
3. Sainte-Chapelle, à Riom. 13
4. Châtelguyon-les-Bains. 15
5. Fontaine de Jacques d'Amboise, à Clermont-Ferrand. 25
6. Notre-Dame-du-Port, à Clermont-Ferrand. 27
7. Intérieur de Notre-Dame-du-Port. 29
8. Cathédrale de Clermont-Ferrand. 31
9. Montferrand. 41
10. Établissement de Saint-Mart, à Royat. 47
11. Église de Royat. 49
12. Une Rue de Royat. 51
13. Grotte de Royat. 53
14. Ruines du temple de Mercure. 65
15. Chaîne des Dômes, vue prise de la base du puy Chopine. 69
16. Château de Tournoël. 81
17. Ravin d'Enval. 83
18. Plateau de Gergovie. 87
19. Pont Saint-Jean à Thiers. 93
20. Église d'Issoire 111
21. Église d'Orcival. 115
22. Rochefort. 117
23. Église Saint-Julien, à Brioude. 121
24. Le Mont-Dore. 125
25. Établissement thermal du Mont-Dore 129
26. Les Burons. 139
27. Cascade du Serpent. 143
28. Le Pic du Sancy. 145
29. La région des lacs, au sud du Mont-Dore. 147
30. La grande Scierie. 149
31. Cascade de Queureilh 151
32. Château de Murols. 155
33. Lac Chambon. 157
34. Lac Pavin. 161
35. Tour du Beffroi, à Besse. 165

36. La Bourboule. 169
37. Champeix. 179
38. Saint-Nectaire. 183

CARTES ET PLANS

1. Carte d'Auvergne. 1
2. Carte des environs du Mont-Dore 124
3. Plan de Clermont-Ferrand. 19

AVIS DES ÉDITEURS

Le guide-diamant « *Le Mont-Dore et les Eaux minérales d'Auvergne* » est une édition entièrement refondue du *Guide aux Eaux minérales du Mont-Dore*, de Saint-Alyre, de Royat, de la Bourboule, de Saint-Nectaire et à Clermont-Ferrand, par Louis PIESSE. Toutes les descriptions de cet ouvrage qui ne demandaient aucune modification ont été, avec le consentement de l'auteur, conservées textuellement.

AUVERGNE.

LE MONT-DORE

LA BOURBOULE — CLERMONT-FERRAND

ROYAT — CHATEAUNEUF

CHATELGUYON — SAINT-NECTAIRE

I

DE PARIS AU MONT-DORE

A. Par Montluçon et Eygurande.

456 kil. Gare du chemin de fer d'Orléans (à Paris, quai d'Austerlitz). — 441 kil. de Paris à Laqueuille; chemin de fer; trajet en 11 h. 36 ou 12 h. 52; train direct le matin et le soir; billets directs dans toutes les gares du réseau, avec enregistrement de bagages pour le Mont-Dore ou la Bourboule. — 15 kil. de Laqueuille au Mont-Dore; route de voitures; correspond. à tous les trains; départ le matin à 8 h., le soir à 1 h. 45; trajet en 1 h. 30; 4 fr. 50; 3 fr. 50; 2 fr.

Prix de Paris au Mont-Dore ou à la Bourboule (omnibus de Laqueuille compris) : 58 fr. 05; 43 fr. 65 et 31 fr. 50.

N. B. — Pour la description détaillée du trajet de Paris à Vierzon, V. l'itinéraire : de la *Loire à la Gironde*; pour Bourges et Montluçon, V. *Auvergne et Centre*.

32 kil. *Brétigny*. — 56 kil. Étampes (buffet). — 119 kil. Les Aubrais (buffet). — 121 kil. Orléans (buf-

fet). — 159 kil. *Lamotte-Beuvron.* 200 kil. **Vierzon** (buffet).

232 kil. **Bourges** (buffet).

277 kil. **Saint-Amand-Montrond.**

326 kil. **Montluçon** (buffet).

La voie ferrée remonte la vallée pittoresque du Cher. — 335 kil. *Lignerolles.* — 341 kil. *Teillet-Argenty.* — 349 kil. *Budelière-Chambon.* — Magnifique **pont-viaduc de la Tardes**, long de 250 mèt., haut de 92 mèt. et dont le tablier métallique repose sur deux grandes piles de maçonnerie, assises sur la roche et hautes de 60 et de 48 mèt.

354 kil. **Évaux** (station des Bains d'Évaux). — 363 kil. *Reterre.* — 372 kil. *Auzances.* — 379 kil. *Les Mars.* — 385 kil. *Mérinchal.* — 390 kil. *Letrade.* — 401 kil. *Giat.* — 407 kil. *Saint-Merd.* — 412 kil. *Feyt.* — 420 kil. *Eygurande-Merlines*, où l'on rejoint la ligne de Limoges à Clermont (*V.* ci-dessous).

441 kil. **Laqueuille** (buffet), correspondance.

Pour la description du trajet de Laqueuille au Mont-Dore, *V.* p. 118.

469 kil. **Le Mont-Dore** (*V.* p. 124).

B. Par Clermont-Ferrand.

420 kil. — Gare du chemin de fer de Lyon (à Paris, boulevard Diderot, 20). — 8 trains par jour, dont un train rapide et deux trains express. — Le rapide en 8 h. 14; les express en 9 h. 8 min. et 9 h. 30 min., y compris un arrêt de 7 min. ou de 25 min. à Saint-Germain-des-Fossés. Les trains omnibus en 11 h. 19 min., 14 h. 19 min. et 15 h. 50 min., y compris un arrêt de 22 min., à 1 heure, à Saint-Germain-des-Fossés. —

MOULINS. — SAINT-GERMAIN-DES-FOSSÉS.   3

1re cl., 51 fr. 75 c.; 2e cl., 38 fr. 70 c.; 3e cl., 28 fr. 40.

N. B. — Pour la description détaillée du trajet de Paris à Nevers, V. *La Loire*; pour celle du trajet de Nevers à Saint-Germain-des-Fossés, V. *Auvergne et Centre*.

45 kil. **Melun**. — Forêt de Fontainebleau. — 59 kil. **Fontainebleau** (buffet). — Viaduc de Changy (30 arches de 20 mèt. de hauteur). On laisse à g. la ligne de Lyon.

67 kil. **Moret-sur-Loing** (buffet). — 87 kil. **Nemours**.

118 kil. **Montargis**. — 155 kil. **Gien**. — 196 kil. **Cosne**. — 205 kil. **Sancerre**. — 227 kil. — **La Charité**. — 241 kil. **Pougues**. — 247 kil. *Fourchambault*.

254 kil. **Nevers** (buffet).

264 kil. **Saincaize** (buffet), point de raccordement de la ligne du Bourbonnais et du chemin de fer de Bourges (à dr.).

313 kil. **Moulins** * (buffet), 21,721 hab., ch.-l. du départ. de l'Allier, sur l'Allier. — *Cathédrale Notre-Dame*, des xve et xvie s., aujourd'hui en voie d'achèvement (chœur magnifique, auquel a été ajoutée une nef ogivale, précédée de deux tours avec flèches en pierre hautes de 95 mèt.; vitraux remarquables). — *Église Saint-Pierre*, du xve s. — *Église du Sacré-Cœur*, moderne. — *Chapelle de Saint-Joseph* (xviiie s.), renfermant le magnifique tombeau du duc Henri II de Montmorency. — Restes du *château* des ducs de Bourbon (grosse tour du xive s., nommée la *Mal-Coiffée*, servant de prison; pavillon de la Renaissance où se trouve la gendarmerie). — *Tour de l'horloge*, du xve s. — *Hôtel de ville* (bibliothèque de 25,000 vol.). — *Palais de Jus-*

tice (musée archéologique). — *Maisons* des xv⁰ et xvi⁰ s. — Beau *pont* de 300 mèt.

A dr., ligne de Montluçon; à g., ligne de Chagny; belle vue sur la vallée de l'Allier. — 327 kil. *Bessay-sur-Allier.* — 333 kil. *La Ferté-Hauterive* (château à g., sur une colline). — On commence à apercevoir le puy de Dôme. — 342 kil. *Varenne-sur-Allier* (2,710 hab.). — Pont sur le Valençon. — 348 kil. *Créchy* (618 hab.). — Sur la g., on remarque les ruines du *château de Billy,* du xiii⁰ ou du xiv⁰ s.

355 kil. **Saint-Germain-des-Fossés** (buffet), 2,312 hab., situé sur le Mourgon, au point de raccordement des lignes de Paris à Lyon par Roanne, de Paris à Vichy et de Paris à Nîmes par Clermont.

Après avoir contourné Saint-Germain-des-Fossés, on laisse à g. la ligne de Lyon par Roanne, puis celle de Vichy, prolongée jusqu'à Thiers, et l'on s'enfonce dans une longue tranchée qui se continue jusqu'à l'entrée du beau pont de 13 arches jeté sur l'Allier.

361 kil. *Saint-Remy-en-Rollat,* 1,127 hab., est situé à dr., près de grands bois qui ne finissent qu'au delà de *Vendat* (1,131 hab.), dont le vieux château en ruine s'élève à mi-côte sur un mamelon à pic. — A g. se montre *Charmeil* (306 hab.), avec son château neuf et son parc; dans le fond, derrière l'Allier, au bas de la côte, s'étendent les grands rideaux de peupliers qui dérobent Vichy à la vue. Plus loin, en débouchant du bois, et toujours à g., apparaît *Cognat* (864 hab.), auprès duquel, le 6 janvier 1568, le prince de Condé, à la tête des protestants de France et d'Allemagne, battit les catholiques commandés par Montaret, lieutenant du duc de Nemours.

373 kil. *Monteignet* (512 hab.), sur le ruisseau d'Andelot. — On laisse à g., presque caché par les arbres, le château de *Fontordre*. Le pays redevient plat, les champs sont plantés de nombreux noyers; quelques villages, hameaux ou maisons isolées, se montrent çà et là; l'horizon est terminé par des collines qui commencent la chaîne des puys de l'Auvergne. — On laisse à dr. la ligne de Montluçon.

379 kil. **Gannat*** 5,606 hab., ch.-l. d'arrond., est situé sur le ruisseau d'Andelot, à dr. de la station.

Gannapum, Gannatum, Gannat remonte aux premiers temps du christianisme. Ses annales sont à peu près muettes jusqu'au xiiie s. C'était, à cette époque, une ville fortifiée, avec château et enceinte reliée par des tours ; elle faisait alors partie de l'Auvergne ; mais elle fut confisquée par Philippe-Auguste sur le comte Guy II, et réunie au Bourbonnais en 1210. Elle obtint en 1226 une charte d'affranchissement, qui fut confirmée en 1367. Elle n'eut jamais à redouter les guerres ni les invasions ennemies ; les habitants en ouvrirent les portes à Charles VII pendant la Praguerie ; au temps de la Ligue, ils tinrent pour Henri IV, qui, en récompense de leur fidélité, confirma leurs privilèges par une charte datée du 16 juin 1596. Gannat est la patrie du cardinal Antoine Duprat, ministre de François Ier, et de l'abbé Châtel, qui essaya, après 1830, de fonder à Paris une Eglise française.

Il ne reste des anciennes murailles que deux *tours* à demi ruinées. Le *château* (prison) a conservé ses quatre tours d'angle du xive s.

L'*église de Sainte-Croix* (mon. hist.), le seul monument de Gannat, est un véritable spécimen de l'architecture à ses différentes époques, depuis le style sévère roman jusqu'au style ogival tertiaire ou flamboyant. La façade n'a rien de bien curieux, sinon quelques gargouilles étranges ; mais on remarque dans l'intérieur les murs de la nef principale (xive s.), supportant un *triforium* dont les arcades trilobées sont un fort bel échantillon de l'époque romane. Le chœur, selon Viollet-le-Duc, est du pur style auvergnat du xie s. Quelques tableaux méritent d'être examinés avec attention, entre autres l'*Adoration des Bergers* signé *Guido Franciscus aniciensis*, 1630. Ce tableau a été quelquefois attribué au Guide ; mais la signature indique bien clairement un peintre du Puy (*Anicium*), du reste assez connu. On peut demander à feuilleter un livre des Évangiles, manuscrit du xe s., dont la reliure est à elle seule un objet d'art d'un grand mérite et admirer un beau christ en ivoire. Quant aux vitraux, qui imitent bien imparfaitement les belles verrières du xiiie s. au xvie s., ils ont pour auteur Jacques du Paroy, élève du Dominiquin.

A 1 kil. environ à l'O., dans une gorge aride, se trouve la *chapelle de Sainte-Procule*.

Au sortir de Gannat, la voie ferrée entre dans la fertile **Limagne**, vaste plaine de 240 kil. carrés, que Sidoine Apollinaire appelle « une mer de verdure où l'on voit onduler les moissons comme les flots, sans péril du naufrage », et dont il dit encore « que sa vue seule fait perdre à l'étranger le souvenir de la patrie ».

On quitte le département de l'Allier pour entrer dans le département du Puy-de-Dôme, un peu en avant du village de *Saint-Genest-du-Retz* (503 hab.). A g. et à l'horizon se montre le parc du *château d'Effiat*, château qui rappelle le souvenir d'une famille que Cinq-Mars, l'un de ses membres, a rendue tristement célèbre. Plus loin, à dr., apparaît la *butte Montpensier* (441 mèt. d'altitude), composée d'un banc de calcaire bleu foncé, sur lequel repose une couche épaisse de marne jaunâtre veinée de gypse, qui est exploitée. Un château fort s'y élevait autrefois; Richelieu le fit démolir en 1634. A la base occidentale de la butte, près de la route de

Eglise de Sainte-Croix, à Gannat.

terre, se trouve la *fontaine empoisonnée*, petit bassin rond en forme d'entonnoir, recouvert d'une grotte artificielle, et d'où se dégage une quantité de gaz acide carbonique assez grande pour asphyxier les insectes et les oiseaux. Au milieu des vergers, se montre *Montpensier* (468 hab.; église romane) : c'est là que mourut, en 1226, Louis VIII, empoisonné, dit-on, par Thibault, comte de Champagne, l'amant de Blanche de Castille.

Montpensier a eu longtemps des seigneurs, dont les derniers appartenaient à la maison de Bourbon. Confisqué sur le connétable Charles (1525), il fut rendu (1539) à Louis Ier, de la branche de Condé, et érigé pour ce prince en duché-pairie. Il passa, par mariage, à Gaston d'Orléans, dont la fille, Mademoiselle, s'est rendue célèbre par son activité dans les guerres de la Fronde et par son mariage avec Lauzun. Le duc de Montpensier actuel, cinquième fils du roi Louis-Philippe, a épousé la sœur d'Isabelle II, reine d'Espagne.

On dépasse Aigueperse, avant de s'arrêter à la station qui dessert cette ville.

390 kil. **Aigueperse***, *Aquæ sparsæ* ou *Aigues perses* (bleues), 2,403 hab., ch.-l. de c. composé presque tout entier d'une rue longue de 2 kil. qui se développe, du N. au S., à dr. de la station.

Aigueperse était une des treize bonnes villes de l'Auvergne et la capitale du comté de Montpensier. Un de ses comtes, Gilbert, octroya aux consuls, en 1374, une charte en remplacement de titres et de diplômes disparus à une époque où la ville avait été mise à sac par Robert de Ventadour. Un article de cette charte *contraignait*, par corps et par biens, à prendre la charge du consulat, ceux qui étaient nommés consuls.

L'*église Notre-Dame* (mon. hist.), bâtie en granit, consacrée en 1259 et restaurée de nos jours, a conservé de l'ancienne construction le chœur, ses chapelles rayonnantes et le transsept, beaux spécimens de l'architecture ogivale du commencement du XIIIe s. Entre les trois chapelles primitives, deux autres ont été ajoutées au xive ou au xve s. La remarquable chapelle des Morts, en lave de Volvic, a été ouverte au croisillon S., au xive s. Au croisillon N.

Église Notre-Dame, à Aigueperse.

est percée une charmante petite porte latérale. La nef a été reconstruite de nos jours, dans le style du chœur, mais sans goût. Une chapelle du pourtour, à dr., renferme un *Saint Sébastien*, d'André Mantegna; dans la chapelle correspondante, à g., une autre toile porte la signature de B. Ghirlandajo et la date de 1460. On remarque encore les restes d'un beau groupe en pierre (la *Sainte-Famille*), et une scène de la *Passion*, en bois, du xv⁰ s. — La *Sainte-Chapelle* (mon. hist.), fondée, en 1475, par Louis Ier de Bourbon, terminée en abside et flanquée de deux petites chapelles latérales, a conservé les boiseries et les ferrures de sa porte principale; à l'intérieur, deux statues en marbre blanc rehaussé d'or représentent la Vierge et le roi Louis XII. — L'*hôtel de ville*, ancien couvent d'Ursulines (1650), renferme la *statue* (par Debay) *de Michel de l'Hospital*, né en 1505, au *château de la Roche*, à 2 kil. à l'O. d'Aigueperse.

A 13 kil. à l'E., le *château de Randan* (beau parc), reconstruit en 1822 (à l'exception de la tour de l'O.) par Mme Adélaïde, appartient aujourd'hui au duc de Montpensier.

Après avoir décrit une grande courbe et traversé les riches territoires d'*Artonne* (1,641 hab.), v. pittoresquement situé sur la rive dr. de la Morge, et d'*Aubiat* (1,156 hab.), bâti sur le versant d'une colline, la voie ferrée franchit la Morge, laisse à g. le ham. de *la Moutade* et à dr. *Cellule* (942 hab.).

400 kil. *Pont-Mort*, sur la Morge. — De ce point, on peut admirer à son aise cet amas, cette confusion, cet enchaînement de terrains que le feu intérieur de la terre a soulevé en cônes, en mamelons bizarres, dont il a déchiré le sommet pour aller ensuite s'épandre en un fleuve de flammes. Le puy de Dôme élève sa haute cime au-dessus des autres puys qui, du côté N.-O., vont en descendant jusqu'à Riom, bâti sur un de leurs premiers gradins.

Après avoir laissé à dr. *Pessat-Villeneuve* (238 hab.), on franchit le ruisseau d'Ambène.

407 kil. **Riom***, 10,309 hab., ch.-l. d'arrond., est une ville charmante, fort bien bâtie, à laquelle il ne manque que la blancheur que ne lui donnera jamais la lave de Volvic; mais ses eaux sont si abondantes, ses promenades si vertes, si feuillues, sa position (elle domine la Limagne) si belle, qu'il faudrait être bien difficile pour ne pas la regarder comme une des villes les plus agréables de l'Auvergne.

Riom, *Ricomagus* ou *Ricomum*, qui fut longtemps la rivale de Clermont, est aujourd'hui encore la seconde ville de l'Auvergne. Confisquée par Philippe-Auguste, ainsi que tout le duché, elle en devint la capitale sous les ducs de Berry et de Bourbon, qui en firent leur résidence habituelle. Sous Henri IV, elle tint pour la Ligue et ne se soumit qu'après l'abjuration du roi. De tout temps elle a été célèbre par ses tribunaux ; elle compte parmi ses anciens magistrats Arnaud, Étienne Pascal, d'Aguesseau, Laubespin, etc. Enfin, elle a vu naître le chancelier Antoine Dubourg, son neveu Anne Dubourg, conseiller au parlement de Paris, et, de nos jours, les littérateurs de Chabrol et de Barante.

Parmi les monuments de Riom, le plus intéressant est la **Sainte-Chapelle** (mon. hist.)[1], qui, bâtie en 1382 par le duc Jean, duc de Berry, et restaurée à la fin du xve s., paraît être de construction récente, grâce à la pierre de Volvic qui résiste si bien à l'action du temps. Cette chapelle, bel échantillon de l'art gothique, est couronnée par une galerie à jour (vue étendue), avec pinacles au-dessus des contreforts. L'édifice se termine par une abside à

---

1. Pour visiter la Sainte-Chapelle et la Cour d'appel s'adresser au concierge.

cinq pans; le transsept est fermé par deux petites chapelles basses et peu profondes. L'autel, en pierre, est surmonté d'un retable en bois sculpté, avec trois panneaux décorés de peintures. L'abside a conservé de beaux vitraux du xve s. (restaurés). — L'**église de Saint-Amable** (mon. hist.), fondée au xie s. et successivement agrandie, comprend une façade moderne, une triple nef du xiie s., fortement remaniée au xviiie s., un transsept roman, en partie reconstruit de nos jours, avec coupole au centre, et un chœur à rond-point, où se manifeste clairement l'influence du style français du xiie au xiiie s. — L'*église de Notre-Dame du Marthuret* (mon. hist.), reconstruite au xve s., appartient au style ogival primitif. Le clocher, surmonté d'un dôme en lave de Volvic supporté par huit colonnes aussi en lave, date de 1676. Le portail (restauré) est une œuvre délicate du xve s.; le trumeau porte une *statue de la Vierge* admirablement sculptée, en domite, recouverte d'un vernis dont les peintres modernes ne connaissent pas la composition. A l'intérieur on remarque quelques verrières modernes et un beau tableau de Müller, *l'Entrée du Christ à Jérusalem*. — Le *palais de justice*, ancien château ducal, n'a presque rien conservé de ses constructions primitives. — La *tour* octogonale *de l'Horloge* (xve s.) est décorée de fines sculptures et coiffée d'un dôme (1738). — Le *musée*, installé dans l'ancien hôtel de Chabrol, renferme une collection d'ornithologie, une salle de gravures, un herbier, quelques bustes en marbre, une collection de curiosités artistiques et archéologiques, et environ 200 tableaux, parmi lesquels on admire des toiles d'Orcagna, du Rosso, de Vanloo, Craesbeeck; et, parmi les modernes, de Cabanel, Amaury Duval, Richomme, Devedeux, etc. Dans

Sainte-Chapelle, à Riom.

une petite salle sont exposés les portraits des grands hommes de l'Auvergne peints par des maîtres. — On trouve encore dans Riom, notamment dans la rue de l'Hôtel-de-Ville et dans celle de l'Horloge, un certain nombre de *maisons* du xve et du xvie s., qui ont conservé leurs tourelles et de nombreuses et riches sculptures ; la plus remarquable est la *maison des consuls* (Renaissance). — La *maison centrale*, pouvant contenir 900 détenus, est un édifice du xviie siècle d'un grand caractère, précédé d'un jardin orné de jets d'eau. — Sur la *promenade du Pré-Madame* (belle vue), une *colonne* a été élevée à *Desaix*. — Près de la gare se trouve la manufacture de tabacs et une autre promenade (bassin et jet d'eau). — Un aqueduc amène à Riom les eaux de source jaillissant des rochers de Saint-Genès (4 kil.) ; elles alimentent de belles *fontaines*, dont plusieurs de la Renaissance.

De la gare de Riom des omnibus et des voitures (*V.* l'Index alphabétique) conduisent à (5 kil. N.-O.) Châtelguyon, à (31 kil. N.-O.) Châteauneuf-les-Bains et à (8 kil. N.) l'établissement thermal de Rouzat.

Châtelguyon-les-Bains*, 1,616 hab., est bâti sur une éminence dont le Sardon baigne la base. Ce village était autrefois défendu par un château dont les Ligueurs s'emparèrent en 1590, et sur l'emplacement duquel est un calvaire. Le long du ruisseau on trouve de nombreuses **sources minérales** et une petite *cascade* d'eau incrustante. De jolies villas et de vastes hôtels ont été bâtis dans le voisinage des sources. Deux établissements thermaux exploitent les sources minérales ; l'un et l'autre sont, par leur aménagement et leurs appareils, au niveau de la science hydrologique. L'ancien *établissement* est situé au milieu d'un parc (musique plusieurs fois par jour) arrosé par le Sardon et non loin duquel se dresse

Châtelguyon-les-Bains.

le *Casino*, inauguré en 1879 (théâtre, salons de jeu, etc.); il contient 22 cabinets de bains et douches, l'aménagement pour bains locaux ou spéciaux, et, dans un bâtiment séparé, les appareils d'hydrothérapie, des salles de sudation, de douches spéciales et 2 piscines à eau courante. Le nouvel *établissement*, d'aspect monumental, comprend 40 cabinets de bain, avec 70 baignoires, bains et douches variés, 3 piscines de natation, un service d'hydrothérapie, etc. 17 sources (sources Romaine, Henri, etc.), d'une température variant de 17° à 35°, débitent 8,424 hectolitres par 24 heures. Ces eaux thermales, chlorurées sodiques et magnésiennes, ferrugineuses, bicarbonatées, gazeuses, employées en boisson, bains et douches, sont laxatives, excitantes, toniques, apéritives et reconstituantes. Elles sont très efficaces dans les cas de dyspepsie, de constipation opiniâtre, de congestion cérébrale, dans les engorgements du foie, dans les affections des reins, de la rate et de la vessie; elles sont digestives et diurétiques. L'eau de la source Gubler est la seule qui soit expédiée; l'exportation en est considérable. L'*église* renferme un riche retable, en noyer, du xviii° s.

Les promeneurs peuvent monter au *Calvaire* et à la montagne du *Chalusset* (belle vue), plantée de sapins; visiter la vallée de *Prades* et celle de *Sans-Souci* (carrière renfermant de jolis cristaux de baryte; source minérale); (3 kil. S.) les gorges d'Enval, (8 kil. S.) Volvic, le château de Tournoël et (3 kil. O.) celui de *Chazeron* (xiv° s.), dont on visitera la cour d'honneur grandiose et les appartements, auxquels le mobilier donne un cachet d'origine; on remarquera, en outre, d'assez bons tableaux, des portraits de famille et des tapisseries anciennes; et (3 h. en voit.) le Gour de Tazanat (*V.* ci-dessous).

CHÂTEAUNEUF-LES-BAINS.

[Pour se rendre de Riom à Châteauneuf-les-Bains on suit jusqu'au delà de Saint-Hippolyte la route de Châtelguyon. Avant d'arriver au ham. de la *Roche-Pradière*, on laisse à dr. la route de Châtelguyon, qui traverse le Sardon, dont on remonte la rive dr.

13 kil. *Les Greniers*, ham. — 15 kil. 1/2. On laisse à dr. une route qui conduit à (6 kil. 1/2) *Charbonnières-les-Vieilles*, 2,216 hab., par (3 kil.) le *château de Rochegude* et (4 kil.) le *Gour de Tazanat* (près du ham. de ce nom), lac de 750 mèt. de largeur et de 12 à 13 mèt. de profondeur, qui occupe un ancien cratère. Après avoir dépassé la route de Charbonnières, on arrive bientôt à :

20 kil. *Manzat*, ch.-l. de c. de 2,141 hab. (mine de houille), dont l'église a de belles boiseries.

25 kil. *La Vareille*, ham. de *Saint-Angel* (925 hab.), à 1,500 mèt. à dr. — On descend dans la gorge de la Sioule.

31 kil. **Châteauneuf-les-Bains** * (984 hab.), sur les deux rives de la Sioule. Les sources sont au nombre de 25 dont 12 thermales (36°6 la plus chaude) et 13 froides. Ces sources sont classées en trois groupes : 1° les eaux froides ferrugineuses, bicarbonatées, gazeuses (sources du Petit-Rocher, de Morny et du Petit-Moulin) ; 2° les eaux thermales ou froides, bicarbonatées mixtes (sources du Pavillon, Desaix et de la Pyramide) ; 3° les eaux bicarbonatées magnésiennes. Chaque source thermale a sa piscine, de là le grand nombre de petits établissements échelonnés sur les rives de la Sioule. Ces établissements se divisent en trois groupes : 1° groupe des *Méritis*, ou des *Grands-Bains* ; 2° groupe des *Bordats*, avec les bains de la Rotonde et du Petit-Rocher ; 3° groupe *Chambon*, comprenant les buvettes Chambon-Lagarenne et Morny-Châteauneuf, qui servent aux baigneurs et à l'exportation. — Les établissements des *Méritis* et des *Bordats*, possèdent des cabinets de bains en assez grand nombre, 10 piscines dont la thermalité est graduée de 25° à 38°,5 et des buvettes. Cette station de bains reçoit annuellement de 1,200 à 1,500 malades. — Thermales ou froides, ces eaux sont ferrugineuses bicarbonatées, avec forte proportion de bicarbonates alcalins, et gazeuses. Limpides et incolores dans la plupart des sources, elles se troublent ailleurs au premier contact de l'air ; inodores dans certaines sources, elles ont, dans d'autres, une odeur particulière ; la saveur varie également. On emploie ces eaux en boissons, bains, douches, inhalations, contre les rhumatismes, la

goutte, l'anémie, la chloro-anémie, les affections des voies digestives et la plupart des dyspepsies. Elles sont excitantes, diurétiques, et agissent à la fois comme alcalines et comme ferrugineuses, mais à des degrés divers.

De Riom (omnibus) on peut aussi se rendre à (8 kil. N.) **Rouzat** qui possède un établissement thermal alimenté par deux sources : 1° la source des *Vignes*, ferrugineuse et gazeuse, employée en boissons ; 2° la source du *Grand-Puits* (31°, 2,995 hectolitres par jour). Cet établissement possède 10 cabinets de bains, 3 de douches et deux vastes piscines. Ces eaux chloro-bicarbonatées ferrugineuses conviennent dans la dyspepsie atonique des sujets lymphatiques, la gastralgie, les affections de l'utérus, etc.]

De Riom à Clermont, le chemin de fer décrit une légère courbe. On aperçoit à dr. *Ménétrol* (596 hab.), *Marsat* (687 hab.), *Châteaugay* (1,240 hab.), avec sa forteresse ruinée; *Cébazat* (1,791 hab. ; église du xie et du xiiie s. ; porche en bois du xve s. ; lanterne des morts du xiie, sur une maison); plus bas se montre Gerzat; dans le fond, Mont-Rognon.

413 kil. Gerzat*, 2,224 hab., est situé à 1 kil. environ à gauche de la station. — Église romane (xiie s.); ancien bas-relief dans le mur d'une maison.

On passe entre Montferrand (*V.* p. 40) et Saint-ean-de-Ségur (à g., ligne conduisant à Vichy par Courty, à Saint-Étienne par Thiers, et à Giroux par Vertaizon). On entre dans la gare de Clermont.

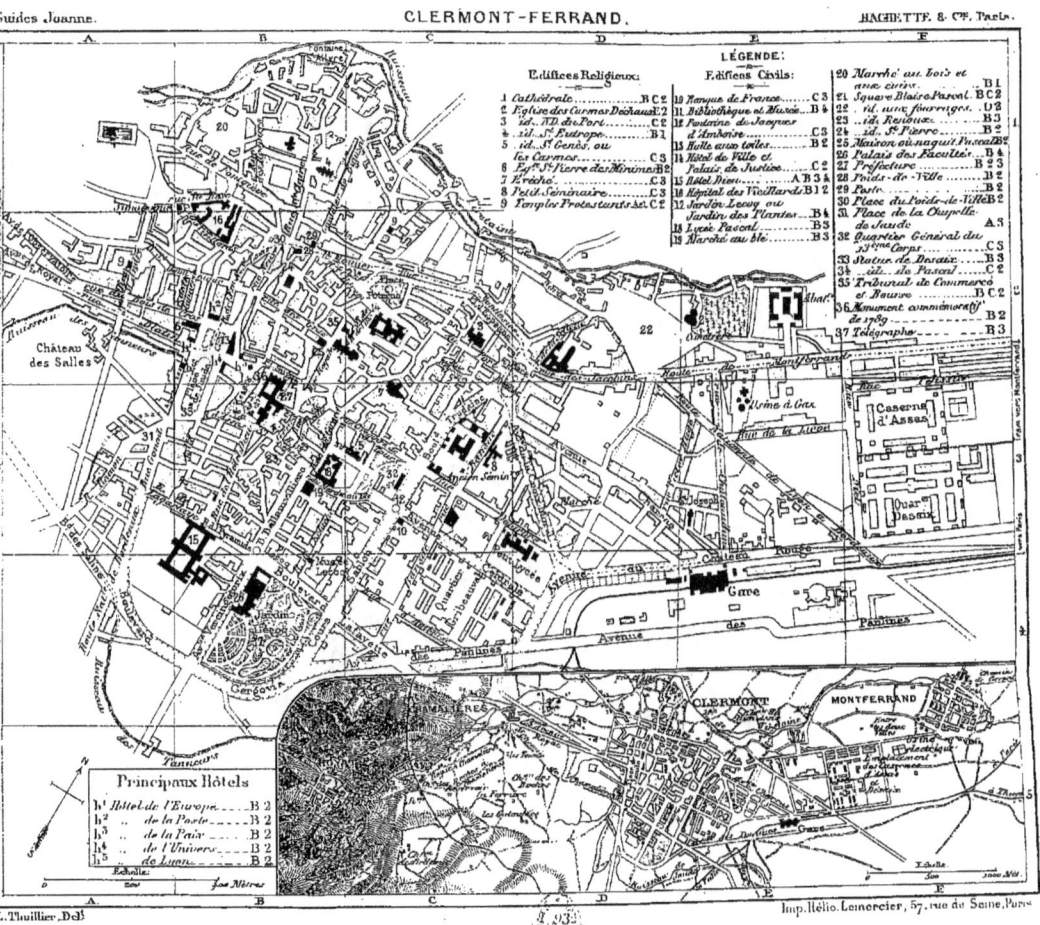

II

CLERMONT-FERRAND

Situation et aspect général.

Clermont-Ferrand *, ch.-l. du départ. du Puy-de-Dôme, V. de 46,718 hab., est située sur un monticule, au bord d'un vaste bassin semi-circulaire formé par les puys de l'Auvergne, et ouvert seulement vers l'E. et le N.-E., du côté de la plaine de la Limagne, qu'arrose l'Allier. Au N., à l'O. et au S., au-dessus de coteaux ondulés couverts de vignobles, de villages et de maisons de campagne, se dressent les puys, sommets volcaniques, aux flancs rougeâtres et à la cime dépouillée. Le puy de Dôme, si facile à reconnaître de loin par sa forme et par sa hauteur, occupe à peu près le milieu de cette demi-circonférence; le plateau de Gergovie en forme un des derniers sommets au S.-E.; Champturgue la ferme au N. De la plupart des boulevards de la ville on jouit d'une vue admirable sur les coteaux et les montagnes qui l'entourent et sur la Limagne, bornée à l'E. par la haute chaîne du Forez.

A l'époque de la conquête de la Gaule par les Romains, Clermont était déjà une des villes les plus importantes du pays. « On ne saurait, dit Savaron, si peu fouiller dans la terre que l'on ne trouve des antiques, des médaillons, des urnes, des inscriptions romaines et chrétiennes, des thermes, des aqueducs, des marbres et des poteries d'une merveilleuse rougeur et polissure, et autres monuments d'antiquité. » Clermont comprenait alors deux parties, la ville et la cité romaine. La ville, qui vers le xie s. se nommait encore *urbs Arverna* (les monnaies de l'époque en font foi), occupait la partie inférieure E. et S. du monticule, c'est-à-dire l'espace compris aujourd'hui entre la place de Jaude et le cours du Sablon. La cité, défendue par des murs épais, élevés et flanqués d'un grand nombre de tours, couronnait le sommet du même monticule : au milieu de cette première forteresse s'élevait celle de Clarus-Mons. Les vieux murs romains qui entouraient encore Clermont en 1356 furent démolis pour faire place à d'autres, dont il ne reste rien aujourd'hui. Nous renvoyons à la cosmographie de Sébastien Münster ceux qui voudraient se faire une idée de Clermont au moyen âge (la vue de la ville a été reproduite dans la statistique monumentale du départ. du Puy-de-Dôme, par M. J.-B. Bouillet).

Clermont, bâti en lave comme Riom et Montferrand, offre, au premier abord, un aspect sombre et triste ; mais ses nombreuses fontaines, ses boulevards bien ombragés, et les perspectives variées qu'elle présente de tous côtés, font de cette ville, si admirablement située, une des plus agréables de la France. La capitale de l'Auvergne n'est pas une ville industrielle ; cependant elle renferme des fabriques de pâtes d'Italie, vermicelle, de linge de table, des fonderies, tréfileries, une sucrerie et des fabriques de vitraux d'art (ateliers de l'ancienne maison Thibaud, 49, cours Sablon, curieux à visiter, visibles t. l. j., le dimanche excepté), de machines agricoles, de fruits confits, de cassis d'Auvergne, et

Direction.

La gare est située à près de 2 kil. à l'E. de la place de Jaude, où se trouvent les principaux hôtels (des omnibus y conduisent). — Si on préfère s'y rendre à pied on prendra, en face de la gare, l'*avenue Charras* qui aboutit à la *place Delille*, ornée d'une fontaine.

Le *boulevard Trudaine*, à g., aboutit au *cours Sablon*. Laissant à dr. la *place Michel-de-l'Hospital* (du milieu de laquelle la *rue Neuve-des-Carmes* conduit à l'église Saint-Genès), on passe devant le Quartier-Général et la Gendarmerie, et l'on croise, à l'endroit même où s'élève la célèbre fontaine de Jacques d'Amboise, l'*avenue Centrale* (qui conduit, à dr., à la *rue du Marché-au-Blé*, où se trouve le lycée). Plus loin, on prend à dr. le *boulevard La Fayette* (à g., jardin Lecoq ou Jardin des Plantes; à dr., place Lecoq et musée Lecoq), qui aboutit à l'obélisque Desaix.

A droite on voit s'ouvrir le *boulevard Ballainvilliers*; à g., l'*avenue Vercingétorix* (palais des Facultés, à g.); en face, le *boulevard de la Pyramide* (Hôtel-Dieu, à g.), à l'extrémité duquel la *rue de l'Hôtel-Dieu* aboutit au *square d'Assas*, d'où, par le *boulevard de la Préfecture* (Préfecture à dr.) et la *Montée de Jaude*, on atteint la vaste *place de Jaude*. A l'O., la *rue Blatin* conduit à Royat. Au N. la *rue de l'Écu*, puis la *rue des Gras*, à dr., conduit à la cathédrale, au théâtre et dans la haute ville. La *rue Saint-Louis*, prolongement de la rue de l'Écu, aboutit à la *place du Poids-de-Ville*, où se trouve le bureau de poste (la *rue Sainte-Claire*, au N., conduit à l'église Saint-Eutrope et à la fontaine incrustante de Saint-Alyre).

La *place du Poids-de-Ville*, à dr., touche au *square Blaise-Pascal*, d'où l'on peut monter à dr. à l'hôtel de ville et au palais de justice. La *place de la Poterne* fait suite à la précédente, et le tour de la ville s'achève par la longue *place d'Espagne* (à dr., la *rue Notre-Dame-du-Port* conduit à l'église du même nom), en contre-haut sur la *rue Montlosier*. A l'extrémité de la place d'Espagne, se trouve la place Delille (*V.* ci-dessous). La *rue des Jacobins*, qui se détache à l'E. de la place Delille, laisse à dr. l'église Sainte-Marie de la Visitation, et va se terminer au champ de manœuvres, bordé par l'église des Carmes-Déchaux.

Histoire.

La ville de Clermont-Ferrand doit son origine au bourg celtique de *Nemetum*, dans lequel Auguste transplanta les habitants de Gergovie, que Vercingétorix avait réussi à défendre contre César. Les faveurs accordées à ce bourg par le premier empereur romain lui firent donner le nom d'*Augustonemetum*, qu'il garda jusqu'à la fin du IVe s. Son temple de Vasso ou Mercure gaulois passait alors pour le plus beau monument de la contrée; il était orné de la statue en bronze doré de ce dieu, œuvre du sculpteur grec Zénodore. Augustonemetum avait de plus un capitole, un forum, des décemvirs, des sénateurs et des lois particulières. Vers l'an 250, saint Austremoine y apporta le christianisme. Renversé deux fois par les Vandales, Clermont fit partie, au Ve s., du royaume des Visigoths, puis, après la défaite d'Alaric par les Francs, d'un comté dépendant de l'Aquitaine. Du VIIIe au Xe s., les Sarrasins, Pépin le Bref, les Normands, le ravagèrent et l'incendièrent plusieurs fois. En 1096, le pape Urbain II y tint un concile célèbre, où fut décidée la première croisade. A partir de 1155, l'Auvergne ayant été divisée en deux parties (le Comté, domaine de la branche cadette, et le Dauphiné, domaine de la branche aînée), Clermont appartint par moitié à chacune de ces divisions.

Pendant le reste du moyen âge, l'histoire de Clermont ne comprend que des querelles intestines entre les bourgeois et leurs seigneurs; cette ville eut seulement à se défendre contre les Anglais, en 1358.

Le Dauphiné d'Auvergne appartint successivement à la famille de Montpensier-Bourbon et à celle de la Tour-d'Auvergne, qui le céda à Catherine de Médicis. Charles d'Angoulême, fils naturel de Charles IX, et Louis XIII en furent apanagistes. Louis XIII ordonna la réunion de Montferrand à Clermont; mais cette réunion n'eut lieu qu'en 1731. En 1665, il se tint à Clermont une Cour de justice, nommée les *Grands Jours*, dont Fléchier s'est fait l'historien, et qui avait pour objet de réprimer et de punir les crimes sans nombre commis dans la province. Douze mille plaintes furent portées devant ce tribunal extraordinaire; et, pendant six mois, la Cour eut à prononcer sur les entreprises les plus coupables et les pl audacieuses. On vit figurer parmi les accusés les personnes les plus considérables de l'Auvergne et des provinces voisines. Il y eut quelques exécutions capitales ; mais la plupart des condamnations furent prononcées par contumace. Depuis cette époque, aucun événement important ne s'est passé à Clermont, qui est devenu en 1790 le chef-lieu du département du Puy-de-Dôme, puis le siège d'un tribunal de 1re instance, d'une académie universitaire et d'une division militaire.

Clermond-Ferrand a vu naître : les historiens Grégoire de Tours, Savaron, l'un des représentants du tiers État aux États généraux de 1614 ; Dulaure et de Montloser ; le jurisconsulte Domat ; le savant Bompart, médecin de Louis XIII ; les poètes Thomas et Delille ; l'écrivain Chamfort ; enfin Pascal. Parmi les prélats qui ont illustré le siège épiscopal de cette ville, on remarque surtout : saint Austremoine, saint Sidoine Apollinaire, Guillaume Duprat, fils du chancelier du même nom, et Massillon.

Places.

La place de Jaude (*Jovis?*), à l'O., où se trouvent la plupart des hôtels, est la plus grande de Clermont : sa longueur est de 262 mèt., sa largeur, de 82. Les voitures pour Royat et toutes les directions y stationnent. L'église des Minimes s'élève à son extrémité N.-O. ; la *halle aux toiles*, bâtie en 1816, fait face à cette église. Du centre de la place on peut, en se tournant vers la rue Blatin, se former une première idée de la configuration du puy de Dôme, qui semble si rapproché et qui est éloigné de 12 kil. ; en regardant à gauche, vers le S., on aperçoit le Mont-Rognon. Du même côté s'élève la *statue de Desaix*, par Nanteuil, œuvre d'art assez remarquable, inaugurée en 1848. La place de Jaude est une des promenades les plus fréquentées de la ville.

Les places du centre de Clermont sont : la *place*

de Saint-Pierre, ainsi nommée d'une église détruite pendant la Révolution, et servant de marché aux légumes ; la *place de Sugny ;* le *square d'Assas*, appelé aussi *place de la Préfecture*, etc.

Au N. de la ville et se touchant presque, sont le square Blaise-Pascal, ancienne place Saint-Hérem, et les places de la Poterne et d'Espagne.

La *place* triangulaire *de Saint-Hérem*, près de la Poste, qui devait son nom à un ancien gouverneur. est devenue, depuis 1880, le *square Blaise-Pascal*, orné de la *statue de Pascal*, par M. Guillaume.

La *place* ou *promenade de la Poterne*, séparée de la place Saint-Hérem par la montée aux Arbres, fut créée en 1725, sous l'intendance de M. de La Granville. Elle est plantée d'arbres et ornée d'une fontaine (jolie vue sur les coteaux environnant Clermont).

La *place d'Espagne*, qui fait suite à la place de la Poterne, a été ainsi appelée parce qu'elle fut achevée en 1692 par des Espagnols, prisonniers de guerre. De ces places, qui dominent la route de Paris à Lyon, la vue s'étend sur le faubourg Saint-Alyre, sur Montferrand, sur les villages de Durtol et de Sarcenat, sur le Champturgue, le Pariou et le puy de Dôme.

La **place Delille**, au N.-E., en tête du boulevard Trudaine, autrefois la place des Jacobins, doit son nouveau nom à Jacques Delille, enfant de Clermont et poète didactique dont le nom n'a point été oublié. Une fontaine monumentale en bronze occupe le milieu de la place : l'eau tombe d'une grande vasque soutenue par un groupe de trois enfants. Sur cette place se trouvait la célèbre *fontaine d Jacques d'Amboise*, qui y avait été transférée en 1808 Depuis le mois de mai 1855, ce monument, un de

Fontaine de Jacques d'Amboise, à Clermond-Ferrand.

plus gracieux de l'époque de la Renaissance (1515), occupe le point de jonction de l'avenue centrale avec le cours Sablon. Placée à l'entrée principale de Clermont, à l'extrémité de l'avenue centrale, à 900 mètres de la gare, l'œuvre de Jacques d'Amboise arrête l'étranger, qui admire le charmant effet produit par les jets d'eau qui s'échappent en minces filets de ses vasques, de ses statuettes et des colonnes surmontant le bassin principal.

La *place Michel-L'Hospital* s'ouvre sur le boulevard Trudaine; la *place de l'Étoile*, où s'élève l'école d'artillerie, est plantée d'arbres, et se trouve à l'extrémité du cours Sablon, à l'E. de la ville.

Au S., sur le boulevard de la Pyramide, nous trouvons l'ancienne *place du Taureau*, qui fut ainsi nommée parce qu'un jour, pendant qu'on y travaillait, un taureau y poursuivit un prêtre, qui lui échappa en sautant dans la rue de l'Éclache; cette place, qui date de 1756, est aujourd'hui plantée d'arbres et a reçu le nom du savant naturaliste *Lecoq*.

Au point où le boulevard Ballainvilliers débouche près de la place Lecoq, se dresse une *pyramide-fontaine*, surmontée d'une urne funéraire, élevée en l'honneur de Desaix.

Édifices religieux.

La première église de Clermont dont il ait été fait mention (il n'en reste plus rien) est celle de *Saint-Martial*, appelée par Sidoine Apollinaire l'église d'Auvergne. La plus ancienne était ensuite celle de *Saint-Eutrope*, qui a été démolie et remplacée par une assez belle église moderne, de style ogival rayonnant du XIVe s. (beaux vitraux; clocher élégant).

Notre-Dame du Port, à Clermont-Ferrand.

Notre-Dame du Port (mon. hist.), monument de l'époque romane, vient par ordre de date après Saint-Eutrope. Cette église à laquelle on se rend de la place Delille, par la rue du Port, et de la place d'Espagne par la rue de Notre-Dame-du-Port, doit son nom à sa position auprès d'un lieu où arrivaient autrefois de tous côtés, pour y être déposées, les marchandises et les provisions du pays. Bâtie par saint Avitus, dix-huitième évêque de Clermont, en 586, elle fut détruite en 853, puis reconstruite en 870 par saint Sigon, quarante-troisième évêque, pour être de nouveau la proie des flammes. Elle se nommait encore Sainte-Marie-Principale. Dégradée depuis à différentes époques, elle a été en partie restaurée en 1834. On s'est malheureusement arrêté devant la démolition des maisons qui la plaquent de presque tous les côtés, ne laissant à découvert que les sculptures de la porte méridionale.

Cette curieuse église, dont le porche est en contrebas de dix-huit marches, a 46 mèt. 50 c. de long sur 14 mèt. de large dans œuvre; la grande nef a 6 mèt. 70 c. de largeur, et les deux nefs collatérales ont 3 mèt.; les transsepts et le chœur ont également 6 mèt. 70 c. de largeur. La façade, d'une simplicité exagérée, est percée d'une porte ogivale du XIVe s. Un narthex intérieur, surmonté d'une tribune, occupe la première travée de la nef; les cinq autres présentent des bas-côtés voûtés en arêtes surmontées de tribunes couvertes en demi-berceau. Les arcades du triforium, disposées trois par trois, sont trilobées à dr. et demi-circulaires à g.; le chœur, surélevé de six marches, est clos d'une grille en fer d'un fort beau dessin; les quatre chapelles rayonnantes et les deux chapelles des croisillons

ÉDIFICES RELIGIEUX. 29

sont faiblement éclairées par des *vitraux* en grisaille, composés de petits médaillons autour desquels circule un lacis de feuillage. Ces vitraux,

Intérieur de Notre-Dame du Port.

exécutés à Sèvres, font honneur à l'artiste qui a su comprendre le style général de l'église. Les deux escaliers étroits qui s'ouvrent à dr. et à g. du chœur donnent accès dans la *crypte*, dont la voûte est soutenue par de grosses colonnes. De nombreuses plaques commémoratives en marbre blanc couvrent les murs de cette chapelle souterraine, qui renfermait une madone miraculeuse en bois noir d'une haute antiquité, objet de nombreux pèlerinages.

La porte primitive et principale de la basilique est percée au S. de la nef. Son linteau présente en bas-reliefs le *Baptême du Christ* et l'*Adoration des Mages*. Deux séraphins, au tympan, accompagnent le Sauveur triomphant. Sur les jambages sont appliquées les statues de deux Apôtres, plus anciennes; les sujets sculptés au-dessus du cintre sont l'*Annonciation* et la *Nativité*.

Les murs terminaux des croisillons sont décorés de marqueterie; ce genre d'ornementation est très-abondant à l'extérieur de l'abside et de ses quatre chapelles rayonnantes, où l'on remarque, en outre, des modillons richement ouvragés et des colonnes tenant lieu de contre-forts. La tour centrale, moderne, s'élève au milieu d'un massif barlong, qui couvre la coupole et les demi-berceaux qui viennent la contre-bouter.

Notre-Dame du Port, dont le plan offre une si grande ressemblance avec celui de Saint-Paul d'Issoire, est, comme cette dernière église et celles de Brioude et Saint-Nectaire, le type complet de l'architecture romane dite auvergnate.

La **cathédrale** (mon. hist.), sous l'invocation de Notre-Dame, fut reconstruite entièrement par Jean Deschamps (*Joannes a Campis*), qui y est enterré avec sa femme. C'est Hugues de la Tour, soixante-sixième évêque, qui en jeta les fondements en 1248, avant son départ pour les Croisades. En 1346, lors

Cathédrale de Clermond-Ferrand (portail du nord).

de sa consécration, elle n'était pas encore achevée. La première travée de la nef et la travée des tours, ainsi que la grande façade, dans le style du XIIIe s., ont été terminées en 1881 d'après les plans conçus par l'architecte Viollet-le-Duc, qui en a dirigé en majeure partie l'exécution. Les flèches, presque terminées, atteindront une hauteur de 80 mèt. Les masures, qui déparaient l'extérieur de la cathédrale, ont été rasées. Ce monument, qui comprenait, avant les récents travaux d'achèvement, une travée profonde entre les murs de l'O., restes d'une construction romane altérée à diverses époques, possède aujourd'hui une nef de sept travées, avec bas-côtés doubles et chapelles, et un transsept, dont les murs terminaux forment de belles façades flanquées de clochers : le plus élevé (à g. du portail septentrional), appelé *tourelle de la Bayette* (tour du Guet), est surmonté d'un campanile en fer, de la Renaissance, privé d'une partie de ses ornements et renfermant une cloche qui sert de timbre à l'horloge. A l'extérieur on remarque : les arcs-boutants du chœur (XIIIe s.), doubles en élévation; ceux de la nef, un peu moins anciens et surmontés d'une arcature à jour; les réseaux des fenêtres supérieures; les deux portails latéraux et leurs roses rayonnantes. Sur la pointe du comble de l'abside, une *statue de la Vierge* en cuivre repoussé, exécutée par M. Jœgger, a remplacé la statue de Notre-Dame du Retour, objet d'une profonde vénération, et détruite à l'époque révolutionnaire. La longueur totale de la cathédrale, entièrement bâtie en lave de Volvic, est de 94 mèt., sa largeur de 41 mèt.

La voûte centrale, haute de 28 mèt. 70 cent., repose sur des piliers hardis. A la base des grandes fenêtres règne un triforium, dont les arcatures sont encadrées de pignons aigus.

Le chœur, surélevé de quelques marches et sous lequel s'étendait autrefois une crypte romane, a été doté, par Viollet-le-Duc, d'un nouveau siège épiscopal, d'un orgue d'accompagnement, de grilles et d'un autel en cuivre. Il possède, en outre, des bas-côtés simples et des chapelles rectangulaires. L'abside est entourée d'un déambulatoire et de chapelles polygonales. Les *vitraux* du rond-point, consacrés aux légendes des saints, datent des XIIIe et XIVe s.; ceux de l'abside centrale sont moins anciens (XVe s.) et moins remarquables. Dans la 2me chapelle méridionale du chœur se trouve un *retable* en bois peint du XVIe s., représentant la vie des saints Crépin et Crépinien, don de la corporation des cordonniers. Le jacquemart qui se trouve dans le bras g. du transsept, horloge avec personnages (*Mars, Faunus, Tempus*), fut enlevé aux habitants d'Issoire pendant les guerres de religion. — De la place de Jaude (extrémité N.) on se rend à la cathédrale par la rue de l'Écu, en face, et la rue des Gras, la 1re à dr. De la place de la Poterne, par la rue des Notaires, qui longe l'hôtel de Ville.

L'*église de Saint-Genès* ou *des Carmes*, dans la rue de ce nom, date du XIVe ou du XVe s. Grâce aux libéralités du curé et des paroissiens, elle a été entièrement restaurée avec autant de goût que d'intelligence.

L'*église Saint-Pierre des Minimes*, sur la place de Jaude, manque de style. On y remarque seulement deux tableaux, l'un de Rome, peintre de Brioude, représentant la *Nativité* et l'autre de François Guy, peintre du Puy, représentant les *Évangélistes*.

On peut aussi visiter : l'*église Sainte-Marie de la*

Visitation, jadis des *Jacobins,* près de la route de Montferrand et de la place Delille. Cette église, fondée pour les Dominicains en 1219, porte bien le caractère de cette époque. Elle a été récemment restaurée (tombeaux des cardinaux Nicolas de Saint-Saturnin et Hugues Aycelin de Montégut, xive s.); — l'*église des Carmes-Déchaux* (à l'extrémité du grand champ de manœuvres), qui contient un beau sarcophage antique en marbre blanc servant de maître-autel, un tableau du xvie s. (la *Sainte Famille*), et une châsse du xviie s., en forme de façade d'église.

Nous signalerons aussi la chapelle du *petit séminaire*, renfermant de beaux vitraux de M. Thibaud, et la chapelle de *Saint-Laurent* (xie s.); — un *temple protestant,* rue Sidoine-Apollinaire; — une *chapelle évangélique,* rue Haute-Saint-André; — et enfin une *synagogue.*

L'établissement des *Ursulines,* fondé en 1821 dans l'ancien clos de l'abbaye de Saint-Alyre, est connu par son *calvaire* ou terrasse, d'où l'on embrasse une vue magnifique.

Édifices civils.

Les monuments civils, tous construits en lave grise, n'ont rien de remarquable.

La *Préfecture* (square d'Assas), est installée dans l'ancien couvent des Cordeliers, fondé en 1250, sous l'épiscopat de Guy de La Tour. L'ancienne *chapelle* renferme les *archives,* riches en documents du temps de la Révolution et en pièces intéressantes relatives à l'histoire du pays, dont la plus ancienne date du comte Eudes (892 à 896).

L'*hôtel de ville,* le *palais de Justice* et la *maison*

d'arrêt sont réunis dans la rue des Notaires, près de la place de la Poterne. Dans la cour de l'hôtel de ville, statue du jurisconsulte Domat par M. Chalonnax de Clermont. Dans les salles de cet édifice on voit quelques belles toiles de *Dubuffe, Devedeux, Schenck*, etc. — Le *tribunal de commerce* est situé entre la rue des Gras et la cathédrale.

Le *Poids de ville*, les *halles aux toiles, au fromage*, etc., n'offrent aucun intérêt.

Le *palais des Facultés* des lettres et des sciences, à l'extrémité du Jardin Botanique, est un édifice en briques et en pierre de Volvic, d'un aspect agréable.

Les musées et la bibliothèque ont été installés dans l'ancien cabinet des Facultés, ancien hôpital de la Charité construit en 1595. La *bibliothèque* (ouverte t. l. j., de 9 h. à 11 h. et de 1 h. à 4 h., excepté les dimanches et jours fériés; vacances du 15 octobre au 15 novembre) a été fondée au XVIᵉ s., par Matthieu Delaporte, doyen de la cathédrale. Massillon, évêque de Clermont, l'augmenta de la sienne, à la condition qu'elle serait ouverte au public deux fois par semaine. Elle renferme 50,000 volumes, dont 4,200 concernant l'histoire d'Auvergne, et 1,100 manuscrits. On y voit la statue de Pascal, par Ramey, le buste de Delille, par Flatters, et quelques tableaux, entre autres *Gergovie*, par T. Chassériaux.

Le musée proprement dit (dans les combles de l'édifice) est ouvert au public tous les jours, de 10 h. à 4 h., excepté les lundi et vendredi, et tous les jours aux étrangers. Il renferme : des antiquités égyptiennes (statuettes), des antiquités gauloises et gallo-romaines (haches et hachettes en silex et en fer, casse-têtes, couteaux, bracelets, vases en bronze, en terre et en verre, statuettes et figurines, anneaux, poteries, instruments et objets divers), recueillies par M. Bouillet; une collection d'objets du moyen âge fort intéressants (émaux, peintures sur marbre, bas-reliefs, boiseries, casques, armures, armes, reliquaires, etc.), parmi lesquels nous signalerons une *Danse macabre* du XVIe s. (n° 38, 2e salle), fort curieuse; des chinoiseries, données en partie au musée par M. Trébuchet, capitaine de frégate; des plâtres, notamment des bustes, et un modèle de la Bastille (1re salle); des gravures, dessins, aquarelles, et environ 160 tableaux. Parmi ces derniers nous signalerons :

1. *École italienne.* Tête de Vierge. — 2. *Guide* (École de). Tête de Christ.— 3. *Valentin.* L'Arracheur de dents (beau). — 5. *Callot* (Attribué à *Jacques*). Foire de Florence. — 8. *Inconnu.* Portrait de Philippe le Long (sur vélin). — *Idem.* Portrait (noir). — 12, 13. *Porbus* (Attribués à). Charles et Philippe le Bon, ducs de Bourgogne. — 16. *Nattier* (Attribué à). Chanteuses. — 17. *Géricault.* Étude pour le tableau de la Méduse. — 18. *Carlo Dolci.* Tête de Vierge. — 19. *Philippe de Champaigne* (Attribué à). Diogène cherchant un homme. — 20. *Valentin.* Diseuse de bonne aventure. — 23. *Van der Meulen.* Incendie. — 24. *Philippe de Champaigne.* L'Annonciation. — 27, 28, 29. *Callot* (*Jacques*). Les Malheurs de la guerre. — 30. *Parrocel* (*Joseph*). Une Bataille. — 31. *Montvoisin* (D'après). Derniers moments de Charles IX (têtes expressives). — 39. *Raphaël* (D'après une fresque de). Bataille de Constantin. — 40. *Vouet* (*Simon*). La Mise au tombeau. — 42. *Téniers* (*David*). Ronde des Farfadets. — 56. *Matther* (*Paulus*). Loth et ses filles. — 58. *David.* Esquisse du grand tableau de l'Enlèvement des Sabines. — 69, 70. *Téniers* (D'après). Scènes flamandes. — 73. *Otto Venius.* Suzanne. — 75. *Porbus* (*François*). Une cuisine (bizarre). — 100. *Franck.* Le Calvaire. — 104, 106. *Rigaud* (*Hyacinthe*). Son portrait (beau); portrait de Puget. — 108. *Decker* (*Jean*). Paysage. — 112. *Téniers* (*David*). Fumeurs. — 134. *Tempesta.* Paysage. — *Berthon.* Une procession à Saint-Bonnet. — **Schenk.** La Tourmente.— **Nombreux portraits.**

Le *musée lapidaire*, ouvert aux mêmes jours et heures que le musée de peinture, occupe le rez-de-chaussée et une partie du jardin; il comprend des sculptures antiques (autels votifs, cippes, chapiteaux, bustes, colonnes milliaires, mosaïques) et du moyen âge (pierres tumulaires, chapiteaux romans, inscriptions, etc.), des amphores romaines et des moulages en plâtre. Il communique avec l'*école de pisciculture* dont l'aquarium, admirablement entretenu, peut être visité tous les jours (de 2 h. à 6 h.) et est, tous les dimanches, accessible au public.

Le **musée d'histoire naturelle** (place Lecoq; ouvert les dimanches et jeudis de 10 h. à 3 h.), légué à la ville par Henri Lecoq avec une somme de 150,000 fr., comprend une collection géologique d'Auvergne, une collection de minéraux d'Auvergne, un herbier, des collections de coquilles, d'oiseaux, etc.

Le **Jardin des Plantes**, ou Jardin Lecoq, qui s'étend du boulevard de la Pyramide au cours Sablon, près des musées et du palais des Facultés, comprend : une école de botanique, de pisciculture (aquarium), une école d'arbres à fruits, à noyaux et à pépins, une école de plantes potagères et d'ornement, et de belles serres qui n'ont pas moins de 1,000 à 1,200 mètres de superficie. En face de l'entrée, *buste en marbre de H. Lecoq*, par Halonnax, érigé en 1878. Sur une terrasse entourée d'orangers, a été établi un cadran solaire curieux, donné par M. Gonod. Un autre instrument de ce genre, système Lagoût, se trouve placé à l'école de botanique. **La musique se fait entendre, le dimanche et le jeudi**, dans un kiosque du jardin, auprès duquel s'en élève un autre qu'entourent les tables d'un café-restaurant. Au centre du jardin a été ménagée une grande pièce d'eau, où l'on peut faire des promenades en bateau. Le jardin des Plantes doit son nom actuel à son ancien directeur honoraire, H. Lecoq, qui a légué pour son entretien 50,000 fr.

On rencontre dans Clermont quelques échantillons de l'architecture privée de différentes époques, entre autres : des *maisons* du xiii° s., place Saint-Pierre et rue des Chaussetiers; une maison fortifiée du moyen âge, rue Barnier; quelques intérieurs de maisons des xvi° et xvii° s., rue du Port et rue des Gras; une belle *porte* de la Renaissance dans une impasse de la rue des Notaires; un *bas-relief* du xii° s., incrusté dans un mur de la rue des Gras, etc.; et, comme *maisons historiques*, dans la rue des Chaussetiers celle de Savaron, et dans le passage Vermine celle de Pascal, ornée d'un buste de l'illustre écrivain. A l'angle de la rue Pascal et de la rue des Bohêmes, est une maison très-ancienne dans le mur de laquelle est fixé un anneau en fer auquel était rivée la chaîne qui, sur ce point, fermait l'entrée de la ville.

Nous terminerons cette revue des monuments et édifices de Clermont par une visite à la **fontaine de Saint-Alyre***, rue du Pont-Naturel, n° 44. Ici, la nature a construit deux ponts, dont le premier, appelé pont Naturel, pont du Diable, pont Minéral, pont de Stalactites, Grand Pont de Pierre, n'a pas moins de 10 mèt. de longueur et bien plus encore, si l'on tient compte de toutes les pétrifications qui s'y sont annexées. Le second, dit pont Supérieur, en face de l'établissement thermal, est curieux par son arcade fort élevée. Ces deux *ponts* sont le produit des sédiments des eaux de la fontaine de Saint-Alyre. Cette fontaine, qui sort du calcaire lacustre, à une température d'environ 18°, contient des carbonates de chaux, de magnési et de fer, ainsi que du gaz acide carbonique qui s'en dégage à l'air libre. Les matières calcaires en dissolution se précipitent alors et forment sur tout le parcours des eaux un sédiment qui a recouvert le lit du ruisseau d'un enduit pierreux s'exhaussant sans cesse.

Quand on a franchi la passerelle, on voit, dans le petit jardin, à dr., représentés en pétrifications, une vache et son veau, un cheval, cinq personnages dansant la bourrée, dans une grotte, saint Antoine et son pourceau, et plus loin, un tapir, un tigre, etc. Près du Grand-Pont est une vaste grotte artificielle dans laquelle se produit le travail de l'incrustation. On y voit, rangés sur des gradins, des fruits, des végétaux, des nids d'oiseaux, médailles, bas-reliefs, camées, etc., dont on trouve une plus ample collection dans le bâtiment annexé à l'établissement thermal.

Les sources incrustantes, dites de Saint-Alyre, du nom d'un évêque de Clermont, sont très-nombreuses ; mais il n'y en a guère que trois qui méritent d'être signalées ; ce sont : — 1° la *petite source incrustante* ou *source de Saint-Arthême*, dont le débit est de 23,000 litres par 24 heures, et qui sert à la fabrication des incrustations ; — 2° la *grande source incrustante*, désignée par nous sous le nom de *source de la Cour*, pour la distinguer de la suivante ; son débit est de 207,360 litres par 24 heures. Une rigole, d'une longueur de 70 mèt., la conduit jusqu'à l'endroit où l'on prépare les incrustations ; — 3° la *source des Bains*, possédant un débit de 244,480 litres par 24 heures, et qui alimente un établissement de bains. Comme l'eau n'a guère qu'une température de 18° cent., insuffisante pour les bains, on la réchauffe artificiellement.

L'établissement thermal de Saint-Alyre, créé en 1826, contient 19 cabinets renfermant 30 baignoires en zinc et en bois, et un cabinet de douche descendante. Les eaux de Saint-Alyre, chauffées à 36 ou 33°, sont employées pour la guérison des rhumatismes articulaires, musculaires et nerveux; elles sont ordonnées, à une température moins élevée, aux personnes lymphatiques, scrofuleuses, atteintes de gastro-entéralgie chronique, de leucorrhée, d'engorgement de la matrice. Les eaux de Saint-Alyre sont chlorurées sodiques, bicarbonatées mixtes, ferrugineuses, gazeuses; elles se prennent également en boisson. L'établissement thermal qui les utilise est ouvert du 1er mai au 1er novembre.

Nous signalerons encore un autre établissement d'incrustations, connu sous le nom de *grotte du Pérou*, dans la rue de ce nom, où l'on peut trouver aussi des incrustations de toute nature. Comme dans l'autre établissement, ces incrustations se produisent dans une grotte artificielle, située dans un jardin, où l'on voit un grand nombre d'animaux pétrifiés.

MONTFERRAND

Montferrand* (*Mons ferranus, ferrandus, ferox, ferratus*), petite ville d'env. 4,000 hab., bâtie sur le haut d'un mamelon au pied duquel coule la Tiretaine à l'O., peut être considérée comme un faubourg de Clermont-Ferrand dont elle est à peine éloignée de 2 kil. — Des omnibus y conduisent.

Montferrand possédait, en 1186, un château fort, construit sur le haut du monticule que la ville occupe aujourd'hui. On l'avait surnommé *le Fort*, car c'était effectivement une des plus fortes places de l'Auvergne. Cette place fut prise par Louis le Gros en 1126, et par les Anglais en 1388. Après avoir fait partie du Comté, puis du Dauphiné d'Auvergne, elle appartint aux sires de Beaujeu, aux rois de France, et eut pour dernier seigneur le comte d'Artois (1773), depuis Charles X.

Montferrand.

L'aspect général de Montferrand est froid et grisâtre. Les *maisons* rappellent en assez grand nombre le style de la Renaissance; mais elles offrent une sobriété d'ornementation assez rare à cette époque. Nous signalerons particulièrement une *maison* du xv° s., dite *de l'Apothicaire*, et dont la charpente en encorbellement produit un effet original; puis, derrière l'église, la *maison de l'Éléphant* (xiii° s.), ainsi nommée d'une vieille enseigne; la *maison des Cha*-

noines (XIIIᵉ s.), où l'on voit dans la cour un bas-relief du XVIᵉ s. représentant Adam et Ève séparés par l'arbre biblique ; la *maison du Chapitre* (curieux escalier en colimaçon) ; l'*hôtel de Jean de Doyat*, du XVᵉ s., etc.

L'*église paroissiale* (mon. hist.) fondée au Xᵉ s., reconstruite au XIVᵉ et au XVᵉ s., érigés en collégiale royale par Louis XII en 1501, est composée d'un large vaisseau sans piliers, entouré de chapelles formant à l'extérieur des terrasses d'où partent des contreforts. La façade est percée d'une rose qui s'ouvre entre deux tours. On peut signaler à l'intérieur les sculptures sur bois (XVIᵉ s.) des chapelles, et enfin, une *Apothéose de la Vierge* et une *Fortune* attribuée à J. Goujon. — Le *séminaire* diocésain occupe les vastes bâtiments du couvent des Visitandines.

De la *place de la Rodade* on jouit d'une belle vue.

III

ENVIRONS DE CLERMONT-FERRAND

CHAMALIÈRES — ROYAT-LES-BAINS — ROYAT-VILLAGE

De Clermont à Chamalières, 1 kil. — De Chamalières à l'établissement thermal de Royat-les-Bains, 1 kil. — De Royat-les-Bains à Royat-Village, 1 kil. — De Royat-Village à Fontanat, 3 kil. — On peut se rendre à Royat de 4 manières : 1º à pied par la rue Blatin et la nouvelle route (35 min.) ; — 2º en voiture de place ou en omnibus, place de Jaude (25 cent.) ; —3º par le tramway électrique de Clermont à Royat ; — 4º par le chemin de fer contournant la ville, en 10 m. (jolie vue sur Clermont-Ferrand et ses environs).

En sortant de Clermont par l'extrémité S. de la

place de Jaude, on peut visiter dans le *château des Salles*, situé au fond d'une ruelle, une muraille gallo-romaine, connue dans le pays sous le nom de *Muraille des Sarrasins*. Cette muraille est ornée de colonnes en briques et construite en petit appareil avec cordons en briques. Après être sorti de la ville, on remarque, à g., une ancienne chapelle du XIIe s. servant de poudrière, et, un peu plus loin, du même côté, le palais épiscopal de *Beaurepaire*; puis l'établissement des *Roches* (eau ferrugineuse et gazeuse). On longe enfin le mur du parc du *château de Montjoli*, puis, à dr., Chamalières.

Chamalières, 2,353 hab., à l'entrée de la vallée de Royat, entre deux bras de la Tiretaine. L'*église* (mon. hist.) est consacrée à sainte Thècle, disciple de saint Paul, dont les reliques y étaient, dit-on, pieusement conservées. Cet édifice est un assez curieux spécimen de l'architecture religieuse du XIe s., époque à laquelle elle fut reconstruite. Ses cinq chapelles, ornées de vitraux, affectent la disposition de celles de N.-D. du Port. La nef, l'abside, à l'extérieur, et les chapelles absidales ont été remaniées au XVIe et au XVIIe s. Le clocher ou campanile est moderne. Il ne subsiste de l'époque de sa fondation (VIIe s.) que les deux colonnes en brèche verte du porche intérieur. On remarque à l'intérieur une copie ancienne de la fresque de Léonard de Vinci qui décore le **couvent de Saint-Onufre à Rome**.

Non loin de l'église, sur le bord de la rivière, il ne reste qu'un énorme pan de mur du vieux donjon de *Saulces* (XIVe s.).

Après avoir dépassé Chamalières et une manufacture de caoutchouc, la route côtoie ensuite un **escarpement de laves basaltiques**, creusé de cavernes, servant en général de caves, où le gaz acide carbonique se dégage en abondance et reproduit le phénomène de la grotte du Chien des environs de Naples. La plus importante de ces excavations est la **grotte de Saint-Mart** ou **du Chien**, qui fut jadis l'objet de terreurs mystérieuses. Large de 18 mèt. et profonde de 8, cette grotte a une voûte formée de blocs de scories vomies par le volcan du Gravenoire. La nappe gazeuse qui s'étend sur le sol a 50 cent. de hauteur à l'entrée de la grotte, 75 au milieu et 1 mèt. 30 cent. au fond où, pour les personnes de petite taille, il pourrait être dangereux de séjourner (entrée libre, rétribution).

Au delà de la grotte de Saint-Mart, on passe le beau viaduc du chemin de fer de Clermont à Tulle, auprès duquel on peut voir à dr. les ruines des thermes romains, découverts dans le parc de l'établissement thermal et classés parmi les mon. historiques (visiter le musée de l'établissement); puis on contourne le parc de l'établissement. Si, au lieu de suivre l'ancienne route, on veut se rendre à Royat par la rue Blatin, située presque au centre de la place de Jaude, et par la nouvelle avenue qui en est le prolongement, à la première bifurcation on laissera à gauche une route qui va rejoindre l'ancienne, et l'on suivra à dr. la nouvelle route qui laisse Chamalières à g., longe la rive g. de la Tiretaine, et, après avoir passé sous le viaduc du chemin de fer, vient aboutir à la place Allard, où stationnent le tramway, les voitures et les omnibus qui font le service de Clermont à Royat.

Royat-les-Bains* dépend du ham. de *Saint-Mart* qui appartient lui-même à la commune de Royat. Ce ham. doit son nom à un noble Arverne qui, au VII° s., lors de la conquête de l'Auvergne par les Francs, y fonda un monastère qui devient un prieuré des Bénédictins de Saint-Alyre. Du monastère il ne reste qu'une petite chapelle reconstruite au XVIII° s. et servant de grange.

Le grand **établissement thermal**, qui a remplacé les misérables réduits où étaient installées quelques baignoires en bois, alimentées par des sources thermales connues des Romains, date de 1852, mais il n'a été inauguré qu'en 1854. Il présente, sur le parc, une façade de plus de cent mètres de longueur. Il se compose d'un corps principal et de deux galeries latérales terminées chacune par un pavillon, où sont installés les appareils de pulvérisation, les douches et les bains d'acide carbonique. L'aile droite est affectée aux dames, l'aile gauche aux hommes. Du vestibule partent deux escaliers qui conduisent à dr. aux salles d'aspiration des dames, et, à g. à celles des hommes, les unes et les autres précédées de vestiaires et à températures graduées, oscillant entre 22° et 27°. L'établissement renferme en outre 108 cabinets de bains (baignoires en lave ou en marbre); des salles pour bains d'acide carbonique; des appareils de douches de vapeur et de toutes espèces; des salles pour bains de pieds; pour pulvérisation et douches pharyngiennes, etc. On y trouve encore une piscine de natation à eau courante (130 mèt. carrés de surface avec profondeur d'eau graduée) réservée aux dames dans la matinée et dans l'après-midi aux hommes; et enfin toutes les ressources de l'hydrothérapie, et un gymnase.

Près de la Tiretaine, au delà de l'établissement thermal, se trouve la *buvette* et *l'établissement de César* (12 baignoires et appareils de douches).

Un joli *parc* s'étend autour de l'établissement. Dans ce parc se trouvent un café-restaurant, un kiosque pour la musique (concerts tous les jours : le matin, de 9 h. 1/2 à 10 h. 1/2; l'après-midi de 3 h. 1/2 à 5 h.; le soir, de 8 h. 1/2 à 10 h.), un jeu de croket, un kiosque-buvette situé en face de l'établissement. Sur la hauteur et dominant le parc se trouve le *Casino municipal de Royat* avec salles de lecture, de conversation, de concert, de jeu. Le *théâtre* est un édifice récent commodément aménagé (représentations pendant la saison).

Les eaux de Royat, connues et exploitées dès le temps des Romains, jaillissent du terrain volcanique. Belle-Forest, puis Jean Banc, en 1605, ont décrit ces sources, qui furent remises en vogue en 1843. Des fouilles, faites sur le chemin qui longe le viaduc du chemin de fer, ont fait retrouver plusieurs des constructions romaines appartenant aux thermes primitifs.

Les sources de Royat sont au nombre de quatre : la *Grande source* ou *source Eugénie* (1,440,000 litres par 24 h.; 35°,5), la *source César* (34,500 litres; 29°), la *source Saint-Mart*, dite fontaine des Goutteux (25,000 litres; 31°), la *source Saint-Victor* (20°). — Pour l'analyse des eaux, V. les *Bains d'Europe*, par Ad. Joanne et le Dr A. Le Pileur.

Les eaux de Royat sont excitantes, toniques et reconstituantes par l'acide carbonique, le chlorure sodique, le fer, le manganèse et l'arsenic qu'elles renferment.

Action physiologique et thérapeutique. Ces eaux ont les propriétés des eaux alcalines, mais à un degré moindre que celles de Vichy, par exemple; toutefois

Établissement thermal et du Parc de Royat.

elles sont très utiles aux personnes très affaiblies auxquelles le traitement alcalin a été prescrit car elles sont en même temps toniques et reconstituantes. Elles sont diurétiques, légèrement laxatives, même à faible dose, chez quelques malades et par exception ; elles ont sur la muqueuse des voies aériennes une action qui les assimile aux eaux du Mont-Dore, au point de vue thérapeutique, et qui tient à l'arsenic et aux iodo-bromures que l'analyse y décèle. Grâce à l'acide carbonique qu'elles contiennent, elles sont très bien supportées par l'estomac et facilitent la digestion.

Les maladies traitées avec succès à Royat peuvent être classées en trois groupes principaux : 1° les affections des voies respiratoires (laryngite, bronchite, catarrhe, asthme, etc.); 2° les affections arthriques (goutte, rhumatismes, acné, eczéma, gravelle, etc.); 3° les affections chloro-anémiques et nerveuses (dyspepsie, névrose, maladies de matrice, etc.).

De Royat-les-Bains, deux routes conduisent au village de Royat : la première traverse la Tiretaine, dont elle remonte ensuite la rive g. (beaux châtaigniers); l'autre, à g., sur la rive dr., monte sur le plateau de Saint-Mart, où sont les hôtels supérieurs. — On peut aller d'un côté et revenir par l'autre pour varier la route.

Royat*, v. aux rues tortueuses, est bâti sur la Tiretaine, dans une situation délicieuse, au fond d'une gorge ombragée d'arbres magnifiques.

* Royat, appelé primitivement *Rubiacum* à cause des rochers rougeâtres qu'on y rencontre, a eu pour origine un ancien monastère de filles, fondé au viie s. par saint Projet. Les comtes d'Auvergne furent ensuite seigneurs de Royat, et Guyon, l'un d'eux, assigna sur cette terre le douaire de sa femme (1209).

Royat a eu plusieurs fois à souffrir des ouragans, notamment le 16 juillet 1835.

Église de Royat.

L'église (mon. hist.), fondée au VIIe s., reconstruite au Xe ou au XIe s., fut surhaussée et fortifiée à la fin du XIIe s. A l'extérieur, du côté du torrent, elle ressemble à un château fort ; sa muraille, en partie couverte de lierre, est terminée par une ceinture de mâchicoulis que soutient une série d'arcs à plein cintre retombant sur des consoles. Cette église, de style roman, a la forme d'une croix latine, et ne présente qu'une seule nef, décorée de 8 colonnes engagées dans les murs. La *crypte*, au-dessous du chœur, est soutenue par 10 piliers, qui la divisent en trois parties ; on y descend par un double escalier en avant du chœur. Le clocher octogonal, percé de doubles arcades, et reconstruit depuis peu d'années, est bâti sur l'intertranssept ; on y arrive par un escalier glissant et étroit placé à gauche du transsept. De la terrasse qui règne au-dessus de l'édifice, on découvre une belle vue. Dans le presbytère, on voit quelques débris curieux d'un ancien monastère, appela à tort le *château*, Une croix du XIVe s., élevée sur la place qui s'étend en face de l'église, et réparée en 1881, vaut la peine d'être examinée avec attention ; les douze Apôtres y sont sculptés avec leurs attributs.

En descendant de la place de l'Église par la ruelle étroite et rapide qui conduit sur le bord du torrent, on passe devant la *grotte des Sources*. Cette caverne, large de plus de 8 mèt., profonde de 11 mèt. et haute de 3 mèt. 50 cent. à son point le plus élevé, est formée par des roches basaltiques ; du fond jaillissent sept sources d'une température de 10 degrés, dont les eaux tombent dans un lavoir d'où elles vont ensuite se mêler aux eaux écumeuses de la Tiretaine. L'escarpement dans lequel la grotte est percée est couronné d'arbustes, tapissé de

Une rue de Royat.

lierre et dominé par une tourelle qui faisait partie de l'enceinte du prieuré. Cette excavation s'étendait autrefois du côté de la ruelle qui conduit à l'église, mais elle a été murée en partie : c'est dans cette partie de la grotte que sont recueillies les eaux qui alimentent aujourd'hui les fontaines de Clermont, entretenues primitivement par un aqueduc venant de Fontanat (V. p. 54). Ces eaux sont réunies dans un regard, situé en aval, dans une grotte fermée par un mur, dite *Grotte des Nymphes*, au-dessus de laquelle on lit une inscription en l'honneur de Royat, gravée dans le roc par ordre de Gabriel Simeoni, ingénieur florentin qui, au xvie s., dirigea les travaux destinés à conduire les eaux de Royat à Clermont.

ENVIRONS DE ROYAT

Les promenades et excursions que l'on peut faire dans les environs immédiats de Royat sont pittoresques et variées. Elles sont toutes réunies dans les trois gorges qui s'ouvrent à l'O. sur le vallon de Royat. C'est d'abord la gorge qui remonte à Fontanat, puis celle qui conduit à Charade; et enfin celle qui aboutit à un col, qui sépare le puy de Gravenoire, à g., de celui de Charade à dr. La plupart de ces excursions ne peuvent guère être faites entièrement en voiture. Pour les excursions plus éloignées, on peut les faire soit en voiture (V. Clermont à l'index), soit en les combinant d'après les heures de départ des trains des chemins de fer.

1° *Puy Chateix*. — Cette montagne domine au N.-O. la rive g. de la Tiretaine. Après avoir traversé le pont jeté sur le torrent, on prend le sentier qui part du restaurant Lafont et, traversant les vignes,

Grotte de Royat.

conduit au sommet. A mi-côte, près du ruisseau, il existe des cavités creusées dans l'argile, auxquelles on a dans le pays donné le nom de *Greniers de César*, parce qu'on y trouve, mêlés à l'argile, des grains de blé, des légumes calcinés et des morceaux de charbon. Ces débris proviennent sans doute d'un château fort qui couronnait autrefois la montagne et que Pépin détruisit en 761, dans sa lutte contre le duc Vaïfre. Du sommet du puy (688 mèt.), on jouit d'une belle vue sur la vallée de Royat. A l'O. se dessinent le Dôme et les puys qui l'entourent; au S., le sommet conique et couvert de pins de Gravenoire. On peut descendre soit par la pente N.-O., soit par un sentier à mi-côte qui se dirige sur le N., aboutit à l'entrée de la vallée de Villars et descend vers Chamalières.

2° *Fontanat* (2 h., aller et retour). — C'est une des courses les plus agréables et les moins fatigantes que l'on puisse faire aux environs de Royat. C'est aussi l'itinéraire préférable pour les touristes qui se rendent à pied au puy de Dôme.

Fontanat est seulement à 1 heure du Vieux-Royat. On remonte pour s'y rendre la route dominée à g. par l'église et les maisons de Royat, comme elle domine elle-même la Tiretaine, cours d'eau formé, à 1,500 mèt. environ en amont, par la réunion des ruisseaux de Vaucluse et des Gazadoux. A dr., entre des blocs de laves crevassés, suintent, ruissellent une foule de filets d'eau qui vont se perdre dans la rivière. A 20 min. de Royat, au premier grand coude que fait la route, le piéton peut prendre à dr. un sentier qui conduit directement au village par un sentier frayé à travers des bois, des prairies et des ruisseaux d'eau courante.

Fontanat*, ham. pittoresque dépendant de la com. d'Orcines (*V*. p. 70) et remarquable surtout par ses *sources*, qui jaillissent de toutes parts entre les maisons mêmes, et dont l'eau, d'une limpidité et d'une fraîcheur admirables, ne se trouble jamais. D'autres fontaines, plus belles, sourdent au ham. de *Font-de-l'Arbre*, situé à quelques min. au-dessus de Fontanat et dominé au S.-O. par les restes du *château de Montrodeix*. Ce château, bâti en basalte, sur une colline de forme conique, détruit par Pépin en 761, a été reconstruit depuis. A l'époque gallo-romaine, les sources de Fontanat étaient amenées à Clermont par un *aqueduc*, qui fut ruiné en 507 par Thierry, roi d'Austrasie. L'aqueduc était construit tout entier sous terre ou à fleur du sol; il en reste encore quelques débris au-dessous de la source du Canal. De la Font-de-l'Arbre on peut rejoindre en 5 min. la route du puy de Dôme.

De Fontanat on peut revenir à Clermont : 1° soit par la route du Mont-Dore (*V*. p. 60), que l'on va rejoindre (10 min.) en deçà du hameau de la Baraque et d'où l'on découvre un admirable panorama; 2° soit par le hameau de Villars (cheire ou coulée de laves; ruines d'une bourgade du moyen âge; traces d'une voie romaine de Clermont à Limoges et à Bordeaux) et Chamalières (*V*. p. 43); 3° soit par un chemin dit chemin des Crêtes (belle vue), facile à trouver après avoir traversé Fontanat. On suit le flanc du puy Chateix au sommet duquel on peut monter en 10 min., d'où l'on descend à Royat.

3° *La Pépinière* (3 h., aller et retour). — La Pépinière (ouverte au public) d'arbres forestiers créée par l'État dans la *gorge de Vaucluse* est accessible aux voitures par un chemin qui se détache, sur la g., de la route de Fontanat, au premier grand coude formé par celte route. Ce chemin s'engage dans une gorge boisé, très pittoresque. Pour revenir à Royat le piéton prendra, sur la g. de la porte de la Pépinière, un petit sentier, qui la longe sur un parcours d'environ 10 minutes. Arrivé à des prairies il monte à g. et rencontre bientôt, près d'un mur, un large chemin qu'il suit en obliquant d'abord à g. Il traverse une jolie forêt de sapins, au sortir de laquelle il découvre de belles vues sur Royat et sur la Limagne et descend au Vieux-Royat.

4° *Puy de Charade* (2 h. 1/2 à 3 h., avec retour par Gravenoire). — Après avoir dépassé le Vieux-Royat, on prend à g. la rue de la Fontaine du Château d'eau, et, une fois sorti du village, on suit le chemin de dr., qui laisse à g. une petite chapelle romane. 3 min. plus loin le chemin se bifurque; on prend celui de dr., et, après 15 min. de marche, on descent à g., en traversant un ruisseau presque à sec, après lequel (2 min. de marche) on prend à dr. un chemin bien frayé, qui monte à travers le bois. Arrivée à des prairies on va jusqu'au village de Charade d'où un chemin revient au puy; ou, si on le préfère, on monte directement à travers les prairies au *puy Charade* (902 mèt.) d'où l'on jouit d'une belle vue. Du sommet un chemin descend sur le versant opposé et va rejoindre une grande route, qui en contournant le puy de Gravenoire, et en offrant de beaux points de vue, descend à Royat (pour éviter les détours que fait cette route, V. ci-dessous).

5° *Puy de Gravenoire* (2 h. 1/2, aller et retour). — L'ascension de ce puy est d'un intérêt médiocre et la montée, en plein soleil au milieu des laves, n'est pas aisée. Près du Grand-Hôtel, on s'engage dans la rue de Jocelyn-Bargoin puis, à dr., sur le petit chemin de Gravenoire qu'indique un écriteau. Ce chemin, couvert de scories de lave, coupe quatre fois la route qui décrit de grands circuits. Arrivé sur le plateau on trouve à dr. un sentier qui contourne le puy. Après 5 min. de marche on aperçoit une percée à travers les arbres dans laquelle on s'engage et l'on atteint bientôt le sommet d'où l'on n'a pas de vue. Pour rentrer à Royat sans gravir le faîte du puy, on prend, à dr. de la route, le premier sentier qui passe au-dessus d'une profonde carrière abandonnée. Immédiatement après avoir dépassé cette carrière on s'engage dans un petit chemin à dr. qui descend directement au Vieux-Royat.

6° *Puy de Montoudou* (1 h. 1/4, aller et retour). — Cette ascension n'offre qu'un médiocre intérêt. On suit la route de Gravenoire pendant 15 min. à partir du point où le petit chemin de Gravenoire la croise pour la première fois. A la base d'un croix détruite, au premier coude formé par cette route on prend, à g., un sentier qui traverse des vignes. Pour retourner, on descend vers le château de Belle-Vue.

7° *Bois-Séjour* (3 h. au plus, aller et retour). — Cette course, dont la deuxième partie et très intéressante, se fait par la route de Gravenoire que l'on suit jusqu'à la croix ruinée (*V.* ci-dessus).

Là, on continue à suivre directement le chemin qui se prolonge dans l'axe de la route, et en 25 min. on atteint un chemin qui conduit à Bois-Séjour. Traversant ce ham., on suit un chemin frayé, qui se dirige vers une étroite vallée, dominée à dr. par le puy de Gravenoire. On s'engage dans une gorge, où se pressent de beaux arbres et des rochers pittoresques. De l'extrémité de cette gorge on regagne aisément sur la dr. la route de Gravenoire par laquelle on descend, à dr. sur Royat.

8° *Mont-Rognon* (*V.* p. 84). On s'y rend de Royat en suivant le chemin de Bois-Séjour (*V.* ci-dessus). De Bois-Séjour on rejoint la route du Mont-Dore et l'on atteint Ceyrat (*V.* p. 98), où l'on se renseignera pour découvrir les sentiers assez difficiles à trouver, qui conduisent au sommet de la colline. La descente sur Beaumont n'est pas plus aisée. De Ceyrat une gorge boisée conduit à Theix d'où un bon marcheur peut revenir à Royat par Saint-Genest et la route de Gravenoire.

9° *Gorge de Villars* (3 h., aller et retour). — Cette gorge, bien que les chemins qui y conduisent ne soient pas ombragés, est assez intéressante à visiter. Après avoir dépassé le viaduc du chemin de fer on prendra à g. un chemin étroit que l'on suivra jusqu'aux murs du Grand-Couvent. Puis, remontant par le chemin de g., on passe sous le chemin de fer et l'on suit la voie romaine jusqu'au Villars (*V.* ci-dessous). On traverse le village en appuyant sur la g. et, lorsqu'on en sort, on prend du même côté un large chemin qui conduit en 20 min. à la route qui passe au N. de Fontanat.

Les promenades qui ne peuvent être faites qu'en voiture ou par le chemin de fer à cause de leur éloignement sont décrites ci-après. Mais on pourra cependant se rendre plus rapidement de Royat au puy de Dôme et au Pariou (5 h. à pied, aller et retour) en prenant le chemin de Fontanat (*V.* p. 54) qu'en y allant de Clermont. Si l'on préfère suivre cette dernière route on prendra, à Clermont, les voitures qui font le service du puy de Dôme, et, pour le Pariou, celles qui se rendent à Pontgibaud.

On descendra de voiture au-delà d'Orcines, à la Font-de-l'Arbre, d'où l'on pourra, en peu de temps, gravir les pentes du Pariou. — Pour aller de Royat au puy de la Nugère (*V.* p. 77) le moyen de transport le plus rapide est le chemin de fer. On descend à la station de Volvic, d'où, en suivant, dans la direction de l'O., la route de Pontgibaud, qui monte entre le Grand-Sarcouy à g., et le puy de la Nugère à dr., on atteindra, en moins d'une heure, le cratère de ce volcan éteint, un des plus curieux de la région, qui se dresse à dr., à quelques minutes de la route. Pour retourner à la station de Volvic, éloignée de 3 kil. 1/2 de la ville, on prendra le sentier ombragé, indiqué p. 77, qui, traversant le cratère inférieur, va rejoindre la route de Pontgibaud à Volvic, près d'un bloc énorme de rochers, et est plus court et plus agréable que celui par lequel on est arrivé. Pour visiter le puy de la Louchadière (*V.* p. 76), au lieu de descendre à la station de Volvic, il faut continuer jusqu'à Vauriat. — Le chemin de fer est encore le moyen de transport le plus commode pour visiter le château de Tournoël (*V.* p. 79), dont les belles ruines se dressent à une faible distance de la ville de Volvic d'où l'on revient au point de départ, en prenant à Riom le chemin de fer pour Clermont (*V.* p. 17).

PUY-DE-DOME — PUY-DE-PARIOU — GROTTES DU CLIERZOU

V. pour les voitures l'*Index alphabétique*. — De Clermont à la Baraque, 7 kil. — De la Baraque au sommet du puy de Dôme, 8 kil. 500 mèt. — Du puy de Dôme au puy de Pariou, 3 kil. — Du puy de Pariou au puy de Clierzou, 1 kil. 500 mèt.

Trois chemins conduisent de Clermont au puy

de Dôme : un de piétons (celui de Villars), deux de voitures (par Royat et Fontanat et par la route de Tulle).

1° Celui qui passe au Villars quitte la route de Royat à Chamalières, où l'on prend à dr. pour franchir un petit pont au delà duquel on tourne à g. On suit l'ancienne *voie romaine* de Clermont à Limoges dont le pavé, formé de blocs de lave, est dans certaines parties très bien conservé. Après avoir passé sous le chemin de fer de Clermont à Tulle, on remonte un vallon boisé, à gauche (beaux châtaigniers) et dominé, à droite, par de beaux rochers de basalte.

1 h. de Clermont. *Villars*, ham. où l'on voit un menhir surmonté d'une croix, une *cheire* (champ de lave inculte), et les ruines assez importantes d'une bourgade du moyen âge. Bientôt apparaît la masse imposante du puy de Dôme. On appuie à dr. pour se diriger sur le ham. de *Cheix*, à 5 min. duquel on rejoint (20 min. de Villars) la route de Tulle (*V.* ci-dessous).

2° Le chemin par Fontanat a été décrit ci-dessus (*V.* p. 54).

3° La route que suivaient autrefois les voitures de Tulle passe à Chamalières (*V.* p. 43), et laisse à g. la route de Royat. Le puy de Dôme se montre d'abord en face, puis, à mesure que l'on monte, il disparaît derrière d'autres sommets moins élevés. Laissant à dr. Durtol, on croise le chemin de fer de Tulle et l'on décrit de nombreux lacets pour atteindre un plateau borné à gauche par le *cap de Prudelles* (ascension facile, belle vue), escarpement rocheux dont la crête est à 700 mèt. d'altitude. En se retournant, on jouit d'une vue magnifique sur les plaines de la plantu-

COL DE CEYSSAT.

reuse **Limagne**, où serpente l'Allier et que terminent au loin les montagnes du Forez. A l'extrémité du plateau, on traverse un cratère peu profond, mais très-large, dont les bords sont recouverts de scories.

7 kil. de Clermont. **La Baraque***, ham. bâti sur une coulée de lave descendue du puy de Pariou. C'est de ce point que le puy de Dôme présente surtout la forme à laquelle il doit son nom, et qu'il paraît dominer les montagnes environnantes. Le petit puy de Dôme, appuyé à sa base septentrionale, semble de là lui servir de contrefort.

Au hameau de la Baraque on laisse à droite la route de Pontgibaud (*V.* ci-dessous, p. 70), qu'il faut suivre si l'on veut monter au puy de Pariou (*V.* ci-dessous, p. 67). Un peu au delà, à g., près du hameau du Cheix, vient aboutir le chemin de Villars (*V.* ci-dessus).

9 kil. Laissant à g. le chemin de Fontanat (*V.* ci-dessus), en face de la route de Rochefort, on prend à dr. une nouvelle route de voitures qui monte en contournant la base S. du cône, à travers de petits bois.

13 kil. **Col de Ceyssat*** ou *d'Allagnat* ou *des Gromanaux*, entre le *puy des Gromanaux* et un contrefort du puy de Dôme.

Du col se détache, à dr., un chemin (2,500 mèt.), dont la création remonte à l'époque romaine et que peuvent gravir les voitures (voitures spéciales pour l'ascension, 20 fr.) s'élève par 16 lacets jusqu'au (1 heure) plateau supérieur du puy de Dôme. En montant, on voit des saillies rocheuses remarquables (la *Gargouille*, les *Deux-Corbeaux*, la *Pyramide*). — Au bas des premières assises du temple (*V.* ci-dessous), à dr., est une cabane où l'on peut déjeuner.

> Si Dôme était sur Dôme,
> On verrait les portes de Rome.

Le puy de Dôme, fût-il deux fois plus élevé, ne dépasserait pas l'altitude de bien des cimes des Alpes et des Pyrénées. Mais ce dicton exprime l'admiration populaire pour le volcan éteint qui, haut de 1,465 mèt., a donné son nom à la chaîne dont il occupe le centre et au département dans lequel il est situé.

Du point culminant du Dôme, on découvre un vaste panorama ; on aperçoit : à l'O., le Limousin ; au S., les chaînes des monts Dôme et des monts Dore, le Plomb du Cantal, et, plus près de soi, le lac d'Aydat ; à l'E., la Limagne, l'Allier et les monts du Velay.

C'est au **puy de Dôme** que l'on peut dire avec Delarbre : « L'Auvergne est un vaste cabinet d'histoire naturelle. » De cet endroit, on embrasse l'ensemble de tous ces mouvements de terrains, de toutes ces hauteurs aux contours heurtés et saillants, de ce chaos de formes portant les traces qu'y ont laissées l'érosion séculaire des eaux et les déchirements des feux souterrains.

C'est sur le plateau du puy de Dôme que, à la demande de Pascal, alors à Rouen, Périer, son beau-frère, fit, le 19 septembre 1648, les premières expériences sur la pesanteur de l'atmosphère qui confirmèrent l'hypothèse de Torricelli.

Sur le puy de Dôme a été construit un **Observatoire**, inauguré le 22 août 1876. Il se compose d'un pavillon d'observation, de construction circulaire, établi au point culminant du plateau. Ce pavillon, qui comprend un sous-sol consacré aux instruments enregistreurs, un rez-de-chaussée, où se trouvent les instruments pour l'observation directe, et une terrasse, est relié par un couloir souterrain à un bâtiment servant d'habitation au gardien de l'observatoire, comprenant en outre le cabinet du directeur, une salle pour la conservation des instruments et le bureau télégraphique (ouvert au public). Cette station météorologique est reliée par des fils télégraphique et téléphonique à une autre station établie à *Rabanesse* (Clermont), sur la route de Clermont à Limoges, à 500 mèt. des Facultés.

Les fouilles nécessitées par la construction de la station météorologique ont mis à découvert les assises d'un vaste édifice de l'époque gallo-romaine. Depuis, des fouilles plus importantes ont eu lieu, et l'on peut aujourd'hui se faire une idée de la grandeur de ce monument antique, qui était un **temple de Mercure** et qui offre le plus haut intérêt.

On a déblayé des plates-formes successives reliées entre elles par des escaliers monumentaux qui en facilitaient l'accès. Au-dessous ont été découvertes une porte et une fenêtre. De cette pièce partait un escalier conduisant à un étage supérieur, aujourd'hui détruit. A côté apparaît une série de pièces moins grandes, semblables entre elles et terminées en hémicycle. Toutes ces pièces, excepté la première, sont pourvues d'un banc semi-circulaire.

Cet édifice était très-solidement construit. Les murs se composent de pierres de taille énormes, admirablement ajustées, posées à sec et simplement reliées entre elles par des crampons de fer scellés avec du plomb. Les parties secondaires de la bâtisse sont en moellons irréguliers, de petite dimension, noyés dans le mortier, avec revêtement en petit appareil. On a découvert, au milieu des décombres, des fragments de marbres les plus rares et de plus de cinquante espèces différentes de tous points semblables à celles qui ornaient, à Rome, le palais des Césars. On a recueilli également des fragments de frises en marbre blanc où sont sculptés des feuillages et des rinceaux variés, ainsi que des génies jouant avec des lions, des dauphins. On a mis à jour aussi des bases et des chapiteaux de pilastres ioniques, deux masques en pierre de grandeur naturelle que l'on croit être ceux d'Apollon et de Diane, de nombreux débris de poterie, à vernis rouge, avec ornements en relief ; divers objets en bronze, en corne de cerf, des fers de lance, de javelot, des statuettes en bronze, des pièces de monnaie, frappées pour la plupart à l'effigie d'Antonin, le doigt auriculaire gauche et un fragment en bronze de la draperie d'une statue de femme.

Les archéologues ont, dès le principe, considéré ces ruines importantes comme les restes d'un sanctuaire consacré à Mercure. Ils appuyaient leurs assertions sur un passage des *Commentaires* de César, sur deux inscriptions recueillies par un savant archéologue de Clermont, M. Mathieu, sur un passage tiré des œuvres de Pline l'Ancien, dans lequel il est parlé d'une statue colossale de Mercure exécutée en Auvergne par le sculpteur Zénodore, et enfin sur un passage non moins caractéristique de Grégoire de Tours. Une inscription trouvée à Wenau dans le pays de Juliers (Prusse Rhénane) et consacrée au *Mercure auvergnat,* plusieurs autres inscriptions analogues exhumées sur les bords du Rhin, sont venues confirmer leurs assertions. Mais la découverte faite pendant les fouilles d'une plaque ou cartouche en bronze a levé tous les doutes. Cette inscription est ainsi conçue : NVM AVG ET DEO MERCVRI DVMIATI MATVTINIVS VICTORINVS D D, que l'on traduit ainsi :

Aux divinités augustes et au dieu Mercure domien Matutinius Victorinus l'a dédié.

Sur la partie du S. du plateau du Dôme, existait une *chapelle* dédiée à saint Barnabé. C'est dans cette chapelle que se réunissaient autrefois les sorciers

Ruines du temple de Mercure, au puy de Dôme.

et les sorcières. Une sorcière qui se laissa prendre, Jeanne Bordeau, fut, malgré ses aveux, brûlée vive en 1514.

La descente du puy de Dôme s'effectue en général par le versant oriental; deux sentiers la facilitent jusque sur le *petit puy de Dôme* (1,268 mèt.) :

celui de dr. est plus long, mais moins rapide que celui de g. Le petit puy de Dôme, accolé au flanc N. du grand Dôme, est presque entièrement formé de scories; il possède un cratère très-régulier appelé le *Nid de la Poule,* privilége que n'a pas le puy qui le domine. De sa base occidentale part une large coulée de lave qui s'est répandue, dans la direction de la Sioule, sur la surface d'un large plateau granitique. Après être descendu au bas du ravin qui sépare le petit puy de Dôme du grand, on suit le sentier qui aboutit à deux baraques en bois servant de restaurants d'où l'on peut rapidement retourner à Clermont ou à Royat par Fontanat, à moins que l'on ne préfère visiter le magnifique cratère du puy de Pariou.

Dans ce cas, il convient de se diriger vers le N., en suivant les pentes qui y conduisent. On traverse de vastes pâturages, entièrement dépourvus d'arbres et couverts de bruyères, dans lesquelles on enfonce jusqu'à mi-jambe. Quand on a quitté le Nid de la Poule, on appuie légèrement sur la dr., en côtoyant le versant oriental des montagnes de l'*Aumône* ou *Petit Suchet* (1,200 mèt.). Après avoir longé un bois, on entre dans un immense cirque couvert de pâturages, fermé au S. par le Petit Suchet, au N. par le Pariou dont on peut rapidement atteindre le cratère supérieur, à l'O. par le *puy de Clierzou* (1,199 mèt.), dont on peut aller visiter les grottes (au sommet). Les plus curieuses sont au S. (*V. Clermont, Royat, les Monts-Dôme*, par M. Éd. Vimont). L'entrée des galeries, qui s'étendent assez profondément dans l'intérieur de la montagne, se trouve sous la dernière arcade au couchant. L'ouverture est basse; on pénètre dans une première salle, puis, par une ouverture plus basse encore (à g.), on entre dans une seconde et successivement dans deux autres. Ces grottes sont regardées comme d'anciennes carrières, d'une roche tendre et poreuse, dans laquelle on taillait des cercueils, dont la porosité favorisait la conservation des cadavres.

Bien que la distance à vol d'oiseau du puy de Dôme au **puy de Pariou** (1,210 mèt.) ne soit que de 3 kil. il faut près de 2 heures pour la parcourir. Le Pariou est le produit d'une des éruptions les plus récentes de cette région volcanique. Ce volcan, selon M. Achille Comte, est un des plus intéressants à étudier des environs de Clermont. Son sommet, qui de loin paraît être simplement tronqué et terminé par un plan incliné, offre un cratère parfaitement bien conservé, dont le diamètre est de 310 mèt. et la profondeur de 93 mèt., mesurée du bord septentrional, qui est le plus élevé. Au-dessous du cône terminal qui porte ce cratère, on en voit un second qui est beaucoup plus grand et renferme le cône dont il vient d'être question, à peu près comme la montagne de la Somma entoure le cône terminal du Vésuve. Ce grand cratère, égueulé d'un côté, a répandu par cette brèche une coulée de lave qui s'étend d'un côté jusqu'à Durtol et Nohanent et de l'autre dans la vallée de Villars.

Au N. du Pariou, au-delà de la route de Pontgibaud, se dressent, de dr. à g., en forme de demi-cercle, en partant du col des Goules : les puys des Goules, du grand Sarcouy, du petit Sarcouy, de Chaumont, de Leyronne, de Chopine, de la Goutte, de Lantégy (*V.* p. 66) et, au N.-O. du Pariou, le *puy de Fraisse* (1,118 mèt.); à l'O. du Pariou, le **puy de Côme** (1,264 mèt.), au sommet duquel s'ouvrent deux cratères assez profonds et concentriques. Sur la crête qui sépare ces deux cratères, existent des scories blanches extrêmement légères. La coulée de lave qui s'est échappée de la base du Côme s'est étendue jusqu'à Pontgibaud, et a produit la *cheire* (nom que les habitants du pays donnent à ces coulées de laves) la plus importante, la plus tourmentée et la plus curieuse de la chaîne des puys. Au midi des puys de Côme et du Clierzou s'élève le *grand Suchet* (1,236 mèt.), à l'O. duquel et descendant vers le S. sont rangés, au pied occidental du puy de Dôme, les *puys de Balmet* (1,088 mèt. d'altitude), *de Filhou* (1,077 mèt.), du *petit Sault* (1,043 mèt.) et du *grand Sault* (1,081 mèt.), qui touche au puy de Gromanaux.

La descente du Pariou peut s'effectuer par le côté le plus bas des bords, au N. du cratère supérieur. De ce point part un sentier qui, contournant le cône, aboutit au cratère inférieur, dont on s'éloigne par la brèche qui a servi d'écoulement à la lave, puis on atteint une sorte de cirque traversé par un sentier, qui, passant non loin des baraquements du polygone, aboutit à la route de Clermont à Pontgibaud, un peu au-dessus de la Fontaine du Berger (*V*. ci-dessous).

Cette route, que nous indiquons pour le retour, est la plus courte pour se rendre de Clermont au Pariou.

PONTGIBAUD ET SES ENVIRONS

Chemin de fer et route de voit. — Pour le chemin de fer *V*. p. 96. — De Clermont à Pontgibaud, 23 kil.

7 kil. 1/2 de Clermont à la Baraque (*V*. ci-dessus p. 59-61). La voiture laissant à g. la route de Rochefort,

Chaîne des Dômes, vue de la base du puy Chopine.

prend à dr., au-delà de la Baraque, celle d'Aubusson.

8 kil. *Orcines* (1,590 hab.), à g. de la route et du ham. de *Chez-Vasson*, où fut découvert, en 1848, un trésor de 69 statères d'or de l'époque de Vercingétorix. La route, continuant de s'élever, traverse les hameaux du *Pont-de-la-Cheire* et de *la Fontaine-du-Berger*, à g. desquels, au pied du puy de Pariou, sont installées les baraques de campement de l'École d'artillerie de Clermont, dont le champ de tir s'étend jusqu'à la plaine de Laschamps, au S. du puy de Dôme. 1,500 mèt. plus loin, la route franchit le *col des Goules*, situé entre un prolongement du puy de Pariou et le puy de *Mont-Goulède* (1,149 mèt.), derrière lequel se cachent le *grand Sarcouy* (1,047 mèt). et le *petit Sarcouy* (1,040 mèt.). Le *puy de Chaumont*, dont le cratère est presque entièrement comblé, unit le petit Sarcouy au *puy Chopine* (1,184 mèt.), au N. duquel est le *puy de Leyronne* (971 mèt.) remarquable par son cratère régulier, mais de petite dimension.

Plus près de la route, se montre le vaste demi-cratère du *puy des Gouttes*, qui s'étend en forme de croissant autour du puy Chopine, et qui porte, sur son flanc S., le cratère peu distinct du *puy de Lantegy* (1,024 mèt.), que l'on atteint bientôt, après avoir passé entre le puy de Fraisse (à g.) et le *Creux Morel* (à dr.), cratère au niveau de la plaine.

17 kil. Hameau et ancien château féodal des *Roches*, à g., appartenant à la famille de Montlosier, et hameau des *Fontétes* (église moderne), à dr.

19 kil. *La Courteix*, hameau. — La route de Pontgibaud, descendant rapidement, décrit plusieurs lacets, croise le chemin de fer de Tulle au point où elle rejoint la route de Riom et, longée par le chemin de

fer, est resserrée entre les amas de laves provenant des *cheires* des puys de Come et de Louchadière.

23 kil. Pontgibaud*, ch.-l. de cant. de 1,157 hab., bâti à 675 mèt. d'alt., sur la rive dr. de la Sioule, dans un vallon étroit et pittoresque, est dominé par un **château** du XIIIe s., ancien fief des dauphins d'Auvergne, qui a longtemps appartenu à la famille de La Fayette. Ce vieux manoir, un des mieux conservés de toute la région, a la forme d'un quadrilatère, couronné de mâchicoulis, enveloppant une cour à l'angle de laquelle est un donjon dont les murs ont presque 4 mèt. 50 c. d'épaisseur. Une enceinte extérieure entourait le château. Les courtines n'existent plus, mais les tours qui les flanquaient sont presque toutes intactes.

L'*église*, qui était autrefois une dépendance du château, n'est remarquable que par son portail gothique.

La terre de Pontgibaud, morcelée et vendue à la Révolution, a été rachetée plus tard par son ancien propriétaire, M. de Moré de Pontgibaud. M. de Moré est inhumé avec son plus jeune fils, tué à Solferino, dans une petite *chapelle* romane élevée par M. Ledru sur un rocher dominant la vallée et séparant le château de la fonderie de plomb, qui s'étend au-dessous, sur la rive dr. de la Sioule.

La **fonderie** de galène argentifère (sulfure de plomb mêlé d'argent) est un établissement de premier ordre. Cette usine (on la visite avec l'autorisation du directeur) livre annuellement au commerce 18,000 kilog. de plomb, 1,100 kilog. d'argent fin et 108,000 kilog. de litharge; la valeur totale de ces produits est de 350,000 fr. Les mines qui alimentent la fonderie sont : la mine de la Brousse, à 3 kil. de Pontgibaud ; celles de Roure et de Roziers, à 8 kil. au S., en remontant le cours de la Sioule; celles de Barbecot et de Pranal, au N. Sur les bords de la Sioule, sont installés d'immenses réservoirs, destinés à l'absorption et à l'évaporation de l'eau blanchâtre, chargée d'oxyde de plomb, ayant servi au lavage, et qu'il est défendu de laisser s'écouler dans la rivière.

A 1 kil. de Pontgibaud, jaillit une source minérale froide, bicarbonatée sodique ferrugineuse, dite *fontaine de Javelle*. Il existe aussi, non loin du bourg, une autre source ferrugineuse, très abondante, appelée *source de la Fronde*.

Les environs de Pontgibaud méritent d'être visités. Deux ou trois journées d'excursions suffisent.

Le **camp des Chazaloux** (de *Chazal*, masure), appelé aussi *camp des Sarrasins*, que l'on croit être un ancien camp celtique, est situé à 3 kil. de la ville. Pour s'y rendre, il faut traverser la place de Pontgibaud, au S. de la halle, suivre un chemin qui **passe sous** le pont-viaduc d'une seule arche, du chemin de fer de Clermont à Tulle; puis monter, en côtoyant une prairie; descendre ensuite dans un charmant petit vallon boisé, en remonter la pente opposée, en suivant un chemin ombragé qui atteint bientôt un plateau sur lequel, à peu de distance à dr., on aperçoit le château de *Tournebise*. En face de l'avenue du château, un large sentier conduit en 10 min. au camp, dont un jeune sapin, qui s'élève seul au-dessus d'épais fourrés de chênes, indique l'emplacement.

Le camp des Chazaloux est formé d'un nombre considérable d'enceintes en pierres sèches, de formes plus ou moins régulières, hérissées de jeunes arbres qui en rendent l'accès très difficile. Sa longueur est d'environ 200 mèt., sa largeur de 120.

Le camp est protégé par des fossés creusés dans la lave ou par des ravins naturels remplis de pierres énormes et tranchantes du milieu desquelles s'élancent une multitude d'arbres ou d'arbustes d'essences diverses. Dans un de ces ravins jaillit, de la lave, une petite source, qui produit de la vapeur en hiver et de la glace en été. Le même phénomène se présente sur plusieurs points de l'immense coulée de lave descendue du puy de Côme, dont le camp des Chazaloux occupe peut-être la partie la plus étrangement bouleversée. Quelques sources glacées jaillissent du milieu de ce chaos de laves, au fond de dépressions d'aspect cratériforme dont quelques-unes ont de 35 à 40 mèt. de profondeur. La lave en cet endroit a sans doute recouvert un terrain marécageux, dont l'eau immédiatement vaporisée a déchiré de toute part la coulée volcanique. Ce fait seul peut expliquer la végétation puissante qui surgit du milieu de ces blocs, et les fissures d'où s'échappent des sources ou des courants d'air froid qui, en été, transforment en glace l'humidité de l'atmosphère sur les rochers qui les entourent. Les habitants de la contrée utilisent ces courants d'air froid en établissant auprès d'eux des caves qui servent à préparer des fromages analogues à ceux de Roquefort (Aveyron).

Si, revenant à Tournebise, on suit la route de Rochefort, qui remonte la rive g., de la Sioule, dont le chemin de fer suit la rive dr., on aperçoit bientôt *Saint-Pierre-le-Chastel* (1,015 hab.) sur la rive dr. de la rivière. On laisse ensuite à dr. les mines de plomb argentifère du *Roure* et de *Roziers* (8 kil.). Au-delà du hameau de *la Bantusse* se dresse une belle colonnade de basalte prismatique peu élevée. Après la **Miouse-Rochefort**, station du chemin de fer, si l'on prend à dr. la route d'Herment, qui suit la Miouse, affluent de la Sioule, on voit sur la g. les *rocs de Say*, bel entassement de blocs granitiques au milieu desquels tombe une petite cascade.

Du côté opposé, à 200 mèt. du ham. de *Mont-la-Côte*, se trouve la *Roche-Branlaire*, masse énorme de granit, longue de 7 mèt., couverte de lichens, et à laquelle on peut, par un faible effort, imprimer un mouvement d'oscillation très-prononcé. De là on peut revenir à pied, à la Bantusse et à Pontgibaud, en passant par les mines de Roure et de Roziers.

Une des excursions les plus intéressantes des environs de Pontgibaud est celle de la Chartreuse du Port-Sainte-Marie par Pranal, Chalusset et Montfermy. La Chartreuse n'offre rien d'intéressant par elle-même, mais les abords de la Sioule sont ravissants. Pour aller à la Chartreuse, il faut suivre le chemin qui, de la fonderie, conduit au hameau de *Peschadoire*, dont l'*étang* fournit d'excellentes truites et où se voient des amoncellements de lave, formant le point extrême de la coulée du puy de Côme, au travers desquels la Sioule s'est frayé un étroit passage. De l'autre côté de la rivière se dressent des rochers escarpés où s'ouvre une caverne (la *grotte des Fées*) d'un accès difficile.

Traversant ensuite la Sioule sur un pont de bois, on longe la rive g. de la rivière, qui coule dans une gorge admirablement boisée. La route, côtoyant le cours d'eau, suit les inflexions du vallon dont les pentes ont de 150 à 200 mèt. de hauteur; elle atteint bientôt une passerelle qui conduit à la *source minérale* de *Châteaufort*, recouverte par une petite construction.

1 h. 30 min. de Pontgibaud. Mines de *Barbecot*, dont le minerai est broyé, séparé de sa gangue et lavé, dans une usine établie près de là, sur la rive g. de la Sioule ; sur la rive dr. est un amas considérable de détritus blanchâtres, produit par ces diverses opérations. Une petite voie ferrée, qui sert à conduire à Barbecot le minerai extrait à *Pranal*, suit un canal longeant la rive g. de la Sioule. L'eau de ce canal tombe sur une immense roue hydraulique qui met en mouvement un treuil destiné à retirer les bennes du fond de la mine. En suivant la voie ferrée, on arrive en 20 min. au pied d'un escarpement basaltique vertical dans lequel sont percées les *grottes* de Pranal, excavations peu profondes, séparées par d'énormes piliers irréguliers ; plus bas l'escarpement gagne en élévation ; et présente l'apparence de tours et de bastions. Cette éminence d'un rouge sombre, et connue sous le nom de *volcan de Chalusset*, est le résultat d'une éruption locale des gaz contenus dans la lave incandescente. Sur les pentes inférieures, jaillit une source minérale incrustante qui a formé, auprès du lit de la Sioule, des stalactites d'une finesse et d'un dessin remarquables. Le puits de mine de Pranal est au pied du volcan.

Il est impossible aux voitures de remonter, au-delà de Pranal, la vallée de la Sioule, qui, notablement élargie, a pris un aspect sauvage. Du hameau de *Chalusset*, on peut, en moins d'une heure, se rendre à *Montfermy* (423 hab.), qui possède une église du xie s., et une croix de 1536. Cette commune est peu éloignée de la *Chartreuse du Port Sainte-Marie*, qui formait jadis un parallélogramme de 200 mèt. de longueur sur 100 mèt. de largeur, avec tours aux quatre angles et dont les ruines sont situées dans un vallon arrosé par un affluent de la Sioule.

Le retour à Pontgibaud (14 kil.) peut s'effectuer par une route carrossable que l'on atteint près de la maison du garde forestier.

Route de terre de Pontgibaud à Volvic : 17 kil. 200 mèt. — On prend la route de Clermont, longée à dr. par le chemin de fer (*V.* p. 96), et, 1 kil. plus loin, à g., celle de Volvic, qui s'éloigne du chemin de fer, et, après avoir traversé la chëire du puy de Louchadière, la côtoie jusqu'à

5 kil. *Saint-Ours* (1,940 hab.), v. situé à 817 mèt. d'altit. (découverte de tombeaux, de tuiles et de briques de l'ère gallo-romaine). — De Saint-Ours se détache un chemin qui conduit à (6 kil.), *Chapdes-Beaufort* (1,659 hab.), v. peu éloigné de la Chartreuse du Port-Sainte-Marie (*V.* ci-dessus).

6 kil. 1/2. La route croise le chemin de fer de Tulle, près de la station de Vauriat, et laisse à g. la route de Mansat.

9 kil. On atteint le sommet du col qui sépare le *puy de Louchadière* (1,200 mèt.), à dr., du *puy de Tressoux* (992 mèt.), à g. Le puy de Louchadière, du mot patois la *chadeïro* (chaise) dont il présente la forme, porte à son sommet un énorme demi-cratère, égueulé vers le S., dans lequel est creusé un cratère plus petit. Une vaste coulée de lave, bien moins accidentée que celle du Côme, et en majeure partie cultivée, descend jusqu'à Pontgibaud. Derrière le puy de Tressoux s'échelonnent, en ligne dr. vers le N., les *puys d'Espinasse* (949 mèt.), *de la Goulie*, *de Pradel* et, à dr. de ce dernier, dont il est séparé par le chemin de fer de Tulle, le *puy de Pauniat* (904 mèt.). — La route, descendant à travers les bois, passe au pied du *puy de Tunuiset* (1,059 mèt.; à dr.), dominé au S. par le *puy de Jumes* (1,165 mèt.),

qui possède un cratère très régulier et profond, échancré vers le N.-O., d'où une importante coulée de lave s'est échappée du côté de l'E. Le *puy de la Coquille* ou *de Toux* (1,155 mèt.) est accolé au flanc S. du précédent; son cratère n'a pas de profondeur, mais il est vaste et régulier. Les puys de la Coquille et de Jumes, reliés à d'autres collines moins élevées, forment un groupe volcanique important.

Après quelques minutes de marche, on atteint le point culminant de la route, entre la colline de la *Raviole*, à dr., et le puy de la Nugère, à g.

Pour faire l'ascension du **puy de la Nugère** (994 mèt.), on continue de suivre la route jusqu'à un chemin d'exploitation (à g.), que l'on suit un instant et d'où un sentier, à dr., conduit au sommet du puy en moins de 20 min. Ce volcan, un des plus curieux de la chaîne, a deux cratères : dans le fond du cratère supérieur on voit un amoncellement de laves qui n'a pu s'élever davantage. Après avoir fait à moitié le tour de ce premier cratère, on descend dans le second, qui est traversé par un chemin ombragé allant rejoindre en 15 min. la route de Volvic, près d'un bloc énorme de rocher. La cheïre de la Nugère s'étend, à l'E., jusqu'à Marsat. Revenu à la route, on traverse les débris des carrières de Volvic, laissant à dr. et à g. des carrières en exploitation. — 15 kil. On laisse à dr., en face de l'auberge des Carrières, la route de (16 kil.) Clermont (*V.* p. 78); et à g. la station de Volvic; et, croisant le chemin de fer, on descend au milieu de châtaigneraies (vues superbes sur la Limagne et les monts des Bois-Noirs, à l'E.) — 17 kil. 2. Volvic.

VOLVIC — TOURNOËL — ENVAL — MOZAC

De Clermont à Volvic : 1° par la route de terre, 12 kil. (voie la plus pratique); 2° par le chemin de fer, 21 kil. *V.* p. 96). — De Volvic à Tournoël, 1,500 mèt. — De Tournoël à Enval, 2 kil. — D'Enval à Mozac, 4 kil. — De Mozac à Riom, 1 kil. 300 mèt. — De Riom à Clermont, par le chemin de fer, 13 kil.

En sortant de Clermont par l'ancienne route du Mont-Dore, on rencontre, à 1 kil. à dr., la route de Volvic qui rejoint le chemin de fer de Tulle à

3 kil. 500 mèt. *Durtol* (442 hab.), v. bâti sur une branche de la coulée du Pariou (belles châtaigneraies). La gorge qui monte de Durtol aux hameaux de *Bonnabry* et de *Cressinier* est digne d'être parcourue.

La route de Volvic tourne ensuite vers le N., longe le chemin de fer de Tulle, et passe à g. (5 kil.) de *Nohanent* (911 hab.), où une belle source s'échappe à travers trois petites arcades romanes au-dessus desquelles a été construite la mairie. Contournant ensuite un escarpement granitique élevé, on laisse à g. la route qui va rejoindre celle de Volvic à Pontgibaud, puis on passe à l'O. de *Sayat* (1,111 h.), joli village dont les maisons sont en majeure partie dispersées dans des prairies ombragées de beaux châtaigniers. Des sources abondantes et limpides y mettent en mouvement de nombreux moulins.

7 kil. 1/2. *Féligonde*, propriété importante, sur un plateau formé par les laves du volcan de Jumes (*V.* p. 76), situé à 6 kil. à l'O.

9 kil. 1/2. *Malauzat*, hameau. — On laisse à dr. le *puy de Marcoin* (565 mèt.), au pied duquel est un ravin rougeâtre, le *Creux de Marcoin*, intéressant par les nombreux fossiles qu'il renferme.

12 kil. **Volvic*** (3,692 hab.) est appelé *Pagus volviascensis* par Sidoine Apollinaire, *Velovicum* dans la Vie de saint Projet, *Volviacum* dans une bulle de 1165 et dans les priviléges donnés à l'abbaye de Mozac par Louis le Jeune, en 1166. Cette petite ville, située au pied du *puy de la Bannière* (761 mèt.), est célèbre par ses carrières de pierre de taille de couleur grise exploitées dès le XIIIe s.; la dureté de cette pierre égale presque celle du marbre. — C'est à Volvic que fut assassiné, en 670, saint Priest, évêque de Clermont, et que Gaston d'Orléans forma un camp avant de se retirer dans le Languedoc, en 1632.

L'*église* (mon. hist.), édifice romain dont la façade et la tour ont été récemment terminées, a été fondée au VIIe s. Elle possède cinq nefs, qui ont été refaites à diverses époques. Les réparations du chœur, extérieurement revêtu de mosaïques, ne sont pas encore terminées. La tour carrée est élevée sur un narthex. La crypte est momentanément murée. — On remarque, en outre, dans la ville : de jolies *fontaines*; une *croix* de lave très-remarquable, et une *école départementale de dessin et de sculpture*, fondée en 1820, par M. le comte de Chabrol-Volvic.

Le **château de Tournoël**, situé à 1,500 mèt. à peine de Volvic, est une des plus belles ruines du centre de la France. Une belle route, qui passe au pied du puy de la Bannière, conduit en quelques min. à Cruzol, d'où l'on n'a plus qu'à gravir la colline au sommet de laquelle se dressent les ruines. Mais la route la plus pittoresque est celle qui longe à mi-côte le puy de la Bannière; elle est constamment ombragée et permet au regard d'embrasser la plaine immense qui s'étend à l'E., vers **Riom** et le cours de l'Allier. Si l'on choisit ce dernier itinéraire, il faut prendre, derrière la mairie de Volvic, le sentier du Calvaire, qui mène en quelques min. sur un plateau qui porte une *statue colossale de la Vierge*; de là un sentier (à dr.) conduit en 15 min., au pied même des ruines, sans avoir eu d'autres pentes à gravir que celle du Calvaire.

Le vieux château de Tournoël, que Jean, chanoine de Saint-Victor, appelait dans ses mémoires *castrum fortissimum*, et dont Guillaume le Breton dit, dans sa *Philippide*, qu'il était imprenable, est placé à l'entrée des montagnes qui forment les derniers degrés de la masse du puy de Dôme et des monts Dore. Ancien fief des comtes d'Auvergne, Tournoël fut donné, en 1213, par Philippe Auguste à Gui de Dampierre, et passa plus tard à diverses maisons par suite d'alliances et d'acquisitions successives. Il appartient aujourd'hui à M. le comte Amédée de Chabrol (pour le visiter, s'adresser au gardien, pourboire).

On reconnaît facilement les traces des trois enceintes successives qui protégèrent le château. A côté de la porte principale, on remarque une tour ronde à bossages, du temps de François Ier. Au-delà d'une deuxième porte, on peut visiter le vestibule, qui donne sur un vaste préau, plusieurs grandes salles, en particulier *l'appartement* dit *de la Châtelaine* et l'oratoire, qui ont conservé une partie de leur décoration et de leurs peintures (XVIe et XVIIIe s.). Dans les salles d'un grand bâtiment carré, au N., se voient aussi des traces de peintures grossières à l'ocre rouge, qui semblent faire remonter cette construction à une époque plus reculée que les bâtiments du S. Le *donjon* est une grosse tour ronde dont les murs ont 4 mèt. d'épais-

Château de Tournoël.

seur et 32 mèt. de hauteur; il est entouré, vers le milieu, d'un chemin de ronde en partie détruit. Ce donjon renfermait des oubliettes profondes de 8 mèt. sur 2 mèt. 50 cent. de largeur; une chemise en maçonnerie de 3 mèt. 50 cent. d'épaisseur, en partie détruite, l'enveloppait en partie pour le protéger contre l'artillerie. Du sommet de la tour on découvre une vue très-étendue.

Au N. de Tournoël, au pied de la colline, est le ham. de *Cruzol* et, au milieu d'un massif de verdure, s'élève le *château de Cruzol,* vaste construction moderne sans intérêt, appartenant à M. Baudet. On descend en quelques minutes, à travers des châtaigneraies, à Cruzol, d'où l'on peut aller à *Enval* (1 kil.), visiter le **ravin d'Enval**, appelé aussi le *Bout-du-Monde,* parce qu'il est fermé à sa partie supérieure par une enceinte de rochers escarpés, est un des sites les plus sauvages de l'Auvergne. — D'Enval on peut par (2 kil.) *Saint-Hippolyte* (540 h.) se rendre à (4 kil.) Châtelguyon (*V.* p. 15), et de là directement par Mozac à Riom.

Enval est en outre à 3 kil. 1/2 en ligne directe de **Mozac** (1,123 hab.), v. situé sur la route de Riom à Pontgibaud, à 1 kil. 300 mèt. de Riom seulement. Ce village est connu, par sa curieuse église qui dépendait d'un monastère fondé par saint Calminius t sa femme Nomadia, et richement doté par Pépin. La sculpture romane s'y épanouit avec toutes ses fantaisies étranges. Cette *église* (mon. hist.) résume, sauf le chœur et le transsept, reconstruits au xve s., toutes les formes de l'art roman (chap.teaux remarquables). On remarque, en outre, dans l'église deux belles châsses, dont l'une, du xiie s., ayant renfermé, dit-on, les restes des fondateurs de l'édifice, est un beau travail de l'émaillerie limousine, et l'autre

Ravin d'Enval.

(XVIe s.) contient des reliques de saint Austremoine. — De Mozac à Clermont, par Riom (chemin de fer), *V.* p. 18.

MONT-ROGNON — GERGOVIE

De Clermont au Mont-Rognon, 6 kil. — Du Mont-Rognon à Gergovie, 3 kil. — D'Opmes à Chanonat, 2 kil. — De Chanonat à la Roche-Blanche, 4 kil. — De la Roche-Blanche à Aubière, 8 kil. — D'Aubière à Clermont, 2 kil. 1/2. — 26 kil. aller et retour, 1 journée en voit.

Au-delà de la place de Jaude, on suit la nouvelle route du Mont-Dore qui est dominée à dr., par les puys de Montaudou et de Gravenoire (*V.* **p.** 56). On croise le chemin de fer de Tulle.

3 kil. *Beaumont* (1,474 hab.) est étagé sur un monticule dont le centre est occupé par une petite église romane à trois nefs, qui faisait partie d'une ancienne abbaye fondée en 665, sous l'épiscopat de saint Priest, pour des religieuses de l'ordre de Saint-Benoît.

Le plateau de Beaumont est formé par un courant de lave provenant de la coulée du puy de Gravenoire; cette lave est compacte, bulleuse, couverte de scories et de pouzzolane de plusieurs couleurs.

Un chemin vicinal de 2 kil. 1/2 conduit de Beaumont à Romagnat, par une fraîche vallée ayant pour horizon les plaines de la Limagne, à g., et les pentes du Mont-Rognon, à dr.

A Romagnat (1,606 hab.) on remarque (à g. de la route, en de çà du village) le *château* moderne *de Bezance*, entouré d'un beau parc, qui appartient à M. de Chazelle. A l'extrémité opposée du village se dressent les tourelles d'un autre château, dont le propriétaire est M. Bonabot.

Le **Mont-Rognon**, *Mons Rugosus* (573 mèt.) qui

se voit à 1 kil. 1/2 à l'O. de Romagnat, et dont les flancs sont couverts de débris volcaniques, porte à son sommet une tour lézardée, reste du château élevé, à la fin du XIIe s., par Robert, premier dauphin d'Auvergne, comte de Clermont et de Montferrand. Le château du Mont-Rognon passa plus tard dans la maison de Bourbon; Catherine de Médicis le posséda en 1554; en 1634, Louis XIII ordonna sa démolition. En 1884, deux habitants du pays ayant voulu creuser sous les ruines pour y découvrir de prétendus trésors, furent ensevelis sous un éboulement. Un seul de ces imprudents put, après sept jours de fouilles, être retiré vivant.

L'ascension du puy sur lequel se dresse la tour est facile. De ce point la vue plonge au N. sur Beaumont, à l'O. sur Ceyrat, au S. sur les hameaux de Clémensat, Saulzet, Opmes, et enfin à l'E. sur Romagnat. De Royat-les-Bains (*V.* p. 48) on peut aisément se rendre au Mont-Rognon (*V.* p. 58).

On peut aller du Mont-Rognon à Bois-Séjour visiter les gorges pittoresques qui l'avoisinent (*V.* p. 57), ou mieux à Gergovie en revenant à Romagnat d'où l'on peut en 30 min. atteindre le plateau, en descendant par Clémensat et les gorges d'Opmes, et en suivant la route carrossable ouverte pour Napoléon III, qui visita Gergovie en 1862; la montée est longue et rude, mais la route est constamment ombragée de noyers séculaires.

L'itinéraire le plus direct du Mont-Rognon à Gergovie consiste à revenir à Romagnat, à suivre, pendant un instant, la route d'Opmes et à s'engager ensuite à g. dans un chemin d'où part un sentier de piétons conduisant en 25 min. sur le plateau de Gergovie, où s'élevait jadis la capitale des Arvernes, qui résista aux cohortes romaines de César.

L'emplacement de **Gergovie**, longtemps contesté, est bien réellement situé sur la montagne qui a conservé le même nom. La ville devait occuper tout le plateau, sorte de parallélogramme rectangle de près de 1,500 mèt. de l'E. à l'O., et de 600 du N. au S. « Aucune construction, dit M. Thibaud (*Guide en Auvergne*), ne s'élève au-dessus du sol. La culture a tout envahi, sauf plusieurs chemins, pavés en beaucoup d'endroits, et se dirigeant tous parallèlement aux petits côtés du rectangle. De chaque côté de ces chemins s'élèvent des amas considérables de pierres basaltiques, au milieu desquelles sont éparpillés de nombreux fragments de poteries ; ce sont évidemment les rues de l'ancienne ville et les restes des édifices qui les bordaient. » Des fouilles exécutées à différentes reprises, et particulièrement celles de 1755 et de 1861, ont fait découvrir un escalier à vis, un puits de 4 mèt. creusé dans le basalte, une vaste cave, des fragments de marbre, des chevilles de fer, des fers de lance, des fragments de bronze et de fer, des débris d'ustensiles domestiques, des poteries en terre rouge (*terra campana*) ; des médailles gauloises en or, en argent et en bronze, et enfin des flèches et des framées en silex ; ces divers objets se trouvent au musée de Clermont. Au point de vue géologique, Gergovie n'est pas moins curieuse ; on y trouve, en produits volcaniques, des travertins, des grès, des pépérites, des fossiles d'animaux et de végétaux.

Gergovie était fortifiée à la manière gauloise, par des assises de pierres et de poutres. Lorsque César l'attaqua, ses habitants la défendirent vaillamment, tandis que Vercingétorix, campé aux alentours avec son armée, repoussait chaque jour les Romains dans leurs lignes. Lorsque Vercingétorix vaincu fut obligé de se réfugier dans Alésia, les habitants de Gergovie abandonnèrent leur ville pour aller peupler *Nemetum* (Clermont). Les ruines de cette ville subsistaient encore au xiie s., comme le constate une charte de 1149, par laquelle Guillaume V, comte de Clermont, donnait à l'abbaye de Saint-André, située entre Clermont et Chamalières, Gergovie et ses ruines : *veterem masuram antiquæ Gergobiæ*.

De Gergovie, on peut revenir à Clermont-Ferrand en descendant à *Opmes*, qui possède un donjon carré, reste d'une construction féodale servant d'habita-

Plateau de Gergovie.

tion particulière. De ce ham. à *Chanonat* (1,163 hab.), il n'y a que 2 kil. On y arrive en quelques min. en descendant au fond de la vallée. Chanonat a été le siège d'une *commanderie de Malte*, dont la construction remonte aux xve et xvie s. Les bâtiments subsistent en majeure partie : le château du prieur est presque intact ; plus bas, au-dessous d'un jardin, est la maison capitulaire, remarquable par ses trois étages de grandes fenêtres à meneaux. Sur les bords de l'Auzon est le prieuré proprement dit appelé *cour de Saint-Jean* : l'entrée en est formée par un porche monumental à mâchicoulis ; les quatre ou cinq petites habitations qui bordent la cour (portes sculptées et blasonnées) sont habitées ; de gracieux escaliers à spirale donnent accès dans les anciennes cellules (voûtes en arête avec festons de trèfles en pendentifs), dont l'une, que l'on désigne sous le nom de *chambre de Delille,* a été habitée sans doute par ce poète. Aux alentours, on remarque des restes de glacis, de poternes et, çà et là, des tours debout au milieu des ruines.

Le vallon de Chanonat est agréable et pittoresque. En amont du bourg, sur le bord de l'Auzon, qui tombe en jolies *cascades,* est le *château de la Bâtisse,* qui possède une *chapelle* romane, dont les deux portails sont décorés de sculptures élégantes. — Une excellente route (4 kil.) conduit de Chanonat à *la Roche-Blanche* (1,432 hab.), v. situé dans le fond de la vallée de l'Auzon, au pied d'un escarpement calcaire, percé de nombreuses excavations ayant servi d'habitation, et surmonté d'une tour dite *tour Jullia.* Cette tour, qui n'est plus aujourd'hui qu'un vulgaire colombier, a été élevée sur l'emplacement d'un château important assiégé et pris par les Anglais dans le cours du xive s. ; la

Roche-Blanche et son château portaient alors le nom de *Roche-d'Onnezat*.

On revient de la Roche-Blanche, à (13 kil.) Clermont par les ham. (500 mèt.) *Donnezat*, (2 kil. 1/2) *Petit-Orcet* (tumulus), (6 kil.) *Petit-Perignat*, et (9 kil.) le pont d'*Aubière* (menhir à dr.), qui dépend de la com. d'*Aubière* (3,289 hab.; 1,500 mèt.), à g.). — Une route un peu plus courte et plus accidentée que la première est celle qui, passant par Opmes (*V.* p. 86), à l'O. de Gergovie, permet de faire l'ascension du *puy Giroux* (839 mèt.) et de rentrer à Clermont par Ceyrat (*V.* p. 98).

THIERS

46 kil. — Chemin de fer. — Quatre départs par jour. — Trajet en 1 h. 30 min. — 1re cl., 4 fr. 75 c.; 2e cl., 3 fr. 60 c.; 3e cl., 2 fr. 60.

Le chemin de fer de Clermont à Saint-Étienne, par Thiers et Montbrison, se détachant de la grande ligne de Paris, en face de Montferrand, tourne vers l'E. Il passe à côté du *camp des Gavranches*, et de la sucrerie importante de *Bourdon*, reliée à la sucrerie de Sarliève par un chemin de fer industriel.

6 kil. *Aulnat* (1,183 hab.; église du xie s.; clocher roman moderne). A dr., au pied d'une colline, *Lempdes* (1,573 hab.; église romane), dominé au S. par le *puy de Banc*, derrière lequel se cache *Cournon** (2,207 hab.; *église* remarquable du xie s.). On croise la route de Clermont à Lyon, avant de franchir l'Allier sur une pont de cinq arches.

13 kil. *Pont-du-Château* (3,116 hab.), sur la rive g. de l'Allier, à 1 kil. au N. de la station, qui est dominé au S. par le *puy de Mure*, était au xiie s.

une des places les plus fortes de la Limagne. Louis le Gros s'en empara en 1126, et les Anglais en 1363. On y voit les ruines du *château de Canillac*, et l'*église de Sainte-Martine* (xiie s.), située sur un monticule à la base duquel s'exploitent des *sources de bitume*.

16 kil. *Vertaizon* (1,918 hab.), à 2 kil. à dr. de la station, sur les pentes d'une colline portant les ruine d'un *château* du xiie s.

[De Vertaizon se détache, à dr., l'embranchement de (9 kil.) Billom qui laisse à g. *Bouzel* (518 hab.; *église* du xie s.), décrit une courbe dans la direction du N.-E., dessert (4 kil.) *Vassel* (285 hab.) et (6 kil.) *Espirat* (441 hab.; *église* des xiie et xve s.; portail remarquable; beaux chapiteaux).

Billom*, 4,569 hab., possède deux églises : *Saint-Cerneuf* (mon. hist.), crypte romane, chœur du xie s. remanié au xive s., nef du style ogival naissant (xiiie s.), restaurée, beau *tombeau* (xive s.) de Gilles Aycelin, archevêque de Narbonne, puis de Rouen, grille romane; et *Saint-Loup*, nef unique du xve s. Dans le petit séminaire on remarque une chapelle du xvie s. dont les voûtes sont décorées de fresques et qui renferme un *reliquaire* du xiiie s. Billom possède en outre deux jolis édifices modernes, le *tribunal de commerce* et l'*hôtel de ville*; un *beffroi* dont la tour fortifiée date des xvie et xviie s.; des fabriques de poteries communes, d'imitation de poteries romaines, et une sucrerie.]

On laisse à 3 kil. à g. *Beauregard-l'Évêque* (1,351 hab.), dont l'église renferme de belle boiseries ainsi qu'un autel orné de *bas-reliefs* remarquables et où se dressent les ruines du *château* épiscopal où mourut Massillon (1742). Du même côté, *Seychalles* (716 hab.) est dominé, au S.-O., par une colline isolée, de 467 mèt., sur le sommet de laquelle est la *tour* ruinée de *Courcour*. La voie ferrée traverse ensuite une vaste et fertile plaine.

25 kil. *Lezoux*. 3,551 hab. ch.-l. de c. caché dans les arbres à g., fabrique, depuis l'époque mérovingienne, des poteries et possède une vieille tour et une église romane servant de remise. — De l'autre côté de la voie se trouve *Ravel-Salmerange* (812 hab.), qui possède un vieux château flanqué de tours.

35 kil. *Pont-de-Dore*, près de la Dore

[A Pont-de-Dore s'embranche, à dr., un chemin de fer qui dessert (10 kil.) *Courpière*, sur la rive g. de la Dore, ch.-l. de c. de 3,973 hab. (anciennes *fortifications*; *église* romane; *maisons* du moyen âge); — (22 kil.), *Giroux*, ham. de la commune d'Olliergues; (27 kil.) *Olliergues* * (1,897 hab.; *château* ruiné servant d'école, *église* du XII° s., remaniée, avec façade sculptée et curieux chapiteaux; *maisons* des XIV° et XV° s.); — (35 kil.) *Vertolaye* (823 hab.); — (48 kil.) **Ambert** *, ch.-l. d'arr., V. de 8,211 hab. (*église Saint-Jean*, du XVI° s.).]

On franchit la Dore (pont de 5 arches).
37 kil. *Courty*.

[A Courty se détache, à g., l'embranchement qui conduit à Vichy en suivant à quelque distance la rive dr. de la Dore, puis, au-delà de cette rivière, la rive dr. de l'Allier. Il dessert : — (6 kil.) *Noalhat* (291 hab.); — (13 kil.) *Puy-Guillaume* (1,801 hab., *église* ruinée, reste de l'abbaye cistercienne de Montpeyroux; petit port sur la Dore); — (18 kil.) *Ris-Châteldon*, station à 30 min. (omnibus) de *Châteldon*, ch.-l. de cant. de 2,074 hab. (*château*, anciennes fresques; sources d'eaux minérales; église, chaire en bois sculpté du XVII° s., dominée par la tour de l'Horloge, reste des anciennes fortifications); — (25 kil.) *Saint-Yorre* (340 hab., établissement d'eaux minérales, deux sources dont une intermittente, vaste parc).]

On passe à 1,500 mèt. environ au S. du *château* moderne de *M. de Barante* (belle bibliothèque et collection de médailles).

Au delà, le chemin de fer laisse à gauche le *château du Cros,* passe dans un tunnel, à la sortie duquel il croise une deuxième fois la route de Vichy, au-dessous du ham. de *Salomon*, et une troisième fois en face du *château des Champs* (à g., vue admirable, mais rapide, sur la plaine de la Limagne et la chaîne des puys d'Auvergne).

39 kil. **Thiers***, 16,754 hab., ch.-l. d'arrond., la *Ville-Noire* du roman de George Sand, est une des villes les plus pittoresques, les plus curieuses et les plus industrieuses de la France, mais dont la propreté laisse fort à désirer. Bâtie sur les dernières pentes du *Besset* (623 mèt.), elle descend jusqu'à la rive dr. de la Durolle, qui, coulant dans un lit profondément encaissé entre de sombres rochers, fait tourner les roues d'un grand nombre d'usines. La plupart des rues sont de véritables escaliers. Les maisons, noires, malpropres, s'étagent l'une au-dessus de l'autre dans un pêle-mêle cher aux artistes. On se croirait dans une ville du moyen âge; mais on découvre çà et là des points de vue magnifiques.

Thiers, d'abord humble village groupé autour d'un château fort (*Tigernum Castrum*) et d'une église dédiée à saint Symphorien, fut incendié en 532, par Thierry, fils de Clovis. Saint Avit, évêque de Clermont, y construisit, en 580, une nouvelle église sur le tombeau de saint Genès, qui avait été martyrisé en ce lieu. Au commencement du xie s., la seigneurie de Thiers appartenait à des vicomtes particuliers; plus tard elle passa aux dauphins d'Auvergne, puis à la maison de Bourbon, fut confisquée sur le connétable de Bourbon par François Ier et donnée au chancelier Duprat, enfin restituée au duc de Montpensier (1569) et élevée au rang de baronnie. Marie de Bourbon l'apporta en mariage à Gaston d'Orléans, dont la fille, Mlle de Montpensier, la donna à Lauzun, qui la vendit à Crozat, receveur général du clergé.

Pont Saint-Jean, à Thiers.

Depuis trois siècles environ, l'industrie et le commerce de Thiers ont pris un accroissement considérable, par suite de l'importation de la fabrique de *grosse coutellerie* qui avait fait jusque-là la richesse de Châteldon.

On visitera avec intérêt les fabriques de MM. Sabatier et Astier, où l'on peut suivre les phases multiples par lesquelles un petit morceau d'acier est transformé en un instrument de coutellerie. La gaînerie, la tannerie et la papeterie à la cuve forment les autres branches de l'industrie de Thiers. Parmi ces *papeteries,* au nombre de 6, il en est une qui fabrique spécialement du papier destiné au timbre. Le nombre total des ouvriers de tout âge et de tout sexe, employés par ces différentes industries, tant à Thiers que dans les villages voisins, dans un rayon de 10 à 12 kil., est d'environ 20,000, dont 12,000 pour la coutellerie, qui compte 416 ateliers. Le chiffre des affaires s'élève à 30 millions de fr. par an.

Thiers ne renferme qu'un petit nombre de monuments intéressants. L'*église Saint-Genès* (mon. hist.) a été reconstruite en 1016 et au XIIe s., mais l'intérieur a subi de nombreux remaniements. A l'extérieur, le mur terminal du croisillon S., et à l'intérieur les chapiteaux des colonnes, sont surtout dignes d'attention. On a découvert dans cette église une curieuse mosaïque du XIIe siècle en marbres variés, qui occupait toute l'étendue de la première travée de la nef. Dans le porche latéral du N., on remarque un beau *tombeau* à arcatures, du XIIIe s.

L'*église du Moûtiers* (mon. hist.), ainsi nommée d'un monastère de Bénédictins dont elle faisait autrefois partie, est située dans la basse ville, près de la Durolle. Cette église date des VIIIe et XIe s.; la tour est beaucoup moins ancienne. On voit dans le narthex de très-curieux chapiteaux. — *Saint-Jean* appartient au XVe s. — Nous devons signaler aussi de nombreuses *maisons* en bois, en briques et en pisé du XVᵉ s., entre autres le *château*, place du Piroux, et les nᵒˢ 17 et 18 rue de Lavaur.

De la *promenade du Rempart*, des jardins du café de la Rotonde, on jouit d'une vue magnifique sur la Limagne. On a devant soi, dans le vallon, trois châteaux: à g. celui de Moûtiers, au milieu celui des Molles et à dr. celui de Franc-Séjour; plus loin, la papeterie de la Croix-Blanche et le village du Pont-de-Dore; à l'horizon, les puys de Dôme et les pics du Mont-Dore.

Sans s'éloigner de Thiers, on peut faire une promenade des plus intéressantes. Traversant la Durolle près de l'église du Moûtier, on en remonte la rive g. en suivant une jolie route peu inclinée, resserrée par de noirs rochers. Les vieilles maisons et les usines de la rue des Patières communiquent entre elles, au-dessus des ravins, par de petits ponts de bois. Au delà de l'église Saint-Jean, le vieux *pont Saint-Jean* (2 arches), les chutes de la rivière, les groupes désordonnés de maisons noirâtres, la cascade du *Saillant* offrent des paysages pittoresques. En 40 min., on atteint un pont en face de l'usine de M. Bizet-Dessaigne, par lequel on peut revenir à la place de la Mairie. Mais, si l'on continue à suivre la rive dr. de la rivière, on arrive à la *Margeride,* un des endroits les plus sauvages de la vallée. De la Margeride, on peut en 10 min. gagner le *Cordon*, c'est-à-dire la nouvelle route de Thiers à Roanne, par laquelle le retour vers la ville peut rapidement s'effectuer.

IV

DE CLERMONT AU MONT-DORE

On se rend au Mont-Dore par sept voies :

1º Le chemin de fer de Tulle (station de Laqueuille) voie la plus fréquentée ; — 2º par Ceyrat, Randanne et le lac de Guéry : 47 kil. ; — 3º par Saint-Mart, Pardon et Randanne : 48 kil. ; — 4º par Randanne, Nébouzat, Olby et Rochefort : 67 kil. ; — 5º par Issoire et Saint-Nectaire : 82 kil. ; — 6º par le Cendre, Saint-Amand-Tallende, le lac d'Ayda et Randanne : 58 kil. ; — 7º par Rochefort, Laqueuille et la Bourboule : 55 kil.

1º Par le chemin de fer, 79 kil.

4 trains par jour, en 2 h. 4 min. à 2 h. 39 min. — 1re cl., 7 fr. 15 c. ; 2º cl., 5 fr. 90 c. ; 3º cl., 4 fr 35 c. — Voitures de corresp. de Laqueuille au Mont-Dore, en 1 h. 30 min. : 4 fr. 50 ; 3 fr. 50 c. ; et 2 fr. (mêmes prix pour la Bourboule). — Prendre les places de droite.

Après être sorti de la gare de Clermont, on laisse à g. la ligne de Clermont à Nîmes, et l'on se rapproche de Beaumont. La voie décrit alors une immense courbe vers le N.-O. et gravit, en formant des lacets, les pentes dominées par le puy Montoudou.

6 kil. Royat (*V*. p. 44). — On franchit la Tiretaine sur un *viaduc* long de 165 mèt. haut de 21 mèt. et composé de 11 arches de 19 mèt. d'ouverture. Puis on laisse Chamalières à 1 kil. à dr., avant de croiser la route de Clermont à Rochefort.

9 kil. *Durtol* (*V*. p. 78). — Suivant toujours le flanc de la montagne, la voie court vers le N. et passe successivement dans les *tunnels de Puy-Charmont* (185 mèt.), *de la Tête-Noire* (200 mèt.) ; *de Varrou* (384 mèt.) ; laisse à dr. Nohanent (*V*. p. 78) ; et, après

avoir dépassé le village de Sayat à dr., entre dans le tunnel *de l'Etang* (104 mèt.), à la sortie duquel on aperçoit un instant, à g. le Puy de Dôme et, à dr. dans la plaine, la ville de Riom. — On franchit la route de Volvic à Pontgibaud.

20 kil. Volvic (*V.* p. 79), à 3 kil. 500 mèt. de sa station. — Contournant le puy de la Nugère (*V.* p. 77) qu'elle laisse bientôt au S., et en obliquant à g. vers Marcenat, la voie passe au S. du puy de *Paunia* (904 mèt.); et, tournant la ligne des puys décrits dans la route de terre de Volvic à Pontgibaud (*V.* p. 76), arrive sur le plateau d'où l'on voit à dr., au fond de la vallée, la ville de Riom (splendide panorama), puis redescend vers le S.-O.

29 kil. *Vauriat*. — La voie ferrée traverse la route de Pontgibaud à Riom et la cheire de la Louchadière (*V.* p. 76), dont on aperçoit à g. le cratère.

33 kil. *Saint-Ours-les-Roches*, station située à égale distance de Saint-Ours et du ham. des Roches, sur le bord et au S. de la route de Clermont à Pontgibaud. — Le chemin de fer, après avoir croisé cette route, traverse l'importante coulée de lave du puy de Côme, puis atteint la Sioule.

39 kil. Pontgibaud (*V.* p. 71) caché par une tranchée. — On remonte la rive dr. de la Sioule, parallèlement à la route de Rochefort, située sur la rive g., de la charmante vallée qu'arrose cette rivière.

42 kil. *Les Rosiers-sur-Sioule*, station, sur la rive g., en face de Saint-Pierre-le-Chastel, dessert les mines de galène argentifère du ham. des Rosiers.

46 kil. *La Miouse-Rochefort* (*V.* p. 116) en aval du point où la Sioule reçoit la Miouse. — On quitte la vallée de la Sioule pour celle de son affluent, et, laissant à g., la route de Rochefort à 11 kil. de sa station, puis à dr. celle d'Herment, on suit la rive

7

g. de la Miouse, dont le cours se dirige vers le S.-O.

57 kil. *Bourgeade-Herment*, à 5 kil. à l'O. de Rochefort et à 18 kil. à l'E. d'Herment (*V*. p. 117). L'on aperçoit à g., le sommet du pic de Sancy.

65 kil. *Laqueuille* (buffet), station correspondant avec la Bourboule et le Mont-Dore (omnibus pour chacune de ces stations) par Murat-le-Quaire (*V. p.* 118). Trajet en 1 h. 30 m. — Laissant à dr., le chemin de fer de Tulle, l'embranchement en construction du Mont-Dore court vers le S. et atteint

70 kil. Saint-Sauve, où se bifurquent les routes de la Bourboule et du Mont-Dore (*V*. p. 176). — On entre dans la pittoresque vallée de la Dordogne, dont on suit la rive dr. — Pont sur la Dordogne.

74 kil. La Bourboule (*V*. p. 168). — On remonte la rive g. de la rivière. — Pont sur le ruisseau qui forme la cascade de la Vernière (*V*. p. 148).

81 kil. Le Mont-Dore (*V*. p. 126), par Murat-le-Quaire.

2° Par Ceyrat, Randanne et le lac de Guéry, 47 kil.

Cette route est la seule qui soit encore desservie par des services réguliers de voitures.

En quittant Clermont par le S. de la place de Jaude, on longe le puy de Gravenoire (*V*. p. 56). — On croise le chemin de fer de Tulle.

3 kil. Beaumont (*V*. p. 84), dominé par les ruines du château du Mont-Rognon (*V*. p. 84).

6 kil. *Ceyrat* (1,214 hab.), traversé par la route. — Au delà, à dr., beau *pont* de 9 arches jeté sur le ravin de Ceyrat. — Fortes courbes jusqu'à Randanne.

9 kil. *Saulzet*. — A g. route de Romagnat et plateau de Gergovie (*V*. p. 86). La route, taillée dans le roc, domine Chanonat (*V*. p. 88).

14 kil. *Varennes*, hameau à l'O. du puy Giroux.

14 kil. *Theix* (château du XVIIIe s., avec parc, et étangs peuplés de truites; école de pisciculture), ham. où débouche, à dr., la route venant de Clermont par Saint-Mart (*V.* p. 98).

15 kil. *Fontfreide*. — A dr., *puys de Mey* et *de la Vache* (1,170 mèt.), derrière lesquels se dresse le *puy de Mercœur* (1,254 mèt.), immense cône qui domine, au N., le *puy de Lassolas* (1,196 mèt.), d'où part la large coulée de lave qui s'étend jusqu'au lac d'Aydat.

Après avoir dépassé un petit tunnel, on prend à dr. le chemin qui laisse, du même côté, l'ancien étang *de la Cassière*, lequel conduit directement aux (2 kil. 1/2) lac et village d'Aydat.

[Le **lac d'Aydat** (825 mèt. d'altit.) a environ 4 kil. de circonférence et une profondeur qui varie entre 13 et 30 mèt. Il doit sa formation à un courant de lave, faisant partie de la grande cheïre du puy de la Vache, qui barra le cours du ruisseau de la Veyre, dont les eaux s'accumulèrent derrière l'obstacle. Près de la rive N., est une petite île nommée *île de Saint-Sidoine* parce que la maison de campagne de saint Sidoine Apollinaire, maison qu'il appelait *Avitacum*, était dit-on, sur les bords du lac. Certains archéologues affirment cependant que la description de cette demeure, faite par le saint évêque, se rapporte mieux aux bords du lac Chambon. MM. Léon Chabory et le Dr Léon Vacher (*V.* l'*Annuaire du Club alpin français* de 1875) ont combattu cette dernière opinion, et ils ont fourni à l'appui de la première des arguments qui paraissent concluants. Ils croient que cette habitation était située dans la prairie au S. du lac, dominée à l'O. par le rocher sur lequel est assise la ferme de *Poudur*.

Un joli chemin qui suit les rives doucement inclinées du lac conduit en quelques min. au v. d'*Aydat* (1,541 hab.), dans une situation charmante, sur les deux rives de la Veyre, à la base O. du *puy de la Rodde* (1,110 mèt.). On y voit les restes d'une maison de Templiers, et, dans l'*église,* un tombeau portant l'inscription suivante : Hic sunt duo innocentes et + S. *Sidonius.*]

Après avoir visité le lac d'Aydat, on revient sur ses pas à *Verneuge,* d'où se détache à g. le chemin qui conduit au *Vernet* (953 hab.) et à Murols ; et, reprenant la route de Clermont au Mont-Dore, on laisse à dr. le *puy de Vichatel* (1,117 mèt.), qui porte à son sommet un joli cratère couvert d'arbres, et le *puy de Charmont* (1,138 mèt.), dont le demi-cratère, éguculé vers le S., a vomi une coulée de lave noire et compacte.

21 kil. *Randanne** (relais), ham. dépendant d'Aydat, se trouve au S. du *puy de Montchal* (1,107 mèt.), sur un plateau jadis désert et stérile, transformé par le comte de Montlosier en champs fertiles et en excellentes prairies. Le comte de Montlosier, membre de l'Assemblée constituante, puis de la Chambre des pairs sous Louis-Philippe, a été enterré en 1838, dans le parc du *château,* sous un monument du style ogival. M. J.-B. Bouillet a signalé un *camp* ou *station* gauloise, situé en face de ce château, sur le petit plateau des *Cabanes,* formé par une des branches de la coulée de lave du puy de la Vache. On a découvert sur l'emplacement de ce camp des haches gauloises **en pierre et en bronze,**

des instruments en fer et une médaille consulaire d'argent.

En sortant de Randanne, la route tourne vers le S., en laissant à dr. celle de Rochefort par Olby (*V.* p. 105) pour se développer sur un vaste plateau, au pied des *puys de la Taupe* (1,086 mèt.), *de Boursoux* (1,065 mèt.), *de Combegrasse* (1,118 mèt.) et *de l'Enfer* (1,080 mèt.); ce dernier est remarquable par un *lac* qui se trouve près de son sommet, à 999 mèt. d'altit., et par une vaste cavité, la *Narse d'Espinasse*, couverte de pâturages marécageux, qui s'étend à sa base, et qui n'est autre chose qu'un cratère plus large et moins profond que ceux des autres puys.

21 kil. A dr., chemin de *Vernines-Aurières*.

24 kil. La *Baraque d'Espinasse*; le ham. de ce nom est situé sur un plateau cultivé, dépendant de *Saulzet-le-Froid* (703 hab.). En se retournant, on embrasse du regard la chaîne des puys d'Auvergne. — A 4 ou 5 kil. de la Baraque, la route est dominé, à g., par le *puy de Servière* (1,235 mèt.), dont les bois renferment trois rochers monolithes, qui portent le nom de *Trois-Filles*, nom bizarre qu'explique une légende.

[En suivant la lisière du bois, on atteint en 10 min. le lac de Servière, nappe d'eau circulaire, d'une profondeur maxima de 23 mèt., occupant un ancien cratère et donnant naissance à la Sioule, affluent de l'Allier. — A peu de distance, au N.-O. du lac, s'élève une *butte* artificielle (motte ou tumulus), de 120 mèt. de circuit à la base, et de 9 mèt. de haut. « Cette butte, dit M. Léon Chabory, a été formée de main d'homme, en relevant circulairement la terre autour de sa base, de sorte que le monticule semble s'élever du fond d'une vaste cuvette circulaire ». Auprès du monticule existe une enceinte, de 4 hect. de superficie, qui, probablement, a servi d'*oppidum* ou de camp retranché, car les deux fossés qui l'entourent pouvaient recevoir les eaux du lac. En remontant à l'E. du lac, dans la direction du *puy de Comperet* (1,377 mèt.), sur un parcours de plusieurs kil., on rencontre des dépressions de terrain, de 12 à 15 mèt. de superficie, alignées sur files parallèles, et pratiquées, au nombre de plusieurs milliers, sur le flanc N. du puy de Comperet.

De l'oppidum, on peut, en quelques min., aller rejoindre, à travers bois, dans la direction de l'O., la route du Mont-Dore et gagner l'auberge du *Pont-de-Servière,* non loin de laquelle le ruisseau qui coule au fond du ravin forme une jolie *cascade.*]

La route du Mont-Dore décrit ensuite une courbe et s'élève sur un vaste plateau dominant, à dr., la vallée à l'extrémité de laquelle on aperçoit Orcival (*V.* p. 112). Elle tourne ensuite à g., et passe auprès de la Roche Sanadoire qui se dresse en face de la Roche Tuilière, à l'entrée de la vallée de *la Chausse.*

La *Roche Sanadoire* (1,288 mèt.), énorme masse isolée, est accessible, au N., par des gradins mal taillés. Sur le sommet était un château, le ch.-l. d'une prévôté royale, dont l'arrondissement comprenait 48 paroisses; Louis III, duc de Bourbon, le reprit aux Anglais après un siège de trois semaines.

Non loin de là, à l'O., est la *Roche Tuilière* (1,296 mèt.), ainsi nommée des lames de basalte que les paysans extraient de sa base, pour en couvrir les toits de leurs maisons.

La route laisse ensuite, à g., le *puy de l'Aiguiller*, qui s'élève à 1,347 mèt. et derrière lequel se dresse celui de *Baladou* (1,404 mèt.). Plus bas, elle passe entre le *puy Corde* (1,479 mèt.) et le **lac de Guéry**. Ce lac (1,240 mèt. d'altit.), de forme ovoïde, très-poissonneux quoique peu profond, est entouré de pâturages nus et tristes. Il est alimenté, au N., par la fontaine du *puy de May* (1,416 mèt.) et le ruisseau du *puy Mer-des-Mortes*, qui se précipitent dans le lac par une *cascade* double, abondante. mais peu élevée. Ces deux ruisseaux viennent, le premier du puy de la Banne d'Ordenche et l'autre du puy Gros (*V.* p. 177), à l'E. et au S. du puy de May. On contourne la nappe d'eau et, arrivée à la clé du lac d'où le trop plein coule dans le ravin de Guéry, où il forme un torrent, la route s'engage dans ce ravin, où le torrent roule sur des éboulis de pierres tombés des flancs de la montagne de Guéry. Tournant ensuite à g., la route s'éloigne un instant du ravin, passe sur le ruisseau de Riouveiroux, incline à dr., longe de nouveau le torrent de Guéry, au milieu de magnifiques bois de sapins; et, continuant à descendre, abandonne une seconde fois le ravin, oblique à g. et passe sur un petit pont sous lequel deux ruisseaux se rejoignent.

[En suivant le ruisseau de dr. pendant quelques min., on arrive à la cascade du Barbier ou du Saut-de-Bled (5 kil. 300 mèt. du Mont-Dore), dont l'eau tombe de 12 mèt. environ du haut de rochers trachytiques disposés en amphithéâtre.]

On atteint bientôt le chemin de Murols, qu'on laisse à g., et, 1 kil. plus loin, on arrive à un pont jeté sur un torrent qui court à travers une prairie au milieu de laquelle se trouve un buron. En remontant pendant 2 ou 3 min. la rive du cours d'eau, on aperçoit la jolie cascade du Saut-du-Loup (3 kil. 300 mèt. du Mont-Dore), qui se précipite du haut d'un cercle de rochers basaltiques (*V.* p. 152). En aval du pont, le ruisseau, qui naît sur le plateau du puy de l'Angle, va former, uni au ruisseau de la Queue, la cascade de Queureilh (*V.* p. 152).

Après quelques min. de marche, on entre enfin dans la vallée du Mont-Dore, dont nous décrivons ailleurs les sommets, les gorges profondes et les vallées ombreuses dans lesquelles se cachent des sites ravissants que de magnifiques cascades remplissent du bruit de leurs eaux.

2° Par Royat-les-Bains et Pardon, 48 kil.

2 kil. de Clermont à Royat-les-Bains (*V.* p. 42). — Au-dessus de Royat, la route, passant entre les hôtels de la station, gravit, en décrivant de nombreux lacets, le puy de Gravenoire, et longe le versant S. du puy Charade (*V.* p. 56).

9 kil. *Thèdes* est dominé, au S., par le *puy de Burzet* (967 mèt.). — Après avoir laissé à dr. le *puy de Charat* (1,016 mèt.), au pied duquel est le ham. de ce nom, on traverse *Pardon* (deux beaux menhirs), où aboutit, à dr., le tronçon de route qui relie la route de Clermont à Rochefort à celle de Saint-Mart à Randanne en passant par *Laschamp* et *Beaune*. — Tournant ensuite vers l'O., la route atteint

13 kil. *Saint-Genès-Champanelle* (1,909 hab.; *église* du xive s., avec flèche très-élevée; non loin du village, pierre branlante).

15 kil. Theix, où l'on rejoint la route de Clermont à Randanne par Ceyrat (*V.* p. 98).

33 kil. de Theix au (48 kil.), Mont-Dore (*V.* ci-dessus, 1°).

3° Par Rochefort, 57 kil. 1/2.

De Clermont à la Bourboule, *V.* p. 114. — De la Bourboule au Mont-Dore, *V.* p. 118.

4° Par Nébouzat, Olby et Rochefort, 67 kil.

21 kil. de Clermont à Randanne, *V.* p. 98. — Quittant la route du Mont-Dore par le lac de Guéry, on prend à dr. la route de Rochefort.

24 kil. *Recolenne*, ham. à dr., au pied du *puy de Pourcharet* (1,175 mèt.).

25 kil. 1/2. *Nébouzat* (730 hab.), bâti en lave et en basalte, possède une *source* d'eau *minérale* acidulée froide, des *remparts*, construits, d'après une tradition populaire, au XIII° et au XIV° s., par les Bénédictins de Saint-Alyre, et des *grottes* assez curieuses.

28 kil. 1/2. Après avoir traversé la route directe de Clermont à Rochefort, on dépasse, à g., le ham. de *Monteribeyre*, et à dr., celui de *Bravant*.

30 kil. *Olby* (862 hab.), au-dessus de la Sioule, que l'on traverse plus bas au ham. de *Glavin* (*église antérieure au XIII° s.; tumulus*).

35 kil. *Massagettes*, à l'embranchement de la route de Pontgibaud.

37 kil. *Massages*, sur la rive dr. du ruisseau du même nom. Massages et Massagettes sont deux hameaux dépendant de *Saint-Pierre-Roche* (853 hab.).

42 kil. Rochefort, et 25 kil. de Rochefort au (67 kil.) Mont-Dore, *V.* p. 116 et suivantes.

5° Par Issoire et Saint-Nectaire, 82 kil.

82 kil. — Chemin de fer de Clermont à Issoire. — Six dép. par j. : 1re cl., 4 fr. 30 c. ; 2e cl., 3 fr. 25 c. ; 3e cl., 2 fr. 40 c. — Route de voit. d'Issoire au Mont-Dore.

En quittant Clermont, le chemin de fer s'engage au milieu des vignes et des jardins semés de villas. On laisse à dr. la ligne de Tulle, puis Aubière, le Mont-Rognon, sa tour (*V.* p. 84) et le plateau, plus rapproché, de Gergovie (*V.* p. 86).

8 kil. *Sarliève*, ham. dont le château a été converti en sucrerie; dépend de Cournon, v. situé au pied du *puy de Banc*, à 2 kil. 1/2 du chemin de fer.

10 kil. *Le Cendre* *, v. de 594 hab.

Corresp. pour (9 kil.), Saint-Amant-Tallende (*V.* p. 112). Du Cendre au Mont-Dore, *V.* ci-dessous, 6°.

A 1 kil. plus loin, a g., château de *Gondole* et camp romain. Au-delà de l'Allier et à mi-côte, villages de *la Roche-Noire* (271 hab.; château féodal) et de *Mirefleurs* (1,164 hab.), ancien bourg fortifié, au pied des *puys Saint-André* (678 mèt.) et *Saint-Romain* (759 mèt.). Mirefleurs servait, selon M. Branche, de maison de plaisance aux comtes d'Auvergne.

15 kil. *Les Martres-de-Veyre* * (1,754 hab.). A 2 kil. 1/2, on traverse l'Allier près d'un pont en fil de fer, à l'endroit nommé *Port-Longue*, non loin du ham. de *Corent*, au pied du puy du même nom. Le *puy Corent* est terminé par un plateau ondulé couronné jadis par un *oppidum* gaulois. Sur le versant E. de la montagne, au-dessus du v. de Corent, est une *grotte*, divisée en plusieurs salles.

18 kil. **Vic-le-Comte*** (2,745 hab.), ch.-l. de c. situé à 5 kil. environ à g. de la station, fut, au moyen âge, la capitale de l'Auvergne. — L'église paroissiale, de construction moderne, a pour chœur la **Sainte-Chapelle** (mon. hist.), bâtie au XVIᵉ s., beau spécimen du style de transition du gothique à la Renaissance. On remarque : à l'extérieur, la corniche couverte de belles sculptures; une tourelle octogonale au N. et un campanile en bois sculpté; à l'intérieur, une galerie fermée par une riche balustrade; au-dessus, des statues en terre cuite des Apôtres; un beau retable en pierre sculptée et des vitraux représentant des scènes de l'Ancien et du Nouveau Testament.

[A une faible distance, au N. de la station de Vic, jaillit, sur le bord de l'Allier, la source minérale de **Sainte-Marguerite** (30 à 31°), dont le jet intermittent s'élance, deux fois par jour, à 7 mèt. de hauteur. Des sources, froides, à peu près de même nature que la précédente, sourdent non loin de là. Ces eaux, fortement minéralisées et riches en gaz acide carbonique, sont excellentes pour combattre l'anémie et la chlorose; mais l'établissement où on les exploite n'est pas en rapport avec leur importance.]

Le chemin de fer, aux courbes nombreuses, suit la rive dr. de l'Allier dans une étroite vallée resserrée entre des coteaux couverts de vignes. Laissant à dr. le château de *Chadieu*, on remarque à g., au-dessus de *Parent*, les ruines imposantes du *château fort de Buron*. Plus loin, on aperçoit, en deçà de Coudes, sur la rive g. de l'Allier, le v. de *Montpeyroux*, dominé par une belle *tour*, dernier vestige d'un château fort qui appartenait, en 1212, au roi de France Philippe-Auguste.

25 kil. Coudes-Montpeyroux* (1,308 hab.), sur la rive g. de l'Allier, est relié à la station par un pont suspendu. On a trouvé à Coudes des débris gallo-romains et un cimetière mérovingien.

De Coudes à Champeix et à Saint-Nectaire, *V.* p. 181.

L'Allier forme de nombreuses sinuosités de Coudes à *Pertus*. — Sur la dr. se trouve *Sauvagnat* (603 hab.), et, plus près de la voie, *Saint-Yvoine* (476 hab.), dont le château ruiné, autrefois l'un des plus beaux de l'Auvergne, servit, aux IXe et Xe s., de refuge aux populations contre les Normands. — Au S. de Saint-Yvoine, est le ham. de *la Ribeyre*.

Après avoir traversé l'Allier à Pertus, on voit la vallée s'élargir.

35 kil. Issoire*, v. de 6,265 hab., ch.-l. d'arrond., situé dans la partie la plus fertile de la Limagne et sur la Couze, qui tombe dans l'Allier, à 2 kil. de là.

Issoire aurait été, s'il faut en croire la tradition, érigée en cité par Bituitus, roi des Arvernes, à la prière de son fils Dorus, et le nom de ce prince formerait avec celui d'Isis, déesse adorée en cet endroit, le nom d'*Issiodurum*, Issoire. Saint Austremoine vint y prêcher le christianisme, vers le milieu du IIIe s., et l'on vit bientôt s'élever dans la ville une église et un monastère, ravagés au Ve s. par les Vandales. Issoire eut plus tard à souffrir encore de la guerre. Les protestants, qui s'en emparèrent sous la conduite du fameux capitaine Merle, fils d'un cardeur de laine, la gardèrent de 1574 à 1577. Prise d'assaut par le duc d'Alençon, Issoire fut démolie et incendiée; il semblait qu'elle ne devait plus se relever, mais, dès qu'elle fut sortie de ses ruines, sa citadelle fut occupée par les Ligueurs, que commandait le comte de Randan, Louis de la Rochefoucauld. La bataille de Cros-Rollan, qui eut lieu sur le plateau de ce nom, situé au N.-O. de la ville, la fit tomber définitivement au pouvoir des royalistes.

L'église Saint-Paul (mon. hist.), du XIe s., est moins ancienne que Notre-Dame-du-Port de Clermont. De fortes réparations y ont été faites, sans doute au XIIe s. Ce monument a 56 mèt. de longueur sur 16 mèt. 60 c. de largeur. La nef principale a 7 mèt. 75 c., et les collatéraux 3 mèt. 30 c. de largeur. Les transsepts ont 29 mèt. de longueur. Au pourtour extérieur des chapelles se trouve un zodiaque complet. Les plans de Notre-Dame-du-Port et de Saint-Paul ont une ressemblance très-remarquable. La seule différence entre ces églises consiste en une chapelle carrée placée derrière le chœur de celle d'Issoire, entre les deux chapelles centrales et rayonnantes. Parmi les colonnes et les chapiteaux, fort curieux, de l'abside, on remarque celui qui représente la Cène. De magnifiques incrustations de diverses couleurs « font songer aux écoles savantes et élégantes de la Toscane ». La *crypte*, placée sous le chœur surélevé de plusieurs marches, reçoit le jour par les étroites lucarnes placées au-dessous des cinq chapelles rayonnantes.

Le clocher « porte sur une coupole inscrite dans un carré et arrive brusquement au plan octogone à plusieurs étages couronnés par une pyramide à huit pans.... Mais ce clocher porte sur un soubassement qui appartient exclusivement à l'Auvergne, et comprend la coupole et deux demi-berceaux s'étayant dans le sens des transsepts. Ce système, qui consiste à planter un clocher à base octogone sur une énorme construction barlongue, n'est pas heureux, car il n'y a pas de transition entre les soubassements appartenant à l'église et à la tour. L'œil, ne devinant pas la coupole à l'extérieur, ne peut comprendre comment une tour prismatique porte sur un parallélogramme. » (*Viollet-le-Duc.*)

La façade et les tours sont une restitution moderne. L'intérieur a été peint par M. Dauvergne.

Issoire possède, en outre : des *halles* en granit; dans le faubourg, la jolie *chapelle* moderne *de l'hospice;* des *promenades* agréables, un *square* et un *boulevard.* — Dans les environs, *château de Villeneuve* (sculptures et fresques de la Renaissance).

On quitte la voie ferrée pour prendre la route de Saint-Nectaire, qui longe la Couze. A l'horizon, puys du Mont-Dore; à dr., plateau de *Pardines* (609 mèt.); à g., *puy* rond *de Solignat* (858 mèt.).

40 kil. *Perrier* (651 hab.; jolie petite église moderne), est dominé, à l'E. et au N., par des rochers percés de plusieurs étages de *grottes,* dans lesquelles ont été découverts des ossements fossiles, et dont plusieurs servent encore d'habitation. A l'O., se dresse un autre rocher inaccessible, portant les ruines de la *tour de Maurifolet,* à laquelle on arrive par un escalier taillé dans l'intérieur du roc. Des blocs énormes de tufs, des rochers basaltiques, détachés des hauteurs voisines, comme des blocs erratiques, jonchent le sol des deux côtés de la vallée.

[Au-delà de Perrier se détache à g. la route qui conduit à (17 kil.) Jonas (*V.* p. 164) et à (26 kil.) Besse (*V.* p. 163). On passe par *Chidrac* (371 hab.); on longe une vallée rocheuse, laissant sur la rive dr. de la Couze par (3 kil.) *Meilhaud* (434 hab.), par (5 kil.) *Saint-Cirgues* (273 hab.; croix gothique; source minérale; ancien château entièrement restauré par son propriétaire, M. de Hunolstein, renfermant des toiles remarquables et des tapisseries d'Arras); puis *St-Vincent* (397 hab.) et enfin (7 kil.) *St-Floret* (545 hab.; château du xiiie s.; peintures murales du xvie s.). En sortant du village on voit le château ruiné de *Rambaud,* et, longeant la vallée dont les collines présentent sur leurs flancs des stalactites, on atteint (13 kil.) *Saurier* (561 hab.) et bientôt *Cotteuge* (les *Moines rouges,* blocs de sable affectant des formes étranges) et le Cheix d'où part le chemin des grottes de Jonas.]

Église d'Issoire.

La route s'éloigne ensuite de la Couze, et monte par une pente douce, à dr., le long des rochers.

Arrivé à 493 mèt. d'altit., on jouit d'une belle vue sur la vallée de la Couze de Chaudefour. Une descente assez raide conduit, de là, à Champeix.

47 kil. Champeix, et 14 kil. de Champeix à (61 kil.) Saint-Nectaire (*V*. p. 178-181).

21 kil. de Saint-Nectaire au (82 kil.) Mont-Dore, par Murols (*V*. p. 152-158).

6° Par le Cendre, Saint-Amant-Tallende et Randanne : 58 kil.

10 kil. de Clermont au Cendre (*V*. p. 104).

La route, suivant la vallée de l'Auzon, passe à *Orcet* (914 hab.), patrie du conventionnel Couthon. On aperçoit, à dr., la Roche-Blanche (*V*. p. 88), sur le penchant d'une colline. Plus près de la route, sur un autre coteau, est *le Crest* (817 hab. ; débris d'un château, vieille tour servant d'horloge). En face du Crest, on laisse à g. le puy de Monton, surmonté d'une statue colossale de la Vierge (21 mèt. piédestal compris), et sur le versant duquel est bâti le bourg de *Veyre-Monton* (1,825 hab.); puis on descend dans une vallée qu'arrose la Veyre.

19 kil. Saint-Amant-Tallende* (1,422 hab.), ch.-l. de cant., possède : une jolie *église* ogivale moderne; bâtie en laves (trois nefs, croisillons, porche et vitraux); un vieux *château*, restauré par son dernier propriétaire, M. de Latour-Fondue; et des *maisons* du xve s.

20 kil. *Saint-Saturnin* (1,191 hab.). Une avenue de beaux tilleuls séculaires conduit au village, dont l'église (mon. hist.), spécimen remarquable de

l'art auvergnat, a conservé, seule dans la région, la flèche de son clocher central. Cette église, par exception dépourvue de narthex et de chapelles rayonnantes, dépendait d'une abbaye de Bénédictins, dont une partie du *cloître* encore subsistante sert de sacristie. La *crypte* est assez bien conservée. On voit à l'extérieur, sous les débris du cloître, un *tombeau* du XIIe s., avec inscription. A l'angle du cimetière, une *chapelle* romane a été convertie en logis. — Le *château* féodal est habité par des religieuses, qui y dirigent un pensionnat; il présente un bel aspect du côté du ravin si pittoresque de la Monne, bien digne d'être visité de Saint-Amant à Saint-Saturnin, et surtout plus en amont.

En sortant de Saint-Saturnin, la route se bifurque : l'embranchement de g. conduit à (11 kil.) Champeix (*V.* p. 178), par *Ludesse* (695 hab.); celui de dr., qu'il faut suivre, court de l'E. à l'O., en longeant la montagne de *la Serre* (796 mèt.), et laisse à dr. le ham. de *Pagnat*, où la Veyre reparaît après s'être perdue dans le sol 2 kil. en amont. Bientôt la route longe une coulée de laves et s'élève en serpentant. La vallée est admirablement boisée. Dans les prairies, au fond du vallon, on remarque à g. un petit étang; plus loin, du même côté, se détache de la route un chemin qui, traversant la Veyre, conduit en 30 min., à *Cournol* (406 hab.; allée couverte, en partie démolie). — La route tourne brusquement à dr. et, continuant à monter, traverse des prairies.

25 kil. *Ponteix*. — En sortant de ce ham., le paysage change d'aspect et devient aride et sauvage; à dr. se dressent les ruines insignifiantes de *Montredon*. Plus loin, au pied des blocs d'une cheïre, limite extrême de la coulée de lave du puy

de Vache, est la belle *source* du ruisseau de Ponteix.

27 kil. *Rouillat-Bas*, à quelques centaines de mèt. de *Rouillat-Haut*. — On côtoie un bois de pins traversé par un chemin qui en quelques min. conduit au lac d'Aydat (*V.* p. 97).

29 kil. *Verneuge*.

32 kil. Randanne, et **26 kil.** de Randanne au (58 kil.) Mont-Dore (*V.* p. 98 et suivantes).

7° Par Rochefort, Laqueuille et la Bourboule.

7 kil. de Clermont à la Baraque (*V.* p. 60), ham. où on laisse à dr. la route de Pontgibaud. — A g. vallées de Villars et de Fontanat.

8 kil. *La Font-de-l'Arbre*, ham. — A 500 mèt. à g., village et ruines de Montrodeix (*V.* p. 55).

11 kil. A g., route du Mont-Dore par Laschamps et Randanne. — De la Baraque on monte jusqu'à (12 kil.) *la Moréneau* (1,065 mèt.), point culminant de la route, situé entre le *puy de Laschamps*, à g. (1,260 mèt.), et le *puy de Monchier*, à dr. (1,219 mèt.), aux cratères si bien conservés. A 15 mètres plus loin, à dr., se dresse presque au bord de la route le *puy de Barme* (1,097 mèt.). On croise, à la descente, la route passant par Nébouzat, Olby et Saint-Pierre-Roche (*V.* p. 105) et rejoignant à Rochefort la route que l'on suit.

20 kil. *Pont-des-Eaux*, ham. dépendant de la com. de Nébouzat, situé dans un vallon étroit et boisé, au point où le torrent de la Gorce tombe dans la Sioule. A 15 ou 20 min., en remontant le ruisseau de la Gorce, jolie *cascade des Saliens*, formée par la Gigeole qui tombe d'une hauteur de 10 mèt. sur des rochers de lave.

21 kil. 1/2. *Villejacques,* ham. au-delà duquel on croise un chemin qui conduit à g., vers (500 mèt.) *Saint-Bonnet,* et à dr. (1 kil.) au *château de Polagnat.*

22 kil. 1/2. On laisse à g. la route d'Orcival (3 kil.),

Église d'Orcival.

qui passe près de l'ancien *château de Cordès* (façade flanquée de deux tours; parc dessiné par Le Nôtre).

[Orcival (691 hab.) est encaissé dans le vallon du Sioulot, affluent de la Sioule, formé par les montagnes d'Amebrousse et de Boureille. Son église (mon. hist.), œuvre remarquable datant du xɪᵉ s. à en juger par ses formes romanes, n'a pas de portail principal; elle est à double chevet; quatre chapelles entourent l'abside. Les trois portes, dont deux à la façade S. et une autre au N., couvertes de peau, sont surtout remarquables par la garniture de fer dont elles sont ornées. Le clocher, octogonal (xɪɪɪᵉ s.), est terminé par une flèche en pierre, ruinée. Dans la *crypte*, au-dessous de l'autel, est une image vénérée de la *Vierge*, grossièrement sculptée, et que la tradition attribue à saint Luc. — A l'O. d'Orcival, *dolmen* appellé dans le pays le *Tombeau de la Vierge*.]

On aperçoit dans la vallée, à g., les colonnes basaltiques mises à nu par le chemin.

28 kil. *Gioux*, ham. — On descend rapidement dans le vallon que parcourt le ruisseau de Fonsalade ou de Rochefort, tributaire de la Miouse.

30 kil. **Rochefort*** (1,531 hab.), ch.-l. de c., est situé à la base du *puy Ebert* (1,052 mèt.), et d'un autre sommet volcanique portant les ruines importantes d'un château qui appartint d'abord aux dauphins d'Auvergne, puis passa, au xvᵉ s., dans la maison de Chabannes. — Près du bourg, s'ouvrent dans la lave plusieurs *grottes* intéressantes. — A 3 kil. environ vers le S.-E., près de *Chez-Barrat*, se trouve la *roche de Deveix*, ou *roche Branladoire*, pierre branlante qui a 7 mèt. 33 c. de long., sur 2 mèt. 66 c. d'épaisseur et 5 mèt. 40 c. de haut., en y comprenant le rocher qui lui sert de base. Le chemin pittoresque qui y conduit côtoie le torrent de Rochefort.

33 kil. *Les Buges*, ham. dépendant de *Perpezat*, à 1,500 mèt. à dr., dans le vallon de la Vergne.

[La route, après avoir franchi deux ou trois tributaires de la Miouse, laisse à dr. un chemin qui conduit, par (12 kil.)

Tortebesse (258 hab.; ancienne chapelle des chevaliers de Malte; belle *croix* gothique); à *Rozet*, riches mines de fer et ancienne station gallo-romaine, à (19 kil.) *Her-*

Rochefort.

ment (522 hab.), ch.-l. de cant., dominé par les ruines d'un château, à 6 kil. N.-O., duquel près de Voingt, on voit les restes de la ville gallo-romaine de Beauclair].

38 kil. *Laqueuille**** (1,084 hab.), où stationnent les voitures de correspondance pour la Bourboule et le Mont-Dore (*V.* p. 98.)

La route se bifurque à Laqueuille : après avoir traversé la Miouse, on laisse à dr. la route d'Ussel, pour prendre à g. la route de Tulle, que l'on suit pendant 3 kil. et qu'on laisse ensuite à dr., pour prendre à g. la route départementale du Mont-Dore.

49 kil. *Murat-le-Quaire* (420 hab.), d'où l'on domine une partie de la vallée de la Dordogne et d'où l'on aperçoit la Bourboule. — De Murat-le-Quaire, la route descend rapidement jusqu'à l'embranchement (à dr.) qui conduit en 15 min. à la Bourboule (*V.* p. 168). — A dr., débouche, sur la rive g. de la Dordogne, la gorge boisée où le ruisseau de Cliergue forme les jolies cascades du Plat-à-Barbe et de la Vernière (*V.* p. 148); plus bas, du même côté, se dressent les pentes boisées où se cachent Rigolet-Bas et le Salon de Mirabeau.

Après avoir dépassé le chemin de la Bourboule, la route du Mont-Dore domine la rive dr. de la Dordogne, qu'elle suit en longeant, à g., les pentes inférieures de la Banne d'Ordenche et du puy Gros. Elle traverse le ruisseau du lac de Guéry, tourne à dr. et entre dans le ham. de *Queureilh*, à peine éloigné d'un kil. du Mont-Dore.

55 kil. Le Mont-Dore (*V.* p. 124).

DE NIMES AU MONT-DORE PAR ISSOIRE

317 kil. — Chemin de fer de Nimes à Issoire. — Deux trains par jour. Trajet en 11 h. 6 min., avec 24 min. d'arrêt à Arvant et en 7 h. 45 min., avec 5 min. d'arrêt à Arvant. 1re cl. 33 fr. 25 c.; 2e cl., 25 fr.; 3e cl., 18 fr. 30 c. — *N. B.* Cette ligne, une des plus pittoresques de France, a nécessité la construction de nombreux travaux d'art. — Route de voit. d'Issoire au Mont-Dore.

235 kil. de Nîmes à Brioude par : — (50 kil.) Alais (buffet); —(137 kil.) Langogne (buffet), — et (211 kil.) Saint-Georges-d'Aurac, d'où se détache, à dr., la ligne de Lyon par le Puy et Saint-Étienne. — Pour la description de ce trajet, V. le vol. de l'*Itinéraire général de la France* intitulé : *Auvergne, Morvan, Velay, Cévennes*, par AD. JOANNE.

235 kil. **Brioude***, 5,102 hab., ch.-l. d'arrond. du départ. de la Haute-Loire, est situé à 2 kil. environ de la rive g. de l'Allier, sur une petite éminence dominant une vaste plaine.

Brioude est une ville ancienne que les Visigoths, les Bourguignons et les Sarrasins prirent et dévastèrent tour à tour. Sous les Mérovingiens, elle posséda un atelier monétaire important. Au moyen âge, le vicomte de Polignac la mit à feu et à sang; en 1361, elle tomba au pouvoir des compagnies franches, qui la rançonnèrent et y tinrent longtemps garnison. La Réforme y fit plus tard des progrès rapides. Brioude suivit presque toujours le parti de la Ligue. Aujourd'hui, c'est une ville mal bâtie, ne renfermant aucun établissement industriel; son commerce consiste en blé, chanvre et vins.

L'église Saint-Julien, des XIIe et XIIIe s., restaurée il y a quelques années, est précédée d'un porche soutenu par des colonnes plus anciennes. Le portail, en pierre rouge, appartient au style roman. Deux autres porches du même style s'ouvrent à dr. et à g. de l'église. Le premier est remarquable par ses colonnes, supportant une jolie corniche avec entablement sculpté. On y voit d'anciennes portes en bois recouvertes d'un cuir épais peint en rouge et orné d'armatures de fer. Les anneaux servant à tirer les battants sont retenus par deux têtes en bronze, entourées d'inscriptions en caractères des XIe et XIIe s. Les deux clochers, démolis en 1793, ont été rétablis depuis.

L'église est partagée en trois nefs, d'égale largeur, remaniées au xiv° s. Les chapiteaux des colonnes offrent de belles sculptures. La nef principale est très-élevée. Le chœur, au-dessous duquel est une petite crypte restaurée au xiv° s. et dont la grille est précédée d'une belle pierre tombale en très-mauvais état, date du xiii° s.; mais « les masses d'architecture et le système de construction, dit Viollet-le-Duc, sont restés romans. Le style nouveau ne se fait sentir que dans les détails de la sculpture et les profils. » Les chapelles absidales sont jolies, mais mal décorées. Le mur extérieur du chœur est couvert d'inscriptions tumulaires. Il existe, en plusieurs endroits, des traces d'anciennes peintures à fresque ; les mieux conservées, les plus belles, sont celles de la chapelle ou *chambre de Saint-Michel*, autrefois consacrée, dit-on, à l'exposition des chanoines défunts (au premier étage du narthex). Au sommet de la voûte, le Christ est représenté assis et bénissant. Les symboles des Évangélistes l'environnent. A dr. et à g., dans les pendentifs de la voûte, sont rangés les élus. Sur le grand mur du N., aux pieds du Christ, deux anges occupent l'extrémité d'une composition détruite en partie, et sous laquelle deux démons emportent une âme dans les flammes infernales. Sur les murs opposés, les *vertus* et leurs *récompenses* sont représentées par des symboles au-dessous d'un buste du Sauveur. Quelques boiseries sculptées offrent aussi un certain intérêt. Un bas-relief du xvii° s., sur le devant du maître autel, rappelle un pèlerinage du roi Charles VI au tombeau de saint Julien.

Derrière l'église, sur la place de la Fayette, se trouvent le *palais de Justice* et l'*hôtel de ville*, bâtis sur une terrasse plantée d'arbres (belle vue).

Eglise Saint-Julien, à Brioude.

On remarque enfin à Brioude d'anciennes *maisons*, dont quelques-unes ont conservé des fragments du xiii⁰ s. et même du xii⁰ (place de la Fénerie); de jolies *fontaines* du xiii⁰ s. et un établissement hydrothérapique.

On peut visiter aux environs de cette ville, *Vieille-Brioude* (1,571 hab.), à 3 kil. 800 mèt., sur la route du Puy. Cette petite ville, sauf son *église* romane et son *pont* jeté à une grande hauteur sur l'Allier, n'a rien d'intéressant. On y a découvert quelques vestiges romains.

En quittant Brioude, le chemin de fer, s'éloignant de l'Allier, laisse à g. *Paulhac* (464 hab.; tour féodale; château restauré au xv⁰ s.) et *Beaumont* (361 hab.). Bientôt apparaissent à dr., les hameaux de *la Roche* et *Bournoncle*, qui forment ensemble une commune de 1,025 hab., où se voient des châteaux ruinés.

245 kil. **Arvant*** (buffet), dépendant de *Vergongheon* (1,347 hab.) situé près du ruisseau de la Leuge que longe le chemin de fer. — On laisse, à g., la ligne d'Aurillac.

En face, au delà de l'Allier, est *Vézezoux* (448 hab.). Se rapprochant de l'Allier, on aperçoit des deux côtés de la voie les cheminées des puits d'extraction de houille, et l'on dépasse à g., *Sainte-Florine* (2,930 hab.).

251 kil. Brassac, 2,332 hab., a donné son nom à un bassin houiller d'une superficie de 34 kil. carrés; ce bassin, compris entre l'Allier à l'E. et les montagnes qui bordent le lit de l'Alagnon à l'O., produit annuellement 160,000 tonnes de combustible.

Peu après la vallée s'élargit. Sur la rive dr. de la rivière se montrent *Jumeaux*, ch.-l. de cant. de 1,216 hab. (mine de baryte sulfatée; pont suspendu sur l'Allier), et *Auzat-sur-Allier* (1,839 hab.; restes d'un château); sur l'autre rive, *Colombelle*, relié à Auzat par un pont suspendu; possède les houillères les plus importantes de la vallée de l'Allier. — On franchit l'Alagnon.

257 kil. *Le Saut-du-Loup,* ham. de Beaulieu, v. situé à 1,500 mèt. au S., derrière un coteau. — Tournant brusquement à l'E., on aperçoit, sur la rive dr. de l'Allier, *Orsonnette* (303 hab.), puis on franchit la Couze de Vodable. A g., ruines du *château de Chalus.*

261 kil. *Le Breuil* (676 hab.), en face de *Nonette* (707 hab.), v. bâti de l'autre côté de l'Allier sur une montagne conique.

[A 2 kil. 1/2 au S.-O., *Saint-Germain-Lembron*, ch.-l. de cant. de 2,274 hab.]

On franchit le ruisseau de l'Embronel. A dr., de l'autre côté de l'Allier, château de *Beaurecueil,* au N. duquel est celui de *Grange;* à g., *le Broc* (971 hab.; église collégiale; beaux restes d'un château). — A dr., *les Pradeaux* (622 hab.).

270 kil. Issoire, et 47 kil. d'Issoire au (317 kil.) Mont-Dore, *V.* p. 106 et suiv.

V

LE MONT-DORE ET SES ENVIRONS

LE MONT-DORE

Le Mont-Dore (*mons Durianus* et non pas *mons Aureus*; nous invoquons ici l'autorité de Sidoine Apollinaire) est-il le *Calentes Baiæ*, qu'on place aussi à Chaudesaigues, ou l'*Aquis calidis*, qui peut également être Vichy? Ces questions ne sont pas encore résolues. Toujours est-il que les Gaulois ont utilisé les eaux thermales du Mont-Dore.

Les Romains, maîtres de l'Auvergne, ne négligèrent pas ces eaux, et l'époque gallo-romaine fut pour le Mont-Dore une époque de prospérité, de laquelle datent les thermes et le Panthéon dans lequel on venait demander la santé aux dieux, ou remercier les dieux d'avoir recouvré la santé. L'établissement thermal et le Panthéon disparurent au ve s., lors de l'invasion des Vandales, ou au viie, lors de la guerre d'extermination faite par Pépin à Waïfre, duc d'Aquitaine. Pendant plusieurs siècles, les historiens cessent de parler des bains du Mont-Dore; mais, ce qui est remarquable, c'est qu'une partie du village a conservé jusqu'à nos jours le nom de Panthéon.

La terre des bains a longtemps appartenu aux La Tour d'Auvergne. Guillaume de La Tour, évêque de Rodez, plaide, en 1453, avec Antoinette de La Tour, femme de Jacques de Bourbon, au sujet de cette propriété. Antoine de La Tour la possédait en 1540; Martin de La Tour, baron de Murat-le-Quaire, en 1607; Jacques de La Tour, son fils, en 1667. Elle passe à Jean, puis à Maurice Godefroy, marié en 1693 avec Madeleine de Bouchu. De ce mariage naquit Marie-Jeanne de La Tour, qui fut mariée à Nicolas-Louis de La Roche-Aymon, tué en 1721. Ils ne laissèrent qu'une fille.

En 1605, les bains étaient déjà fréquentés; mais en 1787 ils attirèrent l'attention de l'intendant de Chazerat; on commença une route, et l'on améliora les bâtiments

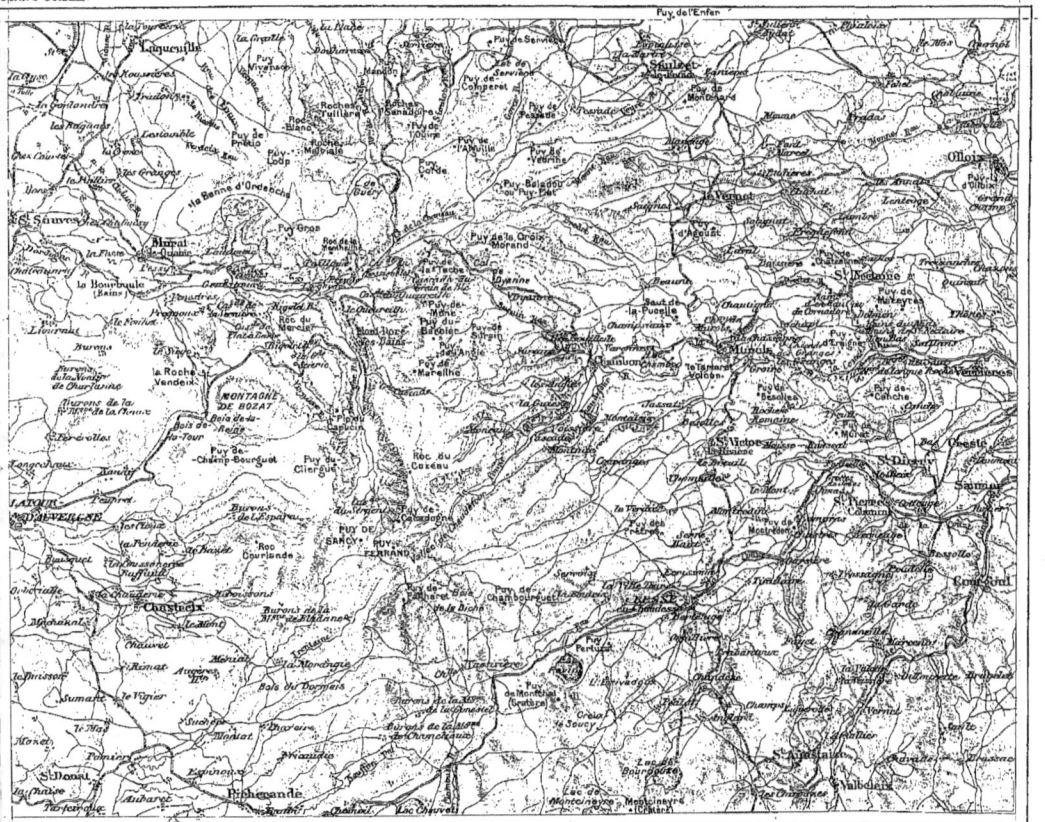

LE MONT DORE ET SES ENVIRONS.

Le Mont-Dore. — Vue prise de la route de Clermont.

qui entouraient les fontaines minérales. Ces travaux, abandonnés pendant la Révolution, ne furent repris qu'en 1806.

A cette époque, M. Ramond, préfet du département du Puy-de-Dôme, comprenant toute l'importance que pouvaient acquérir les eaux thermales du Mont-Dore, fit dresser le plan d'un établissement par MM. Cournon et Ledru. Les constructions commencèrent à s'élever seulement en 1817 ; elles furent en grande partie terminées en 1823 ; mais, depuis, elles ont été augmentées à diverses reprises.

Le Mont-Dore*, com. du canton de Rochefort, arrond. de Clermont-Ferrand, département du Puy-de-Dôme, est un bourg de 1,795 hab., adossé au *plateau du puy l'Angle*. Il se compose de 375 maisons environ, dont le plus grand nombre sont converties en hôtels bordant la rue principale et la place Michel-Bertrand. A l'extrémité de la rue qui fait face à l'Etablissement, s'ouvre une *promenade* oblongue, ornée, au milieu, d'une belle *fontaine* en fonte de fer ; à dr. de la fontaine, du côté du N.-N.-O., s'élève le nouveau et vaste *Casino* ; plus loin ont été réunis les *débris antiques* des thermes et du Panthéon, dont nous avons parlé ci-dessus.

Le *parc*, attenant à cette promenade, longe la rive dr. de la Dordogne ; on le traverse pour atteindre le *pont suspendu* qui relie la promenade à la rive g., et permet de rejoindre, un peu plus loin, la route de Latour. Cette route, franchissant la Dordogne sur un pont en pierre, à l'extrémité méridionale du bourg, passe devant le café de Paris et, tournant à dr., gravit les pentes boisées du plateau du Capucin.

Sauf l'établissement thermal et la promenade, il n'y a rien à signaler de remarquable dans le bourg. L'*église* a été nouvellement reconstruite.

L'établissement thermal, placé à 1,050 mèt. au-dessus du niveau de la mer, est dominé au N.-E. par les *montagnes de l'Angle* (1,750 mèt.), et au S.-O. par le pic du Capucin (*V.* p. 138). Sa longue façade principale, tournée vers l'O., présente un rez-de-chaussée surmonté d'un étage, percés l'un et l'autre de sept ouvertures en arcade.

Cet édifice, d'un aspect sévère, a été construit, en 1817, avec un trachyte grisâtre, dont la carrière est sur la rive gauche de la Dordogne; la toiture, faite en prévision des éboulements de la montagne de l'Angle, est en pierres de même nature. On en a entrepris en 1890 la transformation complète et l'agrandissement par l'acquisition de diverses constructions voisines, parmi lesquelles l'ancien hôpital, qui a été transféré dans le couvent du Bon-Pasteur (*V.* p. 129). Les travaux en cours d'exécution modifieront absolument les dispositions de l'établissement, qui comprend ou comprenait, au rez-de-chaussée : un promenoir où sont installées les buvettes des sources de la Madeleine, de Ramond et de César; le bureau de l'administration et la pharmacie; la salle des bains à prix réduits; les piscines, les douches pour les indigents. La *galerie du Nord*, située au N. de la façade de l'établissement, renferme 20 cabinets de bains avec douches, deux douches ascendantes, neuf douches nasales pour les hommes. La *galerie du Midi*, à l'autre extrémité de l'édifice, renferme 14 cabinets de bains avec douches, et cinq douches nasales. Les galeries du Nord et du Midi doivent prochainement disparaître pour faire place à d'autres installations.

Un vaste escalier conduit du promenoir au premier étage, où sont les logements (ils seront transformés en salles d'aspiration et de pulvérisation) affectés au médecin inspecteur, au concessionnaire, le local où se trouvaient, avant la construction du casino dans le parc, les salles de théâtre, de jeu et de lecture, et enfin, la grande salle de bains, contenant 18 cabinets de luxe avec douches.

Au fond de la grande salle, un escalier de quelques marches conduit au 2e étage, qui comprend la partie de l'établissement connue sous le nom de *Pavillon*, et où se trouvent cinq baignoires, placées de front, adossées à la base de la montagne de l'Angle, pourvues de douches descendantes et à ajutages mobiles. On y prend des bains à eau courante dont la durée varie de 5 à 20 min., à la température native des sources et sans aucun mélange. Le Pavillon contient, en outre, deux cabinets pour les bains tempérés. Deux galeries (elles doivent être prolongées) adossées au N. et au S. du Pavillon, comprennent chacune 16 cabinets de bains, tous avec bains de pieds. Derrière la galerie du Nord, s'étendent d'immenses réservoirs divisés en neuf compartiments.

Sur le côté S. de la place, un bâtiment spécial, dit des Vapeurs, sert de *vaporarium*. Il comprend 14 salles, dont 7 au rez-de-chaussée pour les dames, et 7 au 1er étage pour les hommes. Dans l'un et l'autre groupe, une salle renferme les appareils pulvérisateurs les plus perfectionnés ; les 6 autres pièces sont exclusivement destinées aux inhalations de vapeurs minérales. Des ouvertures pratiquées dans les voûtes sont mises en communication avec un ventilateur actionné par une petite machine à vapeur. A chacune des salles correspond un vestiaire chauffé.

Dans la partie latérale du même bâtiment sont disposés des cabinets de douches de vapeurs avec leurs vestiaires chauffés.

Les indigents ont leur part dans la dispensation des eaux bienfaisantes du Mont-Dore; des piscines, des cabinets de douches, d'aspiration de vapeur, sont mis à leur disposition, et un *hôpital* (route de la Bourboule), ouvert pendant la saison des

Établissement thermal du Mont-Dore.

eaux et tenu par des religieuses du Bon-Pasteur, reçoit environ 200 malades, admis par autorisation du préfet du Puy-de-Dôme, pour une saison de 28 jours.

En résumé, l'appareil balnéaire du Mont-Dore comprend aujourd'hui : 96 cabinets de bains, 2 piscines, 2 salles de bains de pieds, 72 douches descendantes, 3 douches ascendantes, 14 douches naso-pharyngiennes, 8 salles d'inhalation, 2 salles de pulvérisation, 22 douches de vapeur, 8 bains de vapeur et un salle d'hydrothérapie. Ces établissements ont été loués pour 60 années, en 1890, à M. Chabaud. La concession a coïncidé avec l'entreprise des travaux considérables dont l'exécution entraînera une dépense totale de 3 millions de francs, travaux nécessités par la prospérité croissante de cette station thermale. Le nombre des malades, qui ne dépassait pas 500 en 1855, s'est élevé jusqu'à plus de 6,000 dans ces dernières années.

L'eau minérale jaillit au Mont-Dore de tous les points de la vallée, mais 8 sources seules sont exploitées. Le débit total de ces diverses sources en 24 heures est d'environ 406,080 litres, auxquels il faut ajouter le débit important de la nouvelle source de l'Hôtel-Boyer-Bertrand.

1° La *source de la Madeleine* ou *source Bertrand* venait sourdre, en 1823, dans un petit bâtiment carré construit, au commencement du siècle, sur la place du Panthéon. Pendant les travaux exécutés au grand établissement thermal, l'*aqueduc romain* qui conduisait la source à son débouché a été désencombré; il côtoie la façade méridionale de l'établissement, et passe ensuite tout près des piscines. Les buvettes sont alimentées par la source de la Madeleine, de Ramon et de César. L'eau de la source de la Madeleine est limpide et incolore prise au griffon; mais, au contact de l'air, elle se trouble, blanchit comme une eau sulfureuse; elle a une odeur d'acide carbonique, une saveur lixivielle, et dégage avec bruit des bulles de gaz. Sa température est de 45°, son débit de 144,000 litres par 24 heures.

2° La *source César* et *Caroline*, ainsi nommée parce qu'on a longtemps cru qu'elle était formée par deux sources différentes, naît au fond d'un puits protégé par un petit bâtiment de construction romaine; elle bouillonne avec bruit et se déverse dans les réservoirs du Pavillon. Elle produit un fort dégagement de calorique, qui augmente lorsque la pression atmosphérique diminue. Limpide, incolore, inodore, à saveur piquante légèrement salée, lixivielle, cette source dégage aussi du gaz avec plus de bruit que la précédente. Sa température est de 43°, et son débit de 120,960 litres.

3° La *source du Pavillon*, appelée aussi *Grand bain* ou *bain Saint-Jean*, située à 20 pas de celle de César, était reçue dans un bassin de construction romaine recouvert par les dalles du Pavillon. Les eaux ont l'aspect louche et se couvrent, dit M. Rotureau, de gouttes huileuses s'étendant peu à peu et formant une couche mince et irisée; ces eaux, inodores, ont une saveur ferrugineuse et lixivielle. Leur température moyenne est de 44°, et leur débit de 18,720 litres.

4° La *source Ramond* doit son nom au préfet qui créa l'établissement thermal en 1806. Elle est reçue dans un puits qui remonte à l'époque romaine. C'est la source la plus ferrugineuse du Mont-Dore. Température, 42°; débit, 18,720 litres.

5° La *source Rigny*, voisine de la précédente, doit, comme elle, son nom à un préfet du département. Elle jaillit aussi dans un puits romain. Cette source est trouble, sans odeur, à saveur ferrugineuse, et dégage quelques bulles de gaz. Sa température est de 43°, et son débit de 17,280 litres.

6° La *source Boyer* « a été désencombrée en 1833, en même temps qu'un petit puits romain qui la recevait. Elle paraît être en communication avec la source de la Madeleine. Sa température est de 43°, et son débit de 28,800 litres.

7° La *source Pigeon*, dans le bâtiment de la pompe à vapeur qui sert à élever l'eau dans les réservoirs, communique probablement, comme la précédente, avec la Madeleine. Sa température est de 38°, son débit de 21,600 litres.

8° La *source Sainte-Marguerite*, dont l'eau, gazeuse, très agréable, se trouve sur la table de la plupart des hôtels du Mont-Dore, sert à la préparation des bains tempérés de la grande salle; cette eau est un peu trouble, inodore, à saveur acidule et piquante avec arrière-goût amer, dégage beaucoup de gaz, et donne naissance à des conferves. Sa température est de 10°,5, son débit de 14,400 litres.

9° La *source de l'Hôtel-Boyer-Bertrand*, dont l'exploitation n'est malheureusement pas encore autorisée et qui paraît devoir être très appréciée plus tard, est à peu près semblable aux autres sources; mais, d'après les docteurs MM. Mascarel et Tardieu, elle paraîtrait être plus gazeuse, plus légère et plus digestive. Une buvette, qui permet de la donner en boisson, a été installée. Au point d'émergence sa température est de 45° à 46°, son débit de 72,000 litres.

Les eaux du Mont-Dore sont thermales ou froides, bicarbonatées mixtes, arsenicales, ou ferrugineuses bicarbonatées. Plusieurs analyses en ont été faites.

L'analyse de M. J. Lefort est la plus récente. MM. Chevalier et Gobley, en 1848, avaient déjà analysé ces eaux, dans lesquelles M. Bertrand fils, en 1850, constata la présence de l'arsenic. Plus tard, en 1851, l'illustre Thenard, amené par sa santé au Mont-Dore, fut frappé de l'action énergique de ses eaux; y soupçonnant la présence de l'arsenic, il constata, à la suite d'une analyse, que chaque litre d'eau contient 0º,00125, c'est-à-dire plus d'un milligramme d'arsenic à l'état d'arséniate de soude.

Action physiologique et thérapeutique. — Ces eaux, excitantes, toniques et reconstituantes, agissent particulièrement sur la peau et sur la muqueuse des voies aériennes. En boisson, elles sont généralement bien supportées, et, dans le cas contraire, l'estomac s'y accoutume bientôt; souvent l'embarras gastrique et la diarrhée surviennent vers le cinquième jour, des éruptions furonculeuses ou autres se montrent quelquefois, mais ces troubles cèdent aux moyens appropriés, et la tolérance s'établit jusqu'au moment de la saturation. Pendant le traitement, l'appétit est augmenté et la constipation est constante chez la plupart des malades. Les bains, et surtout les bains chauds du Pavillon, qui sont considérés comme le moyen le plus actif et que l'on prend en général très-courts, déterminent une congestion rapide vers la poitrine, la tête et les téguments, puis une diaphorèse énergique; les douches agissent comme résolutif ou comme révulsif; enfin les bains de pieds chauds sont donnés comme révulsifs. Ce traitement réussit parfaitement au Mont-Dore, entre les mains de médecins expérimentés, qui savent l'appliquer suivant les indications propres aux différents malades.

Ce sont les affections des voies respiratoires que les médecins pratiquant au Mont-Dore considèrent comme l'indication spéciale à cette station. Le catarrhe bronchique, les laryngites et surtout la laryngite granuleuse, le coryza chronique, l'asthme, l'emphysème pulmonaire, enfin la phthisie, sont les maladies que l'on y traite en plus grand nombre. La plupart des auteurs qui ont écrit sur le Mont-Dore rapportent des observations de phthisies guéries par ses eaux. Sans discuter les faits énoncés et des témoignages respectables, on se demande si les diathèses herpétique, rhumatismale ou scrofuleuse ne sont pas ici plus en jeu que la diathèse tuberculeuse? Pour l'asthme et les laryngites, on n'en saurait douter; quant à la phthisie, peut-être, ici comme à Saint-Honoré et ailleurs, les malades doivent-ils un amendement, plus ou moins notable dans leur état, à la guérison de symptômes secondaires tels que le catarrhe et la congestion pulmonaire. Ce qui n'est pas contestable, c'est que des tuberculeux au premier et au second degré trouvent au Mont-Dore un soulagement très-grand et un temps d'arrêt dans leur maladie, sinon la guérison.

Les rhumatisants, chez qui l'éréthisme n'est pas très-développé, peuvent aussi recourir à ces eaux avec la presque-certitude d'excellents résultats. De même que le catarrhe bronchique, le catarrhe utérin guérit très-bien au Mont-Dore, et l'on pourrait encore y adresser les scrofuleux, si l'établissement de la Bourboule n'était pas tout près de là.

Les eaux de la source Bertrand et de quelques autres se transportent. (*Les Bains d'Europe,* par AD. JOANNE et le Dr A. LE PILEUR.)

ENVIRONS DU MONT-DORE

V., à l'*Index alphabétique*, les renseignements pratiques concernant les guides, voitures, chevaux, ânes, chaises à porteurs, etc.

Avant d'indiquer aux promeneurs les principaux points à visiter aux environs du Mont-Dore, nous les engageons à méditer les lignes suivantes, empruntées à George Sand, qui a si bien vu et si bien décrit l'Auvergne :

« Les monts Dore, bien que plus élevés et plus escarpés que les monts Dôme, ne sont pas d'un accès très-difficile en été, même pour les femmes; mais ils sont assez périlleux à explorer au commencement du mois de juin. Presque partout les sentiers ont disparu, et les tourbes épaisses des hautes prairies, détrempées par l'humidité, se détachent par énormes lambeaux. Le pied ne trouve pas toujours sur le sol la résistance nécessaire pour se fixer, et, par endroits, il faut escalader des éboulements de roches et d'arbres. Quand le terrain n'est pas trop rapide, c'est un jeu; mais, sur des revers presque verticaux, on ne se risque pas sans trembler sur ces masses croulantes. C'est cependant la seule époque de l'année où l'on puisse jouir du caractère agreste et touchant de ce beau sanctuaire de montagnes. Aussitôt que les baigneurs arrivent, tous ces sentiers, raffermis et déblayés à la hâte, se couvrent de caravanes bruyantes; le village retentit du son des pianos et des violons, les prairies s'émaillent d'os de poulets et de bouteilles cassées; le bruit des tirs au pistolet effarouche les aigles; chaque pic un peu accessible devient une guinguette où la fashion daigne s'asseoir pour parler turf et spectacle, et l'austère solitude perd irrévocablement, pour les amants de la nature, ses profondes harmonies et sa noblesse immaculée.

« C'est donc à préférer ces chemins impraticables et ces promenades pénibles, assaisonnées d'un peu de danger, aux sentiers fraîchement retaillés à la bêche ou battus par les oisifs; car le pays n'est pas à tout le monde, il est à ses maîtres naturels, aux pasteurs, aux troupeaux, aux bûcherons... Ces herbes mouillées surtout sentent bon; ces fleurs, toutes remplies des diamants de la pluie, sont quatre fois plus grandes et plus belles que celles de l'été. Ces grandes vaches bien lavées reluisent au soleil comme dans un beau tableau hollandais. Et le soleil? lui aussi est plus ardent et plus souriant à travers ces gros nuages noirs qui ont l'air de jouer avec lui... Cette nature toute baignée à chaque instant est d'une suavité adorable. Les torrents, pauvres en été, ont une voix puissante et des ondes fortes. Le jeu des nuages change à chaque instant l'aspect des tableaux fantastiques, et, quand la pluie tombe, les noirs rideaux de sapins, aperçus à travers un voile, semblent reculer du double, et le paysage prend la vastitude des grandes scènes de montagnes. »

VALLÉE DU MONT-DORE — SALON ET PIC DU CAPUCIN
VALLÉE DE LACOUR — GORGE D'ENFER

Du village du Mont-Dore au Capucin, 3 kil. — Du Capucin à la vallée de Lacour, 2 kil. — De la vallée de Lacour à la gorge d'Enfer, 850 mèt.

La **vallée du Mont-Dore** n'eût-elle point sa station thermale, qu'elle attirerait, chaque année, les touristes, les peintres et les naturalistes par ses sites variés et pittoresques et par ses richesses botaniques. Cette merveilleuse vallée, dans laquelle on entre par le ham. de Queureilh, s'étend entre la montagne de l'Angle, à l'E., et la montagne du Cliergue, à l'O. ; elle est fermée, à son extrémité S., par une immense muraille que surmontent les pics gigantesques du Sancy. De ce côté, le groupe des montagnes, aux larges plateaux couverts de pâturages, se nomme les *monts Dore*; leurs flancs déchirés, leurs gorges profondes, les tempêtes neigeuses ou *echirs* dont elles sont le théâtre, leur ont fait donner les noms caractéristiques de *Gorge d'Enfer*, *Chemin du Diable*, etc. Mais plus bas la montagne ou *puy du Cliergue* se couvre d'une noire chevelure de sapins ; plus bas encore, les hêtres se mêlent aux sapins ; le fond de la vallée, enfin, est occupé par de belles prairies naturelles, et la Dordogne, qui naît sur les pentes septentrionales du pic de Sancy, arrose la vallée dans la direction du S. au N., jusqu'au v. de Queureilh, à partir duquel elle court à l'O.

Pour que le touriste puisse aisément découvrir les sites dont nous donnons ci-dessous la description, nous allons les énumérer dans l'ordre qu'ils occupent en partant du pic du Capucin, si reconnaissable, qui nous servira de point de repère. En remontant la vallée vers le pic de Sancy, on voit à dr. le *pic du Capucin*, à la base duquel se trouve le *Salon du Capucin*. On traverse ensuite le ruisseau du vallon des *Rivaux-Grands*, puis le *ruisseau des Chèvres* ou *Rivaux-Petits*; un peu plus haut, celui qui descend de la *gorge de Lacour*, et enfin le *ruisseau de l'Enfer*, qui sort de la vallée de ce nom. Les sommets qui dominent ce côté de la vallée sont, après le pic du Capucin, le *puy de Cliergue* (1,667 mèt.), le *puy de Chabano* (1,741 mèt.), le *puy de l'Aiguille* (1,827 mèt.), enfin le pic de Sancy.

De l'autre côté de la vallée, toujours en partant du village du Mont-Dore, sont : la *Grande cascade*, dominée par le *puy de Mareilhe* (1,564 mèt.); le ravin des *Égravats* et le ruisseau qui porte le même nom; le *ruisseau des Édimbouches*, dominé par le *Roc de Cuzeau* (1,724 mèt.); celui de la *cascade du Serpent*, dominé par le *puy des Crebasses*; le *ruisseau de la Dogne*, au pied du *puy de Cacadogne* (1,797 mèt.); et, en dernier lieu, le *ruisseau de la Dore*, qui prend sa source sur les pentes du *puy du Pan-de-la-Grange*, et la pente orientale du pic de Sancy. Ce côté de la vallée fera l'objet de la deuxième excursion.

Les personnes qui veulent se rendre au Capucin, course que l'on peut faire en voiture, doivent traverser la Dordogne sur le pont de pierre qui sert d'amorce à la route de Latour-d'Auvergne, et suivre cette route jusqu'au plateau du Rigolet, où elles trouveront, à g., un chemin d'exploitation qui les y conduira. Celles au contraire qui veulent faire cette promenade à pied traverseront la rivière sur le pont suspendu et, à 500 mèt. du Mont-Dore, après avoir dépassé la croix du Jubilé, elles prendront, à g., l'ancien chemin de Latour, qui s'engage dans une forêt. Après avoir gravi la côte pendant un instant, on rencontre un sentier portant cette inscription : *Petit chemin du Capucin*. On le suit et, lorsqu'il se bifurque, on prend le sentier de g., en laissant à dr. celui qui conduit au hameau de *Rigolet-Haut*. Lorsqu'on a atteint un vaste *carrefour* entouré de hêtres et de sapins, on s'engage dans le sentier que l'on a en face de soi, et l'on arrive, en quelques pas, au **Salon du Capucin**. Ce but de promenade, un des plus fréquentés, que les médecins conseillent surtout à ceux de leurs malades qui ne sont pas gravement atteints, mérite bien à tous égards sa réputation : c'est une clairière qui ressemble, en effet, à un vaste salon dont la nature a fait tous les frais d'ameublement et dont le sol est revêtu d'une épaisse couche de gazon. Des troncs d'arbres et des pierres couvertes de mousse offrent aux promeneurs fatigués des sièges naturels (buvette de lait). Le Salon, dominé au S. par un rocher taillé à pic, est traversé par un chemin qui y conduit. Des flancs de ce rocher se détache une aiguille prismatique dont l'ascension est difficile, et qui lui donne, vue du bas, dit-on, une vague ressemblance avec un moine encapuchonné, d'où son nom de **Capucin** (1,463 mèt.). Du sommet du Capucin on découvre un vaste panorama se déroulant depuis le pic de Sancy jusqu'à **la Banne-d'Ordenche.**

Le Capucin n'est pas éloigné de la montagne du *Cliergue,* du sommet de laquelle on voit, au N.-O., la vallée du ruisseau du Cliergue, qui forme, non loin de là, une cascade et, plus bas, fait mouvoir la Grande Scierie, puis alimente les cascades du Plat-à-Barbe et de la Vernière (*V.* p. 148).

Côtoyant ensuite le flanc S. du Capucin, on aperçoit toute la vallée du Mont-Dore. Après être revenus sur leurs pas jusqu'à la base du Capucin, les cavaliers suivront le chemin qu'ils ont déjà parcouru jusqu'à l'embranchement du ham. du Rigolet. Arrivés au carrefour (*V.* ci-dessus), ils prendront en face d'eux le sentier de la vallée d'Enfer, qui court dans la direction du pic de Sancy. Les piétons peuvent suivre les crêtes du Cliergue et de la Prateau, mais ils feront mieux de choisir le chemin des cavaliers, traverser le **vallon des** *Rivaux-*

Les Burons.

Grands, puis les *Rivaux-Petits,* et, au-delà des burons du Sancy, pénétrer dans le vallon de Lacour.

En remontant le **vallon de Lacour**, dont deux énormes rochers gardent l'entrée, on arrive bientôt dans un immense cirque de 1,200 mèt. de longueur sur 600 mèt. de largeur, dont les gradins sont formés par des gisements de trachyte. En face se dresse le *roc de Courlande,* terminé par un rocher de forme bizarre, sur les flancs duquel se dessine le sentier qui conduit à *Chastreix* (1,127 hab.). Sur la g. apparait une vaste échancrure par laquelle les piétons peuvent pénétrer dans la gorge d'Enfer, ravin sauvage, déchiré, nu, bordé de montagnes éboulées. Les cavaliers devront revenir aux burons du Sancy pour entrer dans la gorge par son ouverture sur la vallée du Mont-Dore. L'entrée de la gorge semble gardée par trois rochers auxquels on a donné le nom des *Trois-Diables.* En face de ces rochers, le roc d'Enfer, est un digne pendant des roches voisines nommées Aiguilles et Cheminées du Diable. Le retour au Mont-Dore doit s'effectuer en longeant la rive g. de la Dordogne, que l'on ne traversera qu'en face des Égravats.

**GRANDE CASCADE — LES ÉGRAVATS — CASCADE DU SERPENT
CASCADE DE LA DORE — PIC DE SANCY**

Du Mont-Dore à la Grande cascade, 2 kil. — De la Grande cascade à la cascade du Serpent, 3 kil. — De la cascade du Serpent au sommet du Sancy, 2 kil. 600 mèt. (l'ascension peut être faite à cheval). Une belle route conduit du Mont-Dore au pied du Sancy.

La **Grande cascade**, une des plus belles et des plus connues de l'Auvergne, s'aperçoit très bien du pont de pierre. En sortant du Mont-Dore, on prend, à g., le chemin qui débouche en face de la halle. Après l'avoir suivi pendant 10 min. on atteint le cours d'eau qui a formé la cascade; tournant alors à g., on gravit les pentes de la montagne; au deuxième lacet, il faut laisser à g. l'ancienne route de Besse qui, passant au-dessus du Mont-Dore, conduit sur le plateau de l'Angle, pour suivre le sentier du Club Alpin, qui mène, en 25 min. environ, au pied de la cascade tombant du sommet d'un rocher de trachyte taillé à pic et haut de plus de 30 mèt. Une large excavation creusée dans le roc permet de passer derrière la cascade; on peut aussi, grâce à M. Reynard, membre du Club, qui a complété le sentier en faisant creuser le roc et placer une rampe en fer, atteindre, après avoir passé derrière la chute, le plateau des *Fichades,* qui s'étend entre le puy de Mareilhe, à g., et, à dr., le *Suquet de Claude* (1,426 mèt.), au pied duquel naît le cours d'eau qui forme la cascade.

Après être redescendu dans la vallée et avoir franchi ce ruisseau, on voit, à g., le *Ravin des Égravats,* formé, on ne sait à quelle époque, par la chute d'une partie du roc de Cuzeau. Franchissant le ruisselet des Égravats, et, peu après, la Dordogne dont on suit alors la rive g., on aperçoit bientôt, à g., la **cascade du Serpent,** formée par un mince ruisseau descendu du puy de Cacadogne, et que l'on prendrait, en effet, pour un serpent d'argent glissant à travers les arbres et les fleurs. En face tombe du sommet d'un rocher le mince filet d'eau de la Dore, au-dessous duquel serpente le sentier qui conduit à des mines d'alun aujourd'hui inexploitées. Traversant alors le ruisseau de la gorge d'Enfer, puis la Dore au point même où elle s'unit à la Dogne, née sur le puy du Pan-de-la-Grange, le chemin s'élève en serpentant sur les flancs du puy de Cacadogne; il atteint, au pied du grand roc, une espèce d'esplanade où se trouvent des monceaux de pierres formant des murailles très-basses que l'on croit être les restes d'habitations construites par une colonie espagnole attirée en cet endroit, il y a plusieurs siècles, par les pierres précieuses qu'on y trouvait.

Gravissant ensuite une côte rapide, on traverse bientôt le ravin de la *Dogne*, au point même où naît ce ruisseau. Le chemin laisse à dr. des gazons inondés par la *Dore* que l'on franchit, et décrit une grande courbe, pour atteindre en pente douce le col de Sancy (*buvette* où l'on peut s'abriter du vent et où on laisse les chevaux; 25 c. par monture).

De là un sentier mal tracé et en zigzag gravit l'arête et permet d'atteindre sans grande fatigue, en 15 min., le sommet du **pic de Sancy**, la plus haute montagne de la France centrale (1,886 mèt.).

Il existe au sommet une croix en fer, ébranlée par la foudre.

Le panorama que l'on embrasse du haut de ce sommet entouré de précipices est au-dessus de toute description. Au N. se déroule la vallée du Mont-Dore, encaissée entre les puys que nous connaissons : à dr., les sommets du Cacadogne, de Cuzeau, de Mareilhe, de l'Angle, etc.; à g., le Cliergue, le Capucin; au N., le puy Gros, la Banne-d'Ordenche, à l'E. de laquelle on distingue le lac de Guéry dominé par la roche Sanadoire; plus à dr., le puy de la Tache; et, à l'horizon, les monts Dôme. Vers le N.-O., l'œil plonge sur les forêts et les pâturages

Cascade du Serpent.

de la vallée de la Burande et sur la colline basaltique de la Tour-d'Auvergne (*V.* p. 175), tandis qu'au N.-E. on aperçoit moins distinctement le lac Chambon, une partie de la vallée de Chaudefour (*V.* p. 158) et, au-delà, la Limagne. Du côté du S. se dresse le puy Ferrand, derrière lequel se montrent, à dr. le *puy Gros* (1,804 mèt.), et à g. le *puy de la Perdrix* (1,732 mèt.). Le chemin qui conduit à Vassivières (4,800 mèt.; *V.* p. 159) et à Besse (12 kil.; *V.* p. 163) passe entre ces trois puys, et sur le flanc N.-O. du *puy de Pailleret* (1,737 mèt.), à l'E. duquel se trouve celui de *Chambourguet* (1,513 mèt.). Au delà se déroulent de vastes pâturages mamelonnés, au milieu desquels se dressent d'anciens volcans et où s'étendent plusieurs lacs; le lac circulaire de Chauvet (*V.* p. 162) attire principalement les regards. A l'horizon s'élèvent les cimes dentelées du Cantal, et, dans la direction de Besse, quelques sommets des Alpes vaguement entrevus.

Une demi-heure suffit pour descendre du pic de Sancy au col du même nom et monter sur le *puy Ferrand* (1,846 mèt.), qui n'est inférieur en hauteur qu'au pic de Sancy et au Plomb du Cantal parmi les montagnes de la France centrale. La vue dont on jouit du sommet de ce pic est à peu près la même que celle du Sancy, et peut-être, plus belle car l'œil y embrasse la vallée entière de Chaudefour et, au S., le lac Pavin (*V.* p. 159), invisible du sommet du Sancy.

Si l'on veut rentrer au Mont-Dore en suivant le chemin des crêtes qui court sur les rocs de Cacadogne et de Cuzeau pour aboutir au plateau de l'Angle et à l'ancien chemin de Besse près de la Grande cascade, le trajet sera un peu plus long peut-être, mais on sera largement dédommagé de

Pic de Sancy.

ce surcroît de fatigue par les spectacles pleins d'une horrible grandeur que l'on rencontrera en côtoyant les précipices.

SALON DE MIRABEAU — CASCADES DE LA VERNIÈRE ET DU PLAT-A-BARBE — GRANDE SCIERIE.

Du Mont-Dore au Salon de Mirabeau, 2 kil. 1/2. — Du Salon de Mirabeau à la Vernière, 2 kil. — De la Vernière au Plat-à-Barbe, 1. kil. — Du Plat-à-Barbe à la Grande Scierie, 2 kil. 1/2. — De la Grande Scierie au Mont-Dore, 5 kil.

Cette excursion dans les ravins boisés et pittoresques qui débouchent sur la rive g. de la Dordogne, non loin du ham. de *Genestoux*, à 2 kil. au-delà du ham. de Queureilh, peut, en majeure partie, être faite en voiture. Après avoir dépassé le ham. de Queureilh, et 50 mèt. environ avant le pont de *Mal-Sur*, on trouve un petit chemin, entre deux murs, qui descend vers la Dordogne. Ce chemin, après avoir franchi la rivière sur un tronc de sapin, s'enfonce sous un berceau de verdure, et conduit, en 40 min., à une clairière entourée de sapins et dominés au S. par de hauts rochers à pic couronnés de hêtres, à laquelle on a donné le nom de *Salon de Mirabeau*. Ce site, dégradé par la hache des bûcherons, a été souvent visité, en 1787, par Mirabeau-Tonneau, frère du célèbre orateur.

Si l'on prend le chemin pierreux et ombragé qui débouche de l'autre côté du Salon, en face du sapin isolé qui se dresse au milieu de la clairière, on monte, en 12 min., au ham. de *Rigolet-Bas*. Au delà, le chemin traverse des prairies et va se confondre ensuite avec la route qui, à g., conduit à la Grande scierie. Tournant alors à dr., on conti-

Les régions des lacs au sud du Mont-Dore.

nue de descendre et l'on rencontre bientôt un écriteau qui, défendant de passer sans payer, annonce le voisinage de la **cascade de la Vernière**. En remontant un instant le lit du cours d'eau, on aperçoit la cascade qui se précipite d'un banc de rocher haut de 7 à 8 mèt. De chaque côté se dresse une roche de forme pyramidale couverte de sapins. Non loin de la cascade, jaillit une *source* d'eau *minérale* ferrugineuse.

Remontant ensuite le chemin descendu, et laissant à g. celui du Rigolet-Bas, et par lequel on est arrivé, on aperçoit à quelques pas de là, sur la dr., une maisonnette en planches où stationne le gardien (rétribution) de la **cascade du Plat-à-Barbe**, qui indique aux voyageurs l'escalier creusé dans le roc conduisant au balcon suspendu au-dessus du précipice : ce balcon est le seul point d'où l'on puisse bien voir la cascade (10 mèt. de hauteur).

Pour se rendre de la belle gorge où tombe la cascade du Plat-à-Barbe à la **Grande-Scierie**, il faut remonter la rive dr. du ruisseau du Cliergue, qui alimente les deux cascades que nous venons de visiter. Le torrent bondit de rocher en rocher auprès de la route, qui entre bientôt dans la belle vallée de la Scierie. Le Capucin, le Cliergue, et le *plate au de Bozat* (1,502 mèt.) ferment la vallée, à l'E., au S. et à l'O. La scierie, propriété de M. Bonnard, touche presque à la route de Latour, par laquelle en une heure on pourra rentrer au Mont-Dore.

Les touristes qui, de ce point, désireraient aller jusqu'à la Bourboule, par la Roche-Vendeix (*V.* p. 174), à peine éloignée de 3 kil., n'auront qu'à suivre à dr. la route de Latour. Arrivés devant une croix de bois plantée sur un rocher isolé au milieu d'un pré, ils prendront, cent pas plus loin, un chemin

LA VERNIÈRE. — LA GRANDE SCIERIE. 149

qui descend à Vendeix, et, longeant la vallée de Fenestre (*V.* p. 174), ils atteindront la Bourboule (7 kil. de la Grande Scierie).

La Grande Scierie.

CASCADES DE QUEUREILH, DU ROSSIGNOLET, DU SAUT-DU-LOUP ET DU BARBIER — LAC DE GUÉRY

Du Mont-Dore à la cascade de Queureilh, 3 kil. 400 mèt. — De la cascade de Queureilh à celle du Rossignolet, 640 m.—Du Mont-Dore à la cascade du Saut-du-Loup, 3 kil. 300 mèt. — De la cascade du Saut-du-Loup à celle du Barbier, 2 kil.

Les quatre cascades dont nous allons indiquer la situation se trouvent dans la région la plus admirablement boisée et la plus accidentée peut-être des environs du Mont-Dore. En arrivant de Clermont, on a déjà traversé ces gorges que longe la route de Randanne. En quittant le Mont-Dore par la route départementale, on atteint en 10 min. le ham. de Queureilh. Prenant, au ham. même, l'ancien chemin de Randanne, après 10 autres min. de marche on traverse le petit ham. de *Prends-toi-Garde*, nom significatif donné à deux maisons, les dernières que l'on trouve avant d'arriver à la Croix-Morand (V. p. 153). Sur la porte de la maison de dr. est une pierre grossièrement sculptée : cette sculpture proviendrait, dit-on, de la cheminée d'un domaine que les chevaliers de Malte possédaient à *Pailloux*, ham. voisin dont le sentier se montre à g., à 50 mèt. au-delà de Prends-toi-Garde. Le chemin descend ensuite vers un pont ; à dr. est le chemin de la cascade de Queureilh, que l'on viendra prendre après avoir visité la **cascade du Rossignolet**, qui se trouve à quelques min. au-delà du pont, auprès d'une scierie mise en mouvement par le ruisseau qui alimente la cascade. Les eaux de cette jolie cascatelle vont grossir le ruisseau de Guéry, qui coule au-dessous, dans un ravin profond.

Cascade de Queureilh.

Revenu au pont, on gravit le chemin de la **cascade de Queureilh**, que nous avons indiqué plus haut; bientôt s'ouvre à g. un sentier conduisant au pied de cette magnifique chute d'eau (rétribution). Elle est formée par un ruisseau qui, descendu des ravins de Blaise et de la Queue, situés sur les flancs du puy de Mareilhe, tombe du haut d'un rocher de basalte (30 mèt.); du bassin qui le reçoit s'élève un brouillard dans lequel il n'est pas rare de voir se produire le phénomène de l'arc-en-ciel.

De la cascade de Queureilh, il est facile d'atteindre la route de Clermont, qui côtoie, au-dessus de la chute, les flancs du plateau de l'Angle. A 2 min. d'un pont, sur le torrent qui forme la cascade, est la jolie chute d'eau du *Saut-du-Loup* (V. p. 102); celle du *Saut-de-Bled* ou *du Barbier* est 2 kil. plus loin, 1 kil. au delà de la route de Murols (V. p. 102).

Pour le prolongement de l'excursion jusqu'au lac de Guéry, aux roches Thuilière et Sanadoire, au lac de Servière et à l'Oppidum. *V.*, en sens inverse, route de Clermont au Mont-Dore (p. 100-104).

MUROLS — LAC CHAMBON — LE SAUT-DE-LA-PUCELLE
CASCADE DES GRANGES
SAINT-NECTAIRE — VALLÉE DE CHAUDEFOUR

Du Mont-Dore à Murols, 15 kil. 700 mèt. — De Murols à Saint-Nectaire, 5 kil. — De Murols à la cascade des Granges, 3 kil. — De Murols à Chambon, 4 kil. — De Chambon à la vallée de Chaudefour, 7 kil. — De la vallée de Chaudefour au Mont-Dore, 12 kil.

Dans la précédente excursion, nous avons parcouru la route que nous allons suivre jusqu'au point où elle laisse à g. celle de Randanne. Là elle est dominée à dr. par le *puy de Mone* (1,562 mèt.), derrière lequel se dresse le *puy Barbier* (1,729 mèt.); elle contourne ensuite le *puy de la Tache* (1,663 mèt.) et atteint le *col de Diane*, d'où l'on aperçoit le lac de Guéry, les roches Sanadoire et Thuilière, et, plus près, les marais de la Croix-Morand. Le *puy de la Croix-Morand* (1,513 mèt.) s'élève à g. Plus bas, la route passe entre le *puy de Piauva* (1,452 mèt.) et celui de Diane, au pied duquel est le ham. de ce nom (1,335 mèt.). 2 kil. plus loin, à la maison isolée de Lagarde, la nouvelle route de Saint-Nectaire au Mont-Dore vient se souder à l'ancien chemin. Mais il faut suivre ce dernier, la route nouvelle étant coupée à 5 kil. plus loin par l'enlèvement du pont, qui n'a pas été rétabli. On traverse un plateau mamelonné; puis, laissant à dr. Chambon, on passe près de Varennes et du lac Chambon. — 16 kil. 300 mèt. On rejoint la nouvelle route, qui tourne brusquement vers le S., et laisse à dr. la *Dent du Marais* ou *Saut-de-la-Pucelle* (1,068 mèt.), roche volcanique inaccessible. La route, descendant toujours rapidement, traverse enfin la Couze, et on entre à Murols.

Murols * (685 hab.) est bâti en amphithéâtre sur les étages formés par la lave du *Tartaret* (962 mèt.), volcan éteint qui le domine à l'O. Le **Château**, du XVe s. (s'adresser au gardien pour le visiter; rétribution), bâti sur une butte basaltique, appartenait à la famille de Murols, qui est connue dès 1223, et dont un membre fut cardinal. De 1504 à 1770, la terre et le château restèrent à la famille d'Estaing; en 1770, un évêque de Clermont en fit l'acquisition; M. Guillaume de Chabrol en est aujourd'hui le propriétaire. — « Cette ruine magnifique, dit George Sand, est une des plus hautaines forteresses de la féodalité. Vu du dehors, le château présente une masse prismatique qui se soude au rocher par une base homogène, c'est-à-dire hérissée de blocs bruts que des mains de géants semblent avoir jetés au hasard de la maçonnerie. Tout le reste est bâti en laves taillées, et ce qui reste des voûtes est en scories légères et solides. Ces belles ruines de l'Auvergne et du Velay sont des plus imposantes qu'il y ait au monde. A l'intérieur, le château de Murols est d'une étendue et d'une complication fantastiques. Ce ne sont que passages hardis, tourelles et poternes écholonnées en zigzag; portes richement fleuronnées d'armoiries et à moitié ensevelies dans les décombres; logis élégants de la Renaissance cachés, avec leurs petites cours mystérieuses, dans les vastes flancs de l'édifice féodal, et tous cela brisé, disloqué, mais luxuriant de plantes sauvages aux aromes pénétrants, et dominant un pays qui trouve encore moyen d'être adorable de végétation, tout en restant bizarre de forme et âpre de caractère. »

De Murols au lac Chambon, on compte 1 kil. et demi, en contournant l'ancien volcan du Tartaret. Le lac **Chambon** est le plus célèbre de l'Auvergne; il a été formé par la Couze, dont la lave du Tartaret, qui le domine à l'E., avait arrêté l'écoulement.

Le village de *Chambon* (1,021 hab.), à l'O. du lac, en est séparé par des prairies marécageuses que les eaux recouvrent en partie pendant l'hiver. Il possède une église romane insignifiante et une petite *chapelle* du XIe s., de forme circulaire (mon. hist.).

Plusieurs archéologues ont cru voir, dans la description que Sidoine Apollinaire fait de la villa qu'il possédait dans cette région, que le lac auprès duquel elle se trouvait n'était autre que le lac Chambon; d'autres placent cette villa près du lac d'Aydat (V. p. 99).

On va de Murols à (5 kil.) Saint-Nectaire par la nouvelle route qui, se dirigeant vers le N.-O., passe au dessous du ham. de Boissières et, tournant

Château de Murols.

à dr., longe la gorge boisée de Beaudoux, dans laquelle coule le ruisseau de Fredet ou Courençon, dominé au N. par le puy de Château-Neuf, et aboutit à Saint-Nectaire-le-Haut (V. p. 181). On peut s'y rendre aussi par l'ancienne route, qui, passant au ham. de *Sachapt* (2 kil.), laisse à dr. la belle *cascade des Granges*, le ham. de ce nom, et, traversant un plateau, aboutit à Saint-Nectaire-le-Bas (4 kil.).

Si de Murols on désire se rendre à (12 kil.) Besse (*V.* p. 159), il faut prendre la route nouvellement rectifiée qui passe à travers une double rangée de boursouflures volcaniques, monte au ham. de *Jassat*, traverse celui de *Bessoles*, et, quelques min. plus loin, *Saint-Victor-la-Rivière* (604 hab.). Là laissant à g. le ham. de *Chomeilles*, elle traverse le ruisseau de Malvoissière, vient se souder à la route départementale de Clermont à Besse, non loin du ham. et du *puy de Montredon* (1,082 mèt.); et, descendant toujours vers le S., atteint 2 kil. plus loin Besse.

Si de Murols on désire se rendre aux grottes de Jonas (*V.* p. 164), il faut, du point où le chemin de Murols s'amorce à celui de Besse, se diriger à g. vers le Cheix (6 kil.), village auprès duquel ont été creusées ces grottes curieuses.

Les piétons abrégeront considérablement ce trajet en quittant à Bessoles la route de Murols à Besse. Ils traverseront, à g., le plateau dominé au N. par le *puy de Bessoles* (1,045 mèt.) et la *Roche Romaine*; atteindront bientôt le ham. de *Roussat*, sur les flancs d'une roche volcanique, et, de ce point, descendront rapidement au Cheix.

Le retour du lac Chambon au Mont-Dore peut s'effectuer, sinon fort aisément, du moins en traversant une région d'un pittoresque grandiose et sauvage. Du Chambon part un chemin bordé d'aunes et de peupliers qui conduit en 20 min. au ham. de *Voissières*, près duquel, dans un ravin, se trouvent des mines de plomb argentifère. En remontant la rive dr. de la rivière, on arrive en 15 min. en face

Lac Chambon.

d'une belle *cascade* qui se précipite, des hauteurs de la rive opposée, au milieu de la verdure qui en dérobe presque entièrement la vue. Sur ces hauteurs se trouve les hameaux de *Monceau-Petit* et *Monceau-Grand*, que l'on peut atteindre en un quart d'heure en traversant la Couze sur le pont jeté un peu plus haut sur le torrent.

Laissant derrière soi *Montmie*, on passe aux *Rivaux*, et, franchissant la Couze, dont on remonte la rive g., on arrive bientôt à l'entrée de la **vallée de Chaudefour**, immense cirque dominé par les rochers inaccessibles du puy Ferrand. De ce point on embrasse du regard l'admirable vallée du Chambon, et, à l'horizon, dans la brume, le cordon des montagnes de Thiers.

Dans la vallée, à dr., se dressent un énorme roc monolithe, incliné vers le N., et d'immenses rochers aux formes fantastiques. Dans le fond, à g., du haut de deux rochers qui forment en se rejoignant une sorte de grotte, tombe une cascade appelée *le Saut-de-la-Biche*.

Pour retourner au Mont-Dore, il faut revenir sur ses pas jusqu'à Moneau. Là on découvrira aisément le chemin qui, traversant au-dessus de Moneau le ruisseau du moulin, côtoie le flanc S.-O. du *Suquet de Claude*, traverse le ruisseau de la Couze de Surains, passe au *col Saint-Robert*, presque au sommet du Suquet de Claude, et, venant contourner le flanc S. du puy de Mareilhe, aboutit au plateau de l'Angle, puis auprès de la grande cascade, pour descendre, de là, directement sur le Mont-Dore.

VASSIVIÈRES — LACS PAVIN, DE BOURDOUZE DE MONTCINEYRE, CHAUVET — CASCADE D'ANGLARD

Du Mont-Dore à Vassivières, 12 kil. — De Vassivières au lac Pavin, 3 kil. — Du lac Pavin à Besse, 4 kil. —

Du Mont-Dore au Sancy et à Vassivières, V. p.144.
Vassivières*, ham. composé de trois auberges et d'une église, célèbre but de pèlerinage. L'*église*, du XVIᵉ s., est bâtie sur un plateau (1,300 mèt.) d'où l'on jouit d'une très belle vue sur les montagnes du Cantal. Elle possède une petite statue noire de la *Vierge* qui, d'après la tradition, ayant été transportée à Besse, en 1686, par les 60 prêtres de l'église collégiale de Saint-André, retourna d'elle-même pendant la nuit à l'église de Vassivières. Ce prodige s'étant renouvelé plusieurs fois, il fut décidé que la statue passerait l'hiver à Besse et les trois mois de la belle saison à Vassivières. La double translation de la statue donne lieu annuellement à deux fêtes religieuses, auxquelles assistent de nombreux pélerins. La première de ces fêtes a lieu le 2 juillet. Les pélerins ont fait aux gigots de Vassivières une réputation méritée.

Il faut une demi-heure pour se rendre de la chapelle au lac Pavin, en suivant à l'E. un chemin que bordent 14 croix en fer indiquant les stations d'un calvaire et qui débouche sur la route de Besse à Église-Neuve. Cette route longe la rive dr. de la Couze de Vassivières, et, 2 kil. plus loin, atteint le ruisseau qui sert d'écoulement au lac Pavin.

Le **lac Pavin** (1,197 mèt. d'altitude), dont on a fait dériver le nom du mot latin *pavens*, épouvantable, est une nappe d'eau formant une circonférence assez régulière, et dont le diamètre varie entre 750 et 850 mèt. Les eaux du lac, de couleur verte, sont encore assombries par une profondeur maxima de 96 mèt., qui n'est guère moindre sur les bords, le fond du lac ayant la forme d'une soucoupe à fond plat. Au N. et au N.-E., s'élève une muraille semi-circulaire de rochers à pic couronnés de verdure. Sur tous les autres points, et surtout au S., ces parois se couvrent d'une forêt épaisse, au-dessus de laquelle se dresse un volcan éteint, le *puy de Montchal* (1,411 mèt.). Le lac Pavin, dont un élégant canot amarré près de la maison du garde-pêche sillonne aujourd'hui la surface unie, a été l'objet de terribles légendes. Empoissonné depuis quelques années, il produit aujourd'hui des truites excellentes.

Il était impossible autrefois de faire à pied le tour du lac; mais depuis peu un sentier tracé sur le bord permet d'aller jusqu'à la base du puy de Montchal. Là le sentier se perd dans le bois; mais on en trouve un autre à dr. qui, côtoyant le volcan sous des voûtes de verdure, s'élève insensiblement jusqu'au sommet de la montagne.

De ce point élevé la vue embrasse une vaste étendue de pays : à quelques mèt. au-dessous de soi on voit le cratère assez régulier du Montchal; plus bas, parmi les mamelons disséminés au milieu des pâturages, est le *Creux de Soucy*, abîme de 20 mèt. de profondeur, fermé par une forte grille pour éviter les accidents, et qui communique, dit-on, avec le lac Pavin. A 1 kil. environ à l'E. du Montchal et du Creux de Soucy est le tout petit *lac Estivadoux*; à 4 kil. au S.-E., celui de *Bourdouze* (1,170 mèt. d'alt.), long et large de 800 mèt. environ, qui donne naissance au torrent de la Gazelle, affluent de la Couze de Compains.

Le **lac de Montcineyre** est tout à fait au S., à 2 kil.

à l'O. du précédent; son altit. est de 1,174 mèt.; il a une grande profondeur. Sa forme est celle d'un croissant qui entoure en grande partie la base d'une montagne couverte de bois. Comme le lac Pavin, il occupe un ancien cratère et, quoique alimenté par une foule de petites sources, il n'a pas d'écoulement apparent; mais on présume que ce sont ses eaux qui, filtrant à travers les laves du fond, vont donner naissance, à 2 kil. de là, aux fortes sour-

Lac Pavin.

ces de Chamiane, origine de la Couze de Compains.

Du lac, un sentier rude et humide monte, à travers bois, jusqu'à la pelouse qui couronne le *puy de Montcineyre* (1,333 mèt.). Sur le flanc S. de ce sommet se trouvent les deux cratères du volcan « jadis le plus puissant de l'Auvergne », bordés tous deux d'une verdoyante ceinture. L'un de ces cratères a vomi l'immense coulée de laves qui jusqu'à *Valbesaix* longe la Couze de *Compains* (959 hab.), à 4 kil. environ au S.-E. du volcan.

Le lac Chauvet, le plus vaste de tous les lacs de cette région, est à 5 kil. O. à vol d'oiseau du lac de Montcineyre et à près de 12 kil. de Besse. Pour le visiter, il faut suivre la route d'Église-Neuve jusqu'au pont de la Clamouse, d'où se détache à dr. la route de Picherande et de Bort. Arrivé à ce pont, il faut traverser la Clamouse, et, peu après avoir dépassé une ferme importante, prendre à g. un chemin qui conduit directement au lac (2 kil.) en quelques min. Ce lac (1,166 mèt. d'alt.) est un peu plus grand que le lac Pavin, de forme arrondie comme lui et d'une profondeur encore inconnue. Il est dominé par le *puy* basaltique et boisé *de Maubert*. Tout autour s'étendent des collines à pente douce, gazonnées ou couvertes de beaux arbres. Le trop-plein du lac, dont l'écoulement est près de la maison du garde-pêche, donne naissance à un affluent de la Trentaine.

Tous ces lacs, que nous avons aperçus du sommet du Montchal, ne peuvent être visités dans la journée; arrivé à Besse, on en repartira le lendemain. La voiture d'Église-Neuve laissera les touristes au pont de la Clamouse (9 kil.), à 2 kil. du lac Chauvet; de là au lac de Montcineyre il y a environ 6 kil.; du lac de Montcineyre à celui de Bourdouze, 2 kil., et 2 kil. aussi de Bourdouze au ham. d'*Anglard*, d'où l'on ira visiter la belle cascade de ce nom, située à 1 kil. 1/2 au N. du ham. Un sentier qui aboutit au moulin d'Anglard y conduit. Cette *cascade* se compose de deux chutes : l'une, naturelle, tombe de 12 mèt. de hauteur; l'autre, formée par le canal du moulin, se précipite de plus de 30 mèt. On gravit ensuite une pente par un sentier extrêmement rapide, boisé et humide, qui conduit au ham. de *Trabantoux*, d'où l'on atteint en quelques min. Besse, après avoir laissé à g. le ham. d'*Olpillière*.

BESSE — GROTTES DE JONAS

De Besse aux grottes de Jonas par Lompras, 9 kil. — Du Mont-Dore à Besse par Murols, 28 kil. *V.* p. 155 et 152. — Du Mont-Dore à Besse par le pic de Sancy et Vassivières, 19 kil., *V.* p. 144 et 159.

Besse-en-Chandesse* (1,839 hab.), ch.-l. de cant., est bâti en amphithéâtre, à 1,036 mèt. d'altit., sur le penchant d'une colline basaltique dont la base est baignée par la Couze de Besse. La vallée que cette ville occupe, et que dominent à l'O. le puy de Chambourguet, à l'E. la montagne de Saint-Pierre, serait charmante si les montagnes n'étaient pas trop nues et s'il n'y régnait pas un trop long hiver. Quant à la ville elle-même, elle est assombrie par l'étroitesse des rues et la couleur noire de ses maisons du moyen âge, construites en basalte. Bon nombre de *maisons* ont conservé leurs façades du xive et du xve s. Presque toutes les *portes* de la ville sont encore debout. Les édifices qui méritent d'être visités sont : la *tour de l'Horloge*, dans laquelle est pratiquée une porte par laquelle on débouche sur la route du lac Pavin; la maison de la reine Marguerite et l'église.

Besse a été visité par Marguerite de Valois, la première femme d'Henri IV. On sait que la reine Margot avait reçu en apanage le duché d'Auvergne, dont elle fit hommage au prince qui fut plus tard Louis XIII. La maison qu'elle a habitée à Besse existe encore. Ce que cette *maison* présente de plus curieux est un large escalier tournant, en lave grise, à inclinaison fort douce, et dont la voûte est ornée de moulures entre-croisées, de médaillons sculptés par un véritable artiste. — Du côté opposé de la ville se trouve l'*église,* attenant à une halle moderne et non loin de l'hôtel de ville. Elle se compose d'une nef et de bas-côtés très-étroits, avec 8 chapelles latérales. Les colonnes (style roman), qui soutiennent la voûte sont couvertes de sculptures d'une rare naïveté ; entre le chœur et la nef se dessine une coupole sur laquelle s'élève un clocher octogonal.

Avant de s'éloigner de Besse, le plus commerçant et le plus riche des bourgs de la montagne, il faut, si le temps est calme, descendre vers la Couze, par l'ancien chemin de Murols, et, arrivé à 30 mèt. environ après le sixième lacet décrit par la route, faire résonner un instrument de musique dans la direction de l'église : on réveillera le remarquable *écho Lenègre,* qui répète une phrase musicale de vingt notes avec la netteté la plus parfaite.

De Besse aux célèbres grottes de Jonas il y a 9 kil. La nouvelle route qui y conduit, tracée à mi-côte des hauteurs sur lesquelles passe l'ancienne route de Besse à Clermont, suit constamment la belle vallée de la Couze. Elle laisse à dr. le ham. d'*Ourcières,* au confluent des deux Couzes venues l'une du lac Estivadoux et l'autre du lac Pavin. Se rapprochant alors du fond de la vallée, elle traverse *Lompras,* ham. de *Saint-Pierre Colamine* (540 hab.). L'église et le cimetière de la com. de Saint-Pierre sont à Lompras. Contournant ensuite le rocher de Saint-Pierre (1,000 mèt.), la route atteint *le Cheix**, d'où 25 minutes suffisent pour arriver au rocher dans lequel ces grottes sont creusées.

Les grottes de Jonas sont, d'après l'abbé E. J. C., l'œuvre des Templiers, qui transformèrent le rocher de Colamine en forteresse. M. Léon Chabory a publié une description de 34 de ces salles, dont que-

ques-unes sont très-importantes. Il en existe en tout 68. Le conglomérat volcanique, dit-il, dans lequel ces grottes ont été taillées s'étend du N.

Tour du Beffroi, à Besse.

au S., sur une longueur de 258 mèt., et a 20 mèt. de hauteur environ. Il affecte une forme irrégulière, offrant vers le milieu une saillie, et présente 58 ouvertures de dimensions diverses. En examinant les excavations à partir du N.-O., on compte d'abord cinq grottes accessibles, dont la hauteur varie entre 1 mèt. 70 c. et 2 mèt. 20 c., et dont la plus grande n'a que 25 mèt. carrés. Au-dessus de ces grottes on en aperçoit un grand nombre d'autres que l'on ne peut atteindre. De nouvelles salles, assez semblables aux premières, s'ouvrent à 55 mèt. plus à l'O. Quelques-unes renferment des crèches et des anneaux ciselés dans le tuf. Après avoir contourné la partie proéminente du rocher, on trouve une pièce à laquelle on accède par plusieurs gradins, et qui affecte la forme d'une chapelle avec nef et bas-côtés. On y remarque deux colonnes encastrées dans les parois, un autel, et, entre les colonnes, six restes d'arcades en forme de pendentif et des restes de fresques. Un éboulement a entraîné le mur N. de la chapelle et détruit un grand nombre de grottes. Les six pièces à g. de la chapelle n'offrent rien de bien remarquable. La partie la plus importante de ces étranges excavations est celle à laquelle M. L. Chabory donne le nom de *Palais* : une porte de 88 cent. de large sur 1 mèt. 84 c. de haut s'ouvre sur un escalier circulaire. Au premier étage on atteint une galerie semi-circulaire, de près de 7 mèt. de développement, où l'on remarque un évier et des rainures creusées dans le tuf. Au N. de l'escalier est une autre galerie plus petite, à l'extrémité de laquelle s'ouvre une large baie de 2 mèt. en tous sens, qui la mettait en communication avec d'autres pièces par un palier aujourd'hui détruit. Revenant sur ses pas, on trouve un autre escalier qui conduit aux étages supérieurs; cet escalier a 2 mèt. 25 c. de largeur et chaque révolution est de 1 mèt. 70 c. Au second étage, qui est à près de 7 mèt. au-dessus du sol du précédent, on pénètre dans une vaste pièce de 5 mèt. 43 c. sur 3 mèt. 55 c., haute de 2 mèt. 20. c. A l'E. de cette pièce est une galerie à laquelle on arrive par 8 marches. Au-dessus du deuxième étage, on peut, en s'aidant d'une échelle, atteindre à une pièce éclairée par deux croisées, où l'on remarque une trentaine de trous formant poches, dont l'usage est difficile à expliquer. Enfin, une autre pièce existe au N.-O. de l'escalier, où une ouverture, en forme de trappe, permet de descendre dans une autre grotte. — Après le Palais, à l'extrémité E., il n'existe plus qu'une excavation, à laquelle on accède par 15 marches et qui affecte la forme d'une tour de 11 mèt. de circonférence sur 4 mèt. d'élévation. — A 4 kil. des grottes de Jonas existe un *dolmen* remarquable.

En quittant les grottes, si l'on continue à appuyer sur la g., on s'élève insensiblement; bientôt on atteint un sentier qui conduit au-dessus du rocher, où l'on rencontre un chemin qui va directement à Lompras. Les piétons, en le prenant, abrégeront sensiblement le trajet qu'ils ont à faire pour retourner à Besse. — Au Cheix, passe la voiture qui fait le service de Besse à la station de Coudes, en passant par Champeix. Enfin le retour au Mont-Dore peut s'effectuer par Murols en suivant la voie que nous avons indiquée plus haut (*V.* p. 156).

VI

LA BOURBOULE

La station thermale de la **Bourboule*** (1,100 hab.), placée à l'extrémité O. de la vallée à laquelle elle donne son nom, au pied de hauts rochers granitiques qui l'abritent contre les vents d'ouest et du nord, est à 850 mèt. d'altitude, soit 200 mèt. de moins que celle du Mont-Dore et, grâce à cette différence d'altitude et cette situation particulière, elle jouit d'une température plus égale et plus douce.

S'il n'est rien moins que démontré que les Romains aient connu ces sources, il résulte de documents divers qu'elles étaient connues et appréciées depuis une époque très reculée. Les seigneurs de la Tour d'Auvergne prélevaient des droits sur l'hospice qui y était établi dès le commencement du xve s.

Cette station balnéaire devient chaque jour de plus en plus importante. De vastes et confortables hôtels et de charmantes villas s'y sont élevés de toute part. Elle est visitée chaque année par plusieurs milliers de baigneurs (8,600 en 1890). L'efficacité de ses eaux, la pureté de l'air qu'on y respire, la beauté des sites qui l'environnent, tout concourt à assurer à cette station balnéaire un avenir de plus en plus prospère.

Les sources étaient autrefois au nombre de six : le *Grand-Bain*; le *Bagnassou* ou *Petit-Bain*; la *Fontaine des Fièvres*; la *source du Coin*; celles de la *Rotonde* et du *Communal*. Presque toutes ces sources ont été taries par suite du forage de puits artésiens de 75 mèt. à 85 mèt. de profondeur, au fond desquels on recueille aujourd'hui l'eau minérale à une température plus élevée et en plus grande abon-

La Bourboule.

dance. Les **sources thermales** actuellement utilisées sont au nombre de sept :

1° La *source Choussy* jaillit d'un puits artésien. Sa température est, au griffon même, de 60° centigrades.

2° La *source Perrière* jaillit d'un puits foré en 1876, de 75 mètres de profondeur. Sa température est de 60° au griffon. Le débit de ces deux sources est de 400 litres par min. Elles suffisent à alimenter les trois établissements.

3° La *source de Sedaiges*, en face de l'hôtel de *l'Univers*, émerge d'un forage pratiqué jusqu'à 84 mèt. de profondeur. Sa température, au griffon, est de 59°; son débit de 270 litres par min.

4° La source du *Puits Central* (débit peu important) a une température de 40°.

5° La *source de la Plage* (température, 27°).

6° et 7° Les sources *Fenestre* n° 1 et *Fenestre* n° 2, qui servent d'eau de table, sont situées à l'entrée du parc de Fenestre. La première sort d'un puits de 34 mèt. de profondeur. La source n° 2 sort d'un puits de 68 mèt. Leur température est de 19° et leur débit de 140 litres par min. Ces sources servent à ramener à une température favorable aux bains l'eau des sources Perrière et Choussy.

Les **sources Perrière et Choussy** alimentent des pompes mises en mouvement par de puissantes machines à vapeur. Les galeries souterraines, creusées pour recevoir les câbles de transmission de la force, ont un développement total de 110 mèt. Tout étranger qui en fait la demande est admis à les visiter.

Le débit total des sources en 24 heures est environ de 943,000 litres. Les eaux de la Bourboule sont thermales ou froides, chlorurées sodiques, *arseni-*

cales bicarbonatées, gazeuses. Elles sont limpides, incolores, d'un goût salé, styptique (source Fenestre n° 2). Exposées à l'air, elles dégagent une légère odeur alliacée, et se recouvrent d'une pellicule irisée. L'eau est onctueuse au toucher ; le dépôt qu'elle laisse est gris foncé et savonneux.

Ces eaux ont été analysées par MM. Duclos, en 1670 ; Chomel, en 1738 ; Lemonnier, en 1740 ; Bertrand, en 1823, et plus récemment par MM. Nivet, Lecoq, le baron Thenard, E. Gonod. D. Lefort ; par l'École des mines de Paris (31 juillet 1876) ; et par MM. Lefort et Bouis en 1878.

Action physiologique et thérapeutique. — Ces eaux, éminemment excitantes du système nerveux et de la circulation, altérantes et reconstituantes, diurétiques, agissent énergiquement sur la peau et sur le système lymphatique, et ne causent ni constipation ni diarrhée. Quelques personnes en supportent mal l'usage interne.

La nature et les proportions de leurs principes minéralisateurs, ainsi que la haute thermalité de ces eaux leur donnent une importance exceptionnelle.

La caractéristique de ces eaux est la quantité d'arsenic qu'elles contiennent : 7 millig. d'arsenic métallique par litre, représentant 28 millig. d'arséniate de soude du Codex. — Les analyses antérieures aux travaux de captage et postérieures à ces travaux, ont donné exactement le même chiffre. Cette quantité d'arsenic n'existe dans aucune autre eau minérale connue.

Les principales indications thérapeutiques de la Bourboule sont la scrofule dans toutes ses manifestations, les maladies de la peau et surtout le psoriasis et l'eczéma (Dr Vérité), les affections herpétiques des voies respiratoires et la phthisie.

Elles réussissent très bien aussi, surtout chez les sujets lymphatiques, contre les névralgies, le rhumatisme et la paralysie qui en est la suite. Elles conviennent parfaitement dans la cachexie paludéenne ; mais elles sont contre-indiquées dans les engorgements du foie tenant à une autre cause. Il faut interdire cette station minérale aux malades disposés aux hémoptysies avec fièvre (Dr Vérité).

Le diabète, l'albuminurie, les maladies de l'utérus et beaucoup d'autres sont encore réclamées, comme relevant de leurs eaux, par les médecins de la Bourboule.

La pléthore, la tendance aux congestions et aux hémorrhagies, les maladies organiques du cœur et des gros vaisseaux sont souvent des contre-indications aux eaux de cette station.

Les établissements exploités par la Compagnie des eaux de la Bourboule sont au nombre de trois : l'Établissement des Thermes, Choussy et Mabru.

L'**Établissement des Thermes** (bains de 1re cl.) a été construit entre la route et la rivière, en face du parc et des sources Fenestre. Ce somptueux bâtiment est l'œuvre de M. Ledru, architecte. Lorsqu'il sera terminé, il aura la forme d'un vaste rectangle. Quatre pavillons forment les angles ; deux autres pavillons s'élèvent au-dessus de la partie médiane des grands côtés du rectangle. Les pavillons centraux, formant vestibule d'entrée, sont réunis par une large galerie, sur les côtés de laquelle se trouvent le bureau de distribution des billets, les cabinets de consultation, les salles d'hydrothérapie chaude et froide, de douches horizontales, en pluie, en cercle, etc., où l'eau arrive à une pression de 10 à 14 mèt., les salles de vapeur, de massage, le cabinet de pesage et le salon de conversation des dames.

Le milieu de cette grande galerie, dont les murailles sont revêtues de peintures à fresque élégantes ou de marbres comme toutes celles de ce vaste édifice, est occupé par une buvette monumentale. Aux extrémités de cette galerie aboutissent les galeries de bains affectées l'une aux dames, l'autre aux hommes. Les cabinets de bains, au nombre de 120, renferment une baignoire en fonte émaillée et un appareil de douches locales.

On a placé, à l'extrémité des galeries de bains, les

salles de pulvérisation pourvues chacune de 30 appareils divers; les salles de douches ascendantes, de bains de pieds, les vestiaires et les chauffoirs.

L'*établissement Choussy*, plus ancien, renferme une buvette au rez-de-chaussée lequel est affecté en grande partie aux hommes, tandis que le premier étage est réservé aux dames. Cet établissement renferme 44 cabinets de bains et 53 baignoires, une jolie piscine, des salles de pulvérisation, d'inhalation et de vapeur, des vestiaires et un chauffoir. Les bureaux sont situés au 1er étage.

L'*établissement Mabru*, construit en 1869, renferme 29 cabinets de bains, une salle d'inhalation, une buvette et une salle de bains de pieds. La galerie de derrière est réservée pour les indigents.

Un *pont* en fer, jeté sur la Dordogne, relie le Grand Établissement à la rive g. de la rivière.

Au milieu du pittoresque parc de Fenestre s'élève le *Casino* de la Compagnie (café, et théâtre Guignol).

Le *Casino Chardon*, entouré d'un jardin, s'élève aussi sur la rive g. de la Dordogne (café, cercle, théâtre, concerts quotidiens).

Aux environs de la Bourboule on trouve des sites ravissants. Mais, sans aller au loin, on peut à pied faire de charmantes promenades dans les environs immédiats, soit en suivant le pont et la rue Château et en prenant le premier chemin à dr. puis en entrant dans les bois et en suivant un chemin ombragé, qui ramène en 30 min. à la Bourboule par le casino Chardon; soit en prenant au contraire le chemin qui longe la villa Cardi, et le sentier qui lui fait suite, lequel, après 15 min. de marche dans le bois, vous conduit à un pont sur la Dordogne qui permet de retourner à la Bourboule par la route de Saint-Sauves.

Pour faire de la Bourboule les excursions des environs du Mont-Dore (7 kil. de la Bourboule, omnibus, 4 dép. par j. dans les deux sens, 1 fr. 25 c.) décrites plus haut, il suffira de franchir la faible distance qui sépare ces deux communes. — Nous décrivons ci-dessous les deux excursions les plus rapprochées de la Bourboule.

LA ROCHE-VENDEIX — LATOUR — SAINT-SAUVES MURAT-LE-QUAIRE

De la Bourboule à la Roche-Vendeix, 3 kil. 1/2. — De la Roche-Vendeix à Latour, 9 kil. — De Latour à Saint-Sauves, 11 kil. — De Saint-Sauves à la Bourboule, 5 kil. 700 mèt. — De Saint-Sauves à la Bourboule par Murat, 8 kil 1/2.

Traversant la Dordogne sur le pont qui est à l'entrée du village, on se rend au ham. de *Fenestre*, dans le vallon de ce nom. Le chemin qui conduit à la Roche-Vendeix longe la rive dr. du ruisseau du Pont-de-Vendeix, traverse le ravin de l'Eau-Salée et atteint le *Siége*, ham. qu'on laisse à g. Peu après, on traverse un autre ruisseau, qui contourne au N. le pied de la Roche-Vendeix, tandis que le ruisseau du Pont-de-Vendeix le contourne au S.

La Roche-Vendeix, *Vendais* ou *du Siége* (1,131 mèt. d'altit.), portait autrefois à son sommet une forteresse, qui dépendait de la seigneurie de Latour d'Auvergne, et dont il ne reste aucune trace. Une rampe, qui serpente autour du cône, conduit à son sommet d'où la vue plonge sur des forêts et des prairies bornées par de hautes montagnes. Pour sortir de la vallée de Fenestre et atteindre la route du Mont-Dore à Latour, qui passe au S.-O. de la Roche, il faut suivre le ruisseau de dr., celui de salles de pulvérisation pourvues chacune de 30 appareils divers; les salles de douches ascendantes, de bains de pieds, les vestiaires et les chauffoirs.

L'établissement Choussy, plus ancien, renferme une buvette au rez-de-chaussée lequel est affecté en grande partie aux hommes, tandis que le premier étage est réservé aux dames. Cet établissement renferme 44 cabinets de bains et 53 baignoires, une jolie piscine, des salles de pulvérisation, d'inhalation et de vapeur, des vestiaires et un chauffoir. Les bureaux sont situés au 1er étage.

L'établissement Mabru, construit en 1869, renferme 29 cabinets de bains, une salle d'inhalation, une buvette et une salle de bains de pieds. La galerie de derrière est réservée pour les indigents.

Un *pont* en fer, jeté sur la Dordogne, relie le Grand Établissement à la rive g. de la rivière.

Au milieu du pittoresque parc de Fenestre s'élève le *Casino* de la Compagnie (café, et théâtre Guignol).

Le *Casino Chardon*, entouré d'un jardin, s'élève aussi sur la rive g. de la Dordogne (café, cercle, théâtre, concerts quotidiens).

Aux environs de la Bourboule on trouve des sites ravissants. Mais, sans aller au loin, on peut à pied faire de charmantes promenades dans les environs immédiats, soit en suivant le pont et la rue Château et en prenant le premier chemin à dr. puis en entrant dans les bois et en suivant un chemin ombragé, qui ramène en 30 min. à la Bourboule par le casino Chardon; soit en prenant au contraire le chemin qui longe la **villa Cardi**, et le sentier qui lui fait suite, lequel, après 15 min. de marche dans le bois, vous conduit à un pont sur la Dordogne qui permet de retourner **à la Bourboule** par la route de Saint-Sauves.

Pour faire de la Bourboule les excursions des environs du Mont-Dore (7 kil. de la Bourboule, omnibus, 4 dép. par j. dans les deux sens, 1 fr. 25 c.) décrites plus haut, il suffira de franchir la faible distance qui sépare ces deux communes. — Nous décrivons ci-dessous les deux excursions les plus rapprochées de la Bourboule.

LA ROCHE-VENDEIX — LATOUR — SAINT-SAUVES MURAT-LE-QUAIRE

De la Bourboule à la Roche-Vendeix, 3 kil. 1/2. — De la Roche-Vendeix à Latour, 9 kil. — De Latour à Saint-Sauves, 11 kil. — De Saint-Sauves à la Bourboule, 5 kil. 700 mèt. — De Saint-Sauves à la Bourboule par Murat, 8 kil 1/2.

Traversant la Dordogne sur le pont qui est à l'entrée du village, on se rend au ham. de *Fenestre*, dans le vallon de ce nom. Le chemin qui conduit à la Roche-Vendeix longe la rive dr. du ruisseau du Pont-de-Vendeix, traverse le ravin de l'Eau-Salée et atteint le *Siège*, ham. qu'on laisse à g. Peu après, on traverse un autre ruisseau, qui contourne au N. le pied de la Roche-Vendeix, tandis que le ruisseau du Pont-de-Vendeix le contourne au S.

La *Roche-Vendeix*, *Vendais* ou *du Siège* (1,131 mèt. d'altit.), portait autrefois à son sommet une forteresse, qui dépendait de la seigneurie de Latour d'Auvergne, et dont il ne reste aucune trace. Une rampe, qui serpente autour du cône, conduit à son sommet d'où la vue plonge sur des forêts et des prairies bornées par de hautes montagnes. Pour sortir de la vallée de Fenestre et atteindre la route du Mont-Dore à Latour, qui passe au S.-O. de la Roche, il faut suivre le ruisseau de dr., celui de

g. conduisant au village de *Vendeix-Ouest*. Au milieu du ravin, à dr., se montrent quelques maisons blanches : c'est *la Charbonnière* et les restes de son usine. Arrivé sur la route de Latour, si l'on prend à g., on peut revenir à la Bourboule par la Grande Scierie, les cascades du Plat-à-Barbe, de la Vernière et la vallée de la Dordogne (*V.* p. 148); mais si l'on prend à dr., on atteint Latour en une heure. La route, après avoir franchi le pont de Bozat, entre dans les bois de la Reine tant de fois parcourus par la belle Margot, pendant les mois d'été, qu'elle partageait entre Latour et Besse. Elle oblique ensuite à dr., en laissant à g. les bois de Latour, dominés par le *puy de Champ-Bourguet* (1,374 mèt.), passe sur le ruisseau d'Ayssard, traverse la plaine des Ribeyrettes et atteint le plateau de Latour, puis le ham. de *Puybret*; au-delà de *Mégnaud*, à dr., elle entre dans Latour.

Latour, ou La Tour d'Auvergne (2,260 hab.), ch.-l. de cant., à 1,002 mèt. d'alt., sur une colline terminée par des prismes de rochers basaltiques et au pied de laquelle coule la Burande, qui y forme la *cascade du gouffre de Sainte-Élisabeth*, est une petite ville aux rues étroites et escarpées. Il ne reste de son antique château, berceau de la famille fameuse à laquelle appartient Turenne, que quelques murs informes. A côté s'élève l'église, édifice moderne, construit sur une plate-forme dominant la Burande.

Il existe deux voies pour aller de Latour à Saint-Sauves, celle qui passe par Tauves et celle qui va directement à Méjanesse. Nous décrirons cette dernière parce qu'elle est la plus courte bien qu'elle ne soit pas aussi pittoresque que la première.

La route de Saint-Sauves passe à *Saint-Pardoux* (église romane), traverse les ruisseaux des ham.

d'Ainard, de Pissol, et laisse à g. la route de Tauves dont on aperçoit les toits ardoisés. Quelques kil. plus loin, elle passe à dr. des *Chaumettes-Basses* et atteint enfin, à *Méjanesse*, la route nationale de Clermont à Aurillac. On descend ensuite rapidement au fond de la vallée de la Dordogne en côtoyant la rive g. du ruisseau qui naît sur la montagne de Chartannes, près de Vendeix. On rencontre bientôt le ham. de *Châteauneuf*, dont les rochers, qui renferment des mines de plomb argentifère, se dressent sur la dr., et l'on entre dans la vallée de Saint-Sauves.

Saint-Sauves (2,409 hab.), au sommet de la côte, sur la rive dr. de la Dordogne, n'offre de remarquable que l'antique *portique* de son église, que l'on a transporté sur la place.

De Saint-Sauves à la Bourboule on a le choix entre trois routes : la première passe par Murat-le-Quaire (*V.* p. 118); la seconde, qui longe la rivière, est plus pittoresque et beaucoup plus courte. Elle s'amorce à la grande route de Clermont à Tauves, à 5 minutes de Saint-Sauves, au point où se trouve le relais des voitures. Elle se rapproche bientôt de la Dordogne et pénètre dans une gorge étroite, admirablement boisée. La rivière coule à dr. dans un ravin profond. Pendant plus de 3 kilomètres, on suit les sinuosités de la Dordogne, sous un berceau de verdure formé par les beaux arbres qui s'étagent à g. sur les hauteurs et s'inclinent à dr. sur le précipice. Bientôt les arbres disparaissent, la gorge s'élargit et l'on entre dans la Bourboule. La troisième route, sur la rive g. de la Dordogne, passe à Châteauneuf, *Liornat* et *Fohet*, et aboutit au vallon de Fenestre.

LE PUY-GROS — LA BANNE D'ORDENCHE

De la Bourboule au sommet du puy Gros, 8 kil. — Du puy Gros à la Banne d'Ordenche, 2 kil. 200 mèt. — Retour à la Bourboule par le village de Lusclade, la grange des Planches, 5 kil. 250 mèt. Total, 16 kil. 250 m.

L'ascension du puy Gros, qui peut se faire aussi du Mont-Dore, puisque son sommet n'est guère qu'à 6 kil. de cette localité, peut également s'effectuer de la Bourboule; il ne faut pas plus de temps par cette voie que par l'autre, et l'excursion n'est pas plus pénible. On s'y rend du Mont-Dore par la route départementale n° 2, qui conduit à la Bourboule. Après avoir traversé le ruisseau qui vient du lac de Guéry, on prend à dr., au lieu dit *Pont-du-Marais*, le chemin qui conduit aux hameaux de *Légal* et de *Chez-Tamboine*.

Si l'on part de la Bourboule, on suit la route du Mont-Dore jusqu'au chemin de Légal, on atteint Chez-Tamboine, d'où un beau sentier mène au sommet du puy en contournant d'abord la montagne vers l'E.; mais, l'ascension de ce côté n'étant pas praticable, le sentier revient vers le N., et atteint le sommet, d'où l'on domine toute la vallée du Mont-Dore. On voit à g. les puys de Frigoux, de Mône et du Barbier, qui dominent le **puy Gros** (1,482 mèt.), et, plus près, à dr., la *Banne d'Ordenche* (1,517 mèt.), à laquelle on arrive en traversant des plateaux détrempés par les eaux et après avoir franchi quelques ravines. Cette dernière crête est la plus élevée de cette portion de la chaîne; elle s'incline vers le S. et, par une petite pente douce et continue, va jusqu'à Laqueuille. Elle est brusquement terminée au N. par une muraille de basalte. La forme étrange qu'affecte sa cime, assez semblable à une corne, lui a valu le nom de banne, traduction patoise de ce mot. — On revient à la Bourboule en suivant, à l'E., un sentier à peine tracé qui longe le flanc S. de la montagne. On traverse le village de *la Gacherie* et bientôt celui de *Lusclade* qui touche presque à la route départementale n° 2, par laquelle on rentre à la Bourboule.

VII

SAINT-NECTAIRE

1° De Clermont à Saint-Nectaire par Issoire, 61 kil.

Pour les services de voitures, *V.* Issoire à l'*Index alphabétique.*

47 kil. de Clermont à Champeix, par Issoire (chemin de fer et voiture). (*V.* p. 106-113.)

47 kil. **Champeix*** (1,677 hab.), ch.-l. de cant., dans une position très-pittoresque au fond d'un étroit vallon, arrosé par la Couze du lac Chambon, possède : une *église* romane, les ruines d'un *château* fort, détruit par ordre de Richelieu et remarquable par la solidité des murailles; et un *pont* ancien sur la Couze.

Une centaine de mèt. après être sorti de Champeix, on rencontre à dr. le chemin du ham. de *Saint-Julien,* puis plusieurs moulins sur la Couze, dont on longe la rive g., et au-dessus de laquelle s'élèvent des coteaux peu boisés, pour la plupart couverts de vignobles.

50 kil. Montaigut-le-Blanc (1,283 hab.), bâti en

amphithéâtre, au pied du *puy de la Rodde* (734 mèt.), surmonté d'un *château* ruiné au-dessous duquel s'élève une *église* romane. Montaigut possède une *source minérale*. A 3 kil., près de *Chazons*, se trouve un *dolmen*. La terre de Montaigut a donné son nom

Champeix.

à une famille célèbre au moyen âge; elle appartient, depuis 1755, à la famille de Laizer de Brion.

En sortant de Montaigut, on laisse à g. l'ancienne route de Besse; la vallée de la Couze, déjà fort étroite, se rétrécit davantage, et, 1 kil. plus loin, semble se terminer au pied d'une montagne couverte de pins ; mais, près d'un moulin, elle tourne brusquement à dr. et se transforme en une gorge étroite et pittoresque. Bientôt on rencontre un pont, à l'embouchure d'un tributaire de la Couze qui vient des *Arnats*, non loin du puy d'Ollaix, et roule au fond d'un vallon sauvage. La route tourne à g., dominée par la *tour de Mont-Rognon*, qui servait autrefois d'observatoire, et laisse à dr. un chemin qui conduit à (1 kil.) *Grandcyrolles* (142 hab.; source minérale); puis, inclinant à dr., elle contourne le rocher qui porte la tour, entre deux coteaux dont l'un, celui de g., est très-boisé, tandis que celui de dr. est hérissé de rochers volcaniques. Bientôt on atteint un deuxième pont, jeté sur la rivière pour la nouvelle route de Besse, et, le laissant à g., on continue de remonter le vallon dont on ne peut se lasser d'admirer les sauvages beautés. 1,500 mèt. au-delà, le vallon s'élargit, et du milieu de la verdure émerge l'église de Verrières, assise sur un rocher qui se dresse à pic sur le bord de la Couze.

55 kil. **Verrières** (117 hab.), sur la rive dr., qu'un pont d'origine romaine relie à l'autre rive. Près du pont se dresse la *Roche longue*, curiosité naturelle peu connue : c'est une scorie haute de 30 à 35 mèt., dressée au bord du torrent, et si mince, si poreuse, d'aspect si fragile, qu'elle semble prête à tomber en poussière. A côté de l'église de Verrières, on remarque une *tour* carrée, dernier reste de l'ancien château.

Après Verrières, la vallée s'élargit : devant soi se dresse le *puy d'Éraigne* (895 mèt.); au milieu, dans le lointain, la roche Romaine et à g. le *puy de Canche* (903 mèt.).

57 kil. *Saillans*, ham. ainsi nommé d'une cascade haute de 7 mèt., formée par la Couze.

La route s'éloigne bientôt de la vallée de la Couze, et, contournant le puy d'Éraigne, atteint

60 kil. Saint-Nectaire-le-Bas.

61 kil. Saint-Nectaire-le-Haut, ou Cornadore.

2° De Clermont à Saint-Nectaire par Coudes, 49 kil. 1/2.

Voitures publ. en corresp. avec tous les trains pour Saint-Nectaire : *V.* Coudes à l'*Index alphabétique* (cette route est la plus directe).

De Clermont à Coudes, 25 kil. (chemin de fer; *V.* p. 106).

En sortant de Coudes, on longe la rive g. de la Couze de Chambon, sur la rive dr. de laquelle on passe 3 kil. plus loin. On côtoie le pied de la colline qui porte le château de *Lavaur*, et *Chadeleuf*.

30 kil. *Neschers* (964 hab.; église romane; vestiges d'un camp romain).

33 kil. Champeix (*V.* ci-dessus).

49 kil. 1/2. Saint-Nectaire.

SAINT-NECTAIRE

Saint-Nectaire (1,252 hab.), dans une charmante vallée, se divise en deux parties : *Saint-Nectaire-le-Bas** et *Saint-Nectaire-le-Haut**. A Saint-Nectaire-le-Bas, se trouvent des sources thermales et un établissement important tout comme à Saint-Nectaire-le-Haut; mais le village même et l'église sont à Saint-Nectaire-le-Haut.

On visitera, à Saint-Nectaire-le-Haut, des roches tourmentées, déchirées, des grottes, les cuves romaines, le chapeau basaltique de Châteauneuf, l'église et les ruines de l'ancien château ; à Saint-

Nectaire-le-Bas, ses eaux thermales, ses charmantes habitations entourées d'ombre et de verdure, et un beau *dolmen*, de 3 mèt. 50 c. de long. sur 2 mèt. 70 c. de larg. et 2 mèt. 50 c. de haut., situé à dr., sur la côte, à 5 min. du premier pont que l'on rencontre en allant à Saint-Nectaire-le-Haut.

Saint-Nectaire ou Senecterre, célèbre par ses eaux minérales et ses fromages, s'appela d'abord *Cornadore*, du nom de la montagne voisine qui le domine au N.-O., jusqu'au jour où Nectarius, compagnon de saint Austremoine, y fut enterré. L'église, mon. hist. des plus remarquables, est bâtie en pierres volcaniques (xie et xiie s.), sur un rocher isolé qui domine, à l'E., l'établissement thermal du Mont-Cornadore. Sa longueur est de 40 mèt., sa largeur de 14 mèt., son élévation, du pavé à la grande coupole, d'environ 17 mèt. 75 c.; 98 colonnes ou colonnettes engagées soutiennent la voûte. Leurs chapiteaux offrent de curieuses sculptures, spécimens de l'art du moyen âge à sa naissance, surtout dans les colonnes du chœur, où elles représentent avec une singulière naïveté la Passion de Jésus-Christ. On remarque encore dans cette belle église romane : un triforium à fenêtres géminées; les 3 chapelles de l'abside, et le maître-autel gothique, réparé ou plutôt gâté en 1848. La sacristie renferme un buste de saint Baudile, en chêne recouvert de lames dorées garni de cabochons et de pierres précieuses; on y voit aussi deux tables d'émaux byzantins du xiie s. présentant deux panneaux, ayant pour sujets, l'un le Christ, l'autre la Vierge. Sous la direction de M. Bruyères, architecte, le clocher de l'église a été récemment reconstruit dans un style en harmonie avec le reste de l'édifice; il affecte la forme d'une tour octogonale; il a deux étages pourvus chacun d'ar-

Saint-Nectaire.

cades géminées. La flèche, en pierre de taille, est terminée par un fleuron de pierre richement sculpté et surmonté d'une croix. La façade ne sera terminée que lorsque les deux tours auront été reconstruites. — Au haut du village, est une belle *croix* en pierre du XVe s.

Du château, il ne reste guère que le souvenir de ses anciens maîtres, dont deux furent maréchaux de France, quatre chevaliers des ordres du roi, plusieurs ducs et pairs, et un, Louis, connétable d'Auvergne en 1231. N'oublions pas Madeleine, veuve de Guy de Saint-Exupéry, surnommée l'Amazone, « n'ayant, comme dit d'Aubigné de Jeanne d'Albret, de la femme que le sexe, l'âme entière aux choses viriles, l'esprit puissant aux grandes affaires, le cœur invincible aux adversités. » A l'époque de la Ligue, en 1574, Madeleine, à la tête de soixante gentilshommes, défia le seigneur de Loudun, qui assiégeait le château de Miremont; dans cette circonstance, elle blessa à mort, d'un coup de pistolet, Hugues de Montal, bailli d'Auvergne.

Les environs immédiats de Saint-Nectaire n'ont pas l'aspect grandiose des environs du Mont-Dore, mais les paysages gracieux et pittoresques n'y font pas défaut. Sans s'éloigner, on peut faire les promenades les plus agréables et les plus intéressantes.

Les *puys de Châteauneuf* et *de Chautiniat*, situés le premier au N., le second à l'O. du village, possèdent des *grottes* curieuses, qui rappellent les grottes de Jonas (*V.* p. 164). Il est à peu près certain que ces excavations ont toutes été creusées à la même époque, car on retrouve à Châteauneuf des poches, des renfoncements, des anneaux, des crèches, des rainures, etc., tout comme à Jonas. Pour visiter les grottes, il faut monter presque au sommet du puy de Châteauneuf. La forteresse qui s'élevait au sommet du puy, et dont les débris informes jonchent aujourd'hui le sol, servait de toiture à ces excavations qui ont résisté à toutes les causes de destruction. Ces grottes sont au nombre de neuf, elles ont à peu près les dimensions de celles de Jonas; deux d'entre elles, cependant, sont plus vastes, la première mesure 6 mèt. sur 4 mèt. de hauteur. De cette salle, on pénètre dans la deuxième, qui ne mesure pas moins de 12 mèt. sur 5.

Les *grottes de Boissière*, à l'O. du puy de Châteauneuf, dominent la route de Saint-Nectaire à Murols et sont à 15 min. à peine de cette route. Creusées dans des roches d'origine volcanique comme celles de Jonas, elles ont à peu près les mêmes dimensions; une d'entre elles a 9 mèt. sur 4 et 2 mèt. 50 c. de hauteur. La plupart de ces excavations, qui étaient très-nombreuses, ont été détruites par la chute du rocher. Il en existe cependant encore 12 qui sont bien conservées. Les roches dans lesquelles ces grottes ont été creusées sont comme celles de Jonas, d'origine volcanique. Au-dessous des grottes, le terrain est divisé en casiers réguliers formés par des murs en pierres sèches qui rappellent l'oppidum de Servière (*V.* p. 101). (*V.* la *Notice sur les grottes d'Auvergne*, par M. L. Chabory.)

En contournant le puy de Chautiniat, en face du château de Murols, on rencontre les *grottes de Rajat*, au nombre de quatre, dont trois seulement sont abordables. Il en existait un bien plus grand nombre, mais, comme à Boissière et à Jonas, elles ont été détruites par un éboulement partiel du rocher.

N'oublions pas, en terminant, de citer, parmi les curiosités de Saint-Nectaire, **l'excavation** connue sous le nom de grotte du Mont-Cornadore, où, à l'aide de sources pétrifiantes, on fabrique une multitude d'objets : camées, médailles, etc., sur lesquels les eaux déposent des incrustations qui, tout en les rendant incassables, leur conservent toute leur délicatesse artistique.

Les excursions qui peuvent être faites dans les environs de Saint-Nectaire sont les mêmes que celles du Mont-Dore. Nous citerons seulement les plus rapprochées : la cascade des Granges, celle de Saillans, le château de Murols, le lac Chambon, la vallée de Chaudefour, les grottes de Jonas, Besse, Vassivières, le lac Pavin, etc.

Établissement du Mont-Cornadore,
à Saint-Nectaire-le-Haut.

Une société d'actionnaires a créé en 1828 cet établissement, qui a subi depuis des transformations successives. Lorsque, en 1865, M. Madon aîné en devint propriétaire, il fit exécuter de grandes améliorations qui ont donné à cette station thermale un caractère de confortable et de bien-être capable de satisfaire ses nombreux visiteurs. De nouvelles fouilles furent faites, et la quantité d'eau minérale disponible fut notablement augmentée en amenant dans le grand réservoir une source nouvelle dont la température peu élevée a facilité la préparation de bains tempérés.

Cet établissement, auquel son propriétaire actuel, M. Versepuy-Mandon, a apporté toutes les améliorations dont il était encore susceptible, est situé à l'O. de l'église de Saint-Nectaire, qui le domine, et au point de jonction de deux ruisseaux : celui de Saint-Nectaire à dr., et à g. le Courençon, qui descend du flanc N. du puy de la Croix-Morand, et longe la belle vallée de Beaudoux, que remonte la nouvelle route du Mont-Dore, qui passe sous la terrasse même de la station du Mont-Cornadore. La colline contre laquelle l'établissement est adossé a été plantée d'arbres d'essences diverses et sillonnée de sentiers qui en font une promenade charmante. De l'autre côté de la rivière de Courençon se trouve le parc de la Montagne-Verte, promenade à quelques pas seulement de l'établissement. Un bel hôtel, considérablement agrandi, est attenant aux bâtiments affectés aux bains, dont il est une dépendance. Les baigneurs y trouveront un théâtre (ouvert en 1882), un salon de conversation, un café, des jeux, une salle de billard, des journaux, enfin un gymnase d'enfants. Près de l'établissement, il existe d'autres hôtels, des villas, et des chambres meublées dans le village.

On trouve dans l'établissement 30 cabinets de bains munis d'appareils pour douches et irrigations, à températures graduées, et précédés de vestibules; des cabinets pour bains et douches de gaz acide carbonique pur et de vapeur; des appareils de pulvérisation pour douches oculaires, pharyngiennes, vaginales, inhalations, douches ascendantes, douche écossaise; enfin des piscines pour bains de pieds.

Trois sources principales alimentent l'établissement :

1° La *source du Mont-Cornadore,* dont le débit est de 79,200 litres par 24 heures et la température de 41°;

2° La *source du Rocher*, dont le débit est de 151,000 litres par 24 heures et la température de 43°;

3° La *source Intermittente,* spécialement affectée aux injections vaginales.

Il existe en outre deux sources : la *source du Parc* 7 hectol.) et la petite *source Rouge* (86 hectol.), qui, avec la source Intermittente, alimentent les buvettes.

Ces sources ont été analysées par MM. Thenard, Terreil, Salvetat et J. Lefort (1860). Connues dès l'époque romaine, étudiées et décrites à la fin du XVIIe s., la plupart des sources actuelles n'ont été découvertes que depuis 1815. Leurs eaux sont limpides et incolores, mais elles se troublent assez rapidement à l'air; en se refroidissant, elles deviennent jaunâtres et précipitent un sédiment ocracé; quelques sources exhalent une odeur sulfureuse; leur saveur est salée, plus ou moins lixivielle, plus ou moins ferrugineuse, chaude ou fraîche et piquante suivant les sources; elles dégagent peu de gaz, et sont, enfin, incrustantes comme les eaux de Saint-Alyre.

Action physiologique et thérapeutique. — Ces eaux sont stimulantes des fonctions digestives; à dose modérée, elles excitent la soif et déterminent la constipation; sont diurétiques; employées en bains, elles excitent le système nerveux. En résumé, elles sont excitantes, toniques et reconstituantes par l'acide carbonique, le chlorure sodique, le fer et l'arsenic qu'elles contiennent, en même temps que résolutives et antiplastiques. Elles réussissent très-bien dans les engorgements mésentériques des enfants, dans les hypertrophies d'origine paludéenne, l'anémie de même cause, la dyspepsie atonique, la gastralgie, la gravelle. Elles guérissent aussi les manifestations du lymphatisme et de la scrofule, la leucorrhée, le rhumatisme, la névralgie et surtout la sciatique, etc.

Établissements de Saint-Nectaire-le-Bas.

Ces établissements, au nombre de deux, sont entourés d'hôtels confortables. Dans l'hôtel Beauger-Boëtte se trouvent, en outre, un beau salon de lecture et une salle de billard. Ces deux établissements appartiennent aujourd'hui à M. Boëtte, et sont situés à l'entrée de la vallée du Courençon.

Le premier, connu sous le nom de *Bains Romains* parce qu'on y a découvert des débris antiques, est alimenté par deux sources : la *source Mandon* (nom de son premier propriétaire), que l'on appelle aussi le *Gros-Bouillon* et la *source de la Coquille*. Cet établissement possède 12 baignoires en ciment, 10 cabinets de bains, dont 6 sont munis de douches descendantes. Dans deux de ces cabinets sont disposées deux baignoires, et dans quatre autres se trouvent les appareils destinés aux injections vaginales. L'eau minérale qui sert à ces injections provient de la source de la Coquille. Cette eau est, en outre, utilisée en boisson et sert à refroidir l'eau de la grande source. Une source plus chaude bouillonne dans un réservoir situé au premier étage et fournit le gaz acide carbonique destiné aux bains et aux douches de gaz. Des douches froides viennent d'y être dernièrement installées.

2° Les *Bains Boëtte* sont alimentés par la grande source Boëtte et la *source de Saint-Césaire*, ou petite source Boëtte, les plus chaudes de Saint-Nectaire. Cet établissement comprend, au rez-de-chaussée, une salle dans laquelle s'ouvrent 9 cabinets, dont deux contiennent deux baignoires; tous ces cabinets sont munis d'un appareil de douches descendantes; les baignoires sont en ciment. Au premier étage se trouvent les réservoirs où se rend l'eau des deux sources. M. Boëtte a fait établir (1859) trois baignoires munies de douches descendantes, beaucoup plus puissantes que les anciennes. Depuis 1865, une nouvelle installation a été faite pour les bains e pieds, et trois cabinets avec douches descendantes ont été construits. Dans une annexe est un cabinet pour les douches oculaires. C'est là que sont les bains les plus confortables de Saint-Nectaire-le-Bas.

Les sources fournissent un volume d'eau considérable et leur température est très élevée.

1º La *source Boëtte* (46º) débite, en 24 h., 42,000 lit., employés en douches, bains et bains de pieds.

2º La *source Saint-Césaire* (40º) fournit 31,600 litres en 24 heures; l'eau, employée en bains et en boisson, l'est surtout pour les douches oculaires.

3º La *Grande Source Mandon* (37º) fournit 86,000 litres en 24 heures (bains et douches). Cette source est employée en bains et douches dans la chlorose, les maladies nerveuses, la dyspepsie, etc.

4º La *source de la Coquille* (26º,5) débite 36,000 lit. en 24 heures, sert aux douches vaginales; comme elle est très ferrugineuse, on l'emploie aussi avec succès en boisson pour combattre la chlorose, l'anémie, la dyspepsie, les fièvres intermittentes, etc.

5º La *source des Dames* est froide et gazeuse et combat avec succès la chlorose, l'anémie, etc.

Vis-à-vis des bains Mandon, sur la rive opposée du cours d'eau, se trouve la *source Pauline*, qui alimentait l'établissement de *Sédaiges*, resté à l'état d'embryon. « Les trois établissements de Saint-Nectaire, dit M. le docteur Antoine Vernière, ancien inspecteur, ont une importance égale, quant au volume de leurs sources; ils diffèrent seulement par la température et la composition de leurs eaux. La proportion de principes minéralisateurs que signale l'analyse chimique est à peu près la même pour les sources Boëtte et Mandon; l'observation médicale est d'accord avec elle. Employées à la même température, ces deux sources produisent absolument les mêmes effets thérapeutiques. La source Boëtte, à raison de son plus haut degré de chaleur, est conseillée aux malades pour lesquels une température plus élevée est jugée nécessaire.

« La différence de composition est plus marquée entre les sources de Saint-Nectaire-le-Bas et celles du Mont-Cornadore; les principes minéraux ne se montrent pas en si grande quantité dans ces dernières, qui sont moins actives et conviennent mieux aux malades pour lesquels les sources d'en bas sont regardées comme trop excitantes. Leur eau est généralement mieux supportée en boisson et peut être bue à haute dose. »

FIN

INDEX ALPHABÉTIQUE

CONTENANT LES RENSEIGNEMENTS PRATIQUES

Avis important. — A la suite d'observations de plus en plus fréquentes qui nous étaient adressées par les touristes, nous avons décidé que les prix des hôtels seraient indiqués dans les renseignements pratiques de nos Guides, mais seulement en bloc, c'est-à-dire soit pour la dépense d'une journée, soit pour une pension. Nous avons adressé à tous les propriétaires d'hôtels une circulaire leur demandant de vouloir bien nous envoyer lesdits renseignements. Un assez grand nombre de nos lettres est resté sans réponse; nous ne publions ici que les prix qui nous ont été communiqués: ils comprennent les repas et le logement (le prix des chambres varie suivant l'étage, l'exposition, la vue, la saison et la durée du séjour). Pour la pension, nous indiquons la dépense d'une personne seule; mais dans la plupart des stations de bains, les familles prennent généralement des arrangements avantageux avec les maîtres d'hôtels, qui consentent, surtout pour les enfants et les domestiques, à d'importantes réductions, suivant la durée du séjour. Du reste ces prix n'ont rien d'absolu, et les hôteliers, en nous les communiquant, n'ont voulu les présenter que comme des prix minima, c'est-à-dire : *à partir de...* Il est bien entendu aussi que nous ne recommandons pas d'une açon spéciale les hôtels dont nous donnons les prix.

N. B. — Ce signe *, à la suite d'un nom d'hôtel, indique que l'hôtel est de 1re classe.

A

AIGUEPERSE, 9. — Hôt. : *des Commerçants; Saint-Louis; de la Poste; du Lion-d'Or; du Commerce.* — Voit. publique pour *Randan.*

AMBERT, 11. — Omnibus de la gare aux hôtels. — Hôt.: *de la Tête-d'Or* (7 fr. 50 p. j.); *de Paris* (depuis 7 fr. par j.); *du Nord.* — Café : *de Paris*, boulevard Sully. — Bains chauds : *du Midi.* — Loueur de voitures : *Jos. Achard* (voit. à 1 chev., 12 fr. par j.). — Voit. publiques pour : *Arlanc; Viverols; Saint-Amant-Roche-Savine; La Chaise-Dieu; Saint-Anthème; Montbrison.*

ANGLARD [Cascade d'], 162.

ARTONNE, 10.

ARVANT, 122. — Buffet. — Hôt. *de la Gare.*

AUBIÈRE, 89.

AULNAT, 88.

AUZAT-SUR-ALLIER, 123.

AYDAT, 100.

AYDAT [Lac d'], 99.

B

BANNE D'ORDENCHE [La], 17.

BANTUSSE [La], 73.
BARAQUE [La], 61. — Auberge.
BARBECOT, 75.
BARBIER [Cascade du], 148.
BEAUMONT, 84.
BEAUREGARD-L'ÉVÊQUE, 90.
BESSE-EN-CHANDESSE, 163. — Hôt. : *du Cheval-Blanc* (Tournade-Malguy) ; *de Paris* ; *de la Providence*. — Voit. publique pour *Issoire* et *Église-Neuve*.
BILLOM, 90. — Hôt. : *des Voyageurs* (6 fr. 50 par j. ; voit.) ; *de la Croix-d'Or*, tous deux avec omnibus à la gare.
BILLY [Château de], 5.
BOIS-SÉJOUR, 57.
BOISSIÈRE [Grottes de], 184.

BOURBOULE [La], 168.

Hôtels : — *Grand-Hôtel** ; — *de l'Établissement** (depuis 10 fr. par j.) ; — *Bellon et des Iles-Britanniques** ; — *Splendid-Hôtel et d'Angleterre réunis** ; — *Continental** ; — *des Ambassadeurs** ; — *Beauséjour et du Casino** ; — *de Paris** ; — *du Parc** ; — *Richelieu* ; — *des Nations* ; — *du Louvre* ; — *des Bains* (depuis 7 fr. par j.) ; — *d'Alger* ; — *Perrière* ; — *de Venise* (depuis 7 fr. par j.) ; — *de l'Univers* ; — *de la Poste* ; — *de France* ; — *de Genève* (de 8 à 12 fr. par j. ; petit déjeuner excepté) ; — *de Russie* (pens. depuis 12 fr.) ; — *de Nice* ; — *des Étrangers* (de 8 à 12 fr.) ; — *des Anglais* ; — *Bristol* ; — *Molière* ; — *du Helder* ; — *de l'Europe* ; — *Central-Hôtel* ; — *du Globe* ; — *de la Bourboule* ; — *du Midi* ; — *des Sources* ; — *Bellevue* ; — *de Lyon et Bordeaux* ; — *de la Vallée* ; — *Pavillon des Familles* ; — *des Voyageurs* ; — *de Londres* (depuis 8 fr. par j.).

Villas : — *Castel du Parc** ; — *Chalet Cardi** ; — *Villa Pauline** ; — *Vendeix* ; — *des Rosiers* ; — *Beau Site* ; — *des Thermes* ; — *des Princes* ; — *Belle-Rive* ; — *du Parc* ; — *Richelieu* ; — *des Dames* ; — *Fenestre* ; — *du Bocage* ; — *Médicis* ; — *des Bains* ; — *Bellevue* ; — *Bernard* ; — *Cohadon* ; — *de la Dordogne*, etc.

Maisons et appartements meublés : — *Bouchaudy* ; — *Bursin* ; — *Burlier* ; — *Chocot* ; — *Cytère* ; — *hôt. d'Albe* ; — *Fournier* ; — *Giot* ; — *Guillaume-Gandelon* ; — *Guillaume-Roux* ; — *Jouvion* ; — *Julliard* ; — *Lacombat* ; — *Ve Laudouze* ; — *Ledourner* ; — *Ve Mallet aîné* ; — *Massiat* ; — *Maury* ; — *Montel* ; — *Morange-Giat* ; — *Ve Moulin* ; — *Souchal-Rozier* ; — *Roux-Lacombe* ; — *Roux-Simon* ; — *Rozier* ; — *Trapon* ; — *Vozeilles*, etc. Le prix des chambres varie entre 1 et 3 fr. par j., selon l'étage, l'époque de l'année et la situation de la maison.

Café-restaurant : — dans le Parc de Fenestre et au Casino Chardon.

Café : — *Français*, en face de l'Établissement.

Service médical : — MM. les docteurs : — *Dauzat* ; *Eymery* ; — *Heulz* ; *Madeuf* ; *Ménceau* ; — *Ed. Michel* ; — *Frédéric Morin* ; — *Nicolas* ; — *Noir* ; — *Olivier* ; — *Pourcher* ; — *Riberolles* ; — *Sarazin* ; — *Soyer* ; — *Vérité* ; — *Veyrières* ; — *Lemerle* (chirurgien-dentiste). — Pharmacien : *Pipet*.

Casinos : — *Casino de la Compagnie*, dans le parc de Fenestre (salle de café et théâtre Guignol) ; — *Casino Chardon* (cercle, concerts quotidiens et théâtre où l'on joue des vaudevilles et des opérettes). L'entrée des parcs des deux casinos est libre. — Prix de l'abonnement de 21 j., donnant droit à l'entrée dans le parc, les salons de jeux et de lecture : 20 fr. par personne ; les 8 jours, 10 fr. par personne, par j. 2 fr. Abonnement au théâtre par personne : 25 fr. pour 21 j. ; 15 fr. pour 10 j. ; au casino et au théâtre : 40 fr. pour 21 j. et 20 fr. p. 8 j. (prix réduits pour famille). — Chaises pendant les concerts, 20 c. ; dimanche et jeudi, 50 c.

Établissements des bains : — Ouverts du 25 mai au 30 septembre : les personnes qui désirent suivre un traitement doivent prendre une carte d'abonnement (12 fr. pour la 1re et la 2e cl. et pour les familles de 4, 5 ou 6 personnes, 10 fr. 9 fr. et 8 fr. par personne ; et 5 fr. pour la 3e cl.) aux buvettes, aux bureaux de l'établissement, ouverts de 6 h. à 10 h. du mat. et de 2 h. à 5 h. 1/2 du s., et choisir la classe qu'elles désirent (1re, 2e et 3e cl.). On indiquera au malade le n° du cabinet qui lui est destiné et l'heure à laquelle il devra prendre son bain.

Les buvettes sont ouvertes de 4 h. 1/2 à 11 h. du mat. et de 1 h. 1/2 à 6 h. du s.

Bains et douches (administrés par série d'une heure) : — de 5 h. à 11 h. du mat. et de 3 h. à 6 h. du s. La durée des bains avec ou sans douches, des séances de pulvérisation, toilette comprise, est au maximum d'une heure. Le prix est double si l'heure est dépassée. La douche locale est donnée par le doucheur en une seule fois et ne doit jamais dépasser 10 min.

Grandes douches, hydrothérapie : — les cabinets sont ouverts de 5 h. à 11 h. du mat. et de 3 h. à 6 h. du s. — *Bains de vapeur, inhalation :* de 6 h. 15 à 10 h. 15 du mat. et de 3 h. 15 à 5 h. 45 du s. (durée 1 h.). — *Pulvérisation, humage, bains de pieds et douches ascendantes :* de 5 h. à 11 h. du mat. et de 3 h. à 6 h. du s.

Tarif des bains, douches, etc. *Établissement des Thermes :* — Cabinets de luxe : bain simple, 5 fr. ; — bain avec douche locale, 8 fr. ; — bain simple de 1re cl. : 3 fr. ; — bain avec douche, 5 fr — grande douche d'eau minérale de 2 minutes, 3 fr. 50 ; min. en plus, 1 fr. par min. ; — hydrothérapie froide à l'eau douce, 1 fr. 50 c. ; — bain de pieds, 60 c. ; — bain de siège, 1 fr. 50 c. ; — douche ascendante, 1 fr. ; — massage sec, 4 fr. ; — massage humide pendant la douche, 3 fr. ; — douche de vapeur, 2 fr. 50 c. ; — douches supplémentaires, 2 fr. ; — *Établissement Choussy :* — bain simple, 2 fr. 50 c. ; — bain et douche réunis, 4 fr. ; — douche de vapeur, 2 fr. ; — bain de piscine, 3 fr. ; — bain de pieds, 50 c. ; — douches supplémentaires, 1 fr. 50 c.

Dans les dépendances des établissements des Thermes et Choussy : — séance d'inhalation, 3 fr. ; — séance de pulvérisation, humage, douche nasale, 2 fr. et 1 fr. 75 c.

Établissement Mabru (galerie de devant) : — bain simple, 1 fr. 30 c. à 2 fr., selon le mois ; — bain et douche réunis, 2 fr. à 3 fr. ; selon le mois ; — inhalation, 1 fr. 30 c. à 2 fr. ; — séance de pulvérisation, 90 c. à 1 fr. 30 c. ; — bain de pieds, 40 c. ; — douche supplémentaire, 1 fr.

Même établissement (galerie de derrière, où les indigents sont seuls admis) : — bain simple : 80 c. à 1 fr. 25 c., selon le mois ; — bain et douches réunis, 1 fr. 15 c. à 1 fr. 75 c., selon le mois ; — séance d'inhalation, 80 c. à 1 fr. 25 c. ; — bain de pieds, 30 c. ; — douche supplémentaire, 50 c.

Dans l'établissements Mabru les tarifs les plus réduits sont appliqués du 25 mai au 15 juin et du 1er au 30 septembre.

Le *verre d'eau minérale*, 20 c. ; la bouteille, 40 c. — Eau de Fenestre : le verre, 10 c. ; la bouteille, 20 c. — *Linge supplémentaire :* peignoir, 30 c. ; fond de bain, 50 c. ; serviette, 10 c.

Porteurs : — la course de 300 mètres (aller et retour), 1 fr. 50 c. — La demi-course, 1 fr. —

Par abonnement de 20 courses payées d'avance, 1 fr.20 c. la course et 80 c. la demi-course. Au delà de la distance ci-dessus, les prix peuvent être augmentés.

Voitures de corresp. : — pour la station de Laqueuille (10 kil., trajet en 1 h. 30; 5 dép. par jour). — Prix : 4 fr. 50 c., 3 fr. 50 c. et 2 fr. — Voitures particulières à 4 places pour Laqueuille, par place, 5 fr. ; la voiture entière, 18 fr. — *Messageries Mogis* à Clermont-Ferrand. — Omnibus pour le Mont-Dore (7 kil.); quatre départs par jour dans les deux sens, 1 fr. 25 c.

Loueurs de voitures, chevaux et ânes : — sur la place de la Bourboule, près du grand établissement et en face du casino Chardon ; landaus à 2 chev., 15 à 50 fr. suivant la distance ; chevaux de selle, de 6 à 10 fr. par jour suivant le moment de la saison ; ânes, de 50 c. à 1 fr. l'h. — Fixer les prix d'avance.

Poste et télégraphe : bureau à la mairie, en face du grand établissement, ouvert de 8 h. à midi et de 2 h. à 7 h. du soir. — Les dimanches et fêtes, de 8 h. à 10 h. du mat. et de midi à 3 h. du soir.

BOURDOUZE [Lac de], 160.
BOURGEADE-HERMENT, 98.
BOUZEL, 90.
BRASSAC, 122. — Hôt. *des Voyageurs*.
BREUIL [Le], 123. — Hôt. *de la Gare*.
BRIARE, 3.

BRIOUDE, 119. — Omnibus des hôtels à la gare. — Hôt. : *du Nord*; *du Commerce* (8 fr. par j.). — Voit. pour *Craponne*,

Blesle, La Chaise-Dieu. — Établissement hydrothérapique du Docteur Pouget-Andrieux.

BROC, 119.
BUGES [Les], 116.
BURON [Château de], 10.

C

CAPUCIN [Le], 131.
CASSIÈRE [La], 99.
CÉBAZAT, 18. — Voit. pour *Clermon*
CENDRE [Le], 106. — Voit. publique pour *Saint-Amand-Tallende, Saint-Nectaire et Billom*.
CEYRAT, 98.
CEYSSAT [Col de], 61. — Auberges pour les voitures. — Voit. (5 fr par pers.) et chev. pour l'ascension du Puy de Dôme.
CHALUSSET [Volcan de], 75.
CHAMALIÈRES, 43.
CHAMBON [Lac], 154.
CHAMPEIX, 178. — Hôt. *du Lion d'Or*. — Voit. publique pour *Clermont, Coudes et Saint-Nectaire*.
CHANONAT, 88.
CHAPDES-BEAUFORT, 76.
CHARADE [Puy de], 56.
CHARBONNIÈRES-LES-VIEILLES, 17.
CHARITÉ [La], 3.
CHARMEIL, 5.
CHASTREIX, 140.
CHATEAUFORT, 7.
CHATEAUFORT [Source de], 74.
CHATEAUGAY, 18.

INDEX ALPHABÉTIQUE.

CHATEAUNEUF - LES - BAINS, 17
— Établissements thermaux (bains, 75 cent. et 1 fr. 25). — Aux Grands-Bains, hôt. des *Grands-Bains* (6 fr. 50 par j.), *Saint-Cyr* (6 fr. 50 par j.), et café dans le parc; au Petit-Rocher, hôtel du *Petit-Rocher* (6 fr. par j.; bains et hydrothérapie; jardin), de la *Rotonde* (5 fr. par j.), *Desaix*, *Boyer*, *Moignoux* et maisons meublées *Lachaux*, *Sarassat*; entre les Grands-Bains et le Petit-Rocher, hôt. du *Centre*; aub.-pension pour les baigneurs peu fortunés, appelée vulgairement le *Bon-Marché*. — Poste et télégraphe pendant la saison au Grand établissement. — Voit. publiques pour *Pionsat*, *Riom*, *Saint-Gervais* et *Saint-Éloy*.

CHATELDON, 91. — Établissements d'eaux minérales. — Hôt. *Claussat-Dassaud*. — Omnibus pour la station de *Ris-Châteldon*, 50 c.

CHATEL-GUYON, 15.

Omnibus : — des hôt. à la gare de Riom, 75 c.

Hôtels : — *Splendid-Hôtel*; — *des Bains*; — *Barthélemy* (depuis 7 fr. par j.); — *de la Restauration*; — *du Lac*.

Villas : — *des Bruyères*; — *des Roches*; — *Baradue*; — *du Bel-Air*; — *Richelieu*; — *des Bains*; — *Belle-Vue*; — *du Lac*; — *Faure*; — *de Paris*; — *du Puy-de-Dôme*; — *de la Terrasse*; — *Morand*; — *Montroy*; — *Bargeot*; — *du Parc*; — *Amblard*; — *Cellier*; — *Levadoux*.

Maisons meublées : — *Ricard*, *Cellier*, *Gorce*, *Roussel*, *Levadoux*, *Gouttesoie*, *Blanchet*, *Lassauzée*, *Levadoux-Groslier-Braga*, *Groslier-André*, *Déat-Pougheou*, *Montroy*, *Saby-Barbet*, *Levadoux* (café des Bains), *Landon*, *Domas*, *Redon*, *Ravel*, *du Petit Casino*.

Établissement thermal ouvert du 15 mai au 15 octobre ; Gymnase thermal; salle d'armes; salon de tir.

TARIF DES BAINS ET DOUCHES

Bain acidulé simple (1 peignoir, 2 serviettes), 3 fr. — *Bain ordinaire simple* (1 peignoir, 2 serviettes), 2 fr. — *Bain acidulé avec douches* (1 peignoir, 2 serviettes, 4 fr. — *Bain ordinaire avec douche* (1 peignoir, 2 serviettes), 3 fr. — *Bain de siège* (1 peignoir, 2 serviettes), 2 fr. — *Bain de piscine* (dames) (1 peignoir, 2 serviettes), 2 fr. — *Bain de piscine* (hommes) (1 peignoir, 1 serviette, 1 caleçon), 2 fr. — *Bain de pieds* (2 serviettes), 1 fr. 25. — *Douche stomacale* (1 peignoir, 2 serviettes), 3 fr. — *Douche écossaise* (1 peignoir, 1 serviette), 2 fr. — *Douche simple* (1 peignoir, 1 serviette), 1 fr. 50. — *Douche ascendante* (1 serviette), 1 fr. 50. — *Douche froide* (1 peignoir, 1 serviette), 1 fr. 50. — *Douche nasale* (1 peignoir, 1 serviette), 1 fr. 50. — *Massage sec*, 3 fr. — *Supplément de linge* (1 peignoir, 20 c.; 1 serviette, 10 c.).

TARIF DU CASINO

Abonnement de 25 jours, 25 fr.; abonnement de saison entière, 40 fr.; entrée au Casino, 1 fr.; entrée au Théâtre et au Casino 3 fr.

L'abonnement au Casino donne droit à l'entrée gratuite du salon de lecture, du café et du théâtre.

Abonnement de famille, 20 0/0 de réduction sur les prix ci-dessus.

L'abonnement de famille ne se rapporte qu'au mari, à la femme et à leurs enfants.

L'administration se réserve une représentation théâtrale par semaine, pour laquelle l'abonnement peut être suspendu.

L'entrée du Cercle est soumise à la formalité de l'admission et au payement d'une cotisation.

Poste et Télégraphe.

Loueurs de voitures : — *Dandu* ; — *Bouchet-Brun*.

Service médical : — MM. les docteurs *Baraduc* ; — *Deschamps* ; — *Jacq* ; — *Groslier*.

CHATILLON-SUR-LOIRE, 3.
CHAUDEFOUR [Vallée de], 158.
CHAUTINIAT [Grottes du puy de], 184.
CHAUVET [Lac], 162.
CHAZALOUX [Camp des], 72.
CHAZERON [Château de], 16.
CHAZONS, 179.
CHEIX [Le], 164. — Hôt. *Rivet*. — Voit. publique pour *Besse* et *Coudes*.
CHEZ-VASSON, 70.
CHIDRAC, 110.

CLERMONT-FERRAND, 19.

Omnibus : — à tous les trains. 25 c. avec 10 kilog. de bagages ; 50 c. avec plus de 10 kil. et moins de 30 kilog. Les omnibus des principaux hôtels partent pour la gare 30 m. avant l'heure du départ des trains.

Des omnibus (25 c.) spéciaux partant de la place de Jaude, conduisent à Chamalières et à Royat (toutes les 10 min. pendant l'été). Quelques-uns stationnent place Delille et conduisent à Montferrand (tous les 1/4 d'h. ; 15 c.).

Tramways électriques : — De la place de Jaude à Montferrand (20 c.) et à Royat (20 c.).

Hôtels : — *de l'Europe* (depuis 11 fr. par j.), *de la Poste, de l'Univers, de Lyon* (7 fr. 50 par j.), tous place de Jaude ; — *de la Paix*, boulevard Desaix ; — *des Minimes*, rue des Minimes ; — *du Louvre* — *des Facultés*, rue Balainvilliers ; — *de France*, rue de l'Écu ; — *du Midi, de Bordeaux, des Voyageurs* (6 fr. 50 par j.), *du Globe*, en face de la gare.

Restaurant : — *Hugon* (Au Gastronome), rue Royale.

Cafés : — *de Paris* (avec restaurant), *Lyonnais, Glacier, du Puy-de-Dôme*, tous place de Jaude ; — *du Globe*, boulevard Desaix ; — *Continental*, à l'angle des avenues Charras et Croix-Morel ; — *du Helder*, cours Sablon ; — *de la Comédie*, place Royale ; — *des Négociants*, place Blaise-Pascal ; — *de la Poterne*, place de la Poterne ; — *Casino municipal* (café-concert), montée de Jaude.

Bains : — *Établissement thermal* (eaux minérales et fontaine pétrifiante) *de Saint-Alyre*, rue du Pont-Naturel, 44 (bain avec linge, 1 fr. ; par abonnement, sans linge, 70 c. ; douche, bain de vapeur, 2 fr.) ; — *bains ordinaires* : rue Abbé-Girard, rue Sainte-Claire, rue Blatin, rue de l'Éclache, avenue de la Croix-Morel ; — *bains froids* (école de natation), avenue de Royat. — *Hydrothérapie et Gymnase*, rue Blatin.

Poste : — bureau et boîte principale, place du Poids-de-Ville, ouvert du 1er mars au 31 octobre, de 7 h. du mat. à 7 h. du s., et du 1er novembre au 28 février, de 8 h. du mat. jusqu'à 7 h. du s. Les dimanches et les jours fériés, le bureau est fermé à 3 h. du s. — Nombreuses boîtes supplémentaires en ville.

Télégraphe : — bureau, boulevard Desaix, à côté de la Préfecture, ouvert du 1er avril au 30 septembre de 7 h. du mat. à 9 h. du s., du 1er octobre au 31 mars, de 8 h. du mat. à 9 h. du s.

Banque de France (succursale) : — Cours Sablon et avenue Centrale.

Banquiers : — *Société générale*, agence de Clermont, place du Poids-de-Ville ; — MM. *Chalus frères*, rue Montlosier ; — *Crédit général français*, rue Pascal, 22 ; — *Pironon*, rue Barthélemy ; — *Hartmann et Duela*, rue Saint-Esprit.

Journaux : — kiosques, place de Jaude et place Delille.

Voitures de place : — stations place de Jaude et place Delille. Le tarif minimum des voitures de place est fixé ainsi qu'il suit, quels que soient l'espèce de voiture et le nombre de personnes transportées ; — 1º dans l'intérieur de la ville, de 5 h. du mat. à 9 h. du soir, 1 fr. ; de 9 h. du soir à 5 h. du matin, 1 fr. 50 c. ; même voiture, commandée à la station pour prendre à domicile, 1 fr. 50 c. et 2 fr. ; — 2º pour Montferrand, la gare, les nouvelles casernes, 1 fr. 50 c. et 2 fr. ; commandée à la station pour prendre à domicile, avec ou sans bagages, 2 fr. et 2 fr. 50 c. ; — 3º de la gare pour l'intérieur de la ville, sans bagages, 1 fr. 50 c. et 2 fr. ; avec bagages, 2 fr. et 2 fr. 50 c. ; — 4º de Jaude à Royat et *vice versa*, 1 fr. 50 c. et 2 fr. ; — 5º de Jaude aux hôtels et à Royat, 2 fr. et 2 fr. 50 c. ; — 6º pour excursions dans les communes de Clermont, Chamalières et Royat, l'heure, 3 et 4 fr. (la nuit) ; la demi-journée de 5 h., y compris 1 h. de repos, 15 fr. ; la journée de 12 h., y compris 2 h. de repos, 25 fr. — 7º voiture commandée à la station de Royat et partant des hôtels ou du village, à la gare de Clermont, sans bagages, 4 fr. et 4 fr. 50 c. ; avec bagages, 5 fr. et 5 fr. 50 c. Si la voiture est abandonnée à plus de 2 kil. de la ville, la dernière h., 1 fr. en plus.

Voitures publiques : — pour *Aubière*, chez Mme Retail, place du Poids-de-Ville ; — *Authezat*, M. Brousse, rue Ballainvilliers ; — *Cébazat*, M. Giron, rue Saint-Louis ; — *Champeix*, M. Terrasse, place de Jaude ; — *Cournon*, M. Brousse, rue Ballainvilliers ; — *Pont-du-Château*, M. Giron, rue Saint-Louis ; — *Tallende, Saint-Sandoux, Saint-Saturnin*, M. Terrasse, place de Jaude ; — *Volvic*, M. Giron, rue Saint-Louis ; — le *Puy de Dôme*.

MESSAGERIES MOGIS AUGUSTE, 20, place de Jaude : départ du 15 juin au 15 septembre pour *le Mont-Dore et la Bourboule*, à 8 h. du mat. ; prix : coupé, 8 fr. 50 c., banquette, 7 fr. 50 c., intérieur, 6 fr. 50 c. ; trajet en 6 heures ; — *Saint-Amand*, à 4 h. du soir ; — *Maringues*, à 4 h. du soir, place de Jaude.

Loueurs de voitures et de chevaux : — *Bal*, rue Blatin ; — *Chognon, Douris, Girard, Bernard, Cornillon, Mogis*, etc., place de Jaude.

CLIERZOU [Grottes du], 66.
COGNAT, 5.
COLOMBELLE, 123.
COMPAINS, 161.
CORDON [Le], 94.
COSNE, 3.
COTTEUGE, 110.
COUDES-MONTPEYROUX, 108. — Hôt. de la Gare. — Voit. publ. pour *Champeix* (4 dép. par jour ; trajet en 45 min. ; 55 c. ; 5 c. seulement pour les voyageurs de ou

pour Clermont) et *Saint-Nectaire;* Besse, *Église-Neuve-d'Entraigues.*

COURNOL, 113.

COURNON, 89. — Voit. publique pour Clermont.

COURPIÈRE, 91. — Hôt.: *du Commerce; de France.*

COURTEIX [La], 70.

COURTY, 91. — Bifurcation des lignes de Vichy, Saint-Étienne et Clermont-Ferrand.

CREST [Le], 112.

CREUX DE MARCOIN [Le], 78.

CREUX DE SOUCY [Le], 160.

CREUX MOREL [Le], 70.

CRUZOL, 82.

D

DENT-DU-MARAIS [La], 153.
DIANE [Col de], 153.
DONNEZAT, 89.
DORE [Cascade de la] 144.
DURTOL, 78.

E

EFFIAT [Château d'], 8.
ÉGRAVATS [Ravin des], 141.

ENFER [Gorge d'], 136.
ENVAL [Ravin d'], 82.
ESPINASSE [Baraque d'], 101.
ESPIRAT, 90.

F

FÉLIGONDE, 78.
FOHET, 174.
FONTAINEBLEAU, 2.
FONTAINE-DU-BERGER [La], 70. — Aub.
FONTANAT, 55. — Café-restaurant des *Sources.*
FONT-DE-L'ARBRE, 114.
FONTÊTES [Les], 70.
FONTFREIDE, 99.
FOURCHAMBAULT, 3.

G

GANNAT, 6. — Omnibus des hôtels à la gare. — Hôt. (voit. de louage): *de la Poste; du Nord; Fayard; de la Gare.* — Café de la Rotonde. —Voit. publ. pour: *Vichy, Cusset* (chez *Olivain*, avenue de la Gare, et *Arnaud*, rue des Casernes), *Saint-Pourçain* (hôt. du Nord) et *Chantelle* (hôt. Fayard).

GENESTOUX, 146.

INDEX ALPHABÉTIQUE.

GERGOVIE, 86.
GERZAT, 18. — Voit. pour *Clermont*.
GIEN, 3.
GIROUX, 91.
GORGE-D'ENFER [La], 140.
GOULES [Col des], 70.
GRANDE-CASCADE [La], 136.
GRANDEYROLLES, 180.
GRANGES [Cascade des], 152.
GRAVENOIRE [Puy de], 56.
GRENIERS [Les], 17.
GUÉRY [Lac de], 103.

H

HAUTERIVE, 5.
HERMENT, 117. — Hôt. *Roux*. — Voit. pour *la Miouse* et pour *Clermont*.

I

ISSOIRE, 108. — Buffet. — Omnibus à la gare, 25 c. — Hôt.: *de la Poste*; *de France*. — Cafés : *Laporte*; *du Globe*. — Voit. publ. pour *Ambert*, *Arlanc* (1 dép. par jour ; trajet en 7 h. 30 min. ; 4 fr. 50 c.), *Besse* et *Sauxillanges* (2 dép. par jour). Voiture pour *Besse*, et, pendant la saison des bains, pour *Saint-Nectaire*, *la Bourboule* et *le Mont-Dore*.

J

JONAS [Grottes de], 164.
JUMEAUX, 122. — Hôt. *Creisset*.

L

LACOUR [Vallon de], 140.
LAQUEUILLE, 98 et 118. — Buffet. — Hôt. *Amblard*. — Voit. de corresp. à tous les trains, pour *la Bourboule* (4 fr. 50, 3 fr. et 2 fr.) et *le Mont-Dore* (4 fr. 50 c., 3 fr. 50 c., 2 fr.) en 1 h. 30 min.
LEMPDES, 89. — Hôt. : *du Chemin de fer*; *Nigoux*.
LEZOUX, 91. — Hôt. *de la Pomme-d'Or*.
LIMAGNE [La], 8.
LIORNAT, 176.
LOMPRAS, 164.
LUDESSE, 113.

M

MANZAT, 17. — Hôt. *de la Poste*
MARSAT, 18.

MARTRES-DE-VEYRE [Les], 106. — Omnibus des hôtels à la gare. — Hôt. : *Landan; Constant.*

MASSAGETTES, 105.

MAURIFOLET [Tour de], 110.

MEILHAUD, 110.

MEJANESSE, 176.

MELUN, 2.

MÉNETROL, 18.

MERCURE [Temple de], 63.

MIOUSE-ROCHEFORT [La], 97. — Voit. pour *Rochefort* et *Herment.*

MIREFLEURS, 106.

MIRABEAU [Salon de], 142.

MONEAU-GRAND, 158.

MONEAU-PETIT, 158.

MONTAIGUT-LE-BLANC, 178.

MONTARGIS, 2.

MONTAUDON [Puy de], 57.

MONTCINEYRE [Lac de], 160.

MONT-CORNADORE [Le], V. Saint-Nectaire-le-Haut.

MONT-DORE [Le], 126.

Hôtels : — *Chabaury aîné** (Sarciron Rainaldy, successeur; de 12 à 18 fr. par j.); — *de Paris*; — *du Parc** (7 fr. par j.; chambre non comprise); — *Grand-Hôtel**; — *de la Poste* (depuis 12 fr. par j.); — *Ramade aîné**; — *du Nord**; — *Bardet - Chanonat**; — *de la Paix*; — *de Bordeaux*; — *des Étrangers* (depuis 8 fr. par j.); — *Brugière aîné* (pens., 8 à 11 fr. selon l'étage; annexe, *Villa Amélie*, chambre, 4 fr.); — *des Thermes*; — *du Vatican* (pens. 7 fr. par j.); — *du Capucin*; — *Boyer-Parisien*; — *de Lyon*; — *Madeuf-Baraduc*; — *Boutiron*; — *Cohadon-Astier.*

N. B. — Les prix varient dans les premiers hôtels de 10 à 20 fr. par jour et par personne, et dans les autres de 5 à 10 fr. — La température étant très variable, il faut avoir soin de choisir une chambre avec cheminée, et se munir de vêtements d'été et de *vêtements d'hiver.*

Hôtels garnis, maisons meublées, villas et chalets : — *J. Armet*; — *Amblard*; — *Augeyre aîné*; — *Bany*; — *V° Baraduc*; — *Jos. Baraduc-Tournade*; — *Bonnaigue*; — *Bouchaudry-Manaranche*; — *Boyer-François*; — *V° Brassier-Rigaud*; — *Brugière Chanonat*; — *Cadet-Boyer*; — *V° Chabaury-Manaranche*; — *V° Chanonat*; — *Chanonat-Bany*; — *V° Chanonat-Guillaume*; — *V° Chassaigne aîné*; — *Chazot - Fournier*; — *Cluzel*; — *Cohadon-Canard*; — *Cohadon-Chabaury*; — *Cohadon Joseph*; — *Cohadon Louis*; — *Cohadon-Manaranche*; — *V° Garrand*; — *Durif*; — *Gonzon-Menial*; — *Gras*; — *Guillaume-Chanonat*; — *Guillaume-Obéquin*; — *Jallat*; — *V° Latru-Mabru*; — *Laudouze-Baraduc*; — *Lhéritier-Feuillat*; — *Manaranche*; — *Raymond-Boyer*; — *Reynaud-Chanonat*; — *Serre-Lacombe*; — *V° Vasson.*

Villas ou chalets : — *César*; — *V° Chabaury aîné*; — *de la Dordogne*; — *de la Dore*; — *de Falvard*; — *des Familles*; — *des Fleurs*; — *Veuve Latru*; — *du Mont-Dore*; — *de Nice*; — *des Pradets*; — *Romaine*; — *du Sancy*; — *Splendide*; — *de la Vallée*; — *Védrine*; — *Vigerie*; — *Léon Chabory.*

Cafés : — *Grand café glacier du Casino*; — *de Paris* au parc du Capucin; — *de la Rotonde*; — *du Pont.*

Casino. — Un beau casino a été construit dans le parc sur l'emplacement de l'ancien café de la Rotonde. Il comprend : une salle de spectacle pouvant contenir 600 personnes (représentations tous les soirs à 7 h. 1/2), une grande salle des fêtes, un vaste foyer, deux salles de lecture, une pour hommes, et une autre pour dames (journaux et revues français et étrangers), des salles de jeux, et au rez-de-chaussée, des salles de café et de billards. L'abonnement donne droit à l'entrée libre de la salle de théâtre et des concerts, du salon de lecture, et à l'usage gratuit des chaises dans le parc où des concerts ont lieu tous les jours de 9 h. 1/2 à 10 1/2 et de 4 h. à 5 h. du soir. Lorsque le temps est mauvais, les concerts ont lieu sous la vérandah du casino. Les chaises, 20 c. par jour. — La direction se réserve le droit de suspendre l'abonnement une fois par semaine pour soirées extraordinaires ou fêtes dans le parc.

Cercle : — *du Casino.*

Service médical : — MM. les Docteurs : *de Brinon;* — *Cazalis;* — *Chabory-Léon;* — *Cohadon;* — *Emond;* — *Geay;* — *Jeannel;* — *Joal;* — *Madeuf;* — *Mascarel;* — *A. Mascarel;* — *Moncorgé;* — *Nicolas;* — *Percepied;* — *Schlemmer;* — *Tardieu.* — Pharmacien : *Bellon.*

Établissement des bains : — Ouvert du 1er juin au 1er octobre. Le bureau est ouvert pour la distribution des cartes de bains, de 6 h. à 10 h. du mat. et de 2 h. à 5 h. du soir. De 5 h. à 6 h. du soir, distribution des cartes gratuites, pendant toute la saison, le mois de juillet excepté. — Les *Buvettes,* au nombre de trois, sont ouvertes de 4 h. à 10 h. du mat. et de 2 h. à 5 h. du soir. — *Bains et douches* de 4 h. à 10 h. du mat. et de 2 h. à 5 h. du soir. La durée de la douche est de 15 min., prises sur les 45 min. fixées pour le bain. Au Pavillon, la durée du bain est de 10 min. et de 15 min. avec douche. — *Douches ascendantes internes,* à toutes les heures du jour. — *Bains de pieds,* de 8 h. à 10 h. du mat. et de 2 h. à 5 h. du soir. — *Piscines :* 1° bains particuliers et douches dans les baignoires des piscines (bains et douches à prix réduits) ; 2° les bains pris en commun (bains gratuits). Ce service à prix réduits ou gratuits, a lieu de 7 h. à 11 h. du s. — *Bains d'eau douce* de 2 h. à 5 h. du soir. — *Les salles de pulvérisation* sont ouvertes de 4 h. à 10 h. du mat. (vestiaire chauffé à l'entrée ; les pulvérisateurs sont personnels). — *Les salles d'aspiration* sont ouvertes aux mêmes heures. — *Douches de vapeur :* mêmes heures (durée 5 à 10 min.). — *Douches naso-pharyngiennes* (se munir d'un obturateur personnel).

Tarifs : — *Boisson et gargarisme,* pendant une saison de 20 jours ou moindre, 12 fr. — *Bain* avec 1 peig., 2 serv. (cabin. de luxe.), 3 fr. — *Douche* avec 1 peig., 2 serv. (cabin. de luxe.), 3 fr. — *Bain et douche ensemble,* 1 peign., 2 serv. (cabin. de luxe), 5 fr. — *Bain* avec 1 peign. et 2 serv., 2 fr. — *Douche liquide* (1 peig., 2 serv.), 2 fr. — *Bain et douche ensemble* (1 peig., 2 serv.), 3 fr. — *Bain de pieds* (une serviette), 50 c. — *Douche ascendante* (une serviette), 1 fr. 25. — *Douche naso-pharyngienne* (une serviette), 75 c. — *Douche de vapeur,* 2 fr. — *Aspiration de vapeur* (salle du haut), 2 fr. 25. — *Eau pulvérisée,* 2 fr. 25. — *Aspiration de vapeur* (salle du bas), 75 c. — *Douche liquide* dans les baignoires des piscines (deux serviettes), 75 c. — *Bain particulier,* dans les baignoires des piscines (deux serviettes), 75 c. — Les bains pris en commun dans les piscines sont gratuits. Les bains et douches de piscine sont donnés le soir de sept à onze heures. — *Linge pris en supplément :* peignoir, 20 c. ; — serviette, 10 c. ; — fond de bain, 30 c. ; — couverture en laine ou peignoir en laine (abonnement), 5 fr. — *Linge pour les bains médicamenteux :* drap ou peignoir, 30 c.; serviette, 15 c.

Porteurs : — le service en est facultatif aujourd'hui, mais les médecins en recommandent avec raison l'usage. *Tarifs :* la course, 60 c. pour 300 mèt. ; au delà de 300 mèt., 10 c. par 50 mèt. en plus.

Guides : — demi-journée, de 3 à 10 fr. ; journée entière, de 5 à 12 fr. (le guide est payé le même prix que les chevaux) ; si le guide est monté le prix est double. — Pour une selle de dame, 1 fr. en plus. Il est prudent de débattre les prix d'avance. Pour plus amples renseignements, voir le règlement de la Compagnie des guides formée sous le patronage de la section d'Auvergne du Club Alpin Français. Du reste cette section a fait placer de nombreuses plaques indicatrices des promenades.

Voitures publiques : — service de corresp. pour la station de Laqueuille (il est délivré des billets directs pour le Mont-Dore, des gares importantes des divers réseaux) ; pour les heures des départs, qui varient suivant les saisons, consulter les Indicateurs ; prix, 4 fr. 50 c., 3 fr. 50 c. et 2 fr. (les landaus faisant le service des billets de coupé : 4 fr. 50 c. par place et 18 fr. pour 4 places). — Entreprise *Mogis Auguste*, à 11 h. 1/2 du matin ; prix, 8 fr. 50 c., 7 fr. 50 c. et 6 fr. 50 c. — Omnibus pour *Clermont-Ferrand*, t. l. j. le mat. à 11 h. ; prix, 6 fr. 50 (trajet en 6 h., par Randanne) ; *la Bourboule*, plusieurs dép. par j. dans chaque sens, 1 fr. (aller) et 1 fr. 25 (retour).

Loueurs de voitures : — *Dallet-Martin* ; — *Baraduc-Laroche* ; — *Brugière* ; — *Joseph Baraduc-Tournade* ; — *Bouchaudy-Richard* ; — *Gouzon* ; — *Lagaye-Bonnaigue* ; — *Mabru* ; — *Madeuf-Baraduc* ; — *Manaranche* ; — *Manaranche-Gouzon* ; — *Pellissier* ; — *Rabette*. — Les voit., chars à bancs ou calèches à 2 chev., se louent 20 à 25 fr. par j. en moyenne (faire ses prix d'avance).

Loueurs de chevaux et d'ânes : — Presque tous les habitants du Mont-Dore en louent ; prix de 3 à 6 fr. par jour, suivant la saison.

Promenades en fauteuil : — de 3 à 5 fr. par porteur (suivant la longueur de la course).

Poste et télégraphe : — bureau ouvert de 7 h. du mat. à 9 h. du soir.

MONTEIGNET, 6.
MONTFERMY, 75.
MONTFERRAND, 40. — Tramway électrique pour Clermont, 20 c.
MONT-LA-COTE, 74.
MONTPENSIER, 9.
MONTPEYROUX, 107. — *V. Coudes*.
MONTRODEIX [Château de], 55.
MONT-ROGNON, 84.
MONT-ROGNON [Tour de], 180.
MORET-SUR-LOING, 2.
MOULINS, 4.
MOZAC, 82.
MURAT-LE-QUAIRE, 114.
MUROLS, 153. — Hôt. *Niérat*

N

NÉBOUZAT, 105.
NEMOURS, 2.
NESCHERS, 181.
NEVERS, 3.
NID-DE-LA-POULE [Le], 66.
NOALHAT, 91.
NOHANENT, 78.

O

OBSERVATOIRE DU PUY DE DOME, 62.
OLBY, 105.

INDEX ALPHABÉTIQUE.

OLLIERGUES, 91. — Hôt. *du Commerce.*
OPMES, 86.
OPPIDUM DE SERVIÈRE, 101.
ORCET, 112.
ORCINES, 70.
ORCIVAL, 115.

P

PAILLOUX, 150.
PAGNAT, 113.
PARDINES, 110.
PARDON, 104.
PAULHAC, 122.
PAVIN [Lac], 159.
PÉPINIÈRE [La] 55.
PERRIER, 110.
PESCHADOIRE, 74.
PIC DE SANCY, 142.
PLAT-A-BARBE [Cascade du], 148.
PONT-DE-DORE, 91.
PONT-DES-EAUX, 114. — Voit. publiques pour *Clermont, Rochefort, Laqueuille, la Bourboule.*
PONT-DU-CHATEAU, 80. — Omnibus à la gare. — Hôt. : *de l'Union; des Voyageurs; du Coq-d'Or.* — Voit. publique pour *Clermont.*
PONTEIX, 113.
PONTGIBAUD, 71. — Omnibus de l'hôtel à la gare, 25 c. — Hôt. : *Johannel* ou *du Commerce* (6 fr. 50 par j. ; voitures). — Voit. publiques pour *Aubusson, Auzances* et *Rochefort.*
PONT-MORT, 10.
PORT-SAINTE-MARIE [Chartreuse de], 75.

POUGUES, 3.
POUILLY-SUR-LOIRE, 3.
PRANAL [Grottes de], 75.
PRENDS-TOI-GARDE, 150.
PUCELLE [Saut de la], 149.
PUY BARBIER, 153.
PUY CHOPINE, 70.
PUY CORENT, 106.
PUY DE CACADOGNE, 137.
PUY DE CHARMONT, 100.
PUY DE CHATEAUNEUF, 184.
PUY DE CLIERZOUX, 66.
PUY DE COME, 67.
PUY DE COMPERET, 102.
PUY DE DOME, 62.
PUY DE DOME [Petit], 65.
PUY DE FRAISSE, 67.
PUY DE GRAVENOIRE, 56.
PUY DE JUMES, 76.
PUY DE LA BANNIÈRE, 79.
PUY DE LA COQUILLE, 77.
PUY DE LA CROIX-MORAND, 153.
PUY DE LOUCHADIÈRE, 76.
PUY DE LANTÉGY, 70.
PUY DE LA NUGÈRE, 77.
PUY DE LA PERDRIX, 144.
PUY DE LA RODDE, 100.
PUY DE LASSOLAS, 99.
PUY DE LA TACHE, 153.
PUY DE LA VACHE, 99.
PUY DE L'ENFER, 101.
PUY DE MAREILHE, 137.
PUY DE MERCŒUR, 99.
PUY DE MEY, 99.
PUY DE MONTCHAL, 100.
PUY DE MONTCHAL, 160.
PUY DE MONTCINEYRE, 161.
PUY DE PAILLERET, 144.
PUY DE SERVIÈRE, 101.
PUY DE VICHATEL, 100.
PUY DES GOUTTES, 70.
PUY DU PARIOU, 67.
PUY FERRAND, 144.
PUY GIROUX, 89.
PUY GROS, 144.

PUY GROS, 177.
PUY-GUILLAUME, 91.

Q

QUEUREILH [Cascade de], 152.

R

RABANESSE, 63.
RAJAT [Grotte de], 185.
RANDAN [Château de], 10. — Hôt. du Parc ou Brégeon. — Voit. publ. pour Aigueperse.
RANDANNE, 100. — Restaurant.
RAVEL-SALMERANGE, 91.
RIGOLET-BAS, 146.
RIGOLET-HAUT, 137.
RIOM, 12. — Omnibus, 25 c. — Hôt. : Grand-Hôtel, place Desaix ; du Puy-de-Dôme ; de la Halle. — Café du Puy-de-Dôme. — Loueurs de voitures : Sabatier, rue de l'Hôtel-de-Ville ; Dandec, Bouchet-Brun, Léry, rue Dorat. — Voitures publiques pour : Châtel-Guyon (du 15 juin au 30 sept., 2 dép. par jour ; 75 c. et 1 fr. 20 c., aller et retour) ; Maringues, Chateauneuf ; Volvic, Saint-Gervais, Combronde, Manzat, Pionsat, Rouzat, Saint-Pardoux.
RIS-CHATELDON, 91.
RIVAUX-GRANDS [Val de], 139.
RIVAUX-PETITS [Val de], 13.

ROCHE-BLANCHE [La], 88.
ROCHEFORT, 116. — Hôt. de la Couronne. — Voit. publ. pour la Miouze-Rochefort et Pontgibaud.
ROCHEGUDE [Château de], 17.
ROCHE-NOIRE [La], 106.
ROCHES [Les], 70.
ROCHE-VENDEIX [La], 174.
ROMAGNAT, 84.
ROSSIGNOLET [Cascade du], 150.
ROUILLAT-BAS, 114.
ROURE [Le], 73.
ROUSSAT, 156.
ROUZAT, 18.

ROYAT-LES-BAINS, 44.

Omnibus : — pour Clermont : départs de l'établissement tous les 1/4 d'heure : 25 c.

Tramway électrique : — de Royat à Clermont, 20 c.

Voitures de place : — pour Clermont, 2 fr. et 2 fr. 50 ; prise à la gare, 1 fr. 50.

Hôtels : — Grand-Hôtel et hôtel des Thermes (depuis 12 fr. par j.) ; — Continental* ; — Splendid-Hôtel* ; — de Royat ; — Bristol (de 8 à 14 fr. par j.) ; — des Bains (depuis 10 fr. par j.) ; — de Lyon ; — Central (de 7 à 12 fr. par j.) ; — Victoria et de Nice ; — de la Paix ; — de Richelieu ; — du Louvre et villa Sévigné ; — des Nations ; — de l'Europe ; — de France et d'Angleterre (depuis 9 fr. par j.) ; — des Sources et villa des Thermes (depuis 7 fr. par j.) ; — hôt.-villa Saint-Mart ; — de Paris (de 7 à 12 fr. par j.; pens. 7 fr. par j., chambre non comprise) ; — de César (depuis 7 fr. par j.) ; — du Parc ; — hôt.-villa de Bellevue ; — Saint-Victor ; — hôtel-villa de Venise ; — Marie-Louise ; — de l'Époque ; — du Chalet ; — des Princes et restaurant A ma campagne. — Le

INDEX ALPHABÉTIQUE.

prix de la chambre et de la pension, dans les hôtels de 1er ordre, varie de 10 à 15 fr. par jour, et dans les autres (très confortables) de 5 à 12 fr.

Hôtels-restaurants : — *des Artistes ; — de la Grotte ; — des Marronniers.*

Maisons meublées : — *Castel du Parc* ; — Villa Beau-Site ; — Dourif ; — des Genêts ; — de la Grande Source ; — Gaumet ; — Romaine ; — Cambise ; — Chalet Murat ; — des Roses ; — Talbot ; du Pavillon de Flore ; — Villa Madame ; — Villa des Thermes ; — Villa des Anglais ; Magnin ; — Chalet des Bains ; — Villa Servant ; — Beauséjour ; — de Lussau ; — Ragon ; — des Montagnes ; — Villa des Terrasses ; — Allègre ; — du Luxembourg ; Robert ; — Beaurivage ; — du Chatel ; — de la Tiretaine ; — des Marronniers ; — de la Cascade ; — des Bruyères ; — des Cèdres ; — du Coteau ; — du Ravin ; — de Nanteuil ; — Poinçon ; — des Condamines ; — Bonnet ; — Grand ; — des Acacias ; — Chalet Vaufleurs ; — Chatel Clémentel ; — Pavillon de Rohan ; — Villa de la Grande-Source ; — Coustel ; — Maria ; — Marie-Louise ; — Sauvanot ; — des Roches ; — Villa Monier ; — Limet ; — Continental ; — Richelieu ; — Arnold ; — Meyer ; — Gillet ; — Chalet de Bellevue ; — Villa du Roc ; — Maison Phelut ; — Sétif ; — des Fleurs ; — Gabrielle ; — Colbert ; — Chalet Mendrillon ; — de la Laitière ; — Camille ; — Villa et hôt. du Chalet ; — Eugénie et des Prés ; — d'Apremont ; — Turteau ; — du Vatican ; — des Rochettes ; — des Religieuses Dominicaines (pension et logement).* — Les prix des chambres varient de 3 à 6 fr. et de 1 à 3 fr. dans les maisons de moindre importance.

Il n'existe à Royat aucune agence de locations.

Restaurants : — *au Casino ; du café Central ; — du Cercle de Royat ; — Fournier ; — de l'hôtel de l'Observatoire, au puy Chasteix.*

Cafés : — *Grand Café du Casino ; — café Central ; — du Cercle ; — du Globe.*

Parc : — tous les jours de 9 h. 1/2 à 10 h. 1/2, de 3 h. 1/2 à 5 h. 1/2, de 8 h. à 9h. du soir, musique dans le parc (les chaises pendant la musique : le matin, 15 c. ; le soir, 25 c. ; par abonnement : 25 j., 5 fr. ; saison entière, 10 fr.).

Casino municipal : — ouvert du 15 mai au 30 septembre, de 8 h. du mat. à minuit. Le Casino comprend des salles de concert, de spectacle, de jeux (petits chevaux), de lecture. L'abonnement de 25 jours donne droit aux spectacles, concerts et bals tous les jours, excepté un jour par semaine, et à l'entrée libre des autres salles.

Tarif : Entrée pour 1 j., 2 fr. ; 25 j., 20 fr. ; par pers. d'une même famille, 16 fr.

Grand-Théâtre. — Baignoire d'avant-scène, 5 fr. ; loge d'avant-scène, 6 fr. ; baignoire, 4 fr. ; loge découverte, 5 fr. ; fauteuil d'orchestre, 4 fr. ; fauteuil de balcon 4 fr. ; abonnement pour une pers. aux fauteuils d'orchestre, 30 fr. ; par pers. de la même famille, 25 fr. ; abonnement pour la saison, 60 fr. — Casino et théâtre réunis : entrée, 5 fr. ; 25 j., 40 fr. ; chaque pers. de la même famille, 35 fr.

Culte protestant : — à la Chapelle anglaise, boulevard Bazin, le dimanche à 3 h.

Service médical : — MM. les docteurs : *Bouchinet ; — Boucomont ; — Brandt ; — Chauvet, — Fredet ; — Laussedat ; — Le Marchand ; — Levillain ; — A. Petit ; — Puy-Leblanc.*

Tarifs des buvettes, bains douches, etc. : — Tout baigneur pour suivre son traitement, doit prendre une carte d'abonnement aux *buvettes* pour une saison. Cette carte se délivre au bureau du pavillon central du Grand Établissement, et coûte 10 fr. Elle est personnelle et doit être présentée à toute réquisition des employés.

1º GRAND ÉTABLISSEMENT.

BAINS (1 peignoir, 2 serviettes : durée, 1 h.) : — du 1er mai au 31 mai, de 6 h. à 7 h., 1 fr. 50; de 7 h. 15 à 8 h. 10, 1 fr. 50; de 8 h. 30 à 9 h. 30, 1 fr. 50; de 9 h. 45 à 10 h. 45, 1 fr. 50; de 2 h. à 3 h., 1 fr. 50; de 3 h. 15 à 4 h. 15, 1 fr. 50; de 4 h. 30 à 5 h. 15, 1 fr. 50; de 5 h. 45 à 6 h. 45, 1 fr. 50.
— Du 1er au 30 juin, de 6 à 7 h., 1 fr. 50; de 7 h. 15 à 8 h. 10, fr.; de 8 h. 30 à 9 h. 30, 2 fr.; de 9 h. 45 à 10 h. 45, 1 fr. 50; de 2 h. à 3 h., 1 fr. 50; de 3 h. 15 à 4 h. 15, 1 fr. 50; de 4 h. 30 à 5 h. 15, 1 fr. 50; de 5 h. 45 à 6 h. 45, 1 fr. 50. — Du 1er juillet au 31 août, de 4 h. 45 à 5 h. 45, 1 fr. 50; de 6 h. à 7 h., 2 fr. 50; de 7 h. 15 à 8 h. 10, 2 fr. 50; de 8 h. 30 à 9 h. 30, 2 fr. 50; de 9 h. 45 à 10 h. 45, 2 fr. 50; de 2 h. à 3 h., 1 fr. 50; de 3 h. 15 à 4 h. 15, 2 fr. 50; de 4 h. 30 à 5 h. 15, 2 fr. 50; de 5 h. 45 à 6 h. 45, 1 fr. 50. — Du 1er au 30 septembre, de 6 h. à 7 h., 1 fr. 50; de 7 h. 15 à 8 h. 10, 2 fr.; de 8 h. 30 à 9 h. 30, 2 fr.; de 9 h. 45 à 10 h. 45, 1 fr. 50; de 2 h. à 3 h. 1 fr. 50; de 3 h. 15 à 4 h. 15, 1 fr. 50; de 4 h. 30 à 5 h. 15, 1 fr. 50; de 5 h. 45 à 6 h. 45, 1 fr. 50. — Du 1er au 31 octobre, de 6 à 7 h., 1 fr. 50; de 7 h. 15 à 8 h. 10, 1 fr. 50; de 8 h. 30 à 9 h. 30, 1 fr. 50; de 9 h. 45 à 10 h. 45, 1 fr. 50; de 2 h. à 3 h., 1 fr. 50; de 3 h. 15 à 4 h. 15, 1 fr. 50; de 4 h. 30 à 5 h. 15, 1 fr. 50; de 5 h. 45 à 6 h. 45, 1 fr. 50.

Nota. — Le bain acidulé coûte 1 fr. de plus que le bain ordinaire. *Bain de siège*, 1 peignoir, 2 serviettes, 1 fr. — *Bain de pieds*, 2 serviettes, 50 c. — *Bain de vapeur* (durée 20 min.), 1 peignoir, 2 serviettes, 2 fr. — *Bain de gaz acide carbonique* (durée 20 min.), 1 fr. 25. — *Bain de piscine*, hommes (du 1er mai au 30 septembre), 1 peignoir, 1 caleçon, 1 serviette, 2 fr. — *Bain de piscine* hommes (du 1er octobre au 10 avril), 1 fr. — *Bain de piscine*, dames (du 1er au 30 septembre), 1 peignoir, 2 serviettes, 2 fr. — *Bain de piscine*, dames (du 1er octobre au 30 avril), 1 fr.

DOUCHES. — *Grande douche chaude* (20 min.), 1 peignoir, 2 serviettes, 2 fr. 50. — *Id.* dans le bain, 1 fr. 50. — *Grande douche à la pression de la source* (durée 15 min.), 1 peignoir, 2 serviettes, 2 fr. — *Petite douche locale*, 1 serviette, 1 fr. 25. — *Id.* dans le bain (durée 15 min.), 75 c. — *Douche écossaise*, 1 peignoir, 2 serviettes, 2 fr. — *Douche ascendante*, 1 serviette, 75 c. — *Id. froide*, 1 peignoir, 2 serviettes, 1 fr. 50. — *Id. de vapeur générale*, 1 peignoir, 2 serviettes, 2 fr. — *Id. de vapeur locale*, 1 serviette, 1 fr. — *Id. de pieds* (hydrothérapie), 2 serviettes, 60 c. — *Douche interne dans le bain*, 75 c. — *Id. de gaz acide carbonique*, 1 serviette, 1 fr. — *Aspiration*, la séance, 1 peignoir laine, id. de toile, 2 serviettes, 1 fr. 50; linge non fourni, 1 fr. — *Pulvérisation*, la séance (durée 20 min.), 1 bavette, 1 serviette, 1 fr.; lavage d'estomac, 3 fr. — *Linge supplémentaire*, 1 fond de bain, 30 c.; 1 peignoir laine, 25 c.; id. toile, 20 c.; 1 serviette, 10 c.; 1 caleçon, 10 c.; drap mouillé, 75 c.; costume de natation, location, 40 c.; sac de son pour bain (1 sac), 25 c.

PORTEURS. — Aller et retour (300 m.), 1 fr. — Demi-course, 60 c.

2º BAINS DE CÉSAR

Bains (du 1er juillet au 31 août), 2 fr.; — id. avant juillet et après août, 1 fr. 50.

Les séries des bains vont de 1/2 h. en 1/2 h.

Gymnase : — leçons d'ensemble à 9 h. du matin et à 4 h. du soir (à l'Établissement thermal).

INDEX ALPHABÉTIQUE.

Poste : — dans le parc en face du Splendid-Hôtel.

Télégraphe : — à côté du bureau de poste, ainsi que le bureau de police.

Chevaux et ânes : — dans le voisinage du Casino et des Hôtels (prix à débattre).

ROZIERS [Les], 73.

ROZIERS-SUR-SIOULE [Les], 97.

S

SAILLANS, 180. — Hôt. *du Saut de la Couze.*

SAINCAISE, 4.

SAINT-ALYRE, 38. — V. Clermont.

SAINT-AMANT-TALLENDE, 112. — Hôt. *des Voyageurs.* — Voit. publiques pour *le Cendre* et *Clermont.*

SAINT-ANGEL, 17.

SAINT-CIRGUES, 110.

SAINT-FLORET, 110.

SAINT-GENÈS-CHAMPANELLE, 104.

SAINT-GENEST-DE-RETZ, 8.

SAINT-GERMAIN-DES-FOSSÉS, 5. — Buffet. — Hôt.: *du Parc; de la Gare.*

SAINT-GERMAIN-LEMBRON, 123. — Hôt.: *Parrain; Estier-Berger.*

SAINT-HIPPOLYTE, 82.

SAINT-MART [Grottes de], 44.

SAINT-MART [Hameau de], 44.

SAINT-NECTAIRE-LE-HAUT ou CORNADORE, 181.

Hôtels : — *du Mont-Cornadore* (9 à 12 fr. par j.: pens. 7 fr. par j.; poste et télégraphe; théâtre; jeux); — *de la Paix;* — *de France.*

Maisons meublées : — *villa des Bains;* — *villa des Grottes;* — *villa Beauvert;* — *villa du Mont-Cornadore;* — *villa Tartière.* — *Espinasse.* — On trouve en outre des chambres meublées dans le village.

Cafés : — près de l'établissement (billards et journaux).

Casino : — théâtre, salons de conversation, de bal, gymnase dans l'établissement.

Service médical : — MM. les docteurs : *Gourbeyre,* médecin inspecteur ; — *Goubert-Imberdis;* — *Thibaud;* — *Percepied;* — *Puy-Leblanc;* — *Bados.*

Établissement des bains : — ouvert du 1er juin au 1er octobre.

Tarifs : — *bain minéral de 1re cl.,* 1 fr. 50 avec linge, et 1 fr. 25 c.; — *grande douche à percussion.* mêmes prix ; — *id. minérale froide,* mêmes prix ; — *bain minéral de 2e classe,* 1 fr. 25 c. et 1 fr. ; — *grande douche à percussion et grande douche froide,* mêmes prix ; — *injections,* par jour, 1 fr. ; — *pulvérisation,* une séance, 1 fr. ; — *douche ascendante,* 50 c. ; — *bain de pieds,* 40 c. et 25 c. ; — *bain d'eau douce,* 1 fr. 50 c. et 1 fr. 25 c. — Supplément de linge: fond de bain, 10 c.; — peignoir, 15 c.: — peignoir flanelle, 20 c.; — serviette, 10 c. — *Buvette :* par abonnement, la saison, 3 fr.

Tarif des bains. — *Bain de 1re cl.* avec linge, série 6 et 7 h., 2 fr.; sans linge 1 fr. 75; série 5 et 8 h., 1 fr. 50 et 1 fr. 25; *bain à eau courante* avec linge, 2 fr. 50: *douche,* 1re classe, série 6 h. et 7 h., 1 fr. 50; série 5 h. et 8 h., 1 fr. 25; *bain de 2e classe,* 1 fr.; *douche de 2e classe,* 1 fr.; *grande* douche avec linge, 2 r. ; *injection* avec linge, 1 fr. 20; sans linge, 1 fr.; *pulvérisation*, 1 fr.; *douche anale*, 50 c. ; *bain acide carbonique*, 1 fr. ; *bain de pieds* avec linge, 40 c. ; sans linge, 25 c. ; serviette, 10 c. ; peignoir, 15 c. ; fond de bain, 20 c. ; linge complet, 25 c. Abonnement aux buvettes, saison, 10 fr.; à la source Rouge, 20 fr.

Loueur de voitures : — *Cancy.* Tarif : voiture à 2 chevaux, pour le Mont-Dore, 30 fr.; à 1 cheval, 20 fr ; Valcivières, 30 fr. et 20 fr.; lac Pavin, 25 fr. et 15 fr. ; lac d'Aydat, 30 fr. et 20 fr.; lac Chambon, 12 fr. et 8 fr.; grottes de Jonas, 15 fr. et 10 fr.; château de Murols, 10 fr. et 6 fr. ; Issoire 30 fr. et 12 fr.; Coudes, 20 fr. et 12 fr. ; Verrières, 8 fr. et 5 fr.

Voitures publiques : — pour *Coudes*, t. les j. à 3 heures ; courrier pour *Champeix* et *Murols*.

Poste et télégraphe : — près de l'hôtel du Mont-Cornadore.

SAINT-NECTAIRE-LE-BAS, 188.

Hôtels : — *Grand-Hôtel des Thermes* (beaux appartements, salons, salle de billard) ; — *de Paris* (*Mandon*; belles incrustations); — *Bauger-Mazuel*; — *Mandon Jules*; — *Madeuf*; — *Ve Henri Currier* (maison meublée). — Les prix, dans ces hôtels, sont de 7 à 12 fr. par jour. — Appartements meublés : s'adresser à M. *Boëtte*.

Service médical : — MM. les docteurs : *Dumas* ; — *Gourbeyre* ; — *Thibaud*.

Établissements des bains : — bains *Romains* et bains *Boëtte*. — Ouverts du 1er juin au 15 septembre.

Tarifs : — *bain de 1re cl.* 1 fr. 25 c.; — *douche de 1re cl.*, 1 fr. 25 c. — *bain ordinaire*, 1 fr. ;

— *douche ascendante*, par jour, 1 fr. ; — *douche ascendante liquide et gazeuse*, par jour, 1 fr. ; — *bain de gaz acide carbonique*, 1 fr. ; — *douche de gaz acide carbonique*, 1 fr. ; — *bain de pieds*, 25 c. — Linge et accessoires : peignoir, fond de bain, 15 c. ; — peignoir, 10 c. ; — serviette, 5 c.

Porteurs : — 50 c.

Voitures : — V. Saint-Nectaire-le-Haut.

SAINT-OURS, 76.
SAINT-OURS-LES-ROCHES, 97.
SAINT-PIERRE-COLAMINE, 164.
SAINT-PIERRE-LE-CHASTEL, 73.
SAINT-PIERRE-LE-MOUTIER, 4.
SAINT-PIERRE-ROCHE, 105.
SAINT-REMI-EN-ROLLAT, 5.
SAINT-ROBERT [Col de], 158.
SAINT-SATURNIN, 112.
SAINT-SAUVE, 176.
SAINT-VICTOR-LA-RIVIÈRE, 156.
SAINT-VINCENT, 110.
SAINT-YORRE, 91.
SAINT-YVOINE, 108.
SAINTE-ÉLISABETH [Cascade de], 175.
SAINTE-FLORINE, 1.
SAINTE-MARGUERITE, 107.
SALIENS [Cascade des], 114.
SALON-DE-MIRABEAU [Le], 146.
SALON-DU-CAPUCIN [Le], 137.
SANADOIRE [Roche], 102.
SANCERRE, 3.
SANCY, V. pic de Sancy, 140.
SARLIÈVE, 106.
SAULZET, 98.
SAULZET-LE-FROID, 101.
SAURIER, 110.

INDEX ALPHABÉTIQUE.

SAUT-DU-BLED [Cascade du], 152.
SAUT-DU-LOUP [Le], 123.
SAUT-DU-LOUP [Cascade du], 152.
SAUVAGNAT, 108.
SAYAT, 78.
SCIERIE [La Grande], 148.
SERPENT [Cascade du], 141.
SERVIÈRE [Lac de], 101.
SEYCHALLES, 89.
SIÉGE [Le], 174.

T

TARTARET [Le], 153.
TAZANAT [Gour de], 17.
THÈDES, 104.
THEIX [Le], 99.

THIERS, 92. — Omnibus à la gare. — Hôt. : *de Paris* (depuis 7 fr. par j.); *de l'Aigle-d'Or* (7 fr. par j.); *de l'Univers* (depuis 7 fr. par j.). — *Café de la Rotonde* ou *Couturier*, rue de la Terrasse.

TORTEBESSE, 117.

TOUR-D'AUVERGNE [La], V. Latour, 171. — Hôt. *Durif.*
TOURNOEL [Château de], 79.
TUILIÈRE [Roche], 102.

V

VAREILLE [La], 17.
VASSEL, 90.
VASSIVIÈRE, 155. — Auberges
VAURIAT, 97.
VENDAT, 5.
VERNET [Le], 100.
VERNIÈRE [Cascade de la], 148.
VERNINES, 95.
VERRIÈRES, 176.
VERTAIZON, 90. — Hôt. : *du Jardin-d'Auvergne; Forest; du Vignoble; de la Gare.* — Voit. publiques pour *Cunlhat.*
VEYRE-MONTON, 112.
VIC-LE-COMTE, 107. — Omnibus, 25 c.
VILLARS, 60.
VILLAR [Gorge de], 58.
VILLEJACQUES, 115.
VILLENEUVE [Château de], 110.
VOISSIÈRES, 152.
VOLVIC, 79. — Hôt. *du Commerce* — Voit. publiques pour *Clermont.*

Paris. — Typ. Chamerot et Renouard, 19, rue des Saints-Pères. — 30176.

PUBLICITÉ DES GUIDES JOANNE
EXERCICE 1893-1894

ADRESSES UTILES

ADMINISTRATION
des Eaux de Pougues
22, *Chaussée d'Antin, Paris.*

Eau bicarbonatée, calcique, ferrugineuse, sans rivale contre DYSPEPSIES, GRAVELLES, DIABÈTE, etc. Établ. thermal S*t*-Léger, 15 mai-15 octobre. — **Splendid-Hôtel**, propé de la Cᵉ : 120 chambres; luxe, confort. **Casino**. (Voir page 96.)

AGENCE DE LOCATIONS

Agence des Étrangers, 72, *r. Basse-du-Rempart.* Appart. et hôtels privés. Loc. et vente, meublés ou non.

AMEUBLEMENT

Flachat, Cochet, Paris et Lyon. (V. p. 49.)

ARMES — ARMURES

Gutperle, 12, *boul. Magenta*, Paris. Armes, armures, panoplies d'armes, reproduction des armes anciennes. Armes, armures, bijoux pour théâtres.

BANQUES

Banque d'Escompte de Paris. (V. p. de garde fin du volume.)

Comptoir National d'Escompte de Paris. (Voir p. 26.)

Crédit Lyonnais. (V. p. 22.)

Lyon-Alemand. (V. p. 27.)

Société Générale. (V. p. 24.)

BIÈRE

BRASSERIE DE L'ÉTOILE. *Fournisseur des hôpitaux*. Bières de toutes espèces en fûts et en bouteilles. Fabr. spéciale de *bière de nourrices*. 37, *avenue des Ternes,* Paris.

BIJOUTERIE

Tranchant, 79, *r. du Temple*, Paris. Bijouterie argent en tous genres. Hochets, bracelets, chaînes, bourses.

BIBLIOTHÈQUES (Articles pour)

Georges BORGEAUD, *rue des Sts-Pères*, 41 bis. SPÉCIALITÉ D'ARTICLES POUR BIBLIOTHÈQUES ET CLASSEMENTS. Boîtes à fiches et fiches en tous genres. Catalogues pour bibliothèques. Chevalet liseuse. Objets en tous genres pour favoriser les travaux intellectuels en économisant du temps. Envoi *franco* du prix courant illustré sur demande affranchie.

---

ublicité des **GUIDES JOANNE**   TYPE **A — 1**
Exercice 1893-1894.

CAOUTCHOUC DE VOYAGE

Maison Charbonnier
J. VÉCRIGNER, Succ^r
376, *rue Saint-Honoré*, 376

Caoutchouc manufacturé anglais, français et américain. Chaussures américaines et gants, bottes de marais.

Vêtements imperméables, toile caoutchouc. Tobs anglais ou bains portatifs, cuvettes pliantes, sacs à eau chaude, coussins et matelas à air et à eau pour malades et pour voyages. Urinaux, Bidets et bassins, etc. Atelier de réparation.

Maison Mager. A. Auvin, succ^r, 11, *rue d'Abukir*, Paris. Caoutchouc manufacturé. Vêtements et articles de voyage. Tuyaux d'arrosage, etc.

CHOCOLAT

Chocolat Menier (v. p. 119.)

Chocolat Devinck. (V. p. 51.)

Compagnie Coloniale. (V. page de garde en tête du volume.)

CONSTRUCT^{rs} MECANICIENS

Vve Nassivet à Nantes. (V. p. 92.)

CRISTAUX, FAIENCES, PORCELAINES

L. BOUTIGNY
Cristaux artistiques
ARTICLES DE BOHÊME
SERVICES DE TABLE
Seul dépôt : **passage des Princes**, à Paris.

Maison Toy (Voir page 54.)

DENTIFRICES

Docteur Pierre. (V. p. 49.)

DEUIL

A la Religieuse (V. p. 48.)

DIAMANTS

Diamants Lère-Cathelain. Imitations parfaites et inaltérables du vrai. — Boucles d'oreilles, bagues, broches, etc., montées sur or, de 20 à 100 fr. — Reproduction de parures. — Gros et détail. — Expédition contre mandat. — Demander le catalogue illustré **Lère-Cathelain**. 97, *boulevard Sébastopol*, et 21, *boulevard Montmartre*, Paris.

EAUX MINÉRALES

Pougues (Etablis. thermal). Administration, 22, *rue de la Chaussée d'Antin*. (Voir page 96.)

EMBALLAGES

Chenue et Fils, 5, *rue de la Terrasse*, près la place Malesherbes, Paris. Emballages et transports d'objets d'art et mobiliers.

GYMNASES

GYMNASE médical et orthopédique, cours mixte, jeunes enfants depuis l'âge de 4 ans. Cours spéciaux demoiselles et jeunes gens; escrime, hydrothérapie. **J. Lefebvre**, directeur, 30, faubourg Saint-Honoré, Paris.

Lelièvre (V. *Sauvetage*).

HABILLEMENTS

Maison de la Belle Jardinière. (Voir page 45.)

HOTELS

Gd Hôtel Anglo-Américain, 113, *rue Saint-Lazare* (en face la gare). Appartements et chambres. Service à la carte. English spoken. FRIBAULT, propriétaire.

Hôtel d'Antin, 18, *rue d'Antin*, Paris (près l'Opéra). Appartements et chambres pour familles depuis 3 fr. 50 par jour. Déjeuners et dîners à volonté. — M. A. CHRISTOPHE, propriétaire

HOTELS (Suite)

Appartements et chambres meublés, d'un excellent confort, 10, *boulevard des Italiens*, et *passage de l'Opéra*, escalier A, Paris. — Th. THERSEN, propriétaire.

Grand Hôtel de l'Athénée
15, *rue Scribe*, Paris.
Lumière électrique
dans toutes les chambres.
Ascenseur. — Salles de bain.

Hôtel Britannique, Paris, 20, *avenue Victoria* (place du Châtelet), Mlle PRHET, propr. Grands et petits appartements. Table d'hôte. Prix modérés. Envoi du tarif sur demande.

Hôtel Burgundy, 8, *r. Duphot* (Madeleine), Paris. Chambres de 2 à 10 fr. par jour; pension de 55 à 70 fr. par semaine. Writing, Drawing, Dining and Smoking Rooms. BÉGARD, pre.

Grand Hôtel Cambon, 3, *rue Cambon*, Paris (près les Tuileries, Champs-Élysées, grands boulevards). Appartements et chambres depuis 2 francs. Restaurant à la carte et prix fixe. English spoken. BONNET, propr.

Hôtel du Chariot d'or. Reconstruit en 1887, *rue Turbigo*, 39, près le boul. Sébastopol (ci-devant *rue Grenéta*, 13). Café-Restaurant. Table d'hôte. Chambres confortables depuis 2 f. 50. Ascenseur. RABOURDIN, propr.

Hôtel du Chemin de fer de Lyon (le seul en face de l'arrivée), 19, *boulevard Diderot*, Paris. Grands et petits appartements, chambres, service dans les appartements, bains, poste et télégraphe. English spoken. Mme Vve SOUFFLET, propr.

Hôtel de la Cité Bergère et Bernaud. — Paris, 4, *cité Bergère*, 4.
Situé à proximité des boulevards et des théâtres et au centre du commerce. Table d'Hôte. — Prix modérés.

Hôtel des Colonies, 27, *rue Paul-Lelong*, près la Bourse. Appartements et chambres confortables. Table d'hôte. English spoken.

Grand Hôtel Corneille, 5, *rue Corneille*. Chambres depuis 2 fr.; déjeuners, 1 fr. 50; dîners, 2 fr. English spoken. Téléphone. LOISEAU, propriétaire.

Hôtel des Croisés d'Orient. (Voir p. 59.)

Hôtel Cusset, 95, *rue Richelieu* (passage des Princes), 5 bis, *boulevard des Italiens*, et 2, *rue d'Amboise*. Chambres de 3 à 10 fr. par jour et de 45 à 200 fr. par mois. Petits appartements. Prix modérés. Ascenseur. CUSSET, propriétaire.

Hôtel du Danube, 11, *r. Richepanse*, près la Madeleine. Grands et petits appartements pour familles.

Hôtel Folkestone, 9, *rue Castellane* (près la Madeleine), Paris. Pension et Chambres de 8 à 12 fr par jour. Chambres de 2 à 6 fr. Table d'Hôte et Service dans les Chambres.

Hôtel Folkestone, 129 bis, *boulevard Magenta*, Paris (près la gare du Nord). Pension de famille. English spoken.

Hôtel de France, 40, *rue de Rivoli*, Paris (près l'Hôtel de Ville). Appartements et chambres, table d'hôte, service à la carte. LONGCHAMP, propriétaire.

Hôtel de la Gare du Nord, 31, *rue Saint-Quentin*, Paris (près la gare du Nord, au coin de la rue Lafayette). Chambres confortables, déjeuners et dîners à la carte. English spoken. Man spricht deutsch. Prix modérés.

Gd Hôtel du Globe. (V. p. 60.)

Grand Hôtel d'Harcourt, 3, *boul. St-Michel*. Chambres confortables de 2 à 6 fr. Appartements et salons. Pension de famille. Prix modérés.

HOTELS (Suite)

Hôtel Jacob, 44, *rue Jacob*. Chambres et appartements meublés depuis 2 fr., avec pension de 8 à 10 fr. par jour; au mois depuis 150 fr. Service dans les appartements. Man spricht deutsch. English spoken.

Hôtel du Jardin des Tuileries, 206, *rue de Rivoli*, en face le Jardin des Tuileries. Appartements et chambres. Grand confort. Elegantly furnished apartments and single rooms. Full south. Lift. ZIEGLER, propr.

Hôtel Jean-Bart, 31 *bis* et 33, *rue de Dunkerque*, Paris (près les gares du Nord et de l'Est). Chambres très confortables. Prix modérés.
SAUTRET, propriétaire.

Gd Hôtel Jules-César, 52, *av. Ledru-Rollin*, au xle *rue de Lyon*, 20, Paris. Hôtel confortable, le plus près des chemins de fer Lyon et Orléans. Restaurant, bains dans l'hôtel. English spoken. Ch. DENEUX, propriétaire.

Grand Hôtel Louvois, *place Louvois*, situé sur un beau square au centre de Paris. Appartements et chambres seules. Restaurant et Table d'hôte. L. DRUIT, propriétaire.

Hôtel Malherbe, 11, *r. Vaugirard*, au centre du Quartier Latin. Chambres prix modér. Pension de fam.

Hôtel Mirabeau, 8, *rue de la Paix*. Maison de premier ordre.

Hôtel National, 11, *rue Notre-Dame-des-Victoires* (près la Bourse). Appartements et chambres. Table d'hôte. Prix modérés. HECKING, propr.

Grand Hôtel de Nice, 36, *rue Notre-Dame-des-Victoires*. (V. p. 59.)

Grand Hôtel d'Orléans, 17, *rue Richelieu* (près le Palais-Royal). Appartements et chambres confortables. Table d'hôte. Service à la carte.
BAR-SCHULZ, propriétaire.

Hôtel du Prince Albert, 5, *rue St-Hyacinthe-St-Honoré*, Paris. Situation centrale. Chambres depuis 2 fr. 50.

Hôtel du Prince de Galles, 24, *r. d'Anjou-St-Honoré*. (V. p. 59.)

Hôtel de Reims, 29 et 37, *passage du Saumon* (Voir cahier en tête des Guides parisiens.)

Hôtel Richer, 60, *rue Richer*, centre de Paris, près les grands boulevards. Chambres depuis 2 fr. Repas à la carte.

Grand Hôtel de Rome, 15, *rue de Rome*, à une minute de la gare St-Lazare et à deux minutes de l'Opéra et des grands boulevards, Paris. Appartements pour familles et chambres pour voyageurs. Grand confortable. Prix modérés. Situation magnifique dans le quartier élégant, au centre des affaires et des grands théâtres.
PIARD, propriétaire.

Grand Hôtel de Roubaix
6, *rue Grenéta*, Paris,

près les Arts-et-Métiers, au centre des affaires. La maison ne tenant pas de table d'hôte, le voyageur a toute liberté de prendre ses repas où bon lui semble.
GALLAND, propriétaire.

Royal Hôtel, 49, *rue Lafayette*, (V. p. 60.)

Hôtel Saint-Séverin, 40, *rue St-Séverin*, Paris (près la place St-Michel). Appartements et chambres. Service à volonté.

Hôtel de Seine, 52, *rue de Seine* (boul. Saint-Germain), Paris. Appartements et chambres confortables. Table d'hôte. Service à volonté. Prix modérés. DUJARDIN, proprre.

Hôtel de Strasbourg, 50, *rue Richelieu*. Table d'hôte. Appartements et chambres au mois.

Hôtel de la Tamise, 4, *rue d'Alger*, en face du Jardin des Tuileries. Chambres depuis 2 fr. 50. Appartements. Arrangements pour séjour.
G. JORGER, propriétaire.

HYDROTHÉRAPIE

Institut d'hydrothérapie et de kinésithérapie médicales. Traitement par l'eau et par le mouvement physiologique.
49, *Chaussée-d'Antin*, Paris.

Villa de santé pour dames. Mme Goby, 21, *boulevard Péreire*. (V. p. 60.)

INSTITUT THERMO-RÉSINEUX

du docteur **Paul Chevandier de la Drôme**, ci-devant, 14, rue des Petits-Hôtels, actuellement **57, rue Pigalle**, Paris. Ouvert toute l'année. Cure des rhumatismes, goutte, névralgies, sciatiques, etc. *Succès éclatants.*

Massage médical.

INSTITUTIONS

Daix-Borgne, 104, *avenue de Neuilly*, NEUILLY-SUR-SEINE, près le Bois de Boulogne. Etudes complètes, préparation aux baccalauréats. *First Class institution for young men.* Vie de famille pour les étrangers.

Ecole préparatoire Duvignau de Lanneau. (V. p. 55.)

Institution internationale, dirigée par S. COTTA, 57, *avenue Malakoff* (Trocadéro), Paris. Préparation aux baccalauréats et aux Écoles spéciales La plus belle maison d'éducation. Spécialité : les langues modernes. *First Class Boarding School.*

Institution Roger-Momenheim, 2, *r. Lhomond*, Paris (V. p. 55.)

Institution Springer 34-36, *rue de la Tour-d'Auvergne*, Paris. — MÉDAILLE D'ARGENT, Exposition 1889.
Etudes commerciales et industrielles. — Langues vivantes. — Préparation aux baccalauréats et aux écoles spéciales.
SERVICE DE VOITURES
Boarding School for boys. References in Paris and in London.
Especiales cursos en vista de los estrangeros.

Sainte-Barbe. (V. p. 55.)

INSTITUTIONS de DEMOISELLES

Château (Mlles), 177, *faubourg Poissonnière*, Paris. Etudes complètes. Préparation aux examens. Arts d'agrément. *Jardin* 2,700 m. On admet au cours (2 fois par semaine) demoiselles accompagnées par leur institutrice. Omnibus.
Boarding school for young ladies.

Drappier (Mmes), 86, *rue de la Tour* (**Passy**-Paris). Education complète, arts d'agrément. Vie de famille.

Institution Getting, 10, *rue Freycinet* (Champs-Elysées), Paris. — Education complète. — Préparation à tous les examens. Arts d'agrément, Classe enfantine.

Institution de Me Quihou, 7, *avenue Victor-Hugo*, St-Mandé (Seine), à la porte de Paris et près du Bois de Vincennes, à 3 minutes de la Gare, et sur le passage du tramway Louvre-Vincennes
Education complète.

LIEBIG

Extrait de viande Liebig. (V. p. de garde en tête du volume.)

MACHINES A COUDRE

A^{ce} G^{le} A. RICBOURG, 20 R de La Reynie, Paris
Agents-Acheteurs partout demandés.
(V. page de garde à la fin du volume).

MACHINES A TRICOTER

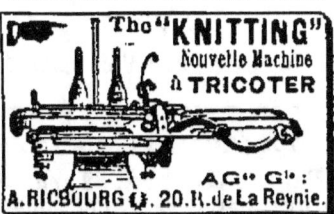

(V. page de garde à la fin du volume.)

MAISON DE SANTÉ

Villa de Santé pour Dames, **Mme Goby**, 216, *boulevard Péreire*. (V. p 60.)

MANÈGES

Manège Duphot, 12, *rue Duphot*, Paris. DUCHON ✱ et Ce. École d'équitation (fondée en 1826). Belles écuries de pension. Succursales : PARIS, 51, *rue Lhomond*; TRÉPORT, *route d'Eu*; ENGHIEN (Seine-et-Oise).

École modèle d'Équitation. Jules Pellier. 3, *rue Chalgrin (avenue du Bois-de-Boulogne)*, Paris. Pension de chevaux. Vente et location. *Special lessons for ladies.* A Dieppe pendant la saison des bains.

École d'équitation, Raould et Esnault, 19, *rue de Surène*, Paris (près de la Madeleine). Belles écuries. SUCCURSALE à Houlgate-Beuzeval.

OR, ARGENT, PLATINE

Lyon-Alemand. (Voir p. 27.)

ORFÈVRERIE

Christofle (Voir page 53.)

Guerchet (*anciennes maisons Roussel et Jamet*), 62 et 64, *quai des Orfèvres*, Paris. Fabrique d'orfèvrerie de table. Maison recommandée pour la richesse et la pureté de style de ses modèles. — English spoken. Médaille à l'exposition universelle 1889.

ORGANINA THIBOUVILLE

THIBOUVILLE-LAMY. (Voir page 51.)

ORGUES

Alexandre. (Voir page 52.)

PARAPLUIES, CANNES

Dugas-Gérard, 82, *rue Saint-Lazare*, Paris. Fabr. de cannes, cravaches, fouets, parapluies et ombrelles. Maison de confiance. Prix modérés.

PARFUMERIE

Houbigant, 19, *Faubourg Saint-Honoré*, Paris.

Parfumerie Oriza. (V. p. 48.)

L.-T. Piver. (Voir page 47.)

Docteur Pierre. (Voir p. 49.)

PATISSERIE

Boisset-Graff, 15, *r. de Beaune*, Paris. **Timbales milanaises.** Dîners complets sur commande. Expéditions France et étranger. Téléphone.

PENSIONS DE FAMILLE

Mme Robin, Pension de Famille, 7, *rue du Colisée*. (Voir page 58.)

Pension de Famille. 7, *rue Clément-Marot*. (Voir page 58.)

Mme et Mlle Busson, Pension de famille, 27, *rue Murbeuf*. (V. p. 58.)

Pension de Famille Française, 18, *r. Clément-Marot* (V. p. 58.)

Pension de dames

Mme Goby, 216, *boulevard Péreire* (V. p. 59.)

Mme Ve Ollier, Pension de famille, 80, *Avenue Victor-Hugo*. (V. p. 58.)

Pension de Famille

10, RUE CHALGRIN, PARIS, *avenue du Bois-de-Boulogne*. Maison spécialement recommandée par sa situation, près les Champs-Elysées et le Bois de Boulogne, par son confort et sa bonne tenue, et son excellente table, à partir de 7 francs par jour. — English spoken.

MARCEAU, propriétaire.

Pension de Famille, 78, *avenue Victor-Hugo*, Paris, près le bois de Boulogne, recommandée aux familles. Prix modérés. Family House.

Maison de Famille, 3, *rue Lapérouse*, Paris. (Voir page 59.)

Pension de Famille élégante et confortable, avec calorifère. Table très soignée ; conversation française ; comédie ou sauterie chaque semaine. Charmant jardin. Prix : 6 à 12 fr. par jour. Ecrire : 10, *rue Chateaubriand* (Champs-Élysées).

PHOTOGRAPHIE (Appareils de)
Schaeffner. (V. p. 48.)

PHOTOGRAPHIE (Artistes)
Benque, 33, *rue Boissy-d'Anglas*. Exposition : 5, rue Royale.
MINIATURES SUR ÉMAUX
Photographie à la lumière électrique.

NADAR-PARIS. Fabrication d'appareils et produits. Portraits en tous genres, Reproductions, Agrandissements, Peintures, 7 diplômes d'honneur aux dernières expositions. GRAND PRIX 1889. Ne pas voyager sans l'EXPRESS-DÉTECTIVE-NADAR : le meilleur des appareils photographiques, léger, solide, garanti. 48 ou 100 poses consécutives sans recharger l'appareil, la photographie sans apprentissage, adopté par tous les grands explorateurs.

PIERRE PETIT et FILS
peintre et photographe
opère lui-même
TOUTES LES RÉCOMPENSES
17, 19, 21, *Place Cadet*, Paris

REUTLINGER
21, Boulevard Montmartre
ASCENSEUR TÉLÉPHONE
Photographie des plus jolies femmes de Paris

PIANOS
Pianos Pélissier, brillante sonorité (1er ordre), 32 médailles d'or et autres.
Pianos Erard et Pleyel. — Harmoniums, occasions. Maison à Angers et au Mans. LÉPICIER-GROLLEAU, *boulevard Saint-Denis*, **13**.

POMPES
Beaume. (Voir page 51.)

PRODUITS PHARMACEUTIQUES
Chassaing. Vin de Chassaing, l'hosphatine Fallières, etc. (V. p. 118.)
Coaltar Saponiné. (V. p. 112.)
Dépuratif Gay. (V. p. 86.)
Dragées antilaiteuses. (V. p. 111.)

Eau des Jacobins
Ancien cordial très populaire d'une puissance merveilleuse, contre apoplexie, etc. **A. Gascard**, seul successeur des Fres Gascard, à **Bihorel-lès-Rouen** (Seine-Inférieure).

Fer Bravais. (Voir page 111.)
Ferrouillat. Cigarettes. (V. p. 51.)
Girard et Ce. Sirop Pierre Lamouroux, etc. (Voir page de garde fin du volume).
Liqueur des dames. (V. p. 113.)
Papier Fruneau contre l'asthme (V. p. 111.)
Pastilles mexicaines contre la toux. (V. p. 97.)
Pharmacie normale. (V. p. 50.)
Rob dépuratif Barraja. (V. p. 83.)
Tarin. (Voir page 53.)
Toile souveraine, contre douleurs, plaies, blessures. (V. p. 83.)
Vin Nourry. (V. p. 112.)
Vin St-Raphael. (V. p. 117.)
Vin Vial. (Voir page 113.)

RESTAURANTS

Grand Véfour. (V. p. 56.)

Dîner de Paris. (V. p. 56.)

Grand Restaurant du Bœuf à la Mode. (Voir page 56.)

Hôtel-Restaurant de la Tour d'Argent, 15, *quai de la Tournelle*, Paris, près les gares Lyon et Orléans. Maison Frédéric et ses créations spécialement recommandées.

Dîner Européen, 14, *boulevard des Italiens*. Entrée, 2, rue Le Peletier. Déjeuners, 3 fr., dîners, 5 fr., vin compris. Recommandé par son grand confort et sa bonne cuisine.

TAVERNE DU NÈGRE
17, *Boulevard Saint-Denis*, 17
PARIS
Bière de Munich

DÉJEUNER, 3 fr. café compris
Une bouteille vin rouge ou blanc,
ou une carafe de bière,
Hors-d'œuvre, 3 plats au choix,
Fromage, Dessert.

DÎNER, 3 fr 50, café compris
Une bouteille vin rouge ou blanc,
ou une carafe de bière,
Un potage, 3 plats au choix, Salade,
Entremets, Dessert.
Service à la carte.

Maison **Vidrequin**, 40-41, *galerie Montpensier*, et 26, *rue Montpensier* (Palais-Royal). Recommandée. Déjeuner, 1 fr. 25; dîners, 1 fr. 25, 1 fr. 50 et 2 francs.

SAGES-FEMMES

Mme **Lachapelle**, 27, *rue du Mont-Thabor*, Paris. (V. p. 113.)

Villa de santé pour dames. Mme **Goby**, 216, *boulevard Péreire*, Paris. (V. p. 50.)

SAUVETAGE (Appareils de)

Lelièvre, 98, *rue Montmartre*, Paris. CEINTURES DE SAUVETAGE, bouées, cordages, ficelles, APPAREILS DE GYMNASTIQUE.

SOURDS-MUETS

Institution pour l'éducation en famille des Sourds et Muets par la parole, Lecture sur les lèvres. M. A. HOUDIN, 39e année, 82, *rue de Longchamp*, Paris.

TAILLEUR POUR DAMES

Monti. (Voir page 54.)

TIRS

Gastinne-Renette ✻ ✠ [NC]. Fabrique d'Armes et Tirs au Pistolet, 39, *avenue d'Antin* (Champs-Élysées), Paris.

TONDEUSE

Nouvelle Tondeuse Américaine "STANDARD" pour COIFFEURS CHEVAUX MOUTONS
AG^{ce} G^{le}
A. RICBOURG
20, Rue de La Reynie
PARIS
(PRIX FRANCO)

(V. page de garde à la fin du volume).

VEILLEUSES

Veilleuses françaises. Maison **Jeunet.** (Voir page 52.)

VÉLOCIPÈDES

L. Rochet et Cie. (V. page 46.)

(V. page de garde à la fin du volume).

VERRERIE

Lengelé (A.) et Cⁱᵉ, 11, *rue Martel*, Paris. Verrerie de fantaisie, cylindres en verre pour pendules, objets d'art, etc. Usine : 2 *bis*, route d'Aubervilliers, à Saint-Denis (Seine).

VOITURES (Location de)

Brandin, 8, *rue de la Terrasse*, Paris. Voitures de grande remise à la journée et au mois.

VOYAGES

Agence Lubin, 36, *boulevard Haussmann*, Paris. (V. p. 27.)

Agence Duchemin, *rue de Grammont*, Paris. (V. p. 19.)

Type A — 1*

Les Petites Annonces du FIGARO

Les **PETITES ANNONCES** du "**FIGARO**" sont d'un grand secours pour tous ceux qui savent s'en servir.
    Leur classification méthodique, l'uniformité voulue de leur aspect typographique et principalement la faveur dont elles jouissent auprès du public, qui y trouve tout ce dont il a besoin, en ont fait le moyen de communication le plus rapide, le plus direct et le plus efficace entre celui qui **offre** et celui qui **demande**.

Les **PETITES ANNONCES** du "**FIGARO**" constituent pour les gens du monde le véritable « **Indicateur de la vie pratique et élégante** ».
    En raison des résultats qu'elles produisent presque sûrement, leur prix est peu élevé.
    Leurs diverses rubriques, créées et classées par l'expérience, ont chacune une **clientèle spéciale** qui les consulte avec intérêt et avec fruit.

Les **PETITES ANNONCES** du "**FIGARO**" paraissent tous les jours dans ce journal après la signature du Gérant. Elles sont **classées par rubriques** et d'un aspect uniforme comme celles des journaux anglais et américains.

Les **PETITES ANNONCES** du "**FIGARO**" sont divisées en onze rubriques intitulées :
    Plaisirs Parisiens, Avis Mondains, Etablissements de Crédit, Officiers Ministériels, Ventes et Locations, Maisons recommandées, Voyages et Excursions, Avis Commerciaux, Renseignements Utiles, Enseignement, Offres et Demandes d'Emploi.
    Chacune de ces rubriques comporte plusieurs subdivisions.

Les **PETITES ANNONCES** du "**FIGARO**" sont d'un prix peu élevé La ligne coûte . . . . 6 fr.
    Pour dix insertions ou cinquante lignes dans un mois, le prix de la ligne est abaissé à . . . . 5 fr.
    Dans le numéro du mercredi exceptionnellement pour les annonces ayant trait aux *Institutions, Cours et Leçons, Offres et Demandes d'Emploi, Gens de maison*, le prix de la ligne est abaissé à ... 3 fr.

Les **PETITES ANNONCES** du "**FIGARO**" ont un **bureau spécial**, à l'Hôtel du *Figaro*, 26, rue Drouot, à PARIS.

LE JOURNAL DES DÉBATS
Politiques et Littéraires

ADMINISTRATION ET DIRECTION :

Rue des Prêtres-St-Germain-l'Auxerrois, 17. — PARIS

Directeur politique : **M. Georges PATINOT.**

Le JOURNAL DES DÉBATS transformé publie chaque jour deux éditions, *l'une le matin* — édition sur papier blanc — et *l'autre le soir* — édition sur papier rose.

Ces deux éditions n'ont pas une ligne commune ; il s'agit donc en réalité d'un journal donnant huit pages par jour de texte inédit, mais divisé en deux éditions pour communiquer les informations les plus récentes.

Chaque numéro coûte **10** centimes pour toute la France.

Le programme politique du journal demeure le même ; *républicain et libéral* — n'ayant souci que des principes — indépendant des personnalités.

La rédaction politique et littéraire est considérablement renforcée.

Les services d'informations du JOURNAL DES DÉBATS le placent, à ce point de vue, au premier rang du monde.

Non seulement le JOURNAL DES DÉBATS transformé présente un vif intérêt pour tout le public en général, mais encore il fournit des renseignements utiles et abondants à des catégories spéciales de lecteurs.

Le JOURNAL DES DÉBATS traite les questions financières avec la même indépendance que les questions politiques ; il accepte la responsabilité de ses appréciations.

Il ne reçoit aucun article payé.

PRIX DE L'ABONNEMENT
AUX DEUX EDITIONS

	1 AN	6 MOIS	3 MOIS	1 MOIS
Paris, départements, Alsace-Lorraine	72 fr.	36 fr.	18 fr.	6 fr.
Union postale	84 »	42 »	21 »	7 »

A UNE SEULE EDITION

	1 AN	6 MOIS	3 MOIS	1 MOIS
Paris, départements, Alsace-Lorraine	40 fr.	20 fr.	10 fr.	3 fr. 50
Union postale	50 fr.	25 fr.	12 fr. 50	4 fr. 25

Prix du Numéro : **10** centimes.

Le Temps

5, Boulevard des Italiens, 5
PARIS

LE PLUS GRAND FORMAT DES JOURNAUX DE PARIS
LE PLUS FORT TIRAGE DES JOURNAUX DU SOIR

Services télégraphiques particuliers :
POLITIQUES, COMMERCIAUX ET FINANCIERS

En *France*, en *Algérie*, en *Suisse*, en *Italie*, en *Belgique*, en *Hollande*, en *Suède*, en *Norvège*, en *Danemark*, en *Portugal*, on s'abonne sans frais dans tous les bureaux de poste. Il suffit de verser le montant de l'abonnement, que le bureau de poste se charge de faire parvenir à l'Administration du journal avec toutes les indications nécessaires.

PRIX DE L'ABONNEMENT

PARIS	3 m. 14 fr.	6 m., 28 fr.	Un an, 56 fr.
DÉP^{ts} ET ALSACE-LORRAINE	— 17 fr.	— 34 fr.	— 68 fr.
UNION POSTALE	— 18 fr.	— 36 fr.	— 72 fr.
AUTRES PAYS	— 23 fr.	— 46 fr.	— 92 fr.

Les Abonnements partent des 1er et 16 de chaque mois.

Abonnements au numéro, partant de n'importe quelle date, **20** *centimes* par jour pour tous les pays.

26ᵉ Année. — Paris, 15 cent. le Numéro. — Dépᵗˢ et gares, 20 cent.

ARTHUR MEYER	ARTHUR MEYER
Directeur.	*Directeur.*

Le Gaulois

JOURNAL POLITIQUE ET QUOTIDIEN

2, Rue Drouot. — PARIS

Depuis le mois de juillet 1882, le **Gaulois**, dont M. Arthur Meyer a repris la direction, a de nouveau marqué sa place à la tête de la presse quotidienne de Paris.

Aucun journal n'est plus parisien que le **Gaulois**, par l'allure vive et mondaine de sa rédaction, par la variété et le piquant de ses informations. Aucun n'est plus résolument conservateur, plus fermement respectueux de tout ce qui est respectable.

Le Gaulois, le **Paris Journal** et le **Clairon**, réunis en une seule feuille, ont résolu le problème de plaire à la fois aux lecteurs sérieux et à ceux qui veulent avant tout être distraits par leur journal.

La nature de la clientèle du **Gaulois**, dont le nombre s'accroît chaque jour à Paris et en province, donne une valeur exceptionnelle à sa publicité.

PRIX DES ABONNEMENTS

Paris...	1 mois, 5 fr.;	3 mois, 13 f. 50;	6 mois, 27 fr.;	1 an, 54 fr.
Départem.	— 6 fr.;	— 16 fr.;	— 32 fr.;	— 64 fr.
Étranger.	— 7 fr.;	— 18 fr.;	— 36 fr.;	— 72 fr.

Les frais de poste en plus pour les pays ne faisant pas partie de l'Union postale.

PRIX DE LA PUBLICITÉ

Réclames dans le corps du journal	20 et 10 fr. la ligne.
Faits divers.	9 fr. —
Annonces et réclames de la 3ᵉ page	6 fr. —
Annonces de la 4ᵉ page.	2 fr. 50 —

LE SOIR

JOURNAL D'INFORMATIONS

(26ᵉ ANNÉE)

SEUL JOURNAL DE PARIS

donnant à 8 heures

LES DERNIÈRES NOUVELLES

DU

MONDE ENTIER

SERVICES TÉLÉGRAPHIQUES

ET

Téléphoniques spéciaux

EXPÉDIÉ EN PROVINCE

PAR LES

DERNIERS COURRIERS

ET LES

TRAINS SPÉCIAUX DE NUIT

Arrive en même temps

QUE LES JOURNAUX DE PARIS

dits de 4 heures

GIL BLAS

Journal quotidien

SPÉCIALEMENT RÉDIGÉ POUR UN PUBLIC D'ÉLITE

Le plus littéraire des journaux de Paris

8, rue Glück, 8

« GIL BLAS » publie chaque semaine vingt-huit chroniques signées : Gustave Claudin, Colombine, Albert Delpit, Abraham Dreyfus, Georges Duruy, Paul Ginisty, Emile Goudeau, Abel Hermant, Maurice Leblanc, Henri Lavedan, Léopold Lacour, Paul Lordon, Le Maréchal, Camille Lemonnier, Marcel L'Heureux, René Maizeroy, Maurice Montégut, Georges Ohnet, Pompon, Marcel Prevost, Ricard, Jean Richepin, Maurice Talmeyr, Albert Cellarius, etc.

Nouvelles et Échos, par le Diable Boiteux. — *A travers la Politique*, par Le Sage. — *La Gazette parlementaire*, par Nitouche. — *La Critique dramatique*, par Léon Bernard-Derosne. — *La Critique musicale*, par A. Bruneau. — *La Soirée parisienne*, par Richard O'Monroy. — *La Critique d'art*, par Firmin Javel. — *Les Propos de coulisses*, par Gaultier Garguille. — *Les Articles militaires*, par Charles Leser. — *Les Faits du jour*, par Jean Pauwels. — *Les Coulisses de la finance*, par Don Caprice. — *Le Monde judiciaire*, par Maurice Talmeyr. — *La Revue des journaux*, par Ubald Lacaze. — *Les Propos du docteur*, par le docteur E. Monin. — *Le Conseil municipal*, par Mancellière. — *La Causerie littéraire et la Curiosité*, par Paul Ginisty. — *La Vie sportive*, par le baron de Vaux. — *Le Sport*, par Carlo. — *Le Sport vélocipédique*, par C. Mousset. — *Informations et Tour du Monde*, par Paul Marcel.

Le GIL BLAS » quotidien, journal de littérature et de fine gauloiserie, a, par d'incessants efforts, maintenu sa grande renommée ; on est arrivé à le contrefaire, on n'a jamais pu l'égaler.

PRIX DES ABONNEMENTS :

PARIS		DÉPARTEMENTS	
Un mois	4 fr. 50	Six mois.	31 fr.
Trois mois . . .	13 fr. 50	Douze mois.	60 fr.

ÉTRANGER : 4 fr. par an en plus.

Le Supplément Illustré (4 fr. par an), le plus artistique des journaux illustrés, est envoyé gratis à tous les abonnés du *Gil Blas*.

LA FRANCE

JOURNAL INDÉPENDANT

PARAISSANT TOUS LES JOURS, A PARIS, A 3 HEURES DU SOIR

144, rue Montmartre, 144

Directeur politique : **CH. LALOU**, député du Nord.

(RÉDACTION DE 10 HEURES A 3 HEURES DU SOIR)

La France est le PREMIER JOURNAL qui paraisse avec le cours complet de la Bourse et donne toujours deux Feuilletons-Roman du plus haut intérêt. — Ce journal, qui est le plus rapidement et le plus sûrement informé des journaux du soir, ne recule devant aucun sacrifice pour bien renseigner ses lecteurs. Aussi fait-il une *édition supplémentaire* aussitôt qu'un événement important vient à se produire.

EN VENTE PARTOUT
Le Numéro : 10 centimes

Tout abonné reçoit à titre de **PRIME GRATUITE** la République illustrée ou le Bon Journal pendant toute la durée de son abonnement. — Primes **photographiques** à tous les abonnés. — **UN REVOLVER** est donné gratuitement aux abonnés d'un an, mais à l'exclusion de toute autre prime.

PRIX DE L'ABONNEMENT POUR TOUTE LA FRANCE

Un mois......	4 fr.	Six mois.......	20 fr.
Trois mois......	10 fr.	Un an.........	40 fr.

PAYS ÉTRANGER COMPRIS DANS L'UNION POSTALE
Un mois, 5 fr.; trois mois, 14 fr.; six mois, 28 fr.; un an, 56 fr.

ANNONCES & RÉCLAMES
LAGRANGE, CERF et Cie, 8, place de la Bourse, Paris
ET AU BUREAU DU JOURNAL

PROPRIÉTÉ DU JOURNAL « LA FRANCE »
LA FRANCE (édition Bordeaux et Sud-Ouest)
5 c. le N°. — *Rue Cabirol, 14,* BORDEAUX. — 5 c. le N°

DIRECTEUR POLITIQUE : **CH. LALOU**, DÉPUTÉ DU NORD.

LE SIÈCLE

(58ᵉ Année)

Directeur politique : M. YVES GUYOT

Hôtel du « Siècle », rue Chauchat, 24
PARIS

Le Siècle

a deux éditions : la première est expédiée par les derniers courriers du soir ; la deuxième (Paris), contenant les dernières dépêches de la nuit, est envoyée dans les départements par les premiers courriers du matin.

Principaux collaborateurs : *Politique et finances* : MM. A. de la Berge, Bernard Lavergne, sénateurs; Charles Dupuy, Georges Leygues, Gerville-Réache, Poincaré, Bastid, Cabart-Danneville, Dupuis-Dutemps, Trouillot, députés ; Léon Donnat, conseiller municipal de Paris; Neymark, Faber, Moguez, Léon Ducret, Bogelot, Claudius Nourry, Ch. Legrand. — *Chroniques* : Oscar Comettant, Roger-Milès, Donnay, Jules Levallois. — *Mouvement philosophique et religieux* : André Lefèvre, de Milloué. — *Rédaction financière* : Dutailly. — *Bibliographie, Littérature, Critique musicale* : C. Le Senne. — *Musique* : Marcello. — *Agronomie* : Louis Grandeau. — *Chronique scientifique* : Guyot-Daubès.

Le Siècle

se met à la disposition de ses abonnés pour leur donner tous les conseils, renseignements administratifs ou consultations qu'ils désireront dans quelque branche que ce soit, et cela à titre entièrement gracieux; il suffira, dans la lettre d'envoi, de mettre la dernière bande du journal en ajoutant un timbre-poste pour la réponse.

L'envoi gracieux du *Siècle* sera fait pendant huit jours à toute personne qui en adressera la demande à l'administration, 24, rue Chauchat.

Les lecteurs du journal auront droit à une réduction importante sur le prix de l'abonnement.

HACHETTE & Cie, BOULEVARD ST-GERMAIN, 79, A PARIS

La Mode Pratique
Revue de la Famille
Publiée sous la direction de Mme C. DE BROUTELLES

PARAIT TOUS LES SAMEDIS

Le Numéro : VINGT-CINQ centimes

30 centimes le numéro pour la Belgique, la Hollande et le Luxembourg.

| 50 c. le numéro avec une planche en couleurs ou une planche de patrons. | 75 c. le numéro avec une planche en couleurs et une planche de patrons. |

1 FRANC LE NUMÉRO DE L'ÉDITION DE LUXE

La Mode Pratique désire avant tout mettre ses lectrices à même de s'habiller avec le goût le plus sûr, à la fois très simple et très élégant, aussi bien qu'avec la plus STRICTE ÉCONOMIE.

La Mode Pratique offre à ses abonnées d'exécuter leurs ORDRES D'ACHATS de toute nature, même de la plus minime importance.

La Mode Pratique offre des conditions de BON MARCHÉ EXCEPTIONNEL aux abonnées qui lui confient l'exécution des toilettes décrites 1.

La Mode Pratique envoie, d'après les mesures fournies, tous les patrons des objets décrits.

La Mode Pratique envoie, dans un carton, à toute abonnée qui désire confectionner elle-même une toilette complète d'après les gravures du journal, tous les matériaux nécessaires, étoffe, doublure, passementerie, plumes, fleurs, etc.

La Mode Pratique offre à SES LECTRICES quatre concours par mois, littérature, dessin, travaux à l'aiguille, économie domestique, cuisine, etc., et leur donne par an 8 600 francs de prix.

La Mode Pratique pour faciliter leurs demandes, tient à la disposition de ses abonnées douze feuilles de commande de son service d'achats et douze enveloppes spéciales, moyennant l'envoi d'un timbre-poste de 15 centimes.

Les abonnements partent du 1er de chaque mois.

ABONNEMENTS POUR 3 MOIS, 6 MOIS ET UN AN
Édition simple : 3 fr., 6 fr. et 12 fr.

Ces prix augmentent de 12 fr. à 15 fr., 18 fr. et 25 fr. suivant que l'on désire recevoir une planche en couleurs, par mois, par quinzaine ou par semaine.

Envoi gratuit d'un numéro spécimen demandé par lettre affranchie

Envoi d'un numéro spécimen avec PLANCHE EN COULEURS, contre envoi d'un timbre de 15 centimes.

1. *Cet avantage est réservé aux abonnés d'un an.*

Les demandes d'abonnement directes doivent être accompagnées du montant du prix en un mandat-carte, en timbres-poste ou en mandat sur la poste au nom de la librairie HACHETTE et Cie, boulevard Saint-Germain, 79.

AGENCE FRANÇAISE DES VOYAGES

PARIS — 20, rue de Grammont. — PARIS

SUCCURSALES :

Marseille, 5, place du Change. — Nice, 4, rue Garnier.
Pau, Bruxelles, Christiana, Londres, Le Caire, etc.

VENTE DE BILLETS DE CHEMINS DE FER

Paris-Lyon-Méditerranée — Orléans — Est — Nord — Ouest — Etat

L'Agence délivre tous les billets à itinéraires fixes et facultifs sur tous les réseaux. Les billets peuvent être demandés par correspondance.

Excursions en France et à l'Étranger

COUPONS D'HOTELS

POUR LES PRINCIPAUX HOTELS DE L'EUROPE

INDICATEURS DUCHEMIN

EN VENTE DANS TOUTES LES GARES

Indicateur des Villes d'Eaux et des Bains de mer, tous les mois, du 1er juin au 1er octobre. Prix : 50 centimes.

Indicateur des Stations d'hiver du Midi de la France, tous les mois, du 1er novembre au 1er mai. Prix : 50 centimes.

Ces livrets indiquent les trains directs conduisant aux stations balnéaires et hivernales, avec le *service complet* des trains desservant les environs de ces localités. *Cartes géographiques* des lignes principales et *plans de villes*.

Indicateur de la Banlieue de Paris. Paraît toute l'année le 1er de chaque mois. Prix : 25 centimes.

Ce livret indique les *services officiels* de tous les chemins de fer desservant la banlieue de Paris. *Carte détaillée* pour chaque réseau.

AVIS IMPORTANT

MM. les Voyageurs peuvent se procurer dans les gares et les librairies les Recueils suivants, seules publications officielles des chemins de fer, paraissant depuis quarante ans, avec le concours et sous le contrôle des Compagnies :

L'INDICATEUR-CHAIX — SEUL JOURNAL OFFICIEL

(44e année) contenant les services de tous les chemins de fer français et internationaux, publié avec le concours et sous le contrôle des Compagnies. *Paraissant tous les dimanches.* Prix : 75 cent.

LIVRET-CHAIX — CONTINENTAL (48e année).

Guide officiel des Voyageurs sur tous les chemins de fer de l'Europe et les principaux paquebots, indiquant les curiosités à voir dans les principales villes. Deux volumes in-18 (format de poche). *Paraissant chaque mois.*

1er *Volume.* — CHEMINS DE FER FRANÇAIS ; services maritimes ; Guide sommaire dans les principales villes ; voyages circulaires, carte des chemins de fer de la France et de l'Algérie. — Prix : 1 fr. 50.

2e *Volume.* — CHEMINS DE FER ÉTRANGERS ; trains français desservant les frontières ; services franco-internationaux ; billets directs ; itinéraires tout faits ; services de la navigation maritime, fluviale, et sur les lacs de l'Italie et de la Suisse ; Guide sommaire dans les principales villes étrangères ; voyages circulaires ; carte coloriée de l'Europe centrale, à l'échelle de 1/2,400,000 (1 centimètre pour 24 kilomètres). Prix : 2 fr.

LIVRETS-CHAIX SPÉCIAUX — DES CINQ GRANDS

RÉSEAUX FRANÇAIS (format de poche), avec carte. *Paraissant le 1er de chaque mois.*

OUEST. — ORLÉANS, MIDI, ÉTAT. — LYON. — NORD. — EST. Prix de chaque livret, 40 cent.

LIVRET SPÉCIAL de l'Algérie et de la Tunisie, avec carte imprimée en deux couleurs. Prix : 50 cent.

LIVRET-CHAIX SPÉCIAL DES ENVIRONS DE PARIS, avec

plans en noir. (Format de poche.) Prix : 0 fr. 25.

AUX VOYAGEURS

N^EL ATLAS DES CHEMINS DE FER DE L'EUROPE
Bel album relié, composé de vingt cartes coloriées. — Prix : Paris, 60 fr. ; Départements, 65 fr.

CARTE DES CHEMINS DE FER DE L'EUROPE au 1/2,400,000
(1 centimètre pour 24 kilom.), en 4 feuilles, imprimées en deux couleurs. — Dimensions totales ; 2 m. 15 sur 1 m. 55. Prix, avec l'annexe : les 4 feuilles, 22 fr. ; sur toile, avec étui, 32 fr. ; montée sur gorge et rouleau, vernie, 36 fr. Port en sus, pour la France, 1 fr. 50.

CARTE DES CHEMINS DE FER DE LA FRANCE au 1/800,000
(1 centimètre pour 8 kilom.), avec cartes de l'Algérie et des colonies, et les plans des principales villes de France, imprimée en deux couleurs sur quatre feuilles grand monde. — Dimensions : 2 m. 15 sur 1 m. 55. — Indiquant toutes les stations avec un coloris spécial pour chaque réseau. Prix : les 4 feuilles, 22 fr. ; sur toile, avec étui, 32 fr. ; montée sur gorge et rouleau, vernie, 36 fr. Port en sus pour la France, 1 fr. 50.

N^LLE CARTE DES CHEMINS DE FER DE LA FRANCE
et de la **NAVIGATION** à l'échelle de 1/1,200,000, imprimée en deux couleurs sur grand monde (1m. 20 sur 0 m. 90). Cette carte, coloriée par réseaux, indique les lignes en construction, en exploitation, les lignes à voie unique et à double voie, toutes les stations, etc. Six cartouches contenant les cartes spéciales de Paris, Bordeaux, Lille, Lyon, Marseille et leurs environs, et la Corse complètent la carte. — Les cours d'eau sont imprimés en bleu. — Prix : en feuille, 6 fr. ; collée sur toile dans un étui, 9 fr. ; **montée sur gorge et rouleau, 11 fr. Port en sus, 1 fr.**

ANNUAIRE-CHAIX DES PRINCIPALES SOCIETES PAR ACTIONS, contenant des renseignements d'une utilité pratique sur les Compagnies de chemins de fer, les institutions de crédit, les Banques, les Sociétés minières, de transport, industrielles, les Compagnies d'assurances, etc. — Une notice spéciale est consacrée à chaque Société, indiquant les noms et adresses des administrateurs, directeurs et des principaux chefs de service, — les dispositions essentielles des statuts, — les titres en circulation, — le revenu et le cours moyen des titres pour l'exercice 1890, — le cours du 1er décembre 1891 ou, à défaut, le dernier cours coté précédemment, — les époques et lieux de paiement des coupons, etc. — Une liste des Agents de change et une autre des principaux Banquiers complètent le volume. Un vol. in-18 de 500 p. — Prix : cartonné, 2 fr. ; par poste, en plus 35 cent.

CRÉDIT LYONNAIS

FONDÉ EN 1863

SOCIÉTÉ ANONYME — CAPITAL : 200 MILLIONS

LYON, SIÈGE SOCIAL : PALAIS DU COMMERCE.

PARIS : BOULEVARD DES ITALIENS.

AGENCES DANS PARIS

Place du Théâtre-Français, 3.	Boulevard Saint-Germain, 1.
Rue Vivienne, 31 (Bourse).	Boulevard Saint-Michel, 20.
Rue Turbigo, 3 (Halles).	Rue de Rennes, 66.
Rue de Rivoli, 43.	Boulevard Saint-Germain, 205.
Rue Rambuteau, 14.	Avenue des Gobelins, 14.
Rue du Faub.-St-Antoine, 63.	Rue de Flandre, 30.
Boulevard Voltaire, 43.	Rue de Passy, 64.
Rue du Temple, 201.	Avenue des Ternes, 37.
Boulevard Saint Denis, 10.	Boulevard de Bercy, 1.
Boulevard Magenta, 81.	Avenue des Champs-Élysées, 53.
Place Clichy, 16.	ST-DENIS, rue de Paris, 52.
Boulevard Haussmann, 53.	BOULOGNE-SUR-SEINE, boulevard de Strasbourg, 1.
Rue du Faub.-St-Honoré, 150.	

CRÉDIT LYONNAIS

AGENCES EN FRANCE ET EN ALGÉRIE

Aix-en-Provence.	Cannes.	Mâcon.	Romans.
Aix-les-Bains.	Carcassonne.	Mans (Le).	Roubaix.
Alais.	Caudry.	Marseille.	Rouen.
Alger (Algérie).	Cette.	Mazamet.	St-Chamond.
Amiens.	Chalon-s-Saône.	Menton.	Saint-Dizier.
Angers.	Chambéry.	Monte-Carlo.	Saint-Etienne.
Angoulême.	Charleville.	Montpellier.	Saint-Germain-en-Laye.
Annecy.	Cholet.	Moulins.	
Annonay.	Clerm.-Ferrand	Nancy.	Saint-Quentin.
Armentières.	Cognac.	Nantes.	Sedan.
Arras.	Dijon.	Narbonne.	Thizy.
Avignon.	Dunkerque.	Nevers.	Toulon.
Bar-le-Duc.	Epernay.	Nice.	Toulouse.
Beaune.	Epinal.	Nîmes.	Tourcoing.
Belleville-sur-Saône.	Fécamp.	Oran (Algérie).	Troyes.
	Flers.	Orléans.	Valence.
Besançon.	Grasse.	Périgueux.	Valenciennes.
Béziers.	Gray.	Perpignan.	Versailles.
Bordeaux.	Grenoble.	Poitiers.	Vichy.
Bourg.	Havre (Le).	Reims.	Vienne (Isère)
Caen.	Jarnac.	Rennes.	Villefranche-s.-Saône.
Calais-Saint-Pierre.	Libourne.	Rethel.	
	Lille.	Rive-de-Gier.	Vitry-le-François
	Limoges.	Roanne.	Voiron.

AGENCES A L'ÉTRANGER

Alexandrie (Egypte)	Constantinople.	Moscou.	St-Pétersbourg.
Barcelone.	Genève.	Odessa.	Smyrne.
Bruxelles.	Londres.	Ostende (l'Été).	Jérusalem.
Caire (Le).	Madrid.	Port-Saïd.	Lisbonne.

Le Crédit Lyonnais fait toutes les opérations d'une maison de banque : Dépôts d'argent remboursables à vue et à échéance ; dépôts de titres ; encaissement de coupons ; ordres de Bourse ; souscriptions ; escompte de papier de commerce sur la France et l'étranger ; chèques et lettres de crédit sur tous pays ; prêts sur titres français et étrangers ; achat et vente de monnaies, matières et billets étrangers.

Service spécial de location de COFFRES-FORTS dans des conditions présentant toute garantie contre les risques d'incendie et de vol (compartiments depuis 5 francs par mois).

SOCIÉTÉ GÉNÉRALE

Pour favoriser le développement du Commerce
et de l'Industrie en France

Société anonyme fondée par décret du 4 mai 1864.

CAPITAL : 120 MILLIONS

Siège social : 54 et 56, rue de Provence, à PARIS

OPÉRATIONS DE LA SOCIÉTÉ :

Comptes de Chèques. — Dépôts à échéance fixe
Chèques directs sur France et Étranger
Ordres de Bourse. — Souscriptions
Avances et Opérations sur Titres. — Garde de Titres
Escompte et Encaissement d'Effets de Commerce
Escompte et Encaissement de Coupons

BUREAUX DE QUARTIER DANS PARIS :

A. Rue Notre-Dame-des-Victoires, 48 (place de la Bourse).
B. Boulevard Malesherbes, 37.
C. Rue de Turbigo, 38.
D. Rue du Bac, 13.
E. Rue Saint-Honoré, 221.
F. Rue des Archives, 19 (Hôtel de Ville).
G. Boulevard Saint-Germain, 96.
H. Boulevard Voltaire, 21.
I. Boulevard Saint-Germain, 13 (Entrepôt des Vins).
J. Rue du Pont-Neuf, 24 (Halles Cent.)
K. Rue de Passy, 56.
L. Rue de Clichy, 72.
M. Boulevard Magenta, 57.
N. Faubourg Saint-Honoré, 103.
O. Rue St-Antoine, 236 (pl. de la Bastille).
P. Place de l'Opéra, 4.
R. Rue du Louvre, 42 (Bourse de Commerce).
S. Faubourg Poissonnière, 11.
U. Carrefour de la Croix-Rouge, 2.
V. Boulevard de Sébastopol, 114.
W. Rue de Flandre, 105 (La Villette).
Y. Rue Vieille-du-Temple, 124.
AB. Carrefour de Buci, 2.
AC. Rue Lecourbe, 93 (Vaug.-Grenelle).
AD. Avenue des Ternes, 59.
AE. Avenue d'Orléans, 5 (Montrouge).
AI. Rue Lafayette, 94.
AJ. Avenue des Champs-Élysées, 91.
AL. Rue Monge, 93.
AM. Boulevard Haussmann, 113.
AO. Rue Donizetti, 4 (Auteuil).

English and American Office : place de l'Opéra, 4.

BUREAUX DANS LA BANLIEUE DE PARIS :

Boulogne-s.-Seine, boul. de Strasb., 18
Charenton (Saint-Maurice), rue Saint-Mandé, 8.
Neuilly-s.-Seine, av. de Neuilly, 52
Saint-Denis, rue Compoise, 65.
Vincennes, rue de l'Hôtel-de-Ville, 5.

SOCIÉTÉ GÉNÉRALE

Pour favoriser le développement du Commerce et de l'Industrie en France.

(Suite. Voir ci-contre.)

AGENCES DANS LES DÉPARTEMENTS

AGEN, place du Marché-Couvert, 11.
AIX, rue du Lycée, 1.
ALAIS, rue Sauvage, 6.
ALBI, Lices du Nord, 3.
ALENÇON, place du Cours, 49.
AMIENS, rue Porion, 17 (près la Cathédrale).
ANGERS, rue d'Alsace, 15.
ANGOULÊME, rue de l'Arsenal, 27.
ANNECY, rue Sommeiller, 2.
ANNONAY, place des Cordeliers, 21.
APT, place des Quatre Ormeaux, 2.
ARLES, rue de la République, 31.
ARRAS, rue des Murs-Saint-Vaast, 17.
AUCH, rue de Lorraine.
AURILLAC, place du Palais-de-Justice, 2.
AUXERRE, rue Française, 4
AVIGNON, rue de la République, 25.
BAR-LE-DUC, rue Lapique, 2.
BAYONNE, rue Vainsot, 6
BEAUVAIS, rue de l'Ecu, 45.
BELFORT, Faubourg de Montbéliard, 10.
BERGERAC, rue Neuve-d'Argenson, 71.
BESANÇON, Grande-Rue, 73.
BÉZIERS, place de la Citadelle, 17.
BLOIS, rue Haute, 17
BORDEAUX, allées de Tourny, 30.
BOULOGNE-SUR-MER, rue Faidherbe, 73.
BOURGES, rue Coursalon, 36.
BREST, rue d'Aiguillon, 22.
BRIVE, rue et boulevard du Salan.
CAEN, place du Théâtre, 7.
CAHORS, rue Fénelon, 8.
CAMBRAI, rue Vanderbuch, 5.
CARCASSONNE, Grande-Rue, 71.
CARPENTRAS, rue Sainte-Marthe, 16.
CASTRES, Grande-Rue, 18.
CETTE, quai de Bosc, 5.
CHALON-S.-SAÔNE, rue Port-Villiers, 18.
CHALONS-S.-MARNE, rue de Vaux, 3.
CHARTRES, rue Sainte-Même, 15.
CHATEAUROUX, place Gambetta, 20.
CHAUMONT, rue de la Gare, 91.
CHERBOURG, rue François-Lavieille, 32.
CLERMONT-FERRAND, place Poids-de-Ville, 4.
DAX, place de l'Hôtel-de-Ville.
DIEPPE, rue Toustain, 4.
DIJON, place Saint-Etienne, 6.
DOUAI, rue des Dominicains, 4.
DRAGUIGNAN, boulevard de l'Esplanade, 5.
DREUX, place du Palais-de-Justice, 3.
DUNKERQUE, rue de l'Eglise, 37.
ÉPERNAY, place Thiers, 4.
ÉPINAL, rue Claude-Geléo, 7.
FONTAINEBLEAU, rue de la Cloche, 22.
GAILLAC, boulevard Gambetta.
GRENOBLE, rue de la Liberté, 2.
HAVRE (LE), rue de la Bourse, 27.
HONFLEUR, rue Prémord, 21.
LA ROCHELLE, rue du Temple, 4.

LAVAL, rue de Strasbourg, 4.
LILLE, rue Esquermoise, 24.
LIMOGES, boulevard Louis-Blanc, 25.
LISIEUX, rue Olivier, 20.
LODÈVE, boulevard Saint-Fulcrand, 7.
LORIENT, cours de la Bôve, 5.
LYON, rue de la République, 6.
— cours Morand, 13.
MÂCON, rue Lamartine, 17.
MANS (LE), rue des Minimes, 30.
MARMANDE, place de l'Eglise.
MARSEILLE, rue de Grignan, 43.
MONTAUBAN, rue Lacaze, 2.
MONT-DE-MARSAN, place de l'Hôtel-de-Ville.
MONTEREAU, Grande-Rue, 92.
MONTLUÇON, avenue de la Gare, 32.
MONTPELLIER, rue Saint-Guilhem, 31.
MOULINS, cours Choisy, 1.
NANCY, rue Saint-Dizier, 18.
NANTES, rue du Calvaire, 3
NARBONNE, rue du Tribunal, 19.
NEVERS, rue Saint-Martin, 19.
NICE, rue Gioffredo, 61.
NÎMES, place de la Salamandre, 10.
NIORT, rue Yvert, 11.
ORLÉANS, rue d'Escures, 14.
PAU, rue Latapie, 5.
PÉRIGUEUX, rue du Quatre-Septembre, 4.
PERPIGNAN, rue Manuel, 2.
POITIERS, boulevard de la Préfecture, 12.
PONT-AUDEMER, Grande-Rue, 72.
PUY (LE), boulevard Saint-Louis, 7.
REIMS, rue de Monsieur, 18.
RENNES, rue aux Foulons, 14.
RIVE-DE-GIER, Grande-Rue Féloin, 37.
ROANNE, rue de la Sous-Préfecture, 22.
RODEZ, rue de la Barrière, 18.
ROUBAIX, rue de l'Hospice, 40.
ROUEN, rue Jeanne-d'Arc, 80.
SAINT-BRIEUC, rue du Ruisseau-Josse, 2.
SAINT-ÉTIENNE, place de l'Hôtel-de-Ville, 6.
SAINT-GERMAIN, rue de la Paroisse, 5.
SAINT-LÔ, rue des Prés, 13.
SAINT-MALO, rue de Toulouse, 3.
SAINT-SERVAN, rue Ville-Pépin, 22.
SAINT-QUENTIN, rue des Canonniers, 9.
SAUMUR, rue du Marché-Noir, 19.
SEDAN, place du Rivage, 10.
SENS, rue Thénard, 2.
TARBES, rue Braubauban, 38.
THIERS, rue des Grammonts, 8.
TOULON, place d'Armes, 18.
TOULOUSE, rue des Arts, 22.
TOURS, rue Corneille, 6.
TROYES, rue des Quinze-Vingts, 4.
VALENCE, rue des Alpes, 2.
VALENCIENNES, rue Saint-Géry, 71.
VERSAILLES, rue de la Pompe, 2.
— rue Royale, 23.
VICHY, rue Cunin-Gridaine (hôt. Guillermin).

Agence de Londres : 5, Fenchurch street, E. C.

COMPTOIR NATIONAL D'ESCOMPTE
DE PARIS

CAPITAL : **75 Millions** de fr. entièrement versés

Siège social : 14, rue Bergère | Succursale : pl. de l'Opéra.
PARIS

M. DENORMANDIE ✻
Ancien Gouverneur de la Banque de France, Président du Conseil d'Administration.

OPÉRATIONS DU COMPTOIR :

Escompte et Recouvrements, Chèques, Traites, Lettres de crédit, Avances sur titres, Ordres de bourse, Garde de titres, Paiement de coupons, Envois de fonds (Province et Étranger), Opérations avec l'Extrême-Orient.

BUREAUX DE QUARTIER DANS PARIS :	AGENCES EN PROVINCE :
A — 176, boulv. St-Germain ;	LYON, MARSEILLE, NANTES BORDEAUX, LE HAVRE
B — 3, boulv. St-Germain ;	AGENCES A L'ETRANGER :
C — 2, quai de la Rapée ;	LONDRES, BOMBAY,
D — 11, rue Rambuteau ;	CALCUTTA, SHANGHAI,
E — 16, rue Turbigo ;	HONG-KONG, HAN-KOW,
F — 21, place de la République ;	FOOCHOW, SAN-FRANCISCO, MELBOURNE, SYDNEY,
G — 24, rue de Flandre ;	TAMATAVE, TANANARIVE
H — 2, rue du Quatre-Septembre pl. de la Bourse.	et à CHICAGO pendant la durée de l'Exposition

Intérêts payés sur les sommes déposées :

A 4 ans	4 %	A 1 an	2 1/2 %
A 3 ans	3 1/2 %	A six mois . . .	1 1/2 %
A 2 ans	3 %	A vue	1/2 %

Le Comptoir tient un service de coffres-forts à la disposition du public.

(Compartiments depuis CINQ francs par mois.)

COMPTOIR LYON-ALEMAND

Expos. universelle

Société anonyme au Capital
de 12 Millions
r. Montmorency, 13
PARIS

Médaille d'or
1878

Expos. universelle

Médaille d'or
1889

MATIÈRES D'OR, D'ARGENT ET PLATINE
Doublé d'or sur cuivre et argent
Nitrate d'argent, Chlorure d'or et Sulfate de cuivre
Or brillant de Paris pr décoration sur Porcelaine, Faïence, etc.
OPÉRATIONS DE BANQUE, CHANGE
TRÉFILERIE
Traits et lames or et argent fin, bas titres, mi-fin et faux
Plaqué d'argent et Feuilles d'argent vierge
SUCCURSALES A BESANÇON, LYON, MARSEILLE

AGENCE LUBIN
36, boulevard Haussmann, 36, Paris
VOYAGES
En France, Algérie, Italie, Suisse, Belgique, Hollande et bords du Rhin, Allemagne, Autriche, Russie, Grèce, Turquie, Espagne, Portugal, Angleterre et Ecosse, Suède, Norvège et Danemark, Terre Sainte.
BILLETS DIRECTS ET CIRCULAIRES
Des Compagnies Françaises et Etrangères
Billets circulaires facultatifs, individuels et collectifs
Au départ de toutes les gares de France
EXCURSIONS A FORFAIT dirigées par l'Agence Lubin
COUPONS D'HOTEL
Servant au payement des dépenses dans les hôtels à des prix déterminés à l'avance avec *remboursement intégral de ceux non utilisés.* — GUIDES POUR TOUS LES PAYS.
L'Echo des Touristes, journal d'excursions
Abonnement : 3 fr. par an.

S'adresser pour tous renseignements à l'Agence Lubin
36, BOULEVARD HAUSSMANN, PARIS

Succursales : Bordeaux, 40, cours du Chapeau-Rouge ; — Lyon, rue de l'Hôtel-de-Ville ; — Marseille, 20, rue Haxo ; — Nice, 4, place Charles-Albert.

SOCIÉTÉ INTERNATIONALE DES WAGONS-LITS
et des Grands Express Européens

Services durant toute l'année.

ORIENT EXPRESS De Paris à Constantinople (par Vienne) en 68 heures
Départs de Paris à Vienne tous les jours, à 6 h. 50 du soir.
— Bucharest et Constantinople, les jeudis à 6 h. 50 soir
— Belgrade et Constantinople, les dimanches et mercredis, à 6 heures 50 soir.

SUD-EXPRESS De Londres à Paris, Bordeaux, Biarritz, Irun, Madrid et Lisbonne
Départs de Londres les lundis, mercredis et samedis, à 8 h. et à 10 h. matin.
— Paris (gare du Nord), les lundis, mercredis et samedis à 6 h. 35.

CLUB-TRAIN
De Paris à Londres et vice-versa
Départ de Paris (Nord), à 3 h. 15 soir.
Départ de Londres, à 3 h. soir.

PENINSULAR-EXPRESS
De Londres tous les vendredis à 3 h.
De Paris (Nord) la nuit du vendredi au samedi, à 11 h. 40.

SERVICES D'HIVER

MÉDITERRANÉE-EXPRESS de Londres vers le littoral.
Les mardis, jeudis. Départs de Paris (gare du Nord), 11 h. 40. — En correspondance directe avec la Belgique, la Hollande et l'Allemagne.

SERVICES D'ÉTÉ

PYRÉNÉES-EXPRESS De Paris à Bordeaux, Luchon et Biarritz.

WAGONS-RESTAURANTS

Alger-Oran. — Bruxelles-Verviers. — Bucarest-Slatina. — Buchs-Woergl. — Budapest-Karansebès Bucar. — Budapest-Kassa. — Budapest-Koloswar. — Budapest-Zagrab. — Budapest-Zimony-Belgrade. — Cracovie-Podwoloczyska. — Flessingue-Venlo. — Hambourg-Rostock. — Koloszwar-Brassó. — Munich-Avricourt. — Munich-Berlin. — Neustrelitz-Warnemunde. — Paris-Bordeaux. — Paris-Bruxelles. — Paris-Châlons-s.-Marne. — Paris-Laval. — Paris-Le Havre. — Paris-Le Mans. — Paris-Lille. — Paris-Lyon-Marseille. — Paris-Nancy. — Rome-Pise. — Verviers-Liège-Erquelines. — Vienne-Budapest (Marchegg). — Vienne-Dresde. — Vienne-Tetschen, et pendant l'été : Mâcon-Genève ; Paris-Novors, Paris-Trouville ; Francfort-Eger.

WAGONS-SALONS

Paris-Bruxelles. — Paris-Le Havre

WAGONS-LITS

Bordeaux-Toulouse-Cette-Marseille. — Bucarest-Cracovie. — Bucarest-Galatz. — Bucarest-Jassy. — Bucarest-Verciorova. — Budapest-Arad-Piski. — Budapest-Berlin. — Budapest-Bruck-Vienne. — Budapest-Kassa. — Budapest-Kolosvár-Predeal. — Budapest-Verciorova-Bucarest. — Budapest-Zagrab. — Calais-Bâle. — Calais-Bruxelles. — Calais-Cologne — Cologne-Ostende. — Constantinople-Bellova — Francfort-Bâle. — Lisbonne-Porto. — Madrid-Barcelone. — Madrid-Séville. — Mayence-Vienne. — Messine-Palerme. — Milan-Bâle. — Milan-Florence-Rome. — Milan-Pise-Rome. — Milan-Venise-Pontebba. — Munich-Vérone. — Ostende-Bâle. — Paris-Bâle-Zurich-Vienne. — Paris-Bordeaux-Madrid. — Paris-Cologne. — Paris-Francfort-s.-M. — Paris (gare du Nord) Marseille-Vintimille. — Paris (gare de Lyon) Marseille-Vintimille. — Paris-Mudano-Rome. — Rome-Naples-Reggio. — Rome-Turin. — St-Pétersbourg-Varsovie. — St-Pétersbourg-Virballen. — Varsovie-Moscou. — Vienne-Berlin. — Vienne-Budapest (via Marchegg). — Vienne-Cracovie. — Vienne-Pontafel-Venise-Rome. — Vienne-Prague. — Vienne-Varsovie. — Durant l'été : Paris-Genève ; Vienne-Franzensbad ; Vienne-Ischl ; Relenig, etc., etc.

CHEMINS DE FER DE L'ÉTAT

BILLETS DE BAINS DE MER AU DÉPART DE PARIS

Billets d'aller et retour à prix réduits, valables 33 jours.
*non compris le jour du départ
avec prolongation facultative moyennant le payement d'une surtaxe.*

Pour Royan, La Tremblade (Ronce-les-Bains), Le Chapus, Le Château (Ile d'Oléron), Marennes, Fouras, Châtelaillon, La Rochelle, Les Sables-d'Olonne, Saint Gille-Croix de-Vie, Challans (Ile-de-Noirmoutier, Ile d'Yeu, Saint-Jean-de-Monts), Bourgneuf (Ile de Noirmoutier), Les Moutiers, La Bernerie, Pornic, Saint-Père-en-Retz (Saint-Brévin-l'Océan) et Paimbœuf (Saint-Brévin-l'Océan).

Ces billets sont délivrés du 1er Mai au 31 Octobre.

Les billets de bains de mer de **Paris** pour **Royan**, **La Tremblade**, **Le Chapus**, **Le Château (Ile d'Oléron)**, **Marennes**, **Fouras**, **Châtelaillon**, **La Rochelle**, **Les Sables-d'Olonne** et **Saint-Gilles-Croix-de-Vie**, sont valables au choix des Voyageurs, soit par toute voie Etat *via* Chartres (départ par la gare de Paris-Montparnasse), soit par voie mixte Orléans-Etat *via* Tours-transit (départ par la gare de Paris-Austerlitz, changement de réseau à Tours). Quelle que soit la voie suivie à l'aller, les coupons de retour sont valables, soit par Chartres, arrivée à Paris-Montparnasse, soit par Tours-transit, arrivée à Paris-Austerlitz.

Les billets de bains de mer de **Paris** pour **Challans**, **Bourgneuf**, **Les Moutiers**, **La Bernerie**, **Pornic**, **Saint-Père-en-Retz** et **Paimbœuf**, sont valables au choix des Voyageurs, soit par voix mixte Ouest-Etat *via* Segré et Nantes-Etat-transit, soit par voie mixte, Ouest-Orléans-Etat *via* Angers-Saint-Laud-transit et Nantes-Orléans-transit. Dans ces deux cas, le départ de Paris et le retour à Paris doivent s'effectuer, soit par la gare de Paris-Montparnasse, soit par la gare de Paris-St-Lazare. Quelle que soit la voie suivie à l'aller, les coupons de retour sont valables indifféremment par l'une ou par l'autre voie. En outre, les Voyageurs porteurs de billets de bains de mer pour **Paimbœuf** ont la faculté d'effectuer sans supplément de prix, soit à l'aller, soit au retour, le trajet entre Nantes et Paimbœuf, dans les bateaux de la Compagnie de Navigation de la Basse-Loire.

BILLETS DE BAINS DE MER

DÉLIVRÉS DANS TOUTES LES GARES DU RÉSEAU DE L'ÉTAT AUTRES QUE PARIS

*Billets d'aller et retour à prix réduits, valables 33 jours
non compris le jour de la délivrance,
avec prolongation facultative moyennant le payement d'une surtaxe.*

Ces billets sont délivrés pendant la période du 1er mai au 31 octobre pour les destinations de **Royan**, **La Tremblade**, **(Ronce-les-Bains)**, **le Chapus**, **Le Château**, **(Ile d'Oléron)**, **Marennes**, **Fouras**, **Châtelaillon**, **La Rochelle**, **Les Sables-d'Olonne**, **Saint-Gilles-Croix-de-Vie**, **Challans** (Ile de Noirmoutier), **Ile d'Yeu**, **Saint-Jean-de-Monts**, **Bourgneuf**, (Ile de Noirmoutier), **Les Moutiers**, **La Bernerie**, **Pornic**, **Saint-Père-en-Retz** (Saint-Brévin-l'Océan) et **Paimbœuf** (Saint-Brévin-l'Océan) par toutes les gares, stations et haltes du réseau de l'Etat (Paris excepté).

(*Pour les prix et les conditions, voir le Tarif spécial G. V. n° 6*).

BILLETS D'ALLER ET RETOUR

DE TOUTE GARE A TOUTE GARE

Il est délivré, tous les jours, par toutes les gares, stations et haltes du réseau de l'Etat et pour tous les parcours sur ce réseau, des billets d'aller et retour à prix réduits.

Les coupons de retour sont valables : 1° pour les trajets jusqu'à 100 kilomètres, le jour de l'émission, le lendemain et le surlendemain jusqu'à minuit, 2° pour les trajets de plus de 100 kilomètres, un jour de plus par 100 kilomètres ou fraction de 100 kilomètres.

La durée de validité des billets d'aller et retour peut, à deux reprises, être prolongée de moitié (les fractions de jour comptant pour un jour), moyennant le paiement, pour chaque prolongation, d'un supplément égal à 10 0/0 du prix du billet. Toute demande de prolongation doit être faite et le supplément payé avant l'expiration de la période pour laquelle la prolongation est demandée.

(*Pour les autres conditions, voir le Tarif spécial G. V. n° 2.*)

CHEMIN DE FER DE PARIS A ORLÉANS
BAINS DE MER DE L'OCÉAN
BILLETS D'ALLER ET RETOUR A PRIX RÉDUITS
VALABLES PENDANT 33 JOURS

Du 1er Mai au 31 Octobre il est délivré des BILLETS ALLER ET RETOUR de toutes classes, à prix réduits, par toutes les gares du réseau pour les stations balnéaires ci-après :

St-Nazaire. — Pornichet. — Escoublac-la-Baule. — Le Pouliguen. — Batz. — Le Croisic. — Guérande. — Vannes (Port-Navalo, Saint-Gildas-de-Ruiz). — Plouharnel-Carnac. — Saint-Pierre-Quiberon. — Quiberon (Belle-Isle-en-Mer). — Lorient (Port-Louis, Larmor). — Quimperlé (Pouldu). — Concarneau (Beg-Meil, Fouesnant). — Quimper (Benodet). — Pont-l'Abbé (Langoz, Loctudy). — Douarnenez — Chateaulin (Pentrey, Crozon, Morgat).

SAISON THERMALE DE 1893
DE PARIS AU MONT-DORE ET A LA BOURBOULE
Durée du Trajet : 11 h. à l'Aller et au Retour.

Un double service direct par train express de jour et de nuit est organisé entre PARIS et LAQUEUILLE, par Montluçon et Eygurande, pour desservir les stations thermales du MONT-DORE et de LA BOURBOULE.

Les trains comprennent des voitures de toutes classes et habituellement des places de lits-toilette au départ de Paris et de Laqueuille.

Prix des places, y compris le trajet dans le service de correspondance de Laqueuille au Mont-Dore et à la Bourboule, et *vice-versâ*.

1re classe, 53 fr. 90. — 2e classe, 36 fr. 85 — 3e classe, 23 fr. 75

Du **MONT-DORE** et de **LA BOURBOULE**
à **ROYAT** et **CLERMONT-FERRAND** et vice versâ
Billets d'aller et retour à prix réduits, valables pendant 3 jours.

BILLETS D'ALLER ET RETOUR DE FAMILLE
POUR LES STATIONS THERMALES DE

Chamblet-Néris (**NÉRIS**), EVAUX-les-BAINS, Moulins (**BOURBON-L'ARCHAMBAULT**), Laqueuille (**LA BOURBOULE** et le **MONT-DORE**) ROYAT.

Réduction de 50 0/0 pour chaque membre de la famille en plus du troisième.

Il est délivré, du 15 Mai au 15 septembre, dans toutes les gares du réseau, sous condition d'effectuer un parcours minimum de 300 kilomètres (aller et retour), aux familles d'au moins quatre personnes payant place entière et voyageant ensemble, des **Billets d'Aller et Retour collectifs** de 1re, 2e et 3e classe pour les stations ci-dessus indiquées. — Les Billets sont établis par l'itinéraire à la convenance du Public; l'itinéraire peut n'être pas le même à l'Aller et au Retour.

Durée de validité : 30 jours, non compris le jour du départ.

BILLETS DE FAMILLE

Des **BILLETS DE FAMILLE** de 1re et 2e classe, réduits de 20 à 40 0/0 suivant le nombre de personnes, sont délivrés toute l'année, à toutes les gares du réseau d'Orléans pour les stations thermales et balnéaires du Midi, ci-après désignées et sous réserve d'un parcours de 500 kilomètres au moins, aller et retour compris :

Alet, Arcachon, Argelès-Gazost, Ax-les-Thermes, Bagnères-de-Bigorre, Bagnères-de-Luchon, Banyuls-sur-Mer, Biarritz, Cambo-Ville, Capvern, Céret (Amélie-les-Bains, La Preste, etc.), Couiza-Montazels, Dax, Guéthary (halte), Hendaye, Lamalou-les-Bains, Laruns (les Eaux-Bonnes, les Eaux-Chaudes), Le Boulou-Perthus, Oloron-Sainte-Marie, Pau, Pierrefitte-Nestalas (Cauterets), Prades (Le Vernet et Molitg), Saint-Girons, Saint-Jean-de-Luz, Saint-Flour (Chaudes-Aigues), Salies-de-Béarn, Salies-du-Salat et Ussat-les-Bains.

LES BILLETS DOIVENT ÊTRE DEMANDÉS A L'AVANCE

Envoi de Prospectus détaillés et de Livrets de voyages circulaires, etc., sur demande.

Adresser les demandes à l'Administration centrale, 1, place Valhubert, Paris.

CHEMINS DE FER DU MIDI

VOYAGES A PRIX RÉDUITS AUX PYRÉNÉES

Billets de 1re et 2e classes délivrés toute l'année, avec faculté d'arrêt dans toutes les stations du parcours.

Prix :	1re classe	2e classe	Durée des voyages (1)
1er, 2e et 3e parcours	68 »	51 »	20 jours.
4e, 5e, 6e et 7e parcours	91 »	68 »	30 —
8e parcours	115 »	87 »	35 —

INDICATION DES PARCOURS ET DES STATIONS
DÉLIVRANCE DES BILLETS

1er parcours — Bordeaux — Agen — Montauban — Toulouse — Montréjeau — Bagnères-de-Luchon — Tarbes — Bagnères-de-Bigorre — Mont-de-Marsan — Arcachon — Bordeaux.
2e parcours. — Bordeaux — Agen — Montauban — Toulouse — Montréjeau — Bagnères-de-Luchon — Tarbes — Bagnères-de-Bigorre — Pierrefitte — Pau — Bayonne — Hendaye-Irun — Dax — Arcachon — Bordeaux.
3e parcours. — Bordeaux — Arcachon — Mont-de-Marsan — Tarbes — Bagnères-de-Bigorre — Montréjeau — Bagnères-de-Luchon — Pierrefitte — Pau — Bayonne — Hendaye-Irun — Dax — Bordeaux.
4e parcours. — Comme au 1er itinéraire, plus le trajet de Toulouse-Cette et retour.
5e parcours. — Comme au 2e itinér. 1re., plus le trajet de Toulouse-Cette et retour.
6e parcours. — Comme au 1er itinéraire, plus le trajet de Toulouse-Cerbère-Port-Bou et retour.
7e parcours. — Comme au 2e itinéraire, plus le trajet de Toulouse-Cerbère-Port-Bou et retour.
8e parcours. — Marseille — Cette — Béziers — Narbonne — Carcassonne — Castelnaudary — Toulouse — Montauban — Agen — Bordeaux-St-Jean — Arcachon — Dax — Bayonne — Pau ou Dax — Mimbaste — Pau — ou Morceux — Mont-de-Marsan — Tarbes — Pierrefitte-Nestalas — Bagnères-de-Bigorre — Tarbes — Bagnères-de-Luchon — Montréjeau — Toulouse — Cette — Marseille.

BILLETS DE FAMILLE
à destination des stations hivernales et balnéaires des Pyrénées

Des billets de famille, de 1re et 2e classes, sont délivrés toute l'année à toutes les stations des réseaux d'Orléans, de l'État et du Midi, pour Alet — Arcachon — Argelès-Gazost — Ax-les-Thermes, Bagnères-de-Bigorre — Bagnères-de-Luchon — Banyuls-sur-Mer — Biarritz — Boulou-Perthus (le) — Cambo-ville — Capvern — Céret — (Amélie-les-Bains, La Preste, etc.) — Couiza-Montazels — Dax — Guéthary (halte) — Hendaye — Lamalou-les-Bains — Laruns-Eaux-Bonnes — Oloron-Sainte-Marie — Pierrefitte-Nestalas — Pau — Prades (Le Vernet et Molig) — Saint-Flour (Chaudesaigues) — Saint-Girons — Saint-Jean-de-Luz — Salies-de-Béarn — Salies-du-Salat et Ussat-les-Bains.
Avec les réductions suivantes calculées sur les prix du tarif général d'après la distance parcourue, sous réserve que cette distance, aller et retour compris, sera d'au moins 500 kilomètres.
Pour une famille de deux personnes, 20 0/0; de trois, 25 0/0; de quatre, 30 0/0; de cinq, 35 0/0; de six ou plus 40 0/0.
Durée de validité : 33 jours, non compris les jours de départ et d'arrivée.
Faculté de prolongation moyennant supplément de 10 0/0.
NOTA. — Ces billets doivent être demandés 5 jours à l'avance.

BILLETS D'ALLER ET RETOUR
à destination des stations hivernales et balnéaires des Pyrénées

Des billets d'aller et retour individuels de toutes classes, avec réduction de 25 0/0 en 1re classe et de 20 0/0 en 2e et 3e classes, sur les prix du tarif général, d'après l'itinéraire effectivement suivi, sont délivrés, toute l'année, à toutes les stations des réseaux de l'État et d'Orléans pour les mêmes stations hivernales et balnéaires que ci-dessus.
Durée de validité : 15 jours, non compris les jours de départ et d'arrivée.
Cette durée peut-être prolongée d'une ou deux périodes de 10 jours, moyennant paiement, pour chacune d'elles, d'un supplément égal à 10 0/0 du prix du billet d'aller et retour.
NOTA. — La demande de ces billets doit en être faite 3 jours au moins avant celui du départ.

Un livret indiquant en détail les prix et les conditions dans lesquelles peuvent être effectuées les excursions ci-dessus est envoyé *franco* à toute personne qui en fait la demande à la Compagnie du Midi. Cette demande peut-être adressée, soit au bureau commercial de la Compagnie, 54, boulevard Haussmann, à Paris, soit au bureau des tarifs, rue de la Gare, à Bordeaux.

(1) La durée de la validité des billets peut être prolongée d'une ou deux périodes de dix jours moyennant payement, pour chaque période, d'un supplément égal à 10 0/0 de la valeur des billets et à la condition expresse que la demande de prolongation soit faite avant l'expiration de la durée primitive ou de la durée prolongée.

BAINS DE MER
Billets d'Aller et Retour à prix réduits
DÉLIVRÉS DU 1er MAI AU 31 OCTOBRE
De PARIS AUX STATIONS BALNÉAIRES ou THERMALES SUIVANTES :

A — Billets d'aller et retour individuels valables pendant 4 jours.

Aller : le vendredi (1), le samedi ou le dimanche. Retour : le dimanche ou le lundi seulement.

	1re classe	2e classe		1re classe	2e classe
	fr. c.	fr. c.		fr. c.	fr. c.
Dieppe — Pourville, Puys, Berneval, Criel............	27 »	20 »	Bayeux — Arromanches, Port-en-Bessin, St-Laurent-sur-Mer, Asnelles........	36 »	27 »
Le Tréport — Mers — Eu — Le Bourg d'Ault, Onival.........	30 »	21 »	Isigny-sur-Mer — Grandcamp-les-Bains, Ste-Marie-du-Mont...	40 »	30 »
Cany—Veulettes, Les Petit.-Dalles.			Montebourg et Valognes — Quinéville, St-Vaast-la-Hougue (parcours par le *chemin départemental* de Montebourg et Valognes à Barfleur, non compris dans le prix du billet).......	45 »	34 »
Saint-Valery-en-Caux — Veules.					
Le Havre—Ste-Adresse, Bruneval.					
Les Ifs — Etretat, Vaucottes-sur-Mer, Bruneval.					
Fécamp — Yport, Etretat, Vaucottes-sur-Mer, Bruneval, Les Petites-Dalles, Les Grandes-Dalles, Saint-Pierre-en-Port.........	30 »	22 »	Cherbourg.............	50 »	37 »
			Port-Bail et Carteret........	50 »	37 »
Trouville-Deauville—Villerville			Coutances — Agon, Coutainville, Regnéville........	50 »	37 »
Villers sur-Mer					
Honfleur............			Granville — Donville, St-Pair, Bouillon-Jullouville, Carolles, St-Jean-le-Thomas........	45 »	34 »
Caen............					
Dives-Cabourg — Le Home-Varaville............	33 »	24 »			
Beuzeval — Houlgate........			**EAUX THERMALES**		
Luc—Lion-s.-Mer					
Langrune —	Ces prix comprennent le parcours total par chemin de fer	34 »	25 »	Forges-les-Eaux (Seine-Inférieure), ligne de Dieppe par Gournay............	19 »	14 »
St-Aubin....					
Bernières....					
Courseulles —		35 »	26 »	Bagnoles-de-l'Orne, p. Briouze.	40 »	30 »
Ver-s-Mer....					

(1) Exceptionnellement, ces Billets sont valables le *Jeudi* par les Trains partant de PARIS dès 6 h. 30 s.

B — Billets d'aller et retour individuels valables pendant 33 jours
(Jour de la délivrance non compris)

	1re classe	2e classe		1re classe	2e classe
	fr. c.	fr. c.		fr. c.	fr. c.
Bayeux............			Lamballe — Pléneuf, Le Val-André, Erquy, La Garde-Saint-Cast, St-Jacut-de-la-Mer (par la gare de Plancoët)............	59 40	40 10
Isigny-sur-Mer........					
Montebourg et Valognes.....					
Cherbourg.........					
Port-Bail et Carteret........			Saint-Brieuc — Portrieux, Saint-Quay............	62 10	41 90
Coutances............	56 »	37 80	Lannion — Perros-Guirec.......	71 90	48 55
Granville............			Morlaix — Saint-Jean-du-Doigt.	73 90	49 90
St-Malo-St-Servan — Paramé, Rothéneuf, Cancale (par la gare de la Gouesnière-Cancale)........			Saint-Pol-de-Léon........	76 90	51 90
			Roscoff — Ile de Batz........	77 70	52 45
			Brest............	82 »	55 35
Dinard — Saint-Enogat, Saint-Lunaire, Saint-Briac, Lancieux....			Saint-Nazaire............	59 70	40 30

Nota. — Les Prix ci-dessus ne s'appliquent qu'au parcours en chemin de fer

Les Billets de PARIS au HAVRE sont admis, au retour, par *Honfleur, Trouville-Deauville* ou *Caen*, ceux de PARIS à HONFLEUR, TROUVILLE-DEAUVILLE et CAEN sont adm's, au retour, par *Le Havre*, la traversée entre *Le Havre* et ces points étant à la charge du voyageur. — Les Billets de PARIS à BEUZEVAL, DIVES et CABOURG sont valables indifféremment via *Pont-l'Évêque* ou *Mézidon*. — Les Billets de PARIS à SAINT-MALO-SAINT-SERVAN et à DINARD sont indifféremment acceptés, au retour, par l'un ou l'autre de ces deux derniers points

CHEMINS DE FER DE L'EST

1° RELATIONS DIRECTES DE LA COMPAGNIE DE L'EST
(SERVICES PERMANENTS)

a) Avec l'Autriche-Hongrie, la Roumanie, la Serbie, la Bulgarie et la Turquie :
   1° *Viâ* Avricourt-Strasbourg (train d'Orient);
   2° *Viâ* Belfort-Bâle, la Suisse orientale et l'Arlberg (trains rapides);

b) Avec la Suisse, *viâ* Belfort-Bâle (trains rapides);
c) Avec l'Italie, *viâ* Belfort-Bâle et le St-Gothard (trains rapides);
d) Avec Mayence, Wiesbaden et Francfort-sur-Mein, *viâ* Metz-Sarrebrück (trains rapides);
e) Avec Luxembourg (charmante ville dans une situation fort pittoresque), *viâ* Longuyon-Longwy et Rodange (trains directs).

2° VOYAGES CIRCULAIRES ET EXCURSIONS A PRIX RÉDUITS
(SAISON D'ÉTÉ)

A. — EN FRANCE

Voyages circulaires à prix réduits pour visiter les Vosges et Belfort, avec arrêt facultatif dans toutes les villes du parcours :
   1° De Paris à Paris;
   2° De Laon à Laon;
   3° De Nancy à Nancy } *a) viâ* Blainville, Charmes;
                                   } *b) viâ* Pagny-sur-Meuse, Vaucouleurs.

B. — A L'ÉTRANGER

1° Billets d'aller et retour de Paris à Bâle, Lucerne et Zurich (*viâ* Belfort-Delle ou Belfort-Petit-Croix),
2° Voyage circulaire pour visiter la vallée de la Meuse, Hastière et Dinant.
3° Voyage circulaire pour visiter le Luxembourg et la Belgique (grottes de Han et de Rochefort) :
   a) Viâ Luxembourg, Liège, Marloie;
   b) Viâ Luxembourg, Arlon, Marloie.
4° Voyage circulaire pour visiter la Suisse, la haute Engadine et les lacs italiens.
5° Voyages circulaires pour visiter les bords du Rhin, la Suisse (Oberland Bernois et le lac de Genève, l'Allemagne, l'Autriche et l'Italie.

Nota. — Pour tous les autres renseignements, consulter : 1° le livret des voyages circulaires et excursions publié par la Compagnie des Chemins de fer de l'Est, et mis à la disposition du public dans la gare de Paris et bureaux succursales ; 2° les affiches et les indicateurs, en ce qui concerne les relations directes.

Type **A** — 2

CHEMINS DE FER PARIS-LYON-MÉDITERRANÉE

VOYAGES CIRCULAIRES A ITINÉRAIRES FACULTATIFS
(Billets individuels et collectifs)

Il est délivré, *pendant toute l'année*, dans toutes les gares du réseau P.-L.-M., des *billets individuels et de famille*, à prix *très réduits*, pour effectuer sur ce réseau des *voyages circulaires*, à itinéraires établis par les *voyageurs* eux-mêmes, avec parcours totaux d'au moins 300 kilomètres. Ces billets, qui donnent à leur porteur le droit de s'arrêter dans toutes les gares de l'itinéraire, sont valables pendant 30, 45 ou 60 jours, suivant l'importance du parcours. Nouvelles réductions très importantes.

BILLETS D'ALLER ET RETOUR DE BAINS DE MER
Valables 23 jours. — Arrêts facultatifs

Il est délivré, du 1er Juin au 15 Septembre de chaque année, des billets d'aller et retour de bains de mer, **individuels et collectifs (de famille)**, de 1re, 2e et 3e classe, à prix réduits, pour les stations balnéaires suivantes :

Aigues-Mortes, Antibes, Bandol, Beaulieu, Cannes, Hyères, La Ciotat, La Seyne-Tamaris-sur-Mer, Menton, Monaco, Monte-Carlo, Montpellier, Nice, Saint-Raphaël, Toulon et Villefranche-sur-Mer.

Ces billets sont émis dans toutes les gares du réseau P.-L.-M. et doivent comporter un parcours minimum de 300 kilomètres, aller et retour.

La Compagnie P.-L.-M. délivre des **Cartes d'abonnement** à prix réduits sur tout son réseau.

DE TOUTES LES GARES P.-L.-M. A LOURDES

Ces billets sont délivrés dans toutes les gares P.-L.-M. et doivent être demandés 4 jours à l'avance. Ils sont valables pendant 7 jours et donnent droit à un arrêt en route.

Les billets d'aller et retour pour Lourdes sont valables pour une durée de 6 à 12 jours suivant les distances parcourues.

AVIS IMPORTANT

Les renseignements les plus complets sur les *Voyages circulaires et d'excursion* (prix, conditions, cartes et itinéraires), ainsi que sur les *billets simples d'aller et retour*, *cartes d'abonnement*, *horaires, relations internationales*, etc., sont renfermés dans le **Livret-Guide officiel P.-L.-M.**, mis en vente au prix de 30 *centimes* dans les principales gares et bureaux de ville, ainsi que dans les bibliothèques des gares de la Compagnie.

Voir sur les affiches et prospectus de la Compagnie P.-L-M. et demander dans toutes les gares des renseignements détaillés sur tous les services sus-mentionnés.

CHEMIN DE FER DU NORD

Saison des bains de mer. — Billets à prix réduits.

Pendant la Saison, du **15 mai au 15 octobre**, *toutes les gares du Chemin de fer du Nord* délivrent des billets de Bains de mer de 1re, 2e et 3e classe à destination des stations balnéaires suivantes : BERCK (station du chemin de fer d'intérêt local) *via* Rang-du-Fliers-Verton, BOULOGNE, CALAIS, CAYEUX (station du chemin de fer d'intérêt local) *via* Saint-Valery, DUNKERQUE, ETAPLES (Le Touquet, Paris-Plage, EU, plages du Bourg-d'Ault et d'Onival), GRAVELINES, LE CROTOY (station du chemin de fer d'intérêt local) *via* Noyelles, LE TRÉPORT-MERS, MARQUISE-RINXENT (plages de Wissant, Audresselles et Ambleteuse), RUE, ST-VALERY, Wimille-Wimereux.

Il existe trois catégories de billets, savoir:

1° **Billets de saison** de 1re, 2e et 3e classe, valables pendant 33 jours, sous condition d'effectuer un parcours minimum de 100 kil. aller et retour. Ces billets, créés pour les familles, sont *nominatifs* et *collectifs*. Il est accordé une *réduction* de 50 0/0 à chaque membre de la famille en plus du troisième.

2° **Billets hebdomadaires** de 1re, 2e et 3e classe, valables pendant 5 jours, du vendredi au mardi et de l'avant-veille au surlendemain des fêtes légales. Ces billets sont individuels. Les prix varient selon la distance et présentent des *réductions de 25 à 40 0/0*.

3° **Billets d'excursion** de 2e et 3e classe, les dimanches et jours de fêtes légales, valables pendant une journée. Ces billets sont ou individuels ou de famille. — Les prix réduits des billets individuels sont indiqués dans le tableau ci-dessous. — Pour les *familles* (ascendants et descendants), il est accordé une nouvelle réduction sur le prix des billets individuels, allant de 5 à 25 0/0, selon que la famille se compose de 2, 3, 4, 5 personnes et plus.

Les billets de saison et les billets hebdomadaires sont valables dans les mêmes trains et aux mêmes conditions que les billets ordinaires du service intérieur.

Les billets d'excursion ne sont valables que dans des trains spéciaux ou dans des trains du service ordinaire désignés à cet effet par la Compagnie.

Les prix au départ de Paris pour les 3 catégories sont les suivants

Prix des billets de Saison, hebdomadaires et d'excursion

DE PARIS AUX Stations balnéaires CI-DESSOUS	Billets de saison collectifs de famille VALABLES PENDANT 33 JOURS						BILLETS HEBDOMADAIRES PRIX PAR PERSONNE (1)			BILLETS d'excursion PRIX par personne (1)	
	Prix pour 3 personnes			Prix pour chaque personne en plus							
	1re cl.	2e cl.	3e cl.	1re cl.	2e cl.	3e cl.	1re cl.	2e cl.	3e cl.	1re cl.	2e cl.
Berck............	149 50	101 40	68 30	25 60	17 45	11 45	31 »	25 15	17 »	11 15	7 35
Boulogne (ville)....	170 70	115 20	75 »	28 45	19 20	12 50	35 »	25 70	18 90	11 10	7 30
Calais (ville).......	198 30	133 80	87 30	33 05	22 30	14 55	37 90	29 »	21 85	13 35	8 10
Cayeux.........	137 55	93 60	61 20	24 »	16 45	10 80	29 30	23 05	15 95	11 »	7 25
Dunkerque.......	204 90	138 30	90 30	34 15	23 05	15 50	38 85	29 95	22 60	13 50	8 20
Étaples.........	152 40	102 90	67 20	25 40	17 15	11 20	30 90	23 95	17 »	10 35	6 75
Eu.............	120 90	81 60	53 10	20 15	13 60	8 85	25 40	20 10	13 70	8 85	5 75
Gravelines........	204 90	138 30	90 30	34 15	23 05	15 05	38 85	29 95	22 60	12 50	8 20
Le Crotoy........	131 25	89 10	58 20	22 60	15 40	10 10	27 90	21 95	15 15	10 25	6 75
Le Tréport-Mers....	123 »	83 10	54 »	20 50	13 65	9 »	23 75	20 35	13 90	9 »	5 85
Marquise-Rinxent....	181 50	122 40	79 80	30 25	20 40	13 30	35 50	26 75	20 »	11 60	7 60
St-Valery-sur-Somme.	131 10	88 50	57 60	21 85	14 75	9 60	27 15	21 35	14 75	9 30	6 05
Wimille-Wimereux...	174 60	117 90	76 80	29 10	19 65	12 80	34 55	26 10	19 30	11 25	7 40

(1) Ces prix ne comprennent pas les 0 fr. 10 de droit de timbre pour les sommes supérieures à 10 fr

COMPAGNIE DU CHEMIN DE FER
DU
SAINT-GOTHARD

Le chemin de fer du Gothard, la ligne de montagne **la plus pittoresque et la plus intéressante de l'Europe**, traverse la Suisse primitive chantée par les poètes et glorifiée par l'histoire. Sur le parcours on rencontre **Lucerne**, au bord du lac du même nom ; le lac de Zoug, le **Rigi**, célèbre dans le monde entier par la vue incomparable dont on jouit de son sommet, puis la station Goldau **(point de raccordement des lignes Sud-Est-Suisse et Arth-Rigi)**, le lac de Lowerz, Schwyz, **le lac des Quatre-Cantons**, avec le Rütli et la chapelle de Guillaume-Tell, Brunnen, la route de l'Axen, Fluelen, Altdorf, Erstfeld, Wasen ; **Goeschenen**, station de la tête nord du tunnel, où commence l'ancienne route du Saint-Gothard et d'où l'on atteint, en une demi-heure, le célèbre **pont du Diable et la galerie dite trou d'Uri, près d'Andermatt** (tous deux d'un accès facile), Bellinzona, Locarno, le lac Majeur (îles Borromées) ; **Lugano**, connue dans le monde entier, et qui est devenue une station climatérique ; elle est reliée au funiculaire du Monte Salvatore, avec Luino, sur le lac Majeur, et avec Menaggio, sur le lac de Côme.

De là, la ligne franchit le lac de Lugano à Melide, passe aux gares de Maroggia, Capolago (point de raccordement de la ligne Monte Generoso), Mendrisio, Balerna, et arrive enfin à Chiasso, point terminus du Gothard, pour continuer sur **Côme et Milan**.

La ligne réunit ainsi, des deux côtés des Alpes, les bords des lacs les plus ravissants, émaillés de villas splendides.

Parmi les nombreux travaux d'art, œuvres gigantesques construites dans les flancs des Alpes et qui excitent l'étonnement du voyageur, il faut citer en première ligne le **grand tunnel du Gothard**, le plus long tunnel existant (14,984 mètres), dont le percement a exigé neuf années de travail ; viennent ensuite les **tunnels hélicoïdaux**, au nombre de 3 sur le côté nord et de 4 sur le côté sud, le pont du Kerstelenbach, près d'Amsteg, etc., etc.

Deux trains directs et un express font journellement, en huit à dix heures, le trajet dans chaque direction, de **Lucerne à Milan**, point central pour tous les voyageurs allant en Italie. **Wagons-lits (sleeping cars), voitures directes entre Paris et Milan**, éclairage au gaz, freins continus.

Prix de Milan à Lucerne : 1re cl., 35 fr. 70 ; 2e cl., 25 fr.
Prix de Paris à Milan : Ire classe, 104 fr. 25 ; 2e cl., 72 fr. 25

Le chemin de fer du Gothard est la voie de **communication la plus courte entre Paris et Milan** (via Belfort-Bâle). A Milan, correspondance directe de et pour Venise, Bologne, **Florence, Gênes, Rome**, Turin. A Lucerne, coïncidence directe de et pour Paris, Calais, Londres, Ostende, Bruxelles, Cologne, Francfort, Strasbourg, ainsi que de et pour toutes les gares principales de la Suisse.

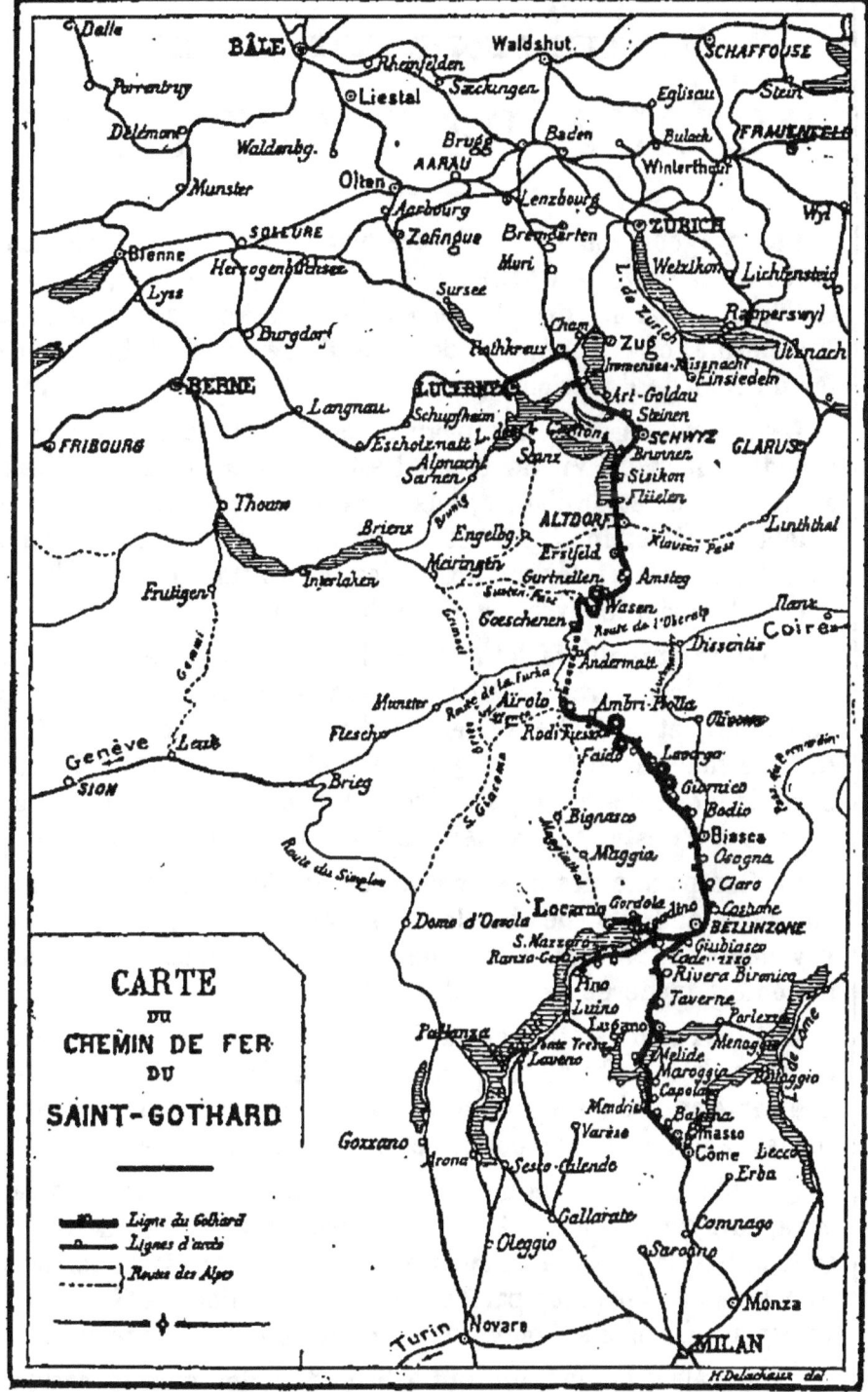

CHEMINS DE FER
DU SUD DE L'AUTRICHE

Le voyageur venant de France par la Suisse ne tarde pas, après avoir traversé l'Arlberg, d'arriver à *Innsbruck*, capitale du Tyrol. C'est une des plus jolies villes des Alpes autrichiennes. Elle forme, de ce côté, tête de ligne du réseau des chemins de fer du Sud de l'Autriche.

Les lignes de cette Compagnie aboutissent, d'une part, aux grands centres de Vienne et de Pesth, et aux ports de Trieste et de Fiume, et de l'autre, aux frontières de la Bavière et de l'Italie, à Kufstein, à Ala et à Cormons. Elles traversent les contrées les plus intéressantes et les plus pittoresques de l'Autriche-Hongrie, le Tyrol, la Carinthie, la Carniole, la Styrie.

D'Innsbruck, la ligne conduit, par le *Brenner*, à Botzen (Gries), Méran, Trente, Mori (station pour Arco, Riva, le lac de Garde), et en Italie, et rejoint d'autre part, par le *Pusterthal*, formant ainsi trait de jonction entre les régions orientale et occidentale des Alpes, l'artère principale du réseau (ligne de Vienne à Trieste) sur laquelle elle vient se souder à Marbourg.

La Compagnie des chemins de fer du Sud a fait construire, en divers endroits, des hôtels de premier ordre, qui offrent aux voyageurs, au milieu des splendeurs des grandes Alpes, tout le confort moderne des grandes villes.

A Toblach, station de la ligne du Pusterthal, se trouve un excellent hôtel. On se rend de Toblach dans la ravissante vallée d'**Ampezzo** célèbre par ses Alpes dolomitiques. Cette contrée surpasse en beauté les points les plus fréquentés de la Suisse.

Qui n'a aussi entendu parler des merveilles réservées aux voyageurs qui, remontant de Marbourg vers Vienne en traversant la Styrie, dont la gracieuse ville de Gratz est la capitale, franchissent, entraînés par la vapeur, la section de **Semmering**, un des chefs-d'œuvre de l'art et de la science modernes?

L'hôtel élevé par la Compagnie du Sud au Semmering, occupe,

CHEMINS DE FER DU SUD DE L'AUTRICHE (Suite)

une situation magnifique. Les environs sont splendides, et l'air qu'on y respire est délicieux, vivifiant, et tout chargé des senteurs aromatiques des mélèzes et conifères qui couvrent les versants de ces montagnes.

Les environs de Vienne, traversés par la ligne du Sud, offrent également un choix de points des plus charmants.

En descendant de Marbourg vers l'Adriatique, on traverse les contrées excessivement intéressantes de la Carinthie et de la Carniole; on passe successivement à Pragerhof (embranchement pour Budapesth), Cilli, Steinbrück, Laibach, **Adelsberg** (endroit renommé par ses grottes merveilleuses), Saint-Feter, Nabresina, pour arriver enfin à **Trieste**.

De Trieste on gagne facilement l'Italie, soit par mer (service régulier de navigation entre Trieste et Venise), soit par Nabrosina, Gorice et Cormons. Pour se rendre à Fiume, il faut quitter, à Saint-Peter, la ligne de Vienne à Trieste.

Non loin de Fiume, à **Abbazia** (station de chemin de fer Mattuglie-Abbazia, de l'embranchement de Saint-Peter à Fiume), la Compagnie du Sud a créé, au bord de la mer, un grand établissement climatérique et balnéaire.

Abbazia, avec sa luxuriante végétation méridionale, est un délicieux séjour. Bain de soleil en hiver, on y trouve en été l'agrément des bains de mer. Toutes les conditions de confort désirables y sont réunies.

La Compagnie de la **Südbahn** *a organisé, de concert avec les autres compagnies de chemins de fer autrichiennes et étrangères, un grand nombre de voyages circulaires à prix réduits, qui permettent aux voyageurs de toute provenance, de visiter, dans d'excellentes conditions de bon marché, l'Autriche, le Tyrol, la Bavière, l'Italie, la Suisse et les bords du Rhin.*

Les voyageurs trouveront la nomenclature détaillée de ces voyages avec les prix, la durée du trajet et toutes les particularités qui s'y rattachent, dans les Indicateurs officiels d'Autriche, d'Allemagne, de France, de Suisse et d'Italie.

CHEMINS DE FER DU SUD DE L'AUTRICHE

ABBAZIA

STATION HIVERNALE ET BALNÉAIRE DE L'ADRIATIQUE

Le trajet de Vienne à Abbazia se fait en 13 heures
Deux express par jour dans chaque sens ; wagons-lits

Assis au fond de la poétique baie du Quarnero, au bord même de la mer, à quelques kilomètres du port de Fiume, abritée des vents par une ceinture de collines boisées dominées par le Monte-Maggiore, préservée en été des chaleurs excessives par les brises normales qui soufflent, le jour vers la terre, et la nuit vers la mer, Abbazia, l'heureuse rivale des stations les plus renommées du littoral méditerranéen, jouit du rare privilège d'être à la fois une station d'hiver et une plage d'été.

Le climat de ce coin de terre privilégiée que baigne l'Adriatique est d'une douceur et d'une égalité tout exceptionnelles. Les variations brusques de température sont inconnues à Abbazia.

Dans un vaste et splendide parc, au milieu des chênes verts, des figuiers, des lauriers qui répandent dans l'atmosphère leur senteur bienfaisante, s'élèvent les hôtels et villas appartenant à la Compagnie des Chemins de fer du Sud de l'Autriche. Bel et grand établissement pourvu de tout le confort et de tous les perfectionnements modernes désirables.

300 chambres et nombreuses villas. — Salles et salons divers. — Promenades délicieuses dans les magnifiques propriétés de l'établissement et sur les bords de la mer. — Bains chauds, douches, massages, inhalation, électricité. — Un médecin est attaché à l'établissement. — Equipages, barques, chevaux de selle et guides à disposition. — Distractions et plaisirs de toutes sortes.

Excursions variées à Ika, Lovrana, Moschenizza, Vesprinaz, au Monte-Maggiore (1,400 mètres d'altitude), à Fiume, aux îles de Veglia, Cherso, Lussin (les anciennes îles Absyrtides des Grecs, où la tradition place le crime de Médée).

L'élite de la société se donne aujourd'hui rendez-vous à Abbazia, et chaque année voit augmenter le nombre d'étrangers de toutes les nations qui viennent y fixer leur résidence d'hiver, ou y cherchent, en été, l'agrément des bains de mer.

Des omnibus et voitures font le service entre l'établissement et la station de chemin de fer Mattuglie-Abbazia.

S'adresser, pour renseignements, directement à la direction des Hôtels, à Abbazia (Istrie, Autriche).

La Compagnie des chemins de fer du Sud de l'Autriche est aussi propriétaire de l'**Hôtel du Semmering**, site alpestre grandiose à 1,000 mètres d'altitude et à deux heures et demie de Vienne, en chemin de fer.

PAQUEBOTS POSTE ANGLAIS
POUR
LE BRÉSIL, LA PLATA, LES ANTILLES
LE VENEZUELA, LA COLOMBIE & LE PACIFIQUE

LIGNE DU BRÉSIL ET DE LA PLATA

Les Steamers de la Compagnie partent de Southampton, tous les deux Jeudis et font escale à **Lisbonne** le lundi suivant pour l'embarquement de la malle et des passagers ; les escales suivantes sont **Pernanbuco, Maceio, Bahia, Rio-de-Janeiro, Santos, Montevideo et Buenos-Ayres**.

LIGNE DES ANTILLES ET DU PACIFIQUE

Les Steamers de la Compagnie partent de Southampton tous les deux Mercredis ; les escales principales sont la **Barbade, Jacmel, Kingston, (Jamaïque), Colon, Savanilla et Port-Limon**. A la Barbade, des Steamers annexes spécialement aménagés pour le climat des Antilles desservent **Trinidad, Demerara, le Venezuela, la Colombie, la Martinique, la Guadeloupe, St-Thomas**, etc. A Colon le transit des passagers se fait par le **Chemin de fer de Panama** et la correspondance pour le Pacifique se fait à Panama par les Steamers de la **Pacific Steam Navigation Company** ou ceux de la **Compañia Sud Americana de Vapores** pour la Colombie, l'Équateur, le Pérou, la Bolivie et le Chili et par ceux de la **Pacific Mail Steam Ship Company** pour le Costa-Rica ; le San Salvador, le Guatemala, le Honduras, le Mexique et San Francisco.

La cuisine, les vins et le service sont l'objet des plus grands soins.

Pour tous renseignements sur fret, passages, etc., s'adresser :
Au siège de la Compagnie, à **LONDRES**, 18, Moorgate Street, E. C., et 29, Cokspur St. S. W. ; à MM. Geo Dunlop et Co. à **PARIS**, 38, avenue de l'Opéra ; à MM. Marcel et Co, au **HAVRE** ; à M. H. Binder, à **HAMBOURG** ; à MM. Hren et C°, à **ANVERS** ; à M. J.-L. Michaelis, à **BRÊME**.

COMPAGNIE DES MESSAGERIES MARITIMES
PAQUEBOTS-POSTE FRANÇAIS

Ligne de l'Australie et de la Nouvelle-Calédonie. Départ de Marseille le 3 de chaque mois pour Port-Saïd, Suez, Aden, Mahé (Seychelles), King George's Sound, Adélaïde, Melbourne, Sydney et Nouméa, avec un embranchement à Mahé pour la Réunion, Maurice et Madagascar.

Ligne de la côte orientale d'Afrique. Départ de Marseille le 12 de chaque mois pour Port-Saïd, Suez, Obock, Aden, Zanzibar, Mayotte, Nossi-Bé, Diégo-Suarez, Sainte-Marie, Tamatave, la Réunion et Maurice. Correspondance à Nossi-Bé avec la ligne de la côte ouest de Madagascar.

Lignes de l'Océan Indien. Départ de Marseille toutes les deux semaines, à partir du 19 février 1893, pour Alexandrie, Port-Saïd, Suez, Aden, Colombo, Singapore, Batavia, Saïgon (correspondance à Saïgon pour Nha-Trang, Quinhon, Tourane, Thuanan et Haïphong), Hong-Kong, Shanghaï, Kobé et Yokohama, avec embranchement toutes les quatre semaines :
1º De Colombo sur Pondichéry, Madras et Calcutta ;
2º De Singapore sur Samarang.

Ligne d'Aden à Kurrachée et Bombay, en correspondance, à l'aller, avec la ligne de la côte orientale d'Afrique, et, au retour, avec la ligne de l'Australie.

Services de l'Océan Atlantique. Départs de Bordeaux :
1º Le 5 de chaque mois pour Lisbonne, Dakar, Rio de Janeiro, Montevideo et Buenos-Ayres ;
2º Le 20 de chaque mois pour Lisbonne, Dakar, Pernambuco, Bahia, Rio de Janeiro, Montevideo et Buenos-Ayres ;
3º Le 28 de chaque mois (passagers et marchandises), pour La Corogne, Vigo, Porto-Leixoes, Lisbonne, Las Palmas, Pernambuco, Rio de Janeiro, Montévideo, Buenos-Ayres, Rosario ou Bahia-Blanca.

Lignes de la Méditerranée et de la Mer Noire, desservant les principaux ports, savoir :
1º Ligne de Marseille à Constantinople et Odessa, tous les 14 jours, le Samedi, à partir du 25 février 1893 ;
2º Ligne de Marseille à Constantinople et Batoum, tous les 14 jours, le samedi, à partir du 18 février 1893 ;
3º Lignes circulaires d'Égypte et de Syrie, toutes les semaines ;
4º Ligne hebdomadaire de Marseille à Londres avec escale au Havre (spéciale au transport des marchandises).

BUREAUX : PARIS, rue Vignon, 1 ; MARSEILLE, rue Cannebière, 16 ; BORDEAUX, allées d'Orléans, 20.

FRAISSINET & CIE

COMPAGNIE MARSEILLAISE DE NAVIGATION A VAPEUR
PAQUEBOTS-POSTE FRANÇAIS

4 et 6, place de la Bourse (FONDÉE EN 1832)

Services réguliers pour le Languedoc, la Corse, l'Italie, le Levant, le Danube, la mer Noire, l'Archipel et la Côte occidentale d'Afrique.

LIGNES DESSERVIES PAR LA COMPAGNIE

LIGNES DU LANGUEDOC. — Départs de Marseille, tous les soirs, pour Cette ou Agde.

LIGNE POSTALE SUR LA CORSE, L'ITALIE, LA SARDAIGNE. — Départs de Marseille pour : Bastia, Livourne, jeudi et dimanche, à 9 h. du matin. Ajaccio, Propriano, Bonifacio, Porto-Torres, vendredi, 4 h. du soir. Calvi, Ile Rousse, mardi, midi. Toulon, Nice, vendredi, midi. — Départs de Nice pour : Bastia, Livourne, mercredi, 5 h. du soir. Ajaccio (Ile Rousse-Calvi en été), Bonifacio, Porto-Torres, samedi, 6 h. du soir. — Départ de Bastia pour : Bonifacio, Propriano, Ajaccio, vendredi, 7 h. du soir. — Départ d'Ajaccio pour : Propriano, Bonifacio, Bastia, mardi, 9 h. 1/2 du matin.

LIGNES D'ITALIE. — Départs de Marseille, tous les dimanches, à 8 h. matin, pour Gênes. — Départs de Marseille, tous les dimanches et mercredis, à 8 h. matin, pour Naples.

LIGNE DE CANNES, NICE ET GÊNES. — Départs de Marseille, tous les mercredis, à 7 heures du soir, et tous les lundis et dimanches, pour Nice.

LIGNES DE CONSTANTINOPLE ET DU DANUBE. — Service d'été. **Constantinople.** Départs de Marseille tous les jeudis, à 9 h. du matin, pour Gênes, Le Pirée, Syra, Smyrne, Salonique, Dédéagach, Dardanelles, Gallipoli (facultatif), Rodosto et Constantinople. — **Danube** (sans transbordement). Départs de Marseille, tous les dimanches, à 9 h. du matin. Constantinople, Sulina, Kustendjé (facultatif), Galatz et Braila. — Service d'hiver (pendant la fermeture du Danube par les glaces), **Constantinople.** Départs de Marseille tous les jeudis à 9 h. du matin, pour Gênes, Le Pirée, Syra, Smyrne, Salonique, Dédéagach, Dardanelles, Rodosto, Gallipoli et Constantinople.

LIGNE POSTALE DE LA COTE OCCIDENTALE D'AFRIQUE. — Départs de Marseille le 25 de chaque mois, avec escales à Oran, Les Canaries, Dakar (Saint-Louis), Sainte-Marie, Gorée, Rufisque, Conakry, Sierra-Leone (Freetown), Grand-Bassa (Liberia), Grand-Bassam, Assinie, Accra, Les Popos, Cotonou (Dahomey), Lagos, Bouches du Niger, Bata, Bento, Libreville, Loango, Banane, Boma, et autres ports de la Côte. — Départs de Libreville pour Marseille, avec les mêmes escales, le 15 de chaque mois.

Traversée de Marseille à Libreville, et vice versa, en 20 jours.

Pour tous renseignements, s'adresser : à MM. Fraissinet et Ce, 6, place de la Bourse, à Marseille ; — à M. Ach Neton, 9, rue de Rougemont, à Paris, et à MM. F. Puthet et Ce, quai Saint-Clair, 2, à Lyon ; — à M. R. Picharry, 40, quai de Bourgogne, à Bordeaux ; — à M. Mouton, agent général, à Libreville ; — à M. Aug Pierangeli, agent général, à Bastia.

COMPAGNIE DE NAVIGATION MIXTE
(Cie TOUACHE)
Société anonyme au capital de 6,750,000 francs

Services réguliers à grande vitesse de paquebots à vapeur
POUR
L'ALGÉRIE, LA TUNISIE ET LE LANGUEDOC

TRANSPORT DES VOYAGEURS ET DES MARCHANDISES — TRANSPORT DES DÉPÊCHES

Services de Marseille pour :

Alger.....	Direct, tous les jeudis, 5 h. soir
Arzew.....	Via Oran, tous les merc., 5 h. s.
Bône......	Direct, tous les jeudis, midi.
Bougie....	Via Philippeville, t. les sam., 3 h. s.
Djidjelli..	Via Bône, tous les jeudis, midi.
Mostaganem	Via Oran, tous les merc., 5 h. s.
Oran......	Direct, tous les merc., 5 h. s.
Oran......	Via Alger (par ch. fer), j., 5 h.s
Philippeville.	Direct, tous les samedis, 5 h. s.
Tunis.....	Direct, tous les samedis, 3 h. s.
Cette.....	Direct, t. les dim., lundis, mar

Services de Cette pour :

Alger.....	Direct (en été seul.), les d., midi.
Alger.....	Via Marseille, tous les mardis, s.
Arzew.....	Via Marseille-Oran, les lundis, s
Bône......	Via Marseille, les mercredis, s.
Bougie....	Via Marseille-Philipper., mer., s.
Djidjelli..	Via Marseille-Bône, les merc., s
Mostaganem	Via Marseille, les lundis, soir.
Oran......	Via Marseille, t. les lundis, soir.
Philippeville.	Via Marseille, tous les merc., s.
Tunis.....	Via Marseille, tous les jeudis, s.
Marseille.	Direct, les lund., mard., merc., s

Services de :

Alger.....	pour Marseille (direct) et Cette........	tous les jeudis, 8 h. matin.
Alger.....	pour Cette (direct), en été seulement....	tous les jeudis, 8 h. matin.
Alger.....	pour Bougie, Djidjelli, Philippeville et Bône.	tous les lundis, 7 h. soir.
Arzew.....	pour Marseille et Cette, via Oran.......	tous les lundis, soir.
Bône......	pour Marseille (direct) et Cette........	tous les jeudis, 6 h. soir.
Bône......	pour Philippeville, Djidjelli, Bougie et Alger.	tous les dimanches, 9 h. matin.
Bougie....	pour Marseille et Cette, via Philippeville..	tous les mercredis, midi.
Djidjelli..	pour Marseille et Cette, via Bône.......	tous les mardis, soir.
Mostaganem	pour Marseille et Cette, via Oran.......	tous les lundis, matin
Oran......	pour Marseille (direct) et Cette........	tous les mercredis, 4 h. soir.
Oran......	pour Marseille et Cette, via Alger (par ch. de fer).	tous les mercredis, matin.
Philippeville.	pour Marseille (direct) et Cette........	tous les jeudis, midi.
Tunis.....	pour Marseille (direct) et Cette........	tous les samedis, 2 h. soir.

Prix des passages

DE MARSEILLE OU CETTE POUR et vice versa	1re classe (1)	2e classe (1)	3e classe (1)	Pont (2)
Cette ou Marseille............ f.	10 »	8 »	6 »	5 »
Alger............................	50 »	40 »	20 »	10 »
Arzew...........................	60 »	45 »	22 »	12 »
Bône............................	50 »	40 »	20 »	10 »
Bougie..........................	50 »	40 »	20 »	10 »
Djidjelli........................	60 »	45 »	22 »	12 »
Mostaganem.....................	60 »	45 »	22 »	12 »
Oran (direct)...................	60 »	45 »	22 »	12 »
Philippeville...................	50 »	40 »	20 »	10 »
Tunis...........................	85 »	60 »	30 »	20 »

(1) Avec couchette et nourriture. — (2) Sur le pont, sans nourriture.

Pour Fret et Passages, s'adresser

A Lyon, au siège de la Comp., 33, r. St-Pierre. | A Cette : à M. G. Caffarel aîné, agent général.
A Marseille : bur. de la Dir., 5, r. Cannebière. | A Paris : à l'Ag. de la Comp., 9, r. Rougemont.
En Algérie et en Tunisie : aux Agences de la Compagnie.

 Hors concours, Membre du Jury
EXPOSITIONS UNIVERSELLES
PARIS 1878 et 1889

MAISON DE LA BELLE JARDINIÈRE

2, rue du Pont-Neuf, 2
PARIS

HABILLEMENTS tout FAITS et sur MESURE

Pour hommes, jeunes gens et enfants

CHAPELLERIE. — CHAUSSURES. — BONNETERIE. — CHEMISERIE
VÊTEMENTS DE TRAVAIL

EXPÉDITION EN PROVINCE

FRANCO contre remboursement au-dessus de 25 FRANCS

SUCCURSALES :
Lyon, Marseille, Nantes, Angers, Elbeuf, Lille, Saintes,
A Paris, au coin des rues de Clichy et d'Amsterdam.

RAYON SPÉCIAL POUR VÊTEMENTS ECCLÉSIASTIQUES

CYCLES-ROCHET

LES
Premières Machines du monde

CYCLES-ROCHET   *CYCLES-ROCHET*

MÉDINGER, gagnant
DE 100 PREMIERS PRIX
sur MACHINES ROCHET

USINE : 74, rue de la Folie-Regnault, à PARIS.

Succursales :
- 29, rue du Quatre-Septembre, à Paris.
- 91, rue de l'Hôtel-de-Ville, à Lyon.
- 38, rue Nationale, à Lille.
- 5, cour de l'Intendance, à Bordeaux.

Agents dans toutes les grandes villes de France.

PARFUMERIE SUPÉRIEURE
L. T. PIVER
PARIS, 10, boulevard de Strasbourg, 10, PARIS

LAIT D'IRIS
POUR LA FRAICHEUR, L'ÉCLAT ET LA BEAUTÉ DU TEINT

PARFUMERIE EXTRA-FINE
AU
Corylopsis du Japon

PARFUM NOUVEAU IMPORTÉ PAR L.T. PIVER, A PARIS

Savon.........	au Corylopsis du Japon.	Lotion végétale....	au Corylopsis du Japon
Extrait.........	au Corylopsis du Japon.	Brillantine......	au Corylopsis du Japon
Eau de toilette....	au Corylopsis du Japon.	Huile............	au Corylopsis du Japon
Vinaigre........	au Corylopsis du Japon.	Pommade.........	au Corylopsis du Japon
Poudre de riz.....	au Corylopsis du Japon.	Cosmétique.......	au Corylopsis du Japon
Crème (pour le teint)	au Corylopsis du Japon.	Sachet...........	au Corylopsis du Japon

Véritable SAVON au SUC de LAITUE
LE MEILLEUR DES SAVONS DE TOILETTE

ESSENCES pour le Mouchoir

Essence Mystérieuse.
— Chypre et Peau d'Espagne.
— Lilas blanc.
Quintessence d'Iris blanc.
Parfum Héliotrope blanc.
Essence Cyclamen et Chèvrefeuille
Chrysanthème de Tokio.

Bouquet Fin de Siècle.
Bataille de fleurs (brise embaumée).
Select Parfum.
Mascotte (parfum porte-bonheur).
Baume d'Amyris.
Sublime Parfum.
Parfum des Pharaons.

GRAND PRIX EXPOSITION DE PARIS 1889

DEUIL
POUR AVOIR DE SUITE UN
DEUIL COMPLET
s'adresser
A LA RELIGIEUSE
2, rue Tronchet, Paris
Envoi franco. — Maison de confiance créée en 1859.
Ne pas confondre.
ARTICLES de goût EN CHAPEAUX, ROBES, MANTEAUX, COIFFURES, CHALES, LINGERIE, JUPES, JUPONS, PEIGNOIRS, MATINÉES ET CONFECTIONS POUR DAMES.

PARFUMERIE-ORIZA
de L. LEGRAND
11, Place de la Madeleine, PARIS
(Ci-devant 207, rue Saint-Honoré).

CRÈME ORIZA de Ninon
POUDRE ORIZA de Ninon
ORIZA LACTÉ, lotion émulsive

Pour la beauté du visage

PARFUMERIE SPÉCIALE
AUX VIOLETTES DU CZAR

PARFUMS ORIZA SOLIDIFIÉS

NOUVEAUX PRODUITS
AU DATURA INDIEN

ENVOI FRANCO DU CATALOGUE

CHEZ TOUS LES PARFUMEURS ET COIFFEURS

CHACUN PEUT TOUT PHOTOGRAPHIER — APPAREILS INSTANTANÉS A MAIN

Avec mes
Photo-Carnet, 4 × 4, 55 fr.
— Hand-Camera, 6 × 8, 35 fr. — Le Delta, 9 × 12, 75 fr.;
13 × 18, 125 fr. — Le St-Hubert, 6 1/2 × 9, 125 fr. — Le
Doctor, 13 × 18, 175 fr. — Le Multiple Stéréosc., 250 fr.
Appareils complets depuis 12 fr. à 30 fr., 55 fr., etc., à 800 fr.
A. SCHAEFFNER, 2, rue de Châteaudun, Paris.
Catalogue illustré (725 fig.) des plus complets contre 1 fr. 35.

AMEUBLEMENTS
DÉCORATION
TENTURES, MIROITERIE

Installations complètes

Devis sur Plans

FLACHAT, COCHET & CIE

MÉDAILLE D'OR

Exposition Universelle Paris 1889

PARIS — **LYON**

79, Avenue Ledru-Rollin — 10, Quai de la Guillotière

EAU, PATE & POUDRES

DENTIFRICES

DU **DOCTEUR PIERRE**

DE LA FACULTÉ DE MÉDECINE DE PARIS

EN VENTE PARTOUT

Marque de fabrique.

PHARMACIE NORMALE

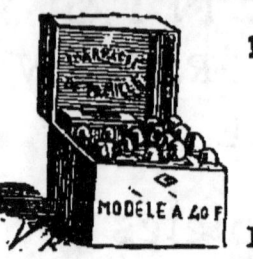

17 et 19, rue Drouot, et 15, rue de Provence, Paris

PHARMACIES
de Famille et de Voyage

MÉDAILLES AUX EXPOSITIONS

Demander le Catalogue illustré. Il est adressé gratuitement et franco aux personnes qui le demandent.

VILLA DE SANTÉ POUR DAMES

ACCOUCHEMENT

ET

Maladies des Femmes

Mme **GOBY**, Ex-Maitesse Sage-Femme de l'Hôtel-Dieu de Paris

216, boulevard Péreire
(Champs-Élysées — Bois de Boulogne)

Pension de Dames enceintes, anémiques, convalescentes et souffrant de maladies de l'utérus, etc., à l'exclusion des maladies mentales ou contagieuses.

Place les enfants. — Pouponnière à la Villa pour ceux qu'on désirerait y faire élever.

Chambres et service confortables. — Appartements de famille ; vie commune ou séparée. — Bains et hydrothérapie spéciale pour Dames. — Massage. — Grand Jardin bien ombragé. — **Médecin au choix des malades.**

Villa particulière placée dans l'un des quartiers les plus agréables et les plus hygiéniques de Paris. (*Englisch spoken*).

CONSULTATIONS DE 2 A 4 HEURES

" NICE ROSE " CHARMS AND BEAUTY RESTORER
Lait Américain incomparable

Donne au teint un éclat d'ETERNELLE JEUNESSE ! *Veloutine, Savon, Extrait.* — Chez Parfumeurs (Lait : flacon, 5 fr. et 1 fr. 50). Flacon d'essai franco contre 1 fr. 60 adressés au Dépôt général : BOUVAREL et Vve BERTRAND, 16, rue Parc-Royal, PARIS. Maison d'expédition : 18 et 20, rue du Port-du-Temple, LYON.

CIGARETTE FERROUILLAT. Régénératrice des voies respiratoires, inhalteur hygiénique et anti-épidémitique puissant au goudron de Norvège purifié. Prix de la cigarette avec étui et réserve : 5 fr.

DENTIPHILINE 2 fr. Conserve les dents, leur donne une blancheur éclatante sans nuire à l'émail, fortifie les gencives, parfume agréablement la bouche, la rafraîchit et combat avec le plus grand succès : *Mauvaise haleine, Gonflement des gencives, Aphtes, Rougeurs, Inflammation* et toute *Affection buccale*.

EAU DENTIPHILIQUE 2 fr., 3 fr. 50, 10 fr.

Dépôt : **PHARMACIE DU CHATELET**, rue de Rivoli, 35, PARIS.

Jouer les AIRS NATIONAUX & POPULAIRES
DE TOUS PAYS
Avec l'ORGANINA THIBOUVILLE

DERNIERE NOUVEAUTÉ. — Orchestrions ou orgues Orchestres pneumatiques.

Demander le Catalogue Illustré envoyé franco de
THIBOUVILLE-LAMY, 68, 70, rue Réaumur, Paris

GRAVURES ET IMPRESSIONS EN TOUS GENRES
ALLAIN, 12, Quai du Louvre — PARIS

Fournisseur de plusieurs administrations publiques, Banques, Sociétés de crédit, etc. Cachets, matrices, timbres, poinçons, boutons de livrées, cartes de visite, pierres fines, clichés et gravures sur bois pour annonces de journaux, prospectus, etc.

Rue Saint-Honoré 175

CHOCOLAT DEVINCK

Rue Lafayette 76

Usine : 6, Rue des Haudriettes

ORGUES D'ALEXANDRE
PÈRE ET FILS
81, RUE LAFAYETTE, PARIS

Médaille d'Honneur	Médaille d'Or
1855	1889

ORGUES-HARMONIUMS
Depuis 100 francs jusqu'à 8,000 francs
Pour ÉGLISES, ÉCOLES, SALONS

PIANOS, *Vente et Location*

3 ANS DE CRÉDIT
Envoi franco du Catalogue illustré sur demande.

VEILLEUSES FRANÇAISES
FABRIQUE A LA GARE
MAISON JEUNET, fondée en 1838
JEUNET FILS
SUCCESSEUR DE SON PÈRE

Toutes nos boîtes  portent en timbre sec

JEUNET INVENTEUR

ORFÈVRERIE CHRISTOFLE

MANUFACTURE A PARIS, RUE DE BONDY, 56 (Succursale à Carlsruhe). — Représentants dans les principales villes de France et de l'étranger.

MARQUE DE FABRIQUE

EXPOSITION UNIVERSELLE DE 1889

DEUX GRANDS PRIX
Classe 24. ORFÈVRERIE.
Classe 62. ELECTROCHIMIE.

MÉDAILLE D'OR
Classe 41, NICKEL ET MÉTAL BLANC

MARQUE DE FABRIQUE

COUVERTS CHRISTOFLE
ARGENTÉS SUR MÉTAL BLANC

La seule garantie pour le consommateur est de n'acheter que les produits portant la marque de fabrique ci-dessus et le nom de CHRISTOFLE en toutes lettres. — CHRISTOFLE et C°.

GRAINE DE LIN TARIN

PRÉPARATION NOUVELLE
pour combattre
avec succès
Constipations
Coliques
Diarrhées
Maladies du foie
et de la vessie

Exiger les boîtes en fer-blanc
Une cuillerée à soupe matin et soir dans un quart de verre d'eau froide
LA BOITE : 1 fr. 30

MALADIES DE LA PEAU

DARTRES, DÉMANGEAISONS, VICES DU SANG

FRICTIONS ET DÉPURATIFS

Pommade Fontaine. . . . . le pot. 2 fr.
Essence concentrée de
Salsepareille Fontaine alcaline. . . . . le flacon. 5 fr.
Salsepareille Fontaine alcaline iodurée. . . le flacon. 5 fr.
Salsepareille Fontaine ferrugineuse. . . . le flacon. 5 fr.

Pharmacie Fontaine, TARIN, successeur, place des Petits-Pères, 9, Paris.

MAISON TOY
6, rue Halévy, 6
PLACE DE L'OPÉRA, PARIS

DÉPOT SPÉCIAL DE MINTON

SERVICES DE TABLE
Porcelaines, Cristaux et Faïences

MAISON MONTI
THE TERMINUS AND SPORTMAN'S
TAILORS
Pour HOMMES, DAMES et ENFANTS

63, Boulevard Haussmann, PARIS

Expositions universelles Paris 1878 et 1889
MÉDAILLES D'OR

L. BEAUME
Avenue de la Reine, 66, à BOULOGNE (près Paris)
MAISON FONDÉE EN 1860

Moulin à vent l'ÉCLIPSE, pour élévation d'eau, le plus apprécié pour sa désorientation automatique, le mettant à l'abri des vents impétueux.

POMPES A BRAS
Fonctionnement garanti jusqu'à 50 mètres de profondeur
POMPES A MANÈGE
POMPES ET APPAREILS D'ARROSAGE
POMPES A VIN
POMPES ET TONNEAUX A PURIN
POMPES D'ÉPUISEMENT

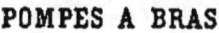

BÉLIERS HYDRAULIQUES
A FONCTIONNEMENT AUTOMATIQUE

SAINTE-BARBE
Place du Panthéon

1° **École préparatoire** à toutes les Écoles de l'État;
2° **Division classique** depuis les classes de quatrième jusques et y compris les deux baccalauréats (classique et moderne);
3° **Section spéciale** préparatoire au commerce, à l'industrie et aux écoles d'agriculture et de commerce;
4° **Petit Collège** à Fontenay-aux-Roses depuis les classes primaires jusqu'en cinquième (classique et moderne) inclusivement.

ÉCOLE CENTRALE
ÉCOLE PRÉPARATOIRE DUVIGNAU DE LANNEAU
AIMÉ BON, directeur, 157, rue de Rennes, Paris

Préparation à l'École centrale des Arts & Manufactures

1° Cours spécial pour la 1re session (juillet), commençant le 2e lundi d'octobre;
2° Cours spécial pour la 2e session (octobre) commençant le 1er avril;
3° Cours de revision en vue de la session d'octobre commençant le 1er lundi d'août.

BACCALAURÉAT ÈS SCIENCES A TOUTES LES SESSIONS

Mathématiques Élémentaires, Mathématiques Préparatoires. — Préparation spéciale à l'**INSTITUT AGRONOMIQUE**.

PENSION, DEMI-PENSION ET EXTERNAT

INSTITUTION ROGER-MOMENHEIM
PARIS — 2, RUE LHOMOND (Panthéon) — PARIS

BACCALAURÉATS

Depuis le 1er octobre 1884, **549** élèves reçus dont **118** mentions.
Envoi *franco* du prospectus et des noms et adresses des élèves reçus.

COURS SPÉCIAUX POUR CHAQUE SESSION
Classes élémentaires pour les élèves en retard.

Préparation aux Écoles Vétérinaires, d'Agriculture et à l'École de Saint-Cyr, aux écoles de médecine et de pharmacie militaires.

GRAND VÉFOUR

CAFÉ DE CHARTRES

RESTAURANT de premier ordre

Attenant au théâtre du Palais-Royal par le péristyle de Joinville

HERBOMEZ, Propriétaire
79 A 82, PALAIS-ROYAL

Entrée des Voitures : 17, Rue de Beaujolais

PARIS

GRAND RESTAURANT DU

ANCIENNE MAISON LOISEL

FONDÉE EN 1792

A LA MODE

DÉJEUNERS A LA CARTE

DINERS

PRIX MODÉRÉS

JAMMET, successeur, ancien chef des maisons de premier ordre de Paris. — Spécialement recommandé pour sa bonne cuisine et son service très soigné. — Seule maison servant demi-portion pour personne seule.

8, rue de Valois, Palais-Royal, Paris.

Restaurant du Dîner de Paris

11, passage Jouffroy, 12, boulevard Montmartre

Déjeuner, 3 fr. | Dîner, 3 fr. 50
de 10 h. à 1 h. 1/2. | de 5 h. à 8 h. 1/2.

English spoken. — Man spricht deutsch.

HOTELS
PENSIONS DE FAMILLE
ET
MAISONS DE SANTÉ

HOTEL MIRABEAU

PARIS — 8, rue de la Paix — PARIS

Vue de la Cour d'honneur.
Entrée sous la façade de la rue de la Paix.

RESTAURANT
ET
HOTEL DE FAMILLE
RECOMMANDÉS

MME ROBIN
Paris — 7, rue du Colisée, 7 — Paris

Pension de famille de premier ordre spécialement recommandée aux familles Françaises et Étrangères par sa belle situation (aux Champs-Élysées), son grand confort, sa bonne table et son service très soigné.

DE 7 A 12 FRANCS PAR JOUR
First class family House
Highly recommended by English and Americans.

PENSION DE FAMILLE FRANÇAISE
Mme Vve LE CHAUFF & Cie
Paris — 18, rue Clément-Marot, 18 — Paris

Maison spécialement recommandée par son confort et sa belle situation près des Champs-Élysées. — Appartements avec ou sans pension. — Chambres et pension depuis 50 fr. par semaine. — Un professeur de français est attaché à la maison. — Un cours de français est donné gratuitement 3 fois par semaine par un professeur diplômé.

PENSION DE FAMILLE
Paris, 7, RUE CLÉMENT-MAROT, 7, Paris
(Avenue Montaigne)

La plus élégante maison de famille de tout Paris, spécialement recommandée aux familles françaises par sa belle situation, près du rond-point des Champs-Élysées, son confort et sa table très soignée. — Salon de conversation. — Fumoir. — Salles de bains. — Ascenseur. — Calorifère.

FIRST CLASS FAMILY HOUSE

MME ET MLLE BUSSON
Diplôme supérieur Académie de Paris.

27, Rue Marbeuf (CHAMPS-ÉLYSÉES

Élégante maison, tout particulièrement recommandée aux familles par sa situation, son confort et sa bonne table. — Conversation française. — Chambres et pension. — Prix modérés. — First class family House.

FAMILY HOTEL
80, Avenue Victor-Hugo, 80
PRÈS L'ARC DE TRIOMPHE

APPARTEMENTS ET CHAMBRES — TABLE D'HOTE
Mme OLLIER, Propriétaire.

MAISON DE FAMILLE
Paris, 3, rue La Pérouse (Champs-Élysées)
A. SIMON et Cie. — Pension de 1er ordre

Recommandée aux familles par sa situation, son confort et sa bonne table. — Salle de bain. — De 7 fr. à 12 fr. par jour. — *First class family house.*

PENSION DE DAMES

Mme GOBY, 216, boulevard Pereire (Champs-Élysées — Bois de Boulogne).

Chambres et service confortables. — Appartements de famille, vie commune ou séparée. — Bains et hydrothérapie spéciale pour Dames. — Grand Jardin bien ombragé. — Villa particulière placée dans l'un des quartiers les plus agréables et les plus hygiéniques de Paris.

GRAND HOTEL DE NICE
Place de la Bourse, à Paris

GRANDS ET PETITS APPARTEMENTS CONFORTABLES

Chambres depuis 3 fr. — Service 50 cent.

RESTAURANT A LA CARTE ET A PRIX FIXES

Déjeuner (vin compris). 3 fr. 50
Diner   id.   4 fr. 50 | English spoken

HOTEL DU PRINCE DE GALLES

24 et 26, rue d'Anjou
et rue de la Ville-l'Evêque, PARIS
Près le Boulevard Malesherbes
la Madeleine et les Champs-Élysées.

APPARTEMENTS — CHAMBRES

Maison spécialement recommandée aux familles françaises et étrangères pour son confort et sa bonne tenue. — **Table d'hôte.** — **Service à volonté.** — *English spoken.* — *Man spricht deutsch.* — J. FLENNER, PROPRIÉTAIRE.

HOTEL DES CROISÉS D'ORIENT
Rue Saint-Lazare, 63, PARIS

Près de l'église de la Trinité et à proximité de l'Opéra

Se recommande aux familles par un Confortable exceptionnel

Restaurant à la Carte. Chambres de 3 à 10 fr.

E. JORRE, PROPRIÉTAIRE

GRAND HOTEL DU GLOBE
4, rue Croix-des-Petits-Champs, 4
(Près du Louvre et des principaux théâtres)
DÉJEUNER, 3 FR.; DINER, 3 FR. 50, VIN COMPRIS
PENSION, 7, 8 & 9 FR. PAR JOUR
Chambres de 2 à 5 fr. par jour; au mois de 20 à 60 fr.

ROYAL HOTEL
49, rue Lafayette, 49
(Près l'Opéra et les grands boulevards)

Appartements pour familles. — Chambres depuis 2 fr. par jour et au mois. — *Conditions pour long séjour.* — Salle de bains. — Restaurant à la carte, prix modérés, et à prix fixe. — Déjeuner, 3 fr.; diner, 3 fr. 50, **vin compris**.

ÉLECTRICITÉ

VILLA DE SANTÉ
POUR DAMES
A L'EXCLUSION DES MALADIES MENTALES OU CONTAGIEUSES
MÉDECIN AU CHOIX DES MALADES
Madame GOBY, 216, boulevard Péreire
(Champs-Elysées — Bois de Boulogne)

Chambres et service confortables. — Appartements de famille; vie commune ou séparée. — Bains et hydrothérapie spéciale pour dames. — Massage. — Grand jardin bien ombragé.

Cette villa particulière, qui ne peut recevoir qu'une douzaine de malades, prédispose à la guérison autant par cette particularité qui lui donne un air de famille que par son heureux aménagement intérieur, son agréable aspect extérieur et sa situation exceptionnelle dans l'un des quartiers les plus charmants et les plus hygiéniques de Paris.

III. — FRANCE, classée par ordre alphabétique de localités.

AIX-LES-BAINS

GRAND HOTEL DE L'EUROPE
OUVERT TOUTE L'ANNÉE
BERNASCON

Maison de premier ordre, admirablement située, **près de l'Etablissement Thermal et des Casinos.** — 250 Chambres et 25 Salons, Chalets pour familles. — Vue splendide du Lac et des Montagnes. — **Beau Jardin et Parc d'agrément. Ascenseur.** — Vaste salle à manger. — Excellente Cuisine. — En un mot, cet hôtel ne laisse rien à désirer pour la satisfaction des familles. — Equipages, écuries et remises. — **Omnibus à tous les trains.**

Cette maison fut choisie en 1883 pour le séjour de **S. A. R. la princesse Béatrix**, qui y revint faire une saison, en 1885 et en 1887, avec **S. M. la reine d'Angleterre**.

GRAND HOTEL D'AIX
EX-HOTEL IMPÉRIAL
ASCENSEUR

Établissement de premier ordre, admirablement situé *près des Bains, des Casinos et du Jardin public.* — 150 Chambres et Salons. — *Omnibus et voitures.*

E. GUIBERT, propriétaire.

HOTEL-PENSION DAMESIN
ET CONTINENTAL

Cet hôtel est dans une *excellente situation*, à proximité de l'*Établissement Thermal* et de la gare, en face du Jardin public. — Vue splendide. — Grand Jardin, Salon, Billard et Fumoir. — *Omnibus de l'hôtel à tous les trains.* — Ouvert toute l'année. — Pension depuis 8 francs par jour. — **A. DAMESIN**, propriétaire, gérant de l'hôtel SANITAS à Monaco.

HOTEL LAPLACE

Rue du Casino, en face de l'Établissement Thermal.

Table d'hôte. — **Restaurant.** — Chambres et salons. — Service bien confortable. — Jardin et terrasse. — *Omnibus à la gare.*

AIX-LES-BAINS

GRAND HOTEL DES BERGUES

AVENUE DE LA GARE
OUVERT TOUTE L'ANNÉE

Hôtel de premier ordre, le plus près et le mieux placé entre l'Etablissement et les deux Casinos.
80 Chambres, 8 Salons. — Grand Salon de musique et Fumoir. — **Ascenseur.** — Omnibus à la gare. — Voitures de remise.

DARPHIN, propriétaire.

HOTEL DE LA PAIX ET D'ITALIE

RUE LAMARTINE

Hôtel entièrement remis à neuf, situé au centre de la ville, près des Casinos et de l'Etablissement Thermal.— **Grand jardin**. — Vue du Lac et des Montagnes. — **Pension recommandée aux familles.** — *Prix modérés.*

GUICHARD-GARIN, propriétaire.

Hôtel Lartisien et du Mont-Blanc

AVENUE DE MARLIOZ

Nouvellement restauré et considérablement agrandi. — Situé à proximité du Casino et de l'Etablissement.— **Magnifique jardin**. — **Vue merveilleuse** — *Prix modérés.*

LARTISIEN, propriétaire
(Anciennement passage de la Madeleine, à Paris.)

ALLEVARD-LES-BAINS
ALPES DAUPHINOISES (ISÈRE)

Ligne de Grenoble à Chambéry, Gare de Goncelin (Omnibus de l'hôtel)

GRAND HOTEL DU LOUVRE

La plus belle situation, au centre d'un immense parc attenant à celui de l'Etablissement. — **Le plus vaste et le plus confortable.** — Spécialité pour familles.

SALVAIN PAUL, Directeur.

ANNECY

GRAND HOTEL D'ANGLETERRE

Maison de premier ordre. — Poste et Télégraphe à l'Hôtel

Gorges du Fier Station de Lovagny

Chemin de fer d'Aix-les-Bains à Annecy

Succursales : Chalet-Restaurant à l'entrée des gorges du Fier et restaurant à bord du bateau-express : *le Mont-Blanc*.

ARCACHON

Station hivernale et balnéaire

Parmi les stations hivernales, Arcachon est la plus recommandable. La ville d'hiver est bâtie en pleine forêt de pins maritimes : on comprend combien est réelle la valeur curative d'ARCACHON dans les affections des voies respiratoires (Phtisie, bronchites chroniques, etc.); la température est d'une constance, d'une uniformité remarquables ; les plus hautes dunes du littoral abritent très efficacement toute la ville d'hiver. Il est inutile d'insister sur les avantages de l'air marin et de son action thérapeutique : cette action se fait surtout sentir sur les tempéraments faibles et délicats.

ARCACHON. — STATION D'ÉTÉ. — STATION D'HIVER

GRAND-HOTEL

Situation exceptionnelle sur la Plage
ANNEXE DU GRAND-HÔTEL DANS LA FORÊT DE PINS
HILAIRE-LUBCKE, DIRECTEUR-CONCESSIONNAIRE

Prix modérés. — Arrangements pour familles pour séjour prolongé. — Table d'hôte et Restaurant à la carte. — Magnifique salle à manger sur la mer. — Établissement de Bains de mer et d'hydrothérapie. — Cabines et costumes
Omnibus du Grand Hôtel à tous les trains.

ARCACHON

LOCATION des Villas de la Forêt et de la Plage

A. BRANNENS, gérant du Domaine du Crédit Foncier de France.
Agence générale la plus ancienne d'Arcachon.
Boulevard de la Plage, 280 et 282, vis-à-vis le *Grand-Hôtel*
Vins et Spiritueux. — Fournisseur exclusif des caves de l'Hôtel de Paris et dépendances du Casino de Monte-Carlo.

ARCACHON
HOTEL LEGALLAIS

Ce magnifique établissement, au bord de la mer, en face de la plus belle plage, se recommande aux étrangers par son grand confort, une excellente cuisine, une cave de premier ordre et ses prix modérés.
Expédition d'huîtres du 15 septembre au 15 mai.—Demander le tarif.

HOTEL RICHELIEU
PLACE THIERS

Le mieux situé sur la plage. — Restaurant sur la mer. — Prix très modérés. — Arrangements pour familles. — *English spoken.*

ARGELÈS-GAZOST
Près LOURDES (Hautes-Pyrénées)

Au Centre de la plus belle vallée des Pyrénées (altitude 427 mètres)

Casino, Cercle, Théâtre, Orchestre J. DANBÉ
(Artistes de l'Opéra-Comique)

SAISON DU 15 AVRIL AU 1er DÉCEMBRE

Établissement thermal (Grande Source, Source Noire).—Eaux sulfurées, sodiques, chlorurées, iodobromurées.— Traitement des maladies des voies respiratoires.—Vices du sang : Lymphatisme, Scrofule, Chlorose, Anémie, Dyspepsies stomacales et intestinales, Herpétisme, Maladies de la peau, Maladies nerveuses.

HOTEL BEAUSÉJOUR
MAISON DE 1er ORDRE

En face de la gare. — Magnifique vue des Pyrénées. — A proximité de l'Établissement thermal et du Casino. — Chambres et Appartements confortables pour familles. — Arrangements pour séjours prolongés. *Pension depuis 8 fr. par jour.*
GAGE, propriétaire

ARRAS
HOTEL DE L'UNIVERS

Au centre de la ville. — De premier ordre, recommandé aux familles et aux voyageurs. — Grands et petits appartements. — Salons particuliers. — Omnibus à la gare.— Chevaux et voitures. — **Vaste jardin**. —**MINELLE**, propriétaire.

AVIGNON
HOTEL CRILLON

Avenue de la Gare, à une minute de la station.
Chambres et appartements très confortables. — Robinet d'eau dans toutes les chambres. — Cuisine très soignée. — Vins authentiques. — Vaste jardin avec restaurant d'été. — **Prix : depuis 8 fr. par jour.** — Maison spécialement recommandée aux touristes et aux familles. — *Éclairage électrique.*
H. PONS, Propriétaire.

AULUS (ARIÈGE)

ÉTABLISSEMENT THERMAL

J. CHABAUD, CAMPREDON & Cie, propriétaires

Saison thermale du 1er juin au 1er octobre. — Les eaux d'Aulus sont des plus dépuratives pour les maladies du sang, de la peau, eczéma, des reins, de la vessie, arthritisme, rhumatisme, goutte-gravelle, de l'estomac, des intestins, du foie, affections hémorroïdaires. — *De grandes améliorations ont été apportées à l'établissement thermal, notamment l'installation de l'hydrothérapie.*
Eau de table pour Anémie, Chlorose, Appauvrissement du sang.

GRAND HOTEL
OUVERT TOUTE L'ANNÉE

Mme Veuve ANTONIN CALVET, propriétaire

Hôtel de premier ordre à prix modérés. — **Le seul situé en face de l'Établissement thermal.** — Très recommandé. — Position exceptionnelle. — Grand confortable. — **Clientèle d'élite.** — Cuisine et service irréprochables. — Vieille cave. — Bibliothèque. — Grand salon pour famille. — Terrasse très ombragée. — Café. — *Poste et Télégraphe.* — Eclairage électrique.

S'adresser, pour les voitures, à M. RAUCH, correspondant du chemin de fer et du Grand-Hôtel, à la **Gare de Saint-Girons.**

BAGNÈRES-DE-BIGORRE
Grande Station Thermale des Pyrénées

EAUX SALINES SULFATÉES, CALCIQUES ARSENICALES

SOURCE SULFUREUSE DE LABASSÈRE

La plus richement minéralisée des sulfureuses sodiques.
Stabilité complète.

Exportation des Eaux : 40 centimes la bouteille de 1/4 de litre, par caisse de 25 quarts en gare de Bagnères.
Lettres et Télégrammes : Directeur des Thermes, Bagnères-de-Bigorre.

BAGNÈRES-DE-LUCHON

GRAND HOTEL DES BAINS

Maison de premier ordre, très bien situé, allées d'Etigny, à cinquante mètres de l'Établissement thermal et des Quinconces. — **Clientèle d'élite.** — Spécialement recommandé aux familles qui recherchent le calme et la tranquillité. — **Mme MEERENS**, Propriétaire.

Type **A — 3**

BAGNÈRES-DE-LUCHON

GRAND HOTEL DU PARC
BROC-VERDEIL, Propriétaire.

Très belle situation. — Allées d'Etigny. — Vaste parc. — Vue magnifique des montagnes. — Grand confortable. — Cuisine très recherchée. — Pendant les mois de mai, juin et septembre, prix de la journée, petit déjeuner du matin, déjeuner, dîner, vin, service, TOUT COMPRIS, 9 et 10 fr. suivant l'étage.

Ecrire ou télégraphier **BROC-VERDEIL**, Luchon.

GRAND HOTEL CONTINENTAL

Allées d'Etigny, en face l'avenue du Casino et près de l'établissement thermal. — Pension de famille de premier ordre. — Grands et petits appartements pour familles. — *Omnibus à tous les trains*

GRAND HOTEL D'ÉTIGNY

Allées d'Etigny. — Grands et petits appartements pour familles. — Table d'hôte et Restaurant. — Chevaux de selle et voitures pour promenades. — Prix modérés. — *Ouvert toute l'année.* — Mme Ve HUGUET et PEYROULET, propriétaires.

BAYONNE

RUE THIERS **GRAND-HOTEL** RUE THIERS

Excellente maison recommandée aux familles pour ses chambres et appartements très confortables. — Prix : depuis **2 fr. 50** jusqu'à **20 fr.** — *Cuisine très soignée.* — Léon BARINCOU, prop^r.

BERCK-SUR-MER

Grand Hôtel de Berck et Grand Hôtel de la Plage

Maisons de premier ordre très en réputation. — Magnifique situation sur la mer. — Salle à manger remarquable, **400 couverts**. — *Cuisine très soignée.* — Excellente cave. — Prix modérés. — Recommandé aux familles. — *Omnibus à tous les trains.*
A. GILLES, propriétaire.

BLOIS

GRAND HOTEL DE BLOIS

Réputation européenne. — Maison recommandée par les **Guides Joanne**. — Etablissement de 1er ordre, au centre de la ville, près du château. — Bains d'eau de Loire dans l'hôtel. — Appartements pour familles. — Vastes salons. — Table d'hôte. — *English spoken.* — Omnibus de l'hôtel à la gare. — **Voitures pour Chambord, Chaumont**, etc. — Henri GIGNON, prop^r.

BESANÇON-LES-BAINS

BAINS SALINS DE LA MOUILLÈRE
Ouverts toute l'année

Besançon est à 6 heures et demie de Paris, à 5 heures de Lyon et à 2 heures de la Suisse et de l'Alsace-Lorraine.

GRAND ÉTABLISSEMENT DE BAINS SALINS

SOURCE SALÉE de Miserey : Chlorurée, sodique, forte, iodo-bromurée. — Saturation : 300 gr. de sel par litre. — EAUX-MERES contenant : 322 gr. par litre de matières minérales, et surtout 2 gr. 225 de bromure de potassium par litre. — 60 *Cabines de Bains très confortables.*

INSTALLATION HYDROTHÉRAPIQUE pour les deux sexes ; bains russes, bains de vapeur ; électrothérapie ; aérothérapie ; massage médical. — École de Médecine, Corps médical nombreux.

GRAND CASINO

Restaurant-Café. — Théâtre. — Cercle. — Nombreuses excursions aux environs et dans le Doubs, curiosités naturelles : sources d'Arcier, de la Loue, du Lison, du Dessoubre, Saut-du-Doubs, Glacière, Consolation, grottes d'Osselle, etc. — Excellent service de Voitures. — Magnifiques jardins. — Promenades et nouveaux Hôtels autour de l'Établissement.

Pour renseignements, s'adresser à l'Administrateur-Délégué des Bains, à Besançon.

BIARRITZ

HOTEL D'ANGLETERRE

Maison de premier rang. — **Plein midi.** — Vue splendide sur la mer. — Splendide jardin. — Spécialement recommandé par les Guides pour sa situation exceptionnelle, son grand confortable et sa cuisine très recherchée. — **Bains et Douches dans l'hôtel.** — Soins très attentifs.
La cave de l'**HOTEL D'ANGLETERRE**, et spécialement ses grands vins d'Espagne, jouissent d'une réputation absolument méritée.

EXPÉDITIONS ET EXPORTATION
M^{el} **CAMPAGNE**, propriétaire.

GRAND-HOTEL

Ouvert toute l'année. — Position centrale exceptionnelle et situation splendide. — Vue très étendue sur la mer et les côtes. — *A proximité du Casino, de la Plage des Bains, du Lawn-Tennis et du Golf.* — Jardins et appartements au Midi. — **Restaurants d'été et d'hiver.** — Vastes salons de musique et de conversation. — Salle de billard. — Galerie fumoir. — **Cuisine et cave de premier ordre.** — **Bains dans l'hôtel.** — Omnibus particulier aux principaux trains.

Résidence favorite de la clientèle aristocratique et de la bonne société.

Grands et petits appartements de famille.
Prix modérés.
CH. MONTENAT.

HOTEL DES PRINCES
MAISON DE PREMIER RANG

Recommandée aux familles pour son confortable. — Cuisine et cave renommées.
E. **COUZAIN**, propriétaire.

HOTEL CONTINENTAL

Maison de premier ordre. — 150 Chambres et Salons. — Salle de bains. — Vue de mer splendide. — Appartements au midi. — Recommandée aux familles pour son grand confortable et sa cuisine très en réputation. — Billard, fumoir, Lawn-Tennis, Calorifère. — *Seul hôtel ayant un ascenseur.* — **Prix modérés.**
B. **PEYTA**, propriétaire.

HOTEL DE BAYONNE ET DE L'OCÉAN
12 et 14, rue Gambetta, 12 et 14

Excellente et très confortable maison. — **Plein midi.** — **Grand Jardin.** — Superbe vue de la mer. — Cuisine et cave très recommandées. — Prix d'hiver. — **Pension depuis 7 fr. par jour.** — LA **CAPELLE**, propriétaire.

CENTRAL HOTEL

En face la mairie. — Entièrement restauré et remis à neuf. — **Appartements et Chambres** très confortablement meublés. — Cuisine et service soignés, recommandés par de hauts personnages. — *Bonne cave.* — Vue de la mer. — *Calorifère.* — **Pension d'hiver depuis 7 fr. par jour.**
F. **BRON**, propriétaire.

BLOIS

GRAND HOTEL DE FRANCE

Place Victor-Hugo et Rue Chemontoy

Dirigé par M. et M⁰ᵉ PETIT-PECNARD

L'HOTEL A ÉTÉ OUVERT EN 1891

Établissement de premier rang, tout le confort moderne, grandes chambres de famille richement meublées, cabinets de toilette, salon attenant aux chambres, grands et petits appartements. — **CALORIFÈRE.** — Vue superbe sur la place Victor-Hugo, ses jardins et sur la façade du château, à l'arrivée de la gare, au centre des affaires, *dans le plus beau quartier de la ville.*

Le propriétaire a l'honneur d'avertir sa nombreuse clientèle que sa table, tout en étant grandement servie et avec un menu des plus variés, se recommande par la modicité de ses prix; la cuisine est faite par le propriétaire de l'hôtel.

Table d'hôte, Restaurant à la carte et à prix fixe. — Service dans des salons particuliers. — SPÉCIALITÉ DE PATÉS D'ALOUETTES; Pâtés de gibier truffés et non truffés. — Voitures appartenant à l'hôtel pour Blois, Chambord et les environs. — *Omnibus à tous les trains.* — Maison recommandée par les **Guides Joanne.** — PETIT-PECNARD, propriétaire.

BORDEAUX

GRAND HOTEL

HOTELS DE FRANCE ET DE NANTES RÉUNIS

Ascenseur hydraulique. — *Téléphone dernier système, pouvant communiquer avec Paris.* — Lumière électrique. — Calorifère chauffant jour et nuit. — Seule maison de premier ordre attenant à la Banque de France, située en plein midi, en face du Grand-Théâtre, la préfecture, la Bourse, la Douane et le Port.

Salons de dames et de restaurant. — Fumoir. — Bains dans les étages. — Salons et 90 chambres, depuis 3 francs. — Pension depuis 11 fr. par jour pour les personnes qui séjournent.

Caves magnifiques sous l'hôtel, contenant 80,000 bouteilles, peuvent être visitées à toute heure. — **L. PETER**, propriétaire et négociant en vins et liqueurs, fournisseur de S. M. la reine d'Angleterre, expédie en toute confiance grandes et petites quantités en barriques et en bouteilles.

HOTEL DE TOULOUSE

6 et 8, *rue Vital-Carles* et 7, *rue du Temple*. — **Premier ordre.** — Recommandé aux familles et à l'armée. — Salles de bains. — *Téléphone.* — **P. PELLEFIQUE**, propriétaire.

BORDEAUX
GRAND HOTEL MÉTROPOLE
Ancien Hôtel MARIN et des COLONIES
Rue Esprit-des-Lois et rue de Condé

Maison de premier rang, complètement transformée.

Le seul établissement ayant un **Ascenseur hydraulique** et des **Calorifères** chauffant toute la maison nuit et jour.

Façade sur le Grand-Théâtre et la Préfecture. — Vue sur les Quinconces et le Port. — *La plus belle situation de la ville.*

On parle anglais, allemand, espagnol.

TH. MAYSONIÉ, nouveau propriétaire.

RESTAURANT DU LOUVRE
21, COURS DE L'INTENDANCE
Déjeuner : 2 fr. 50, Médoc compris. — Dîner, 3 fr.
Eclairage à la lumière électrique.

BRASSERIE DU LION-ROUGE
Rue Guillaume-Brochon, 1 et 3, près de la Trésorerie.
Bières brune et blonde. — Spécialité pour le café instantané, grand succès. — Plats du jour à 60 c. — Eclairage à la lumière électrique.

HOTEL DU PÉRIGORD
Fondé en 1804, rue Mautrec, 9 et 11, en face le Grand-Théâtre et l'église Notre-Dame. — Hôtel de famille, 8 fr. par jour, tout compris : déjeuner, dîner et chambre, ou à la carte. — Chambre, 2 fr. — Cave renommée. — Bains dans l'hôtel. — **COUDY**, propre.

HOTEL ET RESTAURANT NICOLET
Maison de famille. — 10, 12 et 14, rue du Pont-de-la-Mousque.
Jules CASAJUS et **Félix LEFÈVRE**, Successeurs.
Excellente maison, recommandée aux Touristes et aux Familles.
Prix modérés.

BOULOGNE-SUR-MER

HOTEL DES BAINS ET DE BELLEVUE

Sur le port et rue Victor-Hugo, en face de la gare et des bateaux.

Ouvert toute l'année. — Maison de premier ordre. — Bains de mer chauds et froids. — Arrangements avantageux pour séjour. — **MESUREUR et Cⁱᵉ, Propʳᵉˢ**.

HOTEL DU LUXEMBOURG ET DE BRUXELLES

Recommandé aux familles
Qui veulent être très bien et à des prix très raisonnables.
Prix de la journée : **Déjeuner, dîner, chambre, depuis 7 fr. par jour**, service compris.

BOURBONNE-LES-BAINS (HAUTE-MARNE)

GRAND HOTEL DES THERMES

SUR LA PLAGE DES BAINS

En face et à moins de 10 mètres de l'Etablissement Thermal

L'établissement Thermal n'a pas d'hôtel

Premier ordre. — Salle à manger de 200 couverts. — 120 chambres et appartements. — Le plus confortable de la station. — **Villas.** — **Cottages.** — Parc et Jardins. — Gymnase. — **Lawn Tennis.**
English spoken. — Prix modérés. — Vᵉ **BRACONNIER, Propʳᵉ**.

EXIGER les SOURCES **LA BOURBOULE** CHOUSSY et PERRIÈRE

MÉDAILLE D'OR A L'EXPOSITION UNIVERSELLE DE 1889

Trois Etablissements Thermaux. — Hydrothérapie complète. — Saison du 25 mai au 1ᵉʳ octobre. — **Deux casinos.** — **Théâtre.** — **Grand parc.** — *Excursions dans les montagnes.* — Eau minérale naturelle chlorurée sodique arsenicale. — Anémie, maladies des voies respiratoires et de la peau. — Rhumatismes. — Diabète. — Fièvres intermittentes.
En vente dans toutes les Pharmacies.

CHATEL-GUYON

DEUX ÉTABLISSEMENTS THERMAUX

SAISON DU 15 MAI AU 15 OCTOBRE
PARC — CASINO — CONCERTS — SPECTACLES

Eau minérale naturelle, laxative, diurétique, tonique, stimulante du tube digestif

L'eau Gubler Chatel-Guyon, *la seule exportée*

Constipation, congestions cérébrales, engorgement du foie, de la rate, calculs biliaires, gravelle, obésité, maladies de l'utérus, etc.

Se trouve dans toutes les Pharmacies et chez tous les Marchands d'eaux minérales

Administration, 5, rue Drouot, Paris. — *Expéditions directes* de l'Etablissement Thermal par caisses de 30 ou 50 bouteilles. — Exiger ces mots : *Source Gubler*, sur l'étiquette et les capsules.

CABOURG
LA PLUS BELLE PLAGE DE NORMANDIE. PLAGE DE SABLE

GRAND-HOTEL ET CASINO
EN FACE LA MER
Premier ordre — Bains à la lame — Hydrothérapie

HOTEL DES DUCS DE NORMANDIE
SUR LA MER
Premier ordre. — Chambres et appartements confortables pour familles. — Cuisine très soignée. — Vins authentiques. — Grande terrasse. — Cabines de bains. — Prix modérés. — Arrangements pour séjour prolongé. — DELFOSSE, Propriétaire.

CANNES

CENTRAL-BRISTOL HOTEL
ÉTABLISSEMENT DE 1er RANG
VASTE JARDIN AVEC PLANTATIONS DE PALMIERS
SITUATION HYGIÉNIQUE PARFAITE
HYDROTHÉRAPIE — GYMNASE — LAWN TENNIS
Billard, Ascenseur, etc., etc.
CUISINE TRÈS SOIGNÉE ET CAVE RENOMMÉE
G. GUILLON, PROPRIÉTAIRE.

HOTEL GRAY ET D'ALBION
Sur la Promenade de la Croisette
MAISON DE PREMIER ORDRE
GRAND PARC
H. FOLTZ, Propriétaire.

HOTEL GRANDE-BRETAGNE
Un des plus beaux hôtels, le plus éloigné de la mer.
ARRANGEMENTS SANITAIRES PARFAITS
Jardin d'hiver. Vastes Salons. Ascenseur. Tram-omnibus
PERREARD, Propriétaire.

CANNES
(VILLA VALLOMBROSA)
HOTEL DU PARC
ANCIEN CHATEAU DES TOURS
MARTIN ELLMER, Propriétaire
Ci-devant à l'Hôtel du Pavillon

ROYAL-HOTEL
Boulevard de la Croisette
Vue splendide sur la mer et les îles de Lérins
JARDIN — ASCENSEUR
A. DUPUY, Propriétaire
Ex-directeur du GRAND HOTEL DE PAU

HOTEL RICHELIEU
EXPOSITION EN PLEIN MIDI
Sur la Plage, en face de la Poste. — Vue des Iles et des Montagnes de l'Esterel. — Pension depuis 8 fr. par jour, vin compris, et arrangement pour séjour prolongé. — *English spoken.*
A. CHABAUD-RIX, Propriétaire

HOTEL NATIONAL et des ILES
Sur la Croisette, à proximité de la Gare et de l'Eglise. — Pension depuis 8 fr. par jour. — Arrangements pour séjour prolongé.
Nouveau Propriétaire : PUTINIER

COSMOPOLITAIN-HOTEL
PRÈS LE CERCLE NAUTIQUE
Exposition en plein Midi. — Grand jardin. — Installation nouvelle. — Grand confortable moderne. — Recommandé pour sa cuisine très soignée.
A. WEHRLE, Propriétaire.
Saison d'été : HOTEL BELLE-VUE, Plombières (Vosges).

HOTEL DES PINS
MAISON DE PREMIER ORDRE
Abritée des vents par une forêt de pins. — Restaurant. — Vaste jardin. — Ascenseur. — Téléphone. — Service spécial de voitures pour la promenade et la ville.

PENSION BEL-AIR
OUVERTE TOUTE L'ANNÉE
Chemin de la Colline, à 5 minutes de la Gare
Plein midi. — Situation très tranquille. — Belle vue. — Jardin, Terrasse et Galerie vitrée. — Bains. — Croquet. — *Bonne cuisine.* — Prix de la pension : chambre, petit déjeuner du matin, déjeuner, dîner, vin et service compris, depuis 7 fr. par jour. — **L. FRANK, Propriétaire.**

Type A — 2*

CARCASSONNE
GRAND HOTEL ST-JEAN-BAPTISTE
BOULEVARD DU JARDIN DES PLANTES

Maison de premier ordre, très recommandée aux familles pour son excellente cuisine, sa propreté méticuleuse et son grand confortable. — *Omnibus à tous les trains.* — LANDAUS POUR VISITER LA CITÉ. — **Paul RICARD**, propriétaire.

CAUTERETS
HOTEL DES AMBASSADEURS
LOUIS DÉROY

Table d'hôte — Restaurant à la carte. — Cuisine et caves soignées. — Appartements confortables. — Salon de compagnie. — **Prix modérés**.
Ouvert du 1er mai à fin octobre.

GRAND HOTEL CONTINENTAL

Hôtel de premier ordre. — Le plus beau, le plus confortable des Pyrénées. — Appartements. — 200 chambres et salons. — Salle à manger de 400 couverts. — Ascenseur — *Voitures et omnibus de l'hôtel à Pierrefitte.*
CH. DUCONTE, Propriétaire.

HOTEL DE LA PAIX
PLACE SAINT-MARTIN ET PLACE DE LA MAIRIE

Magnifique vue de montagne. — Chambres et appartements confortables. — Cuisine et cave recommandées. — Pension depuis 8 fr. par jour, service et vin compris. — *Se habla español.* — **A. MOUSSIÈRE**, propriétaire.

CHAMBÉRY
HOTEL DE FRANCE
ÉTABLISSEMENT DE PREMIER ORDRE

A proximité de la gare et des promenades. — Conserves alimentaires. — Médailles à toutes les Expositions. — Omnibus à tous les trains.
L. REYNAUD, Successeur.

Gᴰ HOTEL DE LA POSTE ET MÉTROPOLE
RUE D'ITALIE — H. DUCLOZ, Propriétaire.

Cet hôtel, situé au centre de la ville et des affaires, se recommande pour son confort et ses prix modérés. — Arrangement pour séjour prolongé. — Départ pour la Grande Chartreuse, voitures à volonté, aller et retour dans la même journée — Itinéraire pour excursions. — Omnibus de l'hôtel à tous les trains. Correspondant de l'agence Lubin, des Voyages économiques et des sociétés de chemins de fer.

CHERBOURG
HOTEL DES BAINS DE MER
CASINO DE CHERBOURG

Seul établissement situé sur la plage — Plage de sable fin. — Bains chauds et hydrothérapie à l'eau de mer. — *Vaste et magnifique jardin.* — Concerts militaires — Cercle. — Petits chevaux. — Lawn-tennis, etc. — **MERTZ**, Propʳ.

ÉTABLISSEMENT HYDROMINÉRAL DE
CONTREXÉVILLE Source PAVILLON

(La seule décrétée d'Intérêt public. Déc. 4 août 1860)

SAISON OUVERTE DU 20 MAI AU 20 SEPTEMBRE

HYDROTHÉRAPIE
Bains, Douches, Massages

GRANDS PARCS ET JARDINS : *Jeux, Gymnase, Tir,* etc.

GRAND HOTEL DE L'ÉTABLISSEMENT (1er ORDRE)

CASINO ET THÉATRE

Maladies traitées : Goutte, Gravelle, Diabète, Coliques hépatiques, Maladies du foie, Arthritisme, Maladies des voies urinaires.

DIEPPE
GRAND HOTEL
SUR LA PLAGE — EN FACE DE LA MER

Etablissement de premier ordre. — Téléphone. — G. DUCOUDERT, Pr.

GRAND HOTEL DU GLOBE

Près la mer, le Casino et les Paquebots. — Recommandé aux familles pour son excellente tenue, sa table d'hôte renommée et sa cave de premier ordre. — 100 chambres. — Restaurant à la carte. — **Pension depuis 7 fr.** — *Omnibus à tous les trains.* — Interprètes. — Pas de surprise.

COURTEILLE, PROPRIÉTAIRE.

DIEPPE-POURVILLE
CASINO DE POURVILLE
RESTAURANT GRAFF

Le Casino de Pourville et son Restaurant sont dirigés par **M. GRAFF**, le propriétaire, véritable créateur de la station. — *Excursion classique et toujours à la mode.* — La Cave, la Cuisine et la Galette jouissent d'une réputation absolument méritée.

ÉPERNAY (MARNE)

CHAMPAGNE

E. MERCIER & Cie

AU CHATEAU DE PÉKIN
PRÈS ÉPERNAY

Immenses Caves très curieuses à visiter les plus grandes de la Champagne

(15 KILOMÈTRES DE LONGUEUR)

Production annuelle moyenne : 5 millions de Bouteilles

DEMANDER LA MARQUE

E. MERCIER & Cie

(36 Premières Médailles. — 15 Diplômes d'honneur)

MEMBRES DU JURY DANS DIFFÉRENTES EXPOSITIONS
ET A L'EXPOSITION UNIVERSELLE DE PARIS 1889

Par suite d'un traité passé avec MM. HACHETTE et Cie, tout porteur du **Guide des Vosges**, passant à Epernay, aura le droit de visiter les Caves de la Maison MERCIER et Cie.

UNE DES CURIOSITÉS DE LA VILLE

DIJON
HOTEL DE LA CLOCHE
150 CHAMBRES ET SALONS

Place Darcy, DIJON, rue Devosge
Edmond GOISSET, propriétaire

Exposition Univ. 1889. Seule Médaille d'OR

MOUTARDE GRAY-POUPON
DIJON

DIJON
Cassis Quenot
PREMIÈRE MARQUE
HENRI QUENOT, SEUL FABRICANT

DIJON

MOUTARDE EXTRA

A. BIZOUARD

La meilleure du Monde

Fournisseur de la Compagnie générale transatlantique

Diplôme d'honneur Exposition de Marseille 1891.
Hors concours Exposition de Lyon 1891.

EAUX-BONNES (BASSES-PYRÉNÉES)

14 h. de Paris — 1 h. 15 de Pau

Saison du 1er Juin au 1er Octobre

Ces eaux minérales, les plus remarquables au point de vue chimique, sont aussi les plus anciennement renommées pour le traitement du lymphatisme, de l'anémie et des débilités en général; elles sont spéciales pour la cure des affections chroniques de la gorge et de la poitrine (angines, laryngites, bronchites, pleurésies, asthme, phtisie, etc.).
   Climat des plus salubres (750^m). — Installation hydrothérapique. — Promenade horizontale jusqu'aux Eaux-Chaudes. — Excursions et ascensions. — Chasses à l'isard. — Mesures hygiéniques parfaites. — Orchestre. — Casino. — Théâtre. — Lumière électrique. — (EXPORTATION : 1 MILLION DE BOUTEILLES).

FONTAINEBLEAU

HOTEL LAUNOY

Maison de famille de premier ordre, **très en réputation et très recommandée**. — Clientèle d'élite. — Vue sur la façade principale du château. — **Appartements très confortables.** — Vastes salons. — Salle de billard. — Grand jardin. — Voitures pour la forêt. — *Omnibus à la gare.* — Prix modérés.
   LAUNOY, Propriétaire.

GRENOBLE

HOTEL MONNET

14, Place Grenette, 14

PREMIER ORDRE, LE PLUS CONFORTABLE DE LA VILLE

Renseignements et voitures pour excursions

Succursale à Uriage-les-Bains. — **TRILLAT**, Propriétaire

GRENOBLE

GRAND-HOTEL
J. PRIMAT, propriétaire-directeur

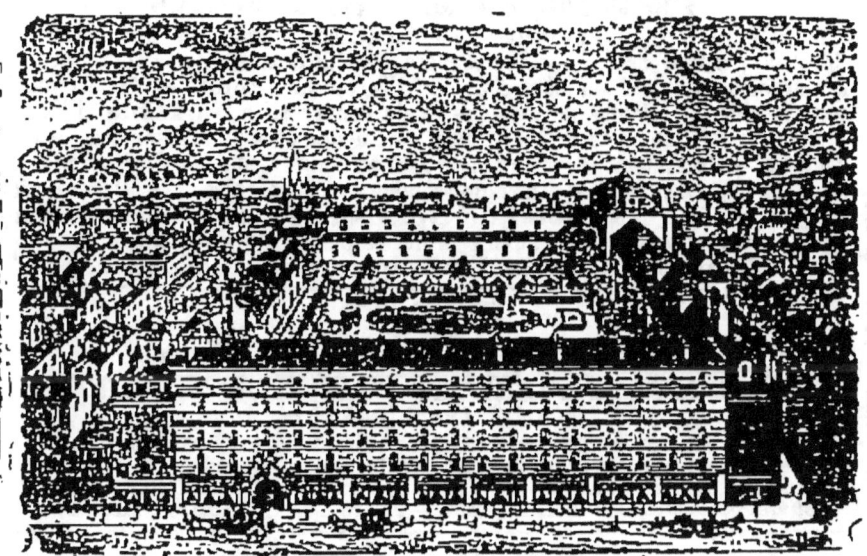

Le plus central. — De 8 à 12 fr. par jour. — Mᵐᵉ PRIMAT parle anglais et italien. — Succursale de l'hôtel à **Aix-les-Bains**. — L'hôtel est chauffé à tous les étages.

HAVRE (LE)

GRAND-HOTEL ET BAINS FRASCATI

300 Chambres et salons. — Magnifique galerie avec Restaurant sur la mer. — **Table d'hôte**. — *Arrangements pour familles*. — Lumière électrique. — *Omnibus et voitures à l'hôtel*.
Bains chauds à l'eau douce et à l'eau de mer. — **Hydrothérapie**. — Bains à la lame.

CASINO ET CERCLE FRASCATI

Théâtre. — Concerts. — Musiques militaires. — Soirées dansantes et Bal d'enfants. — Grand jardin avec gymnase. — Guignol.
Petits chevaux.

MANOR HOUSE HOTEL
3, rue Jeanne d'Arc, 3

Faisant face à l'entrée du port et à la jetée. — Premier ordre. — Beaux appartements pour familles. — Bains. — Pension, 10 fr. par jour. — Chambres depuis 3 fr. — Eclairage électrique.
The proprietors are english. — J. et H. HILLMAN

LE HAVRE
GRAND HOTEL - DE NORMANDIE
106 et 108, rue de Paris, 106 et 108

DESCLOS, ancien Propriétaire. — MOREAU, gendre et Successeur. — Hôtel de premier ordre. — Prix modérés. — **Éclairage électrique.** — Admirablement situé au centre de la ville et des affaires. — Appartements pour familles. — Salons de musique et de conversation. — **Table d'hôte.** — Restaurant à la carte et à prix fixe. — Cuisine et cave renommées. — Prix modérés. — Spécialement recommandé pour sa bonne tenue. — *English spoken. Man spricht Deutsch.* — Agrandissements considérables. — Organisation nouvelle. — Bien que l'Hôtel de Normandie soit à la hauteur des positions les plus élevées, il est aussi à la portée des fortunes modestes.
Omnibus de l'Hôtel à la gare, à droite de la sortie.

HENDAYE
A proximité de Biarritz, Fontarabie, Saint-Sébastien
GRAND HOTEL DE LA PLAGE
EN FACE LE CASINO

Maison de premier ordre. — Superbe situation. — Vaste terrasse sur la mer. — Chambres et appartements très confortables. — Cuisine et cave recommandées. — **Lawn Tennis.** — Croquet. — Gymnase et jeux divers. — *Omnibus et voitures particulières.* — Prix modérés. — Écrire à **M**me **CAMOUGRAND.**

LE HOME (PRÈS CABOURG)
PLAGE DE SABLE FIN ABSOLUMENT SURE
GRAND HOTEL

Premier ordre. — Entièrement restauré et meublé à neuf. — Cuisine et cave recommandées. — Pension en juin, juillet et septembre : 8 fr. par jour, et 9 fr. avec chambres sur la mer. — *Omnibus à tous les trains.* — **William PINEAU**, propriétaire des **Hôtels du Dauphin et d'Espagne, à Rouen**, nouveau propriétaire.

HOULGATE-BEUZEVAL
GRAND HOTEL IMBERT

Premier ordre. — Le seul situé sur la plage. — Grand confortable. — Arrangements pour séjour prolongé. — Prix spéciaux en juin, juillet et septembre. — **IMBERT, Propriétaire.**

HYÈRES
HOTEL DES AMBASSADEURS

Établissement de premier ordre, situé en plein midi. — Recommandé à la clientèle des *Guides Joanne* pour son grand confortable. — **Jardin.** — **Fumoir.** — **Billard.** — **Félix SUZANNE**, Propre.

HOTEL DE L'EUROPE

Maison de premier ordre, très bien située sur l'avenue des Iles d'Or. — Plein midi. — Vue sur la mer et les Iles. — Grand confortable. — Cuisine et cave recommandées. — Prix depuis 8 fr. par jour. — *Ouvert toute l'année.* — **J. BARRE**, propriétaire.

LIMOGES
AGRANDISSEMENT DU
GRAND HOTEL DE LA PAIX

De 1er ordre, construit récemment, meublé avec élégance, le plus près de la gare, sur la plus belle place de la ville, 110 chambres; restaurant à la carte, table d'hôte, salon de famille, estaminet. — Omnibus à la gare. — Recommandé aux familles et aux négociants.
J. MOT. — Place Jourdan, en face du Palais de la Division militaire.

LION-SUR-MER
GRAND HOTEL DE LA PLAGE

De premier ordre et entièrement neuf. — Superbe vue de mer. — Grand confortable. — Billard. — Très recommandé aux familles pour son excellente cuisine. — Pension, chambre comprise, depuis 6 fr. par jour. — **E. BAUCHER, Pr.**

LUC-SUR-MER
HOTEL BELLE-PLAGE

1er ordre. — Nouvellement restauré. — Superbe vue de mer. — Vaste jardin. — Recommandé aux familles et aux touristes pour son grand confortable et sa bonne tenue. — Forfait pour saison depuis 7 fr. 50 par jour. — Réduction de prix en mai et juin. — Arrangements pour familles en cas de séjour prolongé.

LYON

"NICE ROSE" CHARMS AND BEAUTY RESTORER
Lait Américain incomparable

Donne au teint un éclat d'ÉTERNELLE JEUNESSE! Veloutine, Savon, Extrait. — Chez Parfumeurs (Lait : flacon, 5 fr. et 1 fr. 50). Flacon d'essai franco contre 1 fr. 60 adressés au Dépôt général : BOUVAREL et Vve BERTRAND, 16, rue Paru-Royal, PARIS. Maison d'expédition : 18 et 20, rue Port-du-Temple, LYON.

PRESSOIR Américain
réputation Universelle
Marmonier fils constructeur
à LYON Maison fondée en 1835
Presse = Huile Matériel d'Huilerie
Matériel Vinicole.
demander le catalogue donnant tous renseignements pour l'achat et l'entretien des instruments

GRAND HOTEL D'ANGLETERRE
Place Perrache

Etablissement de premier ordre, le plus près de la gare de Perrache. — Interprètes. — Appartements pour familles. — Billets de chemin de fer à l'hôtel. — Coupons de l'Agence Gaze.

LYON

GRAND HOTEL DE LYON
Place de la Bourse

Situated in the finest part of the city. — Grand confortable. — Chambres depuis 3 fr. — Pension depuis 10 fr. par jour, tout compris. — *Ascenseur*. — Hôtel de premier ordre. — *Family Hotel*.

G^D HOTEL COLLET ET CONTINENTAL
LE MEILLEUR ET LE MIEUX SITUÉ DE LA VILLE
Près la place Bellecour, le bureau de Poste et le Télégraphe

Ascenseur Edoux à tous les étages. — Chambres et Salons depuis 3 fr. jusqu'à 20 fr. — Table d'hôte. — Restaurant à la carte à toute heure, et service particulier.

Pension depuis 10 fr. par jour, tout compris
Cour splendide

Salon de conversation. — Fumoir. — Bains. — Téléphone. Interprètes.
Omnibus de l'hôtel à l'arrivée des trains. — Voitures à volonté.

GRAND HOTEL DU GLOBE
LOMBARD
Rue Gasparin, près la place Bellecour

Installation moderne, offrant aux familles de confortables appartements au rez-de-chaussée et à tous les étages. — 110 chambres pour voyageurs, à différents prix. — Cabinet de lecture et fumoir. — Salon de conversation avec piano. — Table d'hôte et service particulier. — Interprètes. — *Omnibus à la gare.*

Prix modérés.

GRAND HOTEL DE L'EUROPE
PLACE BELLECOUR
PREMIER ORDRE

La plus belle situation de Lyon. — Vue de Fourvières. — Appartements et chambres d'un haut confortable. — Excellente cuisine. — Pension. — *Prix modérés*. — Très recommandé aux familles.

CRÉPAUX, Propriétaire

HOTEL DE MILAN
PLACE DES TERREAUX

Premier ordre. — Dans un des plus beaux quartiers de la ville. — Très recommandé aux familles pour le confortable de ses chambres et de ses appartements. — Pas de table d'hôte. — Restaurant : déjeuner, 2 fr. 50 et 3 fr.; dîner, 3 fr. et 3 fr. 50. — Service à la carte. — *Omnibus à la gare.* — **MILLET**, Propriétaire.

LYON

GRAND HOTEL DES BEAUX-ARTS
75, RUE DE L'HOTEL-DE-VILLE, 75

Premier ordre. — Nouvellement restauré. — Recommandé aux familles. — Arrangements pour séjour — Interprète. — Eclairage à l'électricité. Omnibus à la gare. — Prix modérés.

G^d HOTEL DE RUSSIE
6, RUE GASPARIN, PRÈS BELLECOUR

Entièrement restauré. Premier ordre. — Appartements et chambres très confortables au rez-de-chaussée et à tous les étages. — Table d'hôte et service particulier. — Interprète. — **Maison recommandée au clergé et aux familles.** — Eclairage électrique. — Omnibus à la gare. — Prix modérés.

J. BRANCHE, propriétaire.

HOTEL DU COMMERCE
SITUATION CENTRALE
Près la Bourse et la Banque de France

Cuisine de famille. — Chambre, déjeuner, dîner, tout compris, 7 fr. 50 par jour — Arrangements pour familles et pour séjour. — Omnibus à la gare.

E. BALTHAZARD, propriétaire.

ROB DÉPURATIF SANS RIVAL
AU DAPHNÉ MEZÉRÉUM

Purement végétal; le plus puissant et le plus énergique dépuratif du sang. Par son action éminemment **dépurative**, il guérit toutes les **MALADIES CONTAGIEUSES** et de la **PEAU** les plus rebelles et les plus invétérées. — **Prix : 10 et 5 fr.**

Pharmacie BARRAJA
115, cours Lafayette, LYON

TOILE SOUVERAINE
JULIE GIRARDOT
45 ans de succès
CONTRE DOULEURS, PLAIES ET BLESSURES

EXIGER — LE TIMBRE — CI-CONTRE

TOILE SOUVERAINE JULIE GIRARDOT CODEX N° 693

EXIGER — LE TIMBRE — CI-CONTRE

Fabrique : avenue du Doyenné, 5, Lyon.
Envoi franco contre mandat-poste. — **Prix : 6 fr. le mètre.**

LYON
PRESSOIR RATIONNEL
A VIN ET A FRUITS
PRESSES A HUILE — FOULOIRS ET ÉGRAPPOIRS
POMPES A VIN
Livraisons de vis et Ferrures seules.
Transformation des anciens Pressoirs.
30.000 vendus avec garantie.
Étienne MEUNIER, Constructeur
35, 37, 39, RUE SAINT-MICHEL
LYON-GUILLOTIÈRE
Demander le Catalogue illustré.

MACON
GRAND HOTEL DE L'EUROPE

A 5 minutes de la station, le mieux situé et le premier de la ville, en façade sur la Saône. — Interprètes. — Veuve **BATAILLARD**, propriétaire.

Mâcon, station très favorisée pour les heures d'arrivée et de départ des trains, est l'arrêt le plus central des lignes de Paris pour la Suisse, l'Italie, la Méditerranée et le Bourbonnais.

M⁽ᵐᵉ⁾ BATAILLARD est aussi propriétaire de l'**Hôtel de Paris**, à Rouen.

MARSEILLE

BOUILLABAISSE

CAFÉ-RESTAURANT BODOUL
Rue Saint-Ferréol

Spécialité de **Bouillabaisse fraîche, expédiée en boîtes en France et à l'étranger.** La boîte pour six personnes, 12 francs, franco.

La Bouillabaisse doit être mangée *tout au moins dans les quarante-huit heures après son arrivée.*

Toute boîte est accompagnée d'un prospectus explicatif.

Bodoul est la plus ancienne maison de Marseille dans son genre. C'est toujours le nom en réputation, en grande vogue, réputation d'ailleurs méritée, car c'est une maison de toute confiance.

Adresse : BODOUL MARSEILLE

Nota. — Les expéditions de Bouillabaisse se font pendant la saison froide, d'octobre en avril.

HOTEL D'ORLÉANS
RESTAURANT FOUQUES

Entièrement remis à neuf. — *Cuisine très recommandée* faite par M. Gustave MARTIN, ex-chef du restaurant Voisin, à Paris. — Arrangements pour séjour. — Omnibus à la gare et aux bateaux. — Expéditions de bouillabaisses préparées, croustades et tous produits de la Méditerranée. — **MARTIN Frères**, propriétaires.

MARSEILLE
GRAND HOTEL NOAILLES

Tarif dans chaque Appartement

Prix modérés

Billets de chemin de fer délivrés par l'Hôtel

Rue Noailles. Cannebière prolongée

Le plus confortable des Grands Hôtels de Marseille. — *Ascenseurs hydrauliques*. — Jardins au midi. — Les Voitures et les Omnibus entrent à couvert dans l'Hôtel et sont à l'arrivée de tous les trains.

Charles RATHGEB, Administrateur.

G^d Hôtel du Louvre et de la Paix
RÉPUTATION UNIVERSELLE

LUMIÈRE ÉLECTRIQUE — TÉLÉPHONE. — 200 Chambres et Salons.

ASCENSEUR HYDRAULIQUE — Arrangements pour séjour prolongé.

Magnifique établissement de premier ordre. — Situation splendide en plein midi sur la Cannebière prolongée (rue Noailles), à proximité de la gare et des paquebots. — Les voitures entrent à couvert dans la cour d'honneur. — Omnibus à l'arrivée de tous les trains. — Prix modérés. — ADRESSE TÉLÉGRAPHIQUE : Louvre-Paix, Marseille. — P. NEUSCHWANDER, Directeur-Propriétaire.

MARSEILLE

G^D HOTEL DE MARSEILLE

Rue Noailles (le plus beau quartier)
RÉPUTATION EUROPÉENNE — CUISINE TRÈS RECOMMANDÉE
Magnifiques salons. — Billard, fumoir. — **Bains à tous les étages.** — Ascenseur hydraulique. — Téléphone. — Prix modérés.

CHARLES CATTORINI, propriétaire

HOTEL CONTINENTAL
8, RUE SUFFREN, 8

Situation exceptionnelle. — VUE SUR LA MER et le jardin de la Bourse, près le Grand Théâtre et la Cannebière. — Excellente maison — Chambres et appartements très confortables pour familles. — **Cuisine très soignée.** — **Très bonne cave** — Table d'hôte et Restaurant à la carte. — *Interprète parlant les principales langues.* — Omnibus à tous les trains et à l'arrivée des bateaux. — Prix depuis 7 fr. 50 par jour, service compris.

Charles GIRAUD, propriétaire.

HOTEL DU COURS
28 a, Cours Belzunce, 28 a

Hôtel meublé. — *On ne sert que le petit déjeuner du matin.* — Centre de la ville et des affaires. — Chambres depuis 2 fr. — Omnibus à tous les trains.

CAIRE, propriétaire

DÉPURATIF GAY

Le plus efficace de tous les remèdes contre les Boutons, Dartres, Eczémas, Démangeaisons, Rhumatismes et tous les vices du sang.

2 fr. 50 le flacon. Les 6 flacons : 12 fr. contre mandat-poste

PHARMACIE GAY
25, Rue de Rome, à Marseille

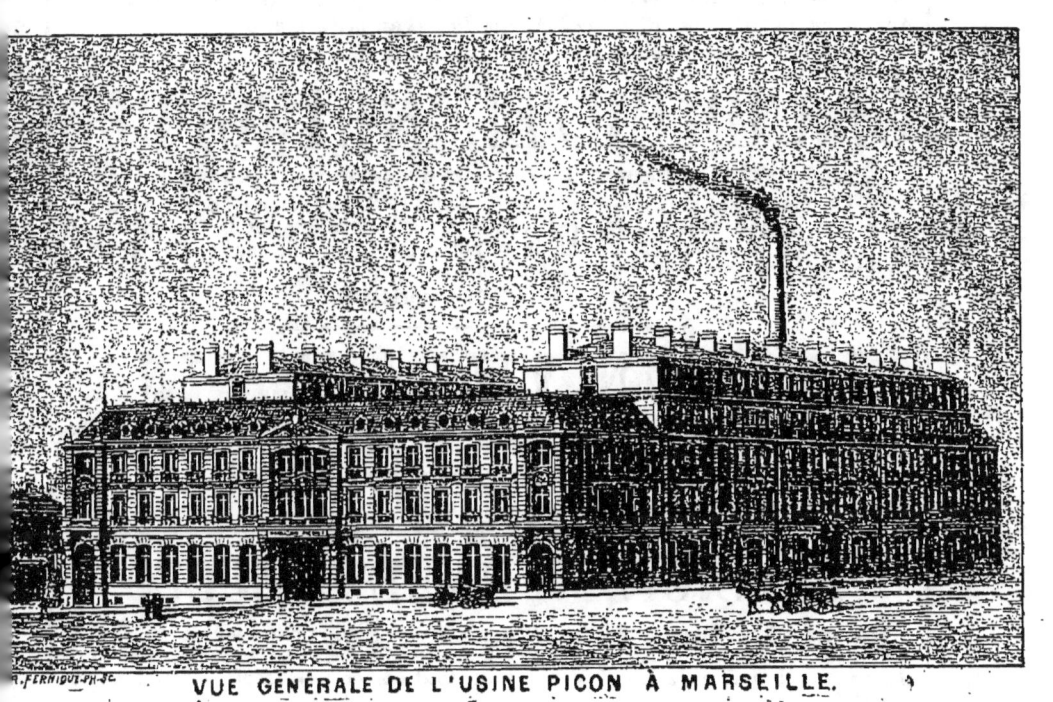
VUE GÉNÉRALE DE L'USINE PICON A MARSEILLE.

MENTON

HOTEL BELLE-VUE

Maison de premier ordre très recommandée. — Grand jardin. — Ascenseur. — Téléphone. — **Lawn tennis**. — G. ISNARD, propriétaire.

GRAND HOTEL DE TURIN

Etablissement de premier rang. — Situation hygiénique parfaite. — *Plein midi.* — Bains et douches dans l'hôtel. — *Vaste jardin.* — Salle de billard. — Vue de la mer. — Cuisine très recherchée. — Vins authentiques. — Grand confortable. — Arrangements pour familles. — Mme IDA FORNARI, propriétaire.

GRAND HOTEL MÉTROPOLE

Premier ordre. — *Plein midi.* — Superbe vue de mer. — Vaste jardin.
150 Chambres et Salons. — Calorifère. — BAINS. — Maison très recommandée pour son grand confortable, sa cuisine très recherchée et la correction de son service. — **Pension** : Chambre, petit Déjeuner du matin, Déjeuner et Dîner, **depuis 8 fr. par jour**. — Ascenseur.

PIERRE PUPPO, propriétaire.

PENSION VILLA-MARINA

Plein midi. — *Bord de la mer.* — Excellente maison de famille, très confortable. — **Pension de 8 à 10 fr. par jour.** — Arrangements pour séjour prolongé.
La pension est dirigée par Mlle **N. KAPPELER**, propriétaire de l'HÔTEL DE GLION, à Glion-sur-Territet.

PENSION DE DAMES SEULES

Unique à Menton. — PLACE SAINT-ROCH. — *Plein midi.* — Vue de mer. — Terrasse. — Jardin. — Soins particuliers. — **Jeunes enfants admis avec dames.** — Pension depuis 6 fr. par jour, tout compris. — *Maison de haute respectabilité.*

MERS

ÉTABLISSEMENT HYDROTHÉRAPIQUE
DU DOCTEUR MIGHELLET

Ouvert du 1er Juin au 1er Octobre

Etablissement récemment installé et muni des appareils les plus perfectionnés.

BAINS D'EAU DE MER ET D'EAU DOUCE

DOUCHES ÉCOSSAISES ET DOUCHES SIMPLES

MONACO

SAISON D'HIVER ET SAISON D'ÉTÉ

30 MINUTES DE NICE. — 15 MINUTES DE MENTON

LE TRAJET DE PARIS A MONACO SE FAIT EN 24 HEURES
DE LYON EN 15 HEURES, DE MARSEILLE EN 7 HEURES
DE GÊNES EN 5 HEURES

Parmi les **Stations hivernales** du Littoral méditerranéen, **Monaco** occupe la première place, par sa position climatérique, par les distractions et les plaisirs élégants qu'il offre à ses visiteurs et qui en est fait aujourd'hui le rendez-vous du monde aristocratique.

La température, en été comme en hiver, est toujours très tempérée, grâce à la brise de mer qui rafraîchit constamment l'atmosphère.

Monaco possède un vaste établissement de **Bains de mer**, ouvert toute l'année, où se trouvent également des salles pour l'hydrothérapie. — Le fond de la plage est garni de sable fin. — Le Casino de Monte-Carlo, en face de **Monaco**, est remarquable par ses salles de jeux spacieuses et bien ventilées, par ses élégants salons de lecture et de correspondance.

Pendant toute la saison d'hiver, une nombreuse troupe d'artistes d'élite y joue, plusieurs fois par semaine, l'Opéra, l'Opéra-Comique, la Comédie, le Vaudeville, etc.

Des **Concerts** classiques, dans lesquels se font entendre les premiers artistes d'Europe, ont également lieu pendant toute la saison. — L'orchestre du Casino, composé de 70 exécutants de premier ordre, se fait entendre deux fois par jour pendant toute l'année.

TIR AUX PIGEONS DE MONACO

Ouverture le 15 Décembre

Concours spéciaux et Tirs d'exercice. — Grands Concours internationaux en Janvier et Mars pendant les Courses et les Régates de Nice.— Poules à volonté. — Tirs à distance fixe. — Handicaps.

Palais des Beaux-Arts avec Jardin d'hiver

L'Ouverture de l'Exposition des Beaux-Arts aura lieu en Janvier 1893

Le prix des entrées sera employé en totalité à l'achat d'œuvres exposées qui formeront les lots d'une tombola, dont le tirage est fixé à la fin de l'Exposition.

Pour les demandes, s'adresser à M. DUPLEIX, commissaire de l'Exposition des Beaux-Arts, à Monte-Carlo.

HOTEL DE PARIS

UN DES PLUS SOMPTUEUX DU LITTORAL MÉDITERRANÉEN

HOTEL DES BAINS

ATTENANT A L'ÉTABLISSEMENT DES BAINS DE MER

MONTE-CARLO

LE SEUL DANS LES JARDINS DU CASINO
HOTEL DE PARIS
(OUVERT TOUTE L'ANNÉE)

RÉPUTATION EUROPÉENNE

Rendez-vous du High-Life français et étranger

Entièrement remis à neuf par les nouveaux propriétaires :

VAN HYMBEECK & DURETESTE

400 CHAMBRES

Salons et appartements particuliers avec salles de Bains

INSTALLATION SANS RIVALE

Trois ascenseurs fonctionnent en permanence.

Annexes de l'Hôtel de Paris

RESTAURANT DE PARIS
En communication directe avec tous les étages de l'hôtel.

TABLE D'HOTE DE 400 COUVERTS

CAFÉ DE PARIS
Rivalisant avec les premiers établissements similaires de Paris.

BAR AMÉRICAIN ET GRILL ROOM
Dirigés par Leo Engel du Critérion Bar, de Londres.

BUFFET DU CASINO
Sur les terrasses du Casino.

Agence de la Compagnie des Wagons-Lits

Correspondant du Grand Hôtel de Paris
et de l'Hôtel Continental de Paris.

MONTECARLO
HOTEL BEAU-RIVAGE
Maison de premier ordre. Située en plein midi
A. NIEDERBERGER, propriétaire
En Été : *AMERICAN BAR (AIX-LES-BAINS)*

ETABLISSEMENT THERMAL
DE
MOLITG
(Pyrénées-Orientales)

CLIMAT TRÈS DOUX. — ALTITUDE 450 MÈTRES

EAUX SULFURÉES, SODIQUES, IODÉES
SUPÉRIORITÉ INCONTESTABLE POUR TOUTES LES
Maladies de la Peau

Nouvelle galerie de Bains. — Installation très confortable

Saison du 1er mai au 1er novembre

Chemin de fer du Midi jusqu'à Prades. De Prades à Molitg, 7 kilomètres. Service de voiture et omnibus à tous les trains.
Télégraphe dans l'établissement.
Envoi gratis et franco de notices. S'adresser au Directeur.

MONT-DORE (Puy-de-Dôme)
Concession J. CHABAUD et Cie

Saison du 1er juin au 1er octobre. — Maladies des voies respiratoires, maux de gorge, laryngites, bronchites, asthmes, emphysème pulmonaire, affections oculaires externes, rhumatismales, cutanées. — **L'Eau du Mont-Dore est arsenicale.** Grand Casino dans le parc. — Etablissements d'hydrothérapie. — Représentation théâtrale tous les jours. — Deux Concerts par jour dans le parc. — Cercle. — *Trois millions doivent être dépensés* pour mettre le Mont-Dore à la hauteur des premiers établissements du même genre

NANTES
GRAND HOTEL DU COMMERCE ET DES COLONIES
Passage Pommeraye et rue Santeuil, 12

Complètement remis à neuf. — Premier ordre. — Situation très centrale. Appartements très confortables pour familles. — Cuisine très recherchée. Table d'hôte et service à la carte. - Prix très modérés. - Maison recommandée par les Guides Joanne. — **LEMOINE-GRIACHE**, propriétaire.

NANTES
Vve NASSIVET & FILS
Constructeurs - Mécaniciens
Moteurs à vapeur fixes, demi-fixes et locomobiles. — Machines à deux cylindres Compound. — Machines agricoles de grande et petite culture.
Envoi franco Catalogues et prix.

NARBONNE
HOTEL DE LA DORADE
Maison de premier ordre. — Table d'hôte. — Restaurant. — Salons. — Fumoir. — Estaminet. — Appartements pour familles. — Recommandé par les Guides Joanne. — **R. GLEYZES.**

NEVERS
GRAND HOTEL DE LA PAIX
Premier ordre. — En face de la Gare. — Chambres et appartements très confortables pour familles. — *Petit déjeuner, 1 fr.; déjeuner, 3 fr.; dîner, 3 fr. 50.* — *Chambres depuis 2 fr.* — Cuisine très recommandée aux familles. — Location d'équipages en tous genres. — **FAUCONNIER, Propriétaire.**

Maison de la Vraie Nougatine Nivernaise
CARAQUE DE NEVERS
A. GUILLOT, rue du Commerce, 73. — Maison de confiance *très recommandée pour la Nougatine et le Caraque.* — *Expéditions par colis postaux.*
MARGAINNE, Successeur.

NICE
HOTEL DU LOUVRE
Boulevard Longchamp
Situation exceptionnelle. Plein Midi. — Table d'hôte. — Restaurant à la carte. — Arrangements depuis 11 fr. par jour. — Salon de lecture. — Fumoir — Bains dans l'Hôtel. — Omnibus à tous les trains. — Lift ascenseur. — L'été à **Saint-Germain-en-Laye**, près Paris, Pavillon Louis XIV et Continental-Hôtel.
TÉLÉPHONE — ASCENSEUR

GRAND HOTEL DU MONTBORON
La plus belle situation de Nice. — **Premier ordre.** — Plein Midi. — Entièrement neuf. — Cuisine recherchée, cave excellente. — Lawn-Tennis et jeux de toute sorte. — Gymnasium. — Téléphone. — Promenade dans les bois de Pins tout autour de l'hôtel. — Panorama incomparable.
CH. DELPON, propriétaire. — Victor PIGNAT, directeur.

HOTEL D'ANGLETERRE
PREMIER RANG
Jardin public et promenade des Anglais
Plein Midi. — Vue de la mer. — 150 chambres et salons. — Cuisine excellente. — Service silencieux. — *Ascenseur hydraulique.*

NICE

LE GRAND HOTEL DE L'ÉLYSÉE
PROMENADE DES ANGLAIS
Situé en plein Midi — 150 chambres et salons. — Vaste jardin.
Ascenseur, Billard, Fumoir, Bains. — *Etablissement de tout premier ordre.*

GRAND HOTEL PARADIS
BOULEVARD VICTOR-HUGO
Hôtel de premier ordre. — Plein Midi. — Grand confortable. — Cuisine renommée. — Arrangements pour séjour prolongé. — Bains. — Ascenseur. — **H. CHURCHMAN**, Directeur.

HOTEL JULLIEN
Boulevard Dubouchage et Avenue Beaulieu
QUARTIER DE CARABACEL
Maison de premier ordre. — Plein Midi. — Grand jardin.
J. JULLIEN et Fils aîné, Propriétaires.

HOTEL GRIMALDI
Place Grimaldi
PENSION DE PREMIER ORDRE — CUISINE TRÈS RECOMMANDÉE
Prix depuis 10 fr. par jour
L'Été : **HOTEL DE PARIS**, Évian-les-Bains.

HOTEL DE LA GARE
8, rue de Belgique et rue Paganini
A deux pas de la Gare
Excellente maison recommandée pour sa bonne tenue et sa cuisine bourgeoise. — Transport gratuit par le personnel de l'hôtel, des bagages à l'aller et au retour — Chambres depuis 2 fr. — Prix de la journée, 7 fr 50, tout compris — L'hôtel est ouvert toute l'année. — **H. RHEINHEIMER**, Propriétaire.

HOTEL DE BERNE
(BERNERHOF)
AVENUE THIERS
A gauche et à une minute de la gare. — Ouvert toute l'année. — Bonne maison recommandée aux familles pour son confortable et sa direction — Pension depuis 8 fr — Transport des bagages gratuit à l'arrivée et au départ. — **J. KAISER**, Propriétaire.

HOTEL D'INTERLAKEN
Avenue Durante (en face la gare et les tramways)
Plein Midi. — Installation complètement neuve et moderne. — Cuisine et cave recommandées. — Pension depuis 7 francs.
ANDRÉ, Propriétaire.

NICE
PENSION DE FRANCE
Villas St-Hubert et Croix-de-Marbre
31 bis et **33, rue de France** (*à deux minutes du nouveau Casino*)

Maison de premier ordre. — Plein midi. — **Grand jardin.** — Bains. — Salles de douches. — Situation parfaite au point de vue de l'hygiène. — *Cuisine française très recherchée.* — **Grand confortable.** — Maison nouvellement installée, spécialement recommandée pour son cachet d'élégance et de goût parisien. - Terrasse, vue de la mer et des montagnes. — **Veuve LAVOCAT**, prop^{re}.

GRANDS BAINS DES GALERIES

Le plus vaste établissement de Nice, 4, *rue Adélaïde*, et 2 et 4, *rue de Russie.* — Vapeur. — Hydrothérapie. — Grande piscine à eau courante. — Bains médicinaux. — Massage. — Frictions. — Pédicure. — *Bains à domicile à toute heure.*

Arthur DAVIOT, propriétaire

NIMES
SPÉCIALITÉ DE CROQUANTS
MAISON VILLARET (Fondée en 1875), **13, Rue Madeleine**

On expédie par colis postal à domicile, en boîtes de fer-blanc de 3 kilos, contre la somme de 7 fr. 60.

PAU — STATION D'HIVER
Excellente pour les **Maladies de la gorge et de la poitrine.** Centre des **Stations thermales des Pyrénées.** — High-life. — Sport. — Chasses au renard. — Golf. — Polo. — Jeu de Paume. — Tir aux pigeons. — Courses de chevaux. — Pistes d'entraînement. — Théâtre, Casino, Concerts. — Eglises et temples de tous les cultes. — Consuls. — Hôtels, boardings-houses, maisons, villas, appartements à prix modérés très confortables. — Renseignements gratuits au bureau de l'Union syndicale, 19, rue Latapie. **Pau.**

PAU
G^d Hôtel Beauséjour
PREMIER ORDRE

Vue magnifique. — Prix modérés. — Pension. — *Lawn-Tennis.* — Ascenseur Lift.

PAU   6 fr. 50 par jour   **PAU**

PENSION DU PONT-NEUF
POUR FAMILLES
4, rue Bordenave-d'Abère, 4

Appartements et chambres confortablement meublés à neuf. — Cuisine soignée. — Vue superbe sur les jardins du château. — Exposition en plein Midi. L'omnibus du Correspondant de la Compagnie du Midi dessert l'hôtel.

PÉRIGUEUX
GRAND HOTEL DE FRANCE
House of first order newly decorated, very confortable. — The best and most central situation. — Private rooms and apartments for families. — Truffled pies preserved truffle. — *Expedition to foreign countries.* — Maison de premier ordre. — Très confortable. — Situation centrale. — Pâtés de volailles truffés du Périgord. — Truffes conservées. — Expédition à l'étranger. — *Omnibus à la gare.*
Ancienne maison F. GROJA. — C. BUIS, Successeur.

PORNICHET-LES-PINS
Près Saint-Nazaire (Loire-Inférieure)

GRAND HOTEL CASINO
HOTEL DE 1er ORDRE
120 chambres. — Table d'hôte. — Restaurant. — Pension de famille.
PRIX MODÉRÉS

CASINO — Théâtre — Bals — Concerts — Bals d'enfants — Jeux — Cercle — Gymnase

Vue splendide — Terrasse sur la mer — Salon de lecture et de conversation — HYDROTHÉRAPIE

MAGNIFIQUES PROMENADES ET EXCURSIONS

PLOMBIÈRES

SAISON DU 15 MAI AU 15 SEPTEMBRE

Six établissements de bains (1re, 2e et 3e classes). — Douches chaudes, froides, écossaises. — Massage sous la douche. — Étuves romaines sans rivales. — Lits de repos. — Salle de massage. — Principales maladies traitées : Maladies chroniques du tube digestif et intestinal. — Rhumatisme articulaire, musculaire, sciatique et viscéral. — Goutte. — Maladies des femmes (Métrite, Névralgies utérines, Troubles menstruels, Stérilité). — Affections de la peau (Prurigo, Psoriasis, Eczéma). — Affections du système nerveux (Névralgies, Névroses, Hystérie, Chorée). — Affections générales (Chlorose, Anémie, Cachexie, etc.). — Casino avec salle de spectacle. — Concert trois fois par jour. — Théâtre quatre fois par semaine.

SAINT-LÉGER — ÉTABLISSEMENT THERMAL à POUGUES (Nièvre)

DIABÈTE, DYSPEPSIES, GRAVELLES, CONVALESCENCES
Établissement thermal 15 mai-15 octobre

SPLENDID-HOTEL

120 chambres. — Hydrothérapie. — Escrime. — Luxe. — Confort.

Pour tous renseignements, demandes d'eau, brochures, etc., s'adresser à l'Administration de la Compagnie de POUGUES, chaussée d'Antin, 22, Paris.

ÉTABLISSEMENT THERMAL
DE LA PRESTE
(PYRÉNÉES-ORIENTALES)

Service direct, gare de Céret, 3 heures de trajet

Ouvert toute l'année. — Eau sulfydrique, alcaline, silicatée. Souveraine contre la **Gravelle**, **Goutte**, **Catarrhe de la vessie**, **Rhumatismes**, **Cystites**, **Coliques** néphrétiques et hépatiques, maladies du **Foie**, de la **Prostate**, **Diabète**.

Eau délicieuse de table, la plus légère connue. — Etablissement de premier ordre. — Grand confortable.

J. BOUNY, Prop^{re}. — Dr BERNY, Directeur.

Grands Vins de Champagne

JULES CHAMPION

REIMS

AGENTS :

M. A. C. VEILLER, 32, Beaver street, New-York.

MM. CRÉTAL, ROSS & Ce, 12 et 13, Water-Land, Londres.

M. E. DETHAN, 26, rue Baudin, Paris.

Dépôt à Paris, 61, rue de l'Arcade

REIMS
MADELEINES-CHAMPAGNE
MÉDAILLE D'OR 1892
Nouveau produit très recommandé pour lunchs et soirées. — **ROUSSEAUX**, seul fabricant, 124, rue Vesle. — *Expéditions pour tous pays.*

REIMS
Voulez-vous ne plus tousser ?
NE PRENEZ QUE DES
PASTILLES MEXICAINES
Les seules curatives et préservatives
C. VELPRY, pharmacien. — 1 fr. 50 franco par la poste.

LA ROCHELLE
HOTEL DES BAINS DU MAIL
Au bord de la mer. — Appartements très confortables pour familles — Terrasse frais ombragés, vue splendide sur la mer, séjour charmant. — Table d'hôte et service particulier. — Ouvert toute l'année. — *Omnibus à tous les trains.* — A proximité du bassin de la Palice. — **SENNÉ**, propriétaire.

PLAGE DE **ROYAN** (CHARENTE-INFÉRIEURE)
GRAND HOTEL DE PARIS
Maison de premier ordre. Bien située, façade du Port, avec vue sur les Bains et la mer. Rendez-vous de la bonne société. — Appartements confortables pour familles. — Restaurant à la carte. — Jardin. — Table d'hôte. — Arrangements avec les familles. — Omnibus à tous les trains.
Changement de propriétaire.

ROYAT

| Décret d'intérêt public. Approbation de l'Académie de médecine | ÉTABLISSEMENT THERMAL
SAISON DU 15 MAI AU 15 OCTOBRE
CASINO, CONCERTS, SPECTACLES
Salons de Jeu et de Lecture.
Musique dans le Parc. | Médaille d'argent à l'Exposition Universelle de 1878 |

EAU MINÉRALE NATURELLE GAZEUSE. — Lithinée, arsenicale, ferrugineuse. — *Chlorose, anémie, goutte, gravelle, rhumatisme, eczéma sec, convalescences longues, maladies des voies respiratoires.*
Administration, rue Drouot, 5, Paris.

ROYAT
CONTINENTAL HOTEL
GRAND HOTEL DES BAINS (anciens Hôtels CHABASSIÈRE)
Établissements de premier rang, à proximité de l'Etablissement, en face le Parc et les Casinos. — *Pas d'ascenseur*, car ces hôtels étant bâtis en amphithéâtre, le quatrième étage se trouve à la hauteur d'un premier. — *Vaste Jardin et Terrasses.* — **FOURNIER BATTU**, propriétaire.

Type **A — 4**

SALIES-DE-BÉARN

ÉTABLISSEMENT THERMAL
Ouvert toute l'année

Voir les détails sur la première page de garde en tête du volume.

GRAND HOTEL DE LA PAIX ET CONTINENTAL
ÉTABLISSEMENT DE PREMIER ORDRE — CLIENTÈLE D'ÉLITE

Le plus à proximité de l'établissement thermal. — Grands appartements communiquant pour familles. — Chambres très confortables au nord et au midi. — Salons. — Table d'hôte. — Restaurant et Salles à manger particulières. — Billard. — Cuisine renommée. — Vins estampés. — Arrangements pour séjour. — *Omnibus à tous les trains.* — **JEAN BIRABEN**, PROPRIÉTAIRE.

GRAND HOTEL DE PARIS
MAISON DE PREMIER ORDRE

Situation parfaite. — Séparée de l'établissement thermal par le Jardin public. — Recommandée aux familles pour son grand confortable et sa cuisine très soignée.

CROUTS, PROPRIÉTAIRE.

EAUX MINÉRALES FERRO-CUIVREUSES DE
SAINT-CHRISTAU
(BASSES-PYRÉNÉES. — STATION D'OLORON)

SAISON
du 1er juin au
1er octobre

Deux ÉTABLISSEMENTS
Bains
Douches, Irrigations
Pulvérisations
etc., etc.

TROIS HOTELS
Chalets
Appartements
meublés
Poste, Télégraphe
Très beau Parc
Région
très pittoresque
Magnifiques
Promenades

Affections des Muqueuses bucco-linguale, nasale, pharyngienne, oculaire et utérine
LEUCOPLASIE ou LEUCOKÉRATOSE BUCCALE
Plaques des Fumeurs, Psoriasis buccal
DERMATOSES, ECZÉMA, LICHEN, ACNE, etc.

Procédés spéciaux de pulvérisation des eaux permettant de proportionner leur force, leur finesse et leur température à la susceptibilité des cas traités.

SOURCE SULFO-BITUMINEUSE DE

S^T-BOÈS

(BASSES-PYRÉNÉES)

Sa **PUISSANTE SULFURATION**, jointe à son principe **BALSAMIQUE BITUMINEUX**, la rend **SOUVERAINE** et **SANS RIVALE** contre toutes les maladies chroniques de la **POITRINE**, de la **GORGE**, du **LARYNX, PEAU** et **MUQUEUSES**.

DOSE : Un à quatre verres à liqueur une ou deux fois par jour, loin des repas.

DANS TOUTES LES PHARMACIES

SAINT-ÉTIENNE

HOTEL DE FRANCE

Place Dorian, le plus au centre de la ville.

Appartements pour familles. — Grand confort. — Salon de lecture. — Table d'hôte. — Service particulier. — Ascenseur EDOUX — Omnibus à tous les trains.

JOURNEL, propriétaire

SAINT GERMAIN-EN-LAYE

PAVILLON LOUIS XIV ET CONTINENTAL-HOTEL

Restaurant à la carte dans un superbe jardin. — Installation moderne et du meilleur goût. — Ascenseur. — Téléphone. — **STIKELMAN-LARCHER**, l'hiver à Nice, Hôtel du Louvre.

SAINT-JEAN-DE LUZ

GRAND HOTEL DE LA POSTE

Maison de premier ordre toujours en grande réputation.—**Appartements et chambres très confortables.** — Exposition au Midi et au Nord. — Belle vue des montagnes et de la mer. — Cuisine très soignée. — *Omnibus à tous les trains.*— Pension d'hiver depuis **7 fr.**; l'été depuis **8 fr.**, tout compris.

Georges DUMAS, propriétaire.

TAMARIS-SUR-MER

GRAND HOTEL DES TAMARIS

OUVERT TOUTE L'ANNÉE

Maison de premier ordre au bord de la mer, au milieu d'un magnifique parc. — Installation aussi confortable que luxueuse. — Pension depuis **8 fr.** par jour. — Omnibus à Toulon et à la Seyne à tous les trains et aux trains de luxe. — Voitures d'excursion et bateau de plaisance.

F. JUST, propriétaire.

TARBES
G^D HOTEL DU COMMERCE ET DE LA POSTE

B. DORGANS, propriétaire. — L'établissement le plus rapproché du jardin Massey. — **Restauré à neuf.** — Appartements de famille, Salon de réception. — Recommandé à MM. les Voyageurs.

TOULOUSE
GRAND HOTEL TIVOLLIER

Rue Alsace-Lorraine, 31 et 33, et rue Baour-Lormian, 6

Maison de premier ordre. — Ascenseur hydraulique. — Café-restaurant renommé. — Spécialités de Pâtés de foie de canard aux truffes du Périgord ; médaille d'or, Exposition universelle de Paris 1889. — Expédition en France et à l'étranger. — Téléphone. — Eclairage électrique permanent dans toutes les chambres.

GRAND HOTEL SOUVILLE
PLACE DU CAPITOLE

MAURICE CARRIÈRE, Propriétaire. — Etablissement de premier ordre, entièrement remis à neuf. — Très recommandé aux familles pour sa situation, son grand confortable (**Bains dans l'hôtel**) et sa propreté méticuleuse.

TOURS
GRAND HOTEL DE L'UNIVERS

Sur le boulevard, près des Gares. — Réputation européenne. Recommandation exceptionnelle de tous les guides français et étrangers. — **F. GUILLAUME**, Propriétaire.

URIAGE-LES-BAINS (Isère)

EAUX SULFUREUSES ET SALINES PURGATIVES

Saison du 15 mai au 15 octobre

Stations de Grenoble et de Gières. — Service spécial de voitures à tous les trains.

Fortifiantes et dépuratives, ces eaux conviennent surtout aux personnes délicates et aux enfants faibles et lymphatiques ; leur efficacité est démontrée contre les maladies cutanées, le rhumatisme, la syphilis, et certaines affections de l'utérus, etc.

Bains, douches, pulvérisation, inhalation, hydrothérapie

Hôtels et Villas meublés sous la direction de l'Établissement :
Grand-Hôtel. — Hôtel du Cercle. — Ancien Hôtel. — Hôtel des Bains

VERNET-LES-BAINS

ÉTABLISSEMENTS THERMAUX OUVERTS TOUTE L'ANNÉE
Installation réalisant le summum du progrès scientifique et du confortable

A 11 kilomètres de Prades, station du chemin de fer, qui incessamment arrivera jusqu'à Villefranche de Conflent, à 4 kilomètres de Vernet

VUE DU CASINO

GRANDS HOTELS de premier ordre, tous appartenant à l'établissement.

VOITURES pour excursions.

Vernet-les-Bains mérite plus que toute autre station thermale le titre de Reine des Pyrénées. Cette ravissante station balnéaire s'est encore embellie dans ces dernières années, grâce aux efforts intelligents de la nouvelle direction, qui a dépensé des millions pour en faire le centre du high-life international.

SAISON D'ÉTÉ — Maladies traitées avec le plus grand succès : *Anciennes blessures, Névralgies, Maladies de la peau, des muqueuses, des organes génitaux des deux sexes, Maladies de l'utérus, Chlorose, Bronchite, Laryngite*, etc., etc., et en général toutes les maladies traitées à Cauterets et à Luchon.

SAISON D'HIVER. Sanatorium du Canigou, unique en France : *Affections lymphatiques, Tuberculoses chirurgicales, Tumeurs, Scrofules, Maladies cutanées*. — **Affections des voies respiratoires** : *Laryngites, Bronchites chroniques*. — Orientation du Sanatorium au sud-ouest. — **Traitement spécial par la cure d'air des affections pulmonaires chroniques, phtisie**, etc.

A quelques minutes du Sanatorium, les personnes qui accompagnent les malades, en passant le pont jeté sur le Cady, dont les eaux séparent le Sanatorium de Vernet-les-Bains, trouveront toutes les distractions d'une élégante station thermale. — Magnifique Casino où l'on joue la comédie et l'opérette. — Rien n'a été négligé pour distraire le touriste. — Service tri-hebdomadaire entre Vernet et Ax-les-Bains (Ariège), et *vice-versa*.

ATTENTION !!! **VALS** ✯ ✯ ✯ LISEZ !!!

Eau Minérale **SUPÉRIEURE** inaltérable par le transport

Autorisée par l'État, approuvée par l'Académie de médecine pour l'usage médical et comme boisson hygiénique de table.

VALS ✯ ✯ ✯ est héroïque dans toutes les maladies des voies digestives : dyspepsie, gastrite, constipation, diarrhée, migraine, vertige stomacal. Elle est surtout digestive, apéritive et reconstituante. Les gens de bureau, les hommes de lettres, les rentiers doivent en faire usage aux repas, coupée avec du vin ou autre boisson.

Détail dans les pharmacies et chez les marchands d'Eaux minérales
Pour le gros : s'adresser à **M. CHAMPETIER**, dr des Vals*** à VALS (Ardèche).

VERSAILLES

GRAND HOTEL DES RÉSERVOIRS

RESTAURANT. — Attenant au Palais et au Parc. — **Rue des Réservoirs, 9, 11, 11 bis.** — Maison meublée et Annexe.

Grands et petits appartements.

HOTEL VATEL

RESTAURANT

Rue des Réservoirs, 36 et 38; boulevard de la Reine, 14 (près du Parc)
Annexes, Villas, Grands et Petits Appartements meublés.

Arrangements avec familles.

VICHY

HOTEL DU HAVRE — VILLA ST-JAMES

Rue Strauss, sur les Parcs, en face le Casino

Excellente Maison recommandée. — Hôtel de famille. — Cuisine bourgeoise. — Table d'hôte et Service particulier. — **Pension de 9 à 12 francs.** — *Omnibus à tous les trains.*

MOUREY-GIRAUD, Propriétaire.

HOTEL ET VILLA DE PLAISANCE

Boulevard National

Agrandi de l'immeuble contigu connu sous le nom de *Chalet de l'hôtel de Londres*. — Excellente maison de famille. — Près des sources Célestins et Hôpital, de la Poste, Télégraphe, Téléphone, le kiosque de la musique et le Casino. — Très recommandé pour sa bonne tenue. — **Prix : 7 à 12 fr.** — Se défier des Pisteurs. — Ecrire ou télégraphier.

SERVAGNET, Propriétaire, à VICHY.

Les personnes qui boivent de l'Eau de

VICHY

feront bien de se prémunir contre les substitutions auxquelles se livrent certains commerçants qui, lorsqu'on leur demande de l'Eau de Vichy, donnent une eau étrangère sous une étiquette à peu près semblable.

La Compagnie Fermière de l'Établissement de Vichy ne garantit que les eaux portant sur l'étiquette, sur la capsule et sur le bouchon, le nom d'une de ses sources, telles que :

CÉLESTINS — GRANDE-GRILLE — HOPITAL
HAUTERIVE — MESDAMES — PARC

Ces sources sont les seules dont le puisement et l'embouteillage sont surveillés par un représentant de l'État.

VICHY
SOURCE SAINT-YORRE
Propriété de N. LARBAUD-St-YORRE

La plus fraîche et par suite la plus gazeuse et la moins altérable par le transport : souveraine contre les **Maladies du Foie**, de l'**Estomac** et des **Reins**, le **Diabète**, la **Gravelle** et la **Goutte**

PRIX : 20 francs la Caisse de 50 litres

(Emballage compris)

Dépôt chez les pharmaciens et marchands d'eaux minérales

Pour éviter toute surprise, exiger au bas de l'étiquette de chaque bouteille la signature du propre : **N. LARBAUD-St YORRE**.

PASTILLES DIGESTIVES, SUCRE D'ORGE ET SELS DE VICHY
DOSÉS POUR BAINS

S'adresser au propriétaire, N. LARBAUD-St-YORRE, pharmacien de première classe, fondateur de l'établissement thermal de Saint-Yorre, pavillon Prunelle, place Lucas, VICHY.

EAU MINÉRALE NATURELLE DE
VICHY

Source VAIRET « la favorisée de St-Yorre »

La Source VAIRET de ST-YORRE doit à l'heureuse combinaison de ses éléments minéralisateurs de résumer en elle toutes les supériorités du bassin de **VICHY**.

La supériorité de la Source VAIRET, qui lui a valu le nom de « la favorisée de St-Yorre », est absolument établie et reconnue par le corps médical, qui l'a déclarée la meilleure et la plus efficace pour traiter à domicile toutes les affections du foie et des voies digestives, etc.

Prix : 20 francs la caisse de 50 bouteilles, en gare de départ.

REMISE AU COMMERCE

Dépôt chez les principaux Pharmaciens et Marchands d'eaux minérales.

S'adresser à MM. A. VAIRET et Ernest VAIRET, Pharmaciens de 1re Classe, à ST-YORRE, près VICHY (Allier).

St-Yorre VICHY SOURCE GUERRIER

La plus gazeuse du bassin de Vichy. La plus riche des sources de St-Yorre. La meilleure pour la consommation à domicile. Son efficacité reconnue dans les affections du *tube digestif*, du *foie*, de la *rate*, dans le *diabète*, les *coliques néphrétiques*, justifie son immense succès.

La Caisse de 50 Bouteilles, 20 fr., port en sus.

En vente partout et chez GUERRIER père et fils, à St-Yorre, près Vichy

VICHY-HAUTERIVE

SOURCE AMÉLIE

Eau minérale naturelle, la plus minéralisée du bassin

Principes : **10 gr. 593** par litre

LA CAISSE DE 50 BOUTEILLES, 20 FR.

EMBALLAGE COMPRIS

Ecrire : **M. THIOLLIER**, Propriétaire
Hauterive, par Vichy (Allier)

VICHY

HAMMAM VAPORIFÈRE

Rue BURNOL (sur le Parc)

Grand Etablissement médical, le plus complet et le mieux installé de l'Europe.— Appareils approuvés par l'Académie de médecine de Paris. — Traitement des maladies par l'action combinée ou séparée des eaux de Vichy, de la vapeur, de l'électricité, de l'air atmosphérique, des gaz, des exercices du corps, etc.— Bains et opérations de toute nature. — Inhalations, Massages, etc. — 6 salles de douches, 2 grandes piscines de natation à eau courante, etc., etc.

Demander brochure explicative au Directeur

VICHY

INSTITUT

Thermo-Résineux et Hydrothérapique

Fondé et dirigé par le Docteur **BERTHOMIER**, ex-médecin des hospices de Cusset (Allier). *Avenue Victoria, près l'avenue des Cygnes.* — Traitement par les Bains d'air chaud, résineux, térébenthiné, au goudron, etc. — Traitement hydrothérapique complet.— Traitement par l'électricité.— Traitement par le massage. — Inhalations d'oxygène.— Irrigations diverses.— Pulvérisations.

Type **A** — 4*

IV. — PAYS ÉTRANGERS
GRANDE-BRETAGNE — BELGIQUE — ESPAGNE — SUISSE
ITALIE — ALGÉRIE

CROWN PERFUMERY Cⁱᵉ
LONDRES
177, New Bond Street

La réputation universelle de la **Crown Perfumery Cⁱᵉ** a été faite par le célèbre parfum **Crab apple Blossom** (fleur de pommier sauvage) et par ses **Lavender Salts** (sels fortifiants à la Lavande). L'enthousiasme avec lequel ces incomparables préparations ont été accueillies aussi bien à Londres et à New-York qu'à Paris n'a fait que grandir. Grâce à leur persistance, elles sont plus économiques que nombre d'autres produits meilleur marché.

Chez tous les principaux parfumeurs.

Londres : 177, New Bond Street. — AGENTS : **Cannes** : Brearley et Bascoul. — **Nice** : Brun, chemisier, Nicholls et Passeron, 3, quai Masséna; M. et Mᵐᵉ Tarte, 6, Jardin public. — **San-Remo** : F.-R. Squire.

MANCHESTER
GRAND-HOTEL
Le meilleur hôtel de Manchester
Possédant tout le confort moderne

Toutes les commodités désirables. — CUISINE ET CAVE DE PREMIER ORDRE
Ascenseur.
On parle français, allemand, espagnol, italien, etc., etc.

JERSEY SAINT-HÉLIER (ILES ANGLAISES DE LA MANCHE)
HOTEL DU CALVADOS ET DE LA PLACE ROYALE

COURBEBAISSE, propriétaire. — Maison française près de la mer. — Prix, par jour, depuis 7 fr., chambre, déjeuner, tiédre et service compris. — Omnibus à l'arrivée de tous les bateaux. — ÉCURIES ALLIANCE, MAISON FAUVEL. — ED. HERSON, successeur. — Seul établissement français, établi à Jersey depuis 30 ans. — Voitures d'excursions et particulières.

PRIX MODÉRÉS

BRUXELLES

(HAUTE VILLE ET PARC)

HOTEL DE FLANDRE

Place Royale

Logement y compris service et éclairage à partir de 4 fr. par jour. — Premier déjeuner 1 fr. 50; Déjeuner à la fourchette 4 fr.; Dîner à table d'hôte 5 fr.

Pension pour séjour prolongé, comprenant : Chambre, service, éclairage, et trois repas par jour, à partir de 12 fr. 50.

Ascenseur — Billets de chemin de fer

Enregistrement des Bagages

POSTE — TÉLÉGRAPHE — TÉLÉPHONE

Agence générale des Wagons-Lits

HOTEL DE BELLE-VUE

Place Royale, *en face du Parc*

ASCENSEUR — BILLETS DE CHEMIN DE FER

Enregistrement des Bagages

POSTE — TÉLÉGRAPHE — TÉLÉPHONE

Agence générale des Wagons-Lits

BELGIQUE

BRUXELLES

GRAND HOTEL

Ed. DUBONNET, propriétaire
21, boulevard Anspach, 21

L'hôtel vient d'être complètement réparé. — 250 chambres et Salons. — Table d'hôte et Restaurant. — Café, Fumoir, Salon de conversation. — **Ascenseur.** — Bains, Café et salle de billards. — Bureau de chemin de fer, Poste et Télégraphe, Cabine téléphonique, éclairage électrique dans tous les appartements. — *Omnibus à tous les trains.* — **Chambre noire** et **Laboratoire de Photographie** sont à la disposition des voyageurs amateurs.

SPA

GRAND HOTEL DE L'EUROPE

M. HENRARD-RICHARD, propriétaire,

Maison de tout premier ordre, dans une situation spéciale, **au centre de tous les Établissements.** — Grands Salons de table d'hôte et de conversation. Fumoir, etc.; en un mot, **le plus grand confort y règne.** — Omnibus de l'hôtel à la gare.

GRAND HOTEL DE BELLEVUE

Maison de premier ordre. — *Magnifique situation sur la promenade*, près l'**Etablissement des Bains.** — **Jardin avec accès du parc.**
Omnibus à tous les trains. — **ROUMA**. Propriétaire.

ESPAGNE

MADRID

GRAND HOTEL DE LA PAIX

Tenu par J. CAPDEVIELLE et Cⁱᵉ
11 et 13, Puerta del Sol.

Etablissement de premier ordre, au centre de Madrid. — Cuisine française. — Cave garnie des premiers vins d'Espagne et de l'étranger. — Cabinet de lecture, salons de réunion, salles de bains, voitures de luxe et interprètes. — Grands et petits appartements meublés avec luxe — *Lumière électrique.* — **Prix modérés.**

GRAND HOTEL DE L'ORIENT

Puerta del Sol y calle Arenal, 4

Ce magnifique établissement, situé au centre de la ville, est, comme installation, à la hauteur des meilleurs hôtels. — Magnifiques appartements et chambres luxueuses pour familles. — Salon de lecture; Billard; Bains; Ascenseurs; Voitures aux gares. — **Prix très modérés**, depuis 7 fr. 50 par jour.

SUISSE ET LE MONT BLANC

GENÈVE — A. GOLAY-LERESCHE ET FILS
Quai des Bergues, 31, à Genève
et à Paris, rue de la Paix, 2.

Fabricants d'Horlogerie, de Bijouterie et de Joaillerie — Vaste Magasin complètement assorti en articles de goût et d'excellente fabrication.

GENÈVE — HOTEL DE LA MÉTROPOLE
Établissement de 1er ordre

Entièrement remis à neuf avec le plus grand confortable.
Vie de famille. — Prix de pension. — Ascenseur à tous les étages.
Nouveau Propriétaire : **DAVID BURKARD**.

GLION SUR TERRITET — HOTEL DE GLION
Très confortable. — Superbe vue.
Prix modérés.
N. KAPPELER, propriétaire
Mlle KAPPELER possède aussi à Menton la Pension **Villa Marina**. — Plein midi. Bord de la mer. — Pension de 8 à 10 fr.

BERNE — HOTEL BERNERNOF
Premier ordre. — **KRAFT**, propriétaire.

INTERLAKEN — HOTEL VICTORIA
Maison de premier rang
Ed. **RUCHTI**, propriétaire.

CHAMONIX — GRAND HOTEL IMPERIAL
Maison de premier ordre. — Vue splendide sur le Mont Blanc.

ITALIE

TURIN

GRAND HOTEL D'EUROPE

Place du Château, vis-à-vis le Palais Royal

Maison de premier ordre, d'ancienne réputation. — Prix modérés. — Arrangements et pension pour séjour. — Appartements et Chambres. — **Ascenseur**. — Bains. — *Omnibus à tous les trains*. — **P. BORGO**, propriétaire.

ALGER
G{D} HOTEL DE LA RÉGENCE

Table d'hôte. — Salons de réception. — Fumoir. — Cour intérieure. — *Omnibus à l'arrivée de tous les trains et bateaux.*

Maison de premier ordre, située en plein Midi. Vue magnifique sur la mer, sur la place du Gouvernement, sur la **Kasbah** et sur les collines du **Djurjura**.

ALGER
GRAND HOTEL DE L'OASIS
Boulevard de la République

Hôtel de premier ordre. — *Café Riche.* — **Bar américain.** — Situation la plus belle de la ville. — Vue splendide sur la mer et sur les montagnes de la Kabylie. — *Omnibus à tous les bateaux et à tous les trains.* — Arrangements spéciaux pour les familles et pour long séjour. — E. DELRIEU, PROPRIÉTAIRE.

London House, **AMERICAN BAR**, *au même propriétaire.*

TUNIS
Grands Hôtels de Tunis
—◦×◦—
GRAND HOTEL
AVENUE DE FRANCE

HOTEL DE PARIS
BOULEVARD BAB-DJEZIRA

Grand confortable. — Table et service de premier ordre.
Appartements de famille.
Bains simples et sulfureux. — Bibliothèque. — Interprètes.

V. SUPPLÉMENT

Spécialités pharmaceutiques. — Vins. — Rhums.
Liqueurs. — Chocolat Menier.

ANÉMIE, CHLOROSE

FER BRAVAIS donne au sang la rutilance et la vigueur qui lui manquent ;
FER BRAVAIS est absorbé rapidement ; on le retrouve 20 m. après dans l'économie ;
FER BRAVAIS est un puissant reconstituant pour les convalescents après une longue maladie ;
FER BRAVAIS pris pendant l'allaitement augmente la richesse du lait, ce qui donne à la mère une santé parfaite et des bébés superbes ;
FER BRAVAIS est un puissant préservatif contre les maladies de poitrine. Il guérit : Influenza, Fièvres typhoïdes, Choléra, etc. Aussi est-il prescrit dans les hôpitaux. On le trouve partout. Vingt gouttes à chaque repas sur un morceau de sucre suffisent. *Dépense* **10** *c. par jour.*

MONTPELLIER

LES DRAGÉES ANTILAITEUSES

De JAUME font disparaître en peu de temps le lait des jeunes mères.
PRIX : FRANCO, *le flacon*, **3 fr.**

EAU DES NOURRICES

Guérissant en 48 heures toutes les gerçures des seins.—*Prix franco, le fl.*, **2 fr. 50**
Ecrire Pharmacie GILY, à Montpellier

BOITE de 100 feuilles 4 fr. — **ASTHME** — 1/2 BOITE de 45 feuilles 2 fr. 25

EMPHYSÈME, BRONCHITE, OPPRESSION, guéris par le **PAPIER FRUNEAU** 45 ans de succès, le seul récompensé à l'Exposition Universelle de 1889, à l'exclusion de toutes poudres, liqueurs, mixtures, dont pas une n'a même été admise à exposer. Toutes bonnes pharmacies.— Entrepositaire : **E. Fruneau**, Nantes.

VIN NOURRY
IODOTANÉ
Le traitement **Iodé** de beaucoup préférable
Fortifiant par excellence des femmes et des enfants
Efficace, agréable, peu coûteux
Se prend par cuillerée à soupe ou à café, selon l'âge.
FAIBLESSE GÉNÉRALE, ANÉMIE, LYMPHATISME, etc.
La bouteille : 3 fr. 50
28, *rue Saint-Claude*, PARIS, et *Pharmacies*.

HYGIÈNE DE LA BOUCHE

Une bonne **Eau dentifrice** doit non seulement bien nettoyer les dents, mais, en outre, purifier la bouche en tuant les microbes qui s'y rencontrent et qui sont la cause de la carie et de maladies diverses (*pneumonies, grippes, angines couenneuses*, etc.); cela est aujourd'hui prouvé. Aussi, le **Coaltar Saponiné Le Beuf**, jouissant, sans contestation possible, des qualités requises, puisque ses remarquables propriétés antiseptiques, microbicides et détersives l'ont fait admettre dans les **hôpitaux de Paris**. C'est à ce produit que nous devons avoir recours, pour la toilette quotidienne de la bouche, de préférence aux préparations des parfumeurs qui ne peuvent lui être comparées.

Le flacon : **2** *fr.* — *Les six flacons :* **10** *fr.*

Dans les pharmacies, se défier des imitations.
Bien spécifier : **COALTAR SAPONINÉ LE BEUF**

MAISON AUG. GAFFARD, A AURILLAC

Aperçu de quelques produits spéciaux ayant obtenu les plus hautes récompenses dans toutes les Expositions où ils ont figuré. — **Gland doux Néomoka**, pseudo-cafés hygiéniques, remplaçant avantageusement le Café des Iles. — **Mélanogène**, poudre pour encres noire, violette, rouge et bleue. — **Muricide phosphoré** pour la destruction des rats. — **Extraits saccharins** pour l'obtention rapide des liqueurs de table. — **Lustro-cuivre**. — **Oxyde d'aluminium** pour affiler les rasoirs. — **Poudre vulnéraire vétérinaire**. — **Produits spéciaux divers** — Usine à vapeur et Maison d'expédition, enclos Gaffard, à Aurillac (Cantal). — Envoi de notices détaillées sur demande affranchie. — Conditions spéciales pour d'importantes commandes.

VIN DE VIAL
au QUINA, SUC DE VIANDE et PHOSPHATE DE CHAUX
Le plus énergique et le plus complet des toniques
POUR COMBATTRE
ANÉMIE, CHLOROSE, PHTISIE, ÉPUISEMENT NERVEUX

Aliment indispensable dans les croissances difficiles, longues convalescences, et tout étant de langueur caractérisé par la perte de l'appétit et des forces.

VIAL, pharm., 14, rue Bourbon Lyon, et toutes pharmacies.

LIQUEUR DES DAMES
à Base d'Anémonime

Cette Liqueur est recommandée à toutes les dames fatiguées par le sang et pour prévenir toutes les maladies auxquelles les femmes et les jeunes filles sont exposées périodiquement, telles que pertes douloureuses, suppressions, âge critique, etc.

Envoi franco de 1 flacon, contre mandat-poste de 3 fr. adressé à **M. O. ENJOLRAS**, pharmacien, à Saint-Pons (Rhône).

Voulez-vous ne plus tousser ?
NE PRENEZ QUE LES
PASTILLES MEXICAINES
LES SEULES CURATIVES ET PRÉSERVATIVES

C. VELPRY, *pharmacien, à Reims, 1 fr. 50 le flacon.*

Maladies des femmes — Stérilité

Quarante années de pratique permettent à Mme **LACHAPELLE**, maîtresse sage-femme, de garantir la suppression de la **stérilité** constitutionnelle ou accidentelle, ainsi que la guérison des **maladies spéciales des femmes**. Les moyens employés, aussi simples qu'infaillibles, n'exigent ni repos ni régime.

Tous les jours, de 3 à 5 heures, 27, rue du Mont-Thabor.

LIBRAIRIE HACHETTE & Cⁱᵉ
BOULEVARD SAINT-GERMAIN, 79, PARIS.

LES
GRANDS ÉCRIVAINS FRANÇAIS
ÉTUDES SUR LA VIE, LES ŒUVRES
ET L'INFLUENCE
DES PRINCIPAUX AUTEURS DE NOTRE LITTÉRATURE

En vente

Victor Cousin, par M. Jules SIMON, de l'Académie française. 1 vol.
Madame de Sévigné, par M. Gaston BOISSIER, de l'Académie française. 1 vol.
Montesquieu, par M. Albert SOREL, de l'Institut. 1 vol.
George Sand, par M. E. CARO, de l'Académie française. 1 v.
Turgot, par M. Léon SAY, de l'Académie française. 1 vol.
A. Thiers, par M. P. DE RÉMUSAT. 1 vol.
D'Alembert, par M. Joseph BERTRAND, de l'Académie française, secrétaire perpétuel de l'Académie des sciences. 1 vol.
Vauvenargues, par M. Maurice PALÉOLOGUE. 1 vol.
Madame de Staël, par M. Albert SOREL, de l'Institut. 1 vol.
Théophile Gautier, par M. Maxime DU CAMP, de l'Académie française. 1 vol.
Bernardin de Saint-Pierre, par M. Arvède BARINE. 1 vol.

Madame de La Fayette, par M. le comte d'HAUSSONVILLE, de l'Académie française. 1 v.
Mirabeau, par M. Ed. ROUSSE, de l'Académie française. 1 v.
Rutebeuf, par M. CLÉDAT, professeur à la Faculté des lettres de Lyon. 1 vol.
Stendhal, par M. Edouard ROD. 1 vol.
Alfred de Vigny, par M. Maurice PALÉOLOGUE. 1 vol.
Boileau, par M. Gustave LANSON. 1 vol.
Chateaubriand, par M. DE LESCURE. 1 vol.
Fénelon, par M. Paul JANET, de l'Institut. 1 vol.
Saint-Simon, par M. Gaston BOISSIER, de l'Académie française. 1 vol.
Rabelais, par M. René MILLET. 1 vol.
Lesage, par M. Eugène LINTILHAC. 1 vol.
J.-J. Rousseau, par M. Arthur CHUQUET. 1 vol.
Descartes, par M. E. FOUILLÉE.
A. de Musset, par M. Arvède BARINE.

Chaque vol. in-16, avec une photogravure, br. : **2 fr.**

VINS DE VOUVRAY
NATURELS ET MOUSSEUX

CHALUT-VOIRY
RUE DES HALLES, 62, A TOURS

MAISON FONDÉE EN 1775

Médaille d'OR. Exposition Paris 1889.

AMSTERDAM (Hollande)

CURAÇAO ET ANISETTE
DE LA MAISON
ERVEN LUCAS BOLS
Fabrique T. LOOTSJE, fondée en 1875, à Amsterdam.

La seule Maison d'Amsterdam ayant obtenu la plus haute récompense à l'Exposition de Vienne, Médailles or et argent à diverses Expositions. — Seul dépôt à Paris, 32, Boulevard des Italiens, et dans les principales maisons de Paris et des départements — Médailles d'or et d'argent à l'Exposition universelle de Paris 1878; Diplôme d'honneur : Amsterdam 1883.

Succursales: PARIS, 32, boulevard des Italiens. — SCHEVENINGUE, Galerie. — MONTREUX, vis-à-vis du Kursaal. — BERLIN, 169, Friedrichstrasse. — HAMBURG, Ecke Johannesstrasse.

GRANDS VINS DE CHAMPAGNE

JULES CHAMPION

A REIMS

Voyez page 96 du présent cahier

VINS FINS DE LA GIRONDE

GARANTIS NATURE

Vve C. LIGER

PROPRIÉTAIRE

DU CHATEAU N.-D. DE TALENCE
à TALENCE (Gironde)

MAISON DE TOUTE CONFIANCE

GRANDS ORDINAIRES

(Deux ans minimum) depuis **130** fr. la barrique

Rendus franco de port.

Vins fins classés en barriques et en bouteilles

ESTAMPÉS AU CHATEAU

Rhum Zaïda

MARQUE TRÈS RECOMMANDÉE

La caisse de 12 litres. X X . . . . **36** fr.
— — X X X . . . . **48** fr.

Rendu franco de port.

ENVOI DU CATALOGUE SUR DEMANDE.

La maison accepte des représentants munis de sérieuses références.

EAUX MINÉRALES NATURELLES ADMISES DANS LES HOPITAUX

SAINT-JEAN. Maux d'estomac, appétit, digestions.
PRECIEUSE. Bile, calculs, foie, gastralgies, gravelle.
RIGOLETTE. Appauvrissement du sang, débilités.
DESIREE. Constipation, coliques néphrétiques, calculs.
MAGDELEINE. Foie, reins, gravelle, diabète.
DOMINIQUE. Asthme, chloro-anémie, débilités.
IMPERATRICE. Estomac. Eau de table parfaite.

Très agréables à boire. Une bouteille par jour.

Société générale des EAUX, VALS (Ardèche)

DIRECTION : 4, RUE GREFFULHE, PARIS

SAINT-RAPHAËL

Eminemment tonique et digestif, ce vin est d'un goût exquis. Il convient à merveille aux jeunes femmes, aux enfants, aux personnes âgées ; dans les anémies de tout ordre et les convalescences. Il ne se vend qu'en bouteilles de 50 centilitres revêtues de la  Marque de Fabrique ci-contre et du Timbre de Garantie de l'Union des Fabricants. Le VIN de SAINT-RAPHAEL a été l'objet de nombreuses et grossières contrefaçons. Pour être certain de son authenticité, il faut s'adresser à Valence (Drôme) à la Compagnie du VIN de SAINT-RAPHAEL, qui expédie franco de port à partir de deux bouteilles, au prix de 3 fr. la bouteille, et des caissettes de 7 ou 12 bouteilles, au prix de 20 fr. et de 34 fr.

Agence : 4, rue Greffulhe, Paris.

VIN DE CHASSAING

BI-DIGESTIF

30 ANS DE SUCCÈS CONTRE

DIGESTIONS DIFFICILES — MAUX D'ESTOMAC
PERTE DE L'APPÉTIT, DES FORCES, ETC.

PARIS, 6, Avenue Victoria, et toutes Pharmacies.

Phosphatine Falières

Excellent aliment des enfants, dès l'âge de 6 à 7 mois, surtout au moment du sevrage et pendant la période de croissance. — Son usage facilite la dentition, assure la bonne formation des os.

La Boîte : 2 fr. 50. — Paris, 6, avenue Victoria, et Pharmacies.

APPROBATION de l'Académie de médec.

SIROP de FALIÈRES
au bromure de potassium

Affections nerveuses.

6, Avenue Victoria, 6
et Pharmacies.

CONSTIPATION
Guérison par la véritable
Poudre Laxative de Vichy
Laxatif sûr, agréable, facile à prendre
Le flac. de 25 doses environ 2 fr. 50
PARIS, 6, AVENUE VICTORIA ET Phies.

Se méfier des imitations. Exiger le vrai nom.

LA PLUS GRANDE FABRIQUE DU MONDE

CHOCOLAT MENIER

56, rue de Châteaudun, Paris

Les Établissements MENIER ont remporté, à l'Exposition Universelle de 1889, les Récompenses suivantes :

**Croix d'Officier de la Légion d'honneur,
2 Grands Prix,
5 Médailles d'Or,
2 Médailles d'Argent.**

Ces établissements comprennent :
Plantations de Cacaos au Valle Menier (Nicaragua),
Sucreries et Culture de Betteraves à Roye (Somme),
Comptoirs et Navires pour les approvisionnements,
Usine modèle de Noisiel pour la fabrication des Chocolats,
Usine de Chocolat à Londres,
Cités ouvrières, etc., etc.

La production du CHOCOLAT MENIER atteint le chiffre de 50.000 kilos par jour.

(*Le poids du Chocolat Menier fabriqué en six mois est égal au poids de la Tour Eiffel.*)

Valeur de la production annuelle : 60 millions de francs.

Le Jury de l'Exposition de 1889 a décerné le seul Grand Prix au CHOCOLAT MENIER.

LIBRAIRIE HACHETTE & Cie
BOULEVARD SAINT-GERMAIN, 79, PARIS.

Mise en vente par Livraisons
Depuis le 25 février 1893

DE LA

Marine française

Par M. MAURICE LOIR
LIEUTENANT DE VAISSEAU

CONDITIONS ET MODE DE PUBLICATION

La Marine française sera publiée en 25 livraisons.

Chaque livraison, protégée par une couverture tirée en 2 couleurs, comprendra alternativement 16 *pages de texte* et 2 *magnifiques planches hors texte* imprimées en deux teintes, ou 24 *pages de texte* et 1 *planche hors texte*.

PRIX DE CHAQUE LIVRAISON : **1 FRANC**

L'ouvrage complet formera un superbe volume in-8 de plus de 550 pages, illustré, d'après les compositions de MM. Couturier et Montenard, d'environ 250 gravures dans le texte tirées en noir ou en deux teintes, et de 36 planches hors texte imprimées en deux couleurs.

PRIX DE L'OUVRAGE COMPLET, BROCHÉ : **25 FR.**

Il paraît régulièrement une livraison par semaine, le samedi, depuis le 25 février 1893.

ANVERS 1885 — PARIS 1889

Le SUCCÈS de l'Exposition Universelle

LA GRANDE MÉDAILLE D'OR

La **NEW HOME** (Standard) est vendue par les Principaux Négociants de France et d'Algérie : *Armuriers, Horlogers, Mécaniciens, Merciers, Quincailliers, Marchands de Machines à Coudre*, etc., avec les mêmes avantages qu'à **l'Agence G⁽ⁱᵉ⁾ de Paris** qui, dans les localités où il n'en existe pas encore, accepte le concours d'Agents-Acheteurs munis de bonnes références.

Catalogue franco.

Le Président de la République visitant, à la Classe 56, l'Exposition des Machines

NEW HOME (Standard)

M. Carnot félicite M. A. Richourg sur la remarquable installation de son Exposition : « Je sais, lui dit-il, les services que ces excellentes **NEW HOME** rendent aux Familles et à toute la Classe ouvrière, qu'elles sont adoptées comme Types de Démonstration dans les Écoles Professionnelles de Paris et les Lycées de Jeunes Filles de France. »

BANQUE D'ESCOMPTE DE PARIS

Société anonyme au capital de 25 Millions de Francs entièrement versés
Siège social : 20, rue Taitbout

Conseil d'Administration

M. le Baron de Soubeyran, O. ✱. Président.
MM. Breittmayer; Cordier, O. ✱; Ch. Prevet, O. ✱; Fraissinet;
Dujardin-Baumetz. — DIRECTEURS : MM. Clero ✱ et Sienkiewicz

La *Banque d'Escompte* a pour objet de faire, pour elle-même ou pour compte de tiers, ou même en participation, en France et à l'étranger, toutes opérations financières, industrielles, commerciales, même immobilières, et toutes entreprises de travaux publics.

La *Banque d'Escompte* reçoit des capitaux en dépôt, fait toutes opérations d'escompte et de banque, émissions de valeurs à forfait ou à commission, achats et ventes de fonds publics; elle reçoit gratuitement en dépôt tous titres français et étrangers; elle en encaisse les coupons.

L'intérêt des comptes de chèques est fixé à 1 1/2 0/0 pour les dépôts à vue, et 2 0/0 pour les dépôts à 20 jours de vue.

La *Banque d'Escompte* délivre des Bons de Caisse aux taux ci-après :

Bons à 6 mois	2 1/2 0/0	Bons à 18 mois	4 0/0
Bons à 1 an	3 0/0	Bons à 2 ans et au delà	5 0/0

SOCIÉTÉ DES IMMEUBLES DE FRANCE

SOCIÉTÉ AN^{me} AU CAPITAL DE 15 millions
30,000 actions entièrement libérées

Siège social :
64, rue des Petits-Champs, *Paris*

La Société a pour objet :
L'acquisition et la location de tous terrains ou immeubles *situés en France*; l'édification de constructions sur lesdits terrains; leur mise en valeur, leur vente ou échange, et en général toutes opérations auxquelles peuvent donner lieu les immeubles.

OBLIGATIONS EN CIRCULATION

150.000 obligations foncières émises en 1888 à 387 fr. 50 et remboursables à 1000 francs en 75 ans.

Quatre tirages annuels, les : 10 Janvier, 10 Avril, 10 Juillet et 10 Octobre.

Intérêt annuel : 15 francs, payables par quart les 10 Février, 10 Mai, 10 Août et 10 Novembre de chaque année.

100.000 obligations foncières émises en 1892 à 475 francs et remboursables à 500 francs en 75 ans par tirages semestriels.

Intérêt annuel : 20 francs, payables par quart, les 10 Février, 10 Mai, 10 Août et 10 Novembre de chaque année.

Les fonds provenant des émissions sont employés en achats d'immeubles ou en prêts sur immeubles.

Les obligations ont en outre pour garantie :
Le Capital social entièrement versé, 15 millions;
Les réserves, 3 millions.

Les actions et obligations de la Société des Immeubles sont inscrites à la cote officielle au comptant et à terme.

LA FONCIÈRE

Compagnie d'Assurances mobilières et immobilières contre l'incendie et le chômage en résultant.

SOCIÉTÉ ANONYME A PRIMES FIXES
Siège social : 17, rue Louis-le-Grand

Garanties { Capital social. 40.000.000 / Portefeuille... 27.000.000 / Réserves........ 1.000.000 } 68.000.000 francs.

Assurances contre l'incendie, le chômage industriel, la perte des loyers. Assurance spéciale militaire.

LA FONCIÈRE

Compagnie d'assurances sur la vie
Siège social : 17, rue Louis-le-Grand
CAPITAL SOCIAL : 40,000,000 DE FRANCS

ASSURANCES

Vie entière : Capital payable au décès de l'Assuré à sa veuve, à ses enfants et à toute personne désignée.

Mixte : Capital payable à l'Assuré, s'il est vivant au jour fixé ou immédiatement en cas de décès.

Terme fixe : Capital payable au jour fixé, soit à l'Assuré, soit à ses héritiers, pour dot, la prime s'éteignant au décès.

Participation de 80 0/0 dans les Bénéfices de la Compagnie.

ASSURANCES TEMPORAIRES, DE SURVIE, ETC.
Rentes viagères.

LA FONCIÈRE

Cie d'assurances contre les risques de transports et les accidents de toute nature.

Siège social : 17, rue Louis-le-Grand
CAPITAL SOCIAL : 25,000,000 DE FRANCS

La Compagnie traite les assurances contre les risques de transports maritimes, fluviaux et terrestres, et contre les accidents corporels de toute nature.

Des expériences nombreuses et dont les résultats ont été consignés dans la GAZETTE DES HOPITAUX, l'ABEILLE MÉDICALE, le BULLETIN THÉRAPEUTIQUE, la SCIENCE POUR TOUS, l'AVENIR MÉDICAL etc. ont démontré que les

SIROP et PATE PECTORALE DE PIERRE LAMOUROUX

sont les médicaments les plus efficaces dans le traitement des AFFECTIONS DES BRONCHES et de la GORGE

DÉPÔT DANS TOUTES LES BONNES PH.^{ies} DE FRANCE ET DE L'ÉTRANGER
Se méfier des Contrefaçons.

ENTREPÔT GÉNÉRAL

GIRARD & CIE

Ph^{ens} 45, rue Vauvilliers, PARIS.
près l'Eglise St Eustache
Seuls propriétaires des véritables spécialités
P. LAMOUROUX et F. GILLE.

ENTREPÔT GÉNÉRAL

CHLOROSE - ANÉMIE - LYMPHATISME - ETC.

Ces affections sont radicalement et promptement guéries par l'emploi des Véritables

SIROP et DRAGÉES

au Protoiodure de fer inaltérable
de

F. GILLE

Ph^{en} Ancien interne des Hopitaux de Paris.

MARQUE DE FABRIQUE DÉPOSÉE

AVIS : l'Authenticité d'origine des VÉRITABLES PRODUITS de F. GILLE est garantie par la Vignette (MARQUE DE FABRIQUE) et la Signature ci-contre apposées sur toutes les étiquettes. 56, RUE DE SÈVRES, PARIS.

DÉPÔT DANS TOUTES LES BONNES PH.^{ies} DE FRANCE ET DE L'ÉTRANGER
Se méfier des Contrefaçons.

www.ingramcontent.com/pod-product-compliance
Lightning Source LLC
Chambersburg PA
CBHW052037230426
43671CB00011B/1692